全国高等医学院校成人学历教育规划教材

供护理学专业专科用

儿科护理学

主　　编　林晓云

副 主 编　王继春　吴心琦　曲桂玉　胡艳萍

编　　委　（按姓名汉语拼音排序）

毕桂芝（首都医科大学）	王继春（内蒙古医科大学）
胡艳萍（湖北医药学院附属太和医院）	王小燕（福建医科大学）
贾汝琴（同济大学医学院）	吴心琦（哈尔滨医科大学）
林晓云（福建医科大学）	杨　静（成都中医药大学）
刘国强（内蒙古医科大学）	杨园园（北京大学医学部）
曲桂玉（潍坊医学院）	张　敏（华北理工大学护理与康复学院）
王　茜（蚌埠医学院）	张海宏（宁夏医科大学）

北京大学医学出版社

ERKE HULIXUE

图书在版编目（CIP）数据

儿科护理学 / 林晓云主编. —北京：
北京大学医学出版社，2015.5
全国高等医学院校成人学历教育规划教材
ISBN 978-7-5659-1090-6

Ⅰ. ①儿… Ⅱ. ①林… Ⅲ. ①儿科学 - 护理学 - 成人高等教育 - 教材 Ⅳ. ① R473.72

中国版本图书馆 CIP 数据核字（2015）第 071464 号

儿科护理学

主　　编：林晓云
出版发行：北京大学医学出版社
地　　址：(100191) 北京市海淀区学院路 38 号　北京大学医学部院内
电　　话：发行部 010-82802230；图书邮购 010-82802495
网　　址：http://www.pumpress.com.cn
E-mail：booksale@bjmu.edu.cn
印　　刷：莱芜市圣龙印务有限责任公司
经　　销：新华书店
责任编辑：韩忠刚　刘云涛　　责任校对：金彤文　　责任印制：李　啸
开　　本：850mm×1168mm　1/16　印张：21.25　字数：596 千字
版　　次：2015 年 5 月第 1 版　2015 年 5 月第 1 次印刷
书　　号：ISBN 978-7-5659-1090-6
定　　价：45.00 元

版权所有，违者必究

（凡属质量问题请与本社发行部联系退换）

出版说明

随着我国逐步完善终身教育体系、建立全民学习型社会，高等医学院校成人学历教育已成为我国教育体系中的重要板块，并具有办学多层次、多渠道、多形式等特点。接受成人学历教育的学生有临床实践经验，对补充知识和提升岗位胜任力需求强烈，对知识的认识和选择的目的性更强。这就对成人学历教育教材的内容适用性提出了更高要求。教材编写在满足人才培养目标补差教育的基础上，应提升职业技能和岗位胜任力，并适合自学；使学生对知识、技能不仅知其然还知其所以然，温故而知新，成为理论、实践均过硬的高素质人才。

北京大学医学出版社为更好地配合教育部新时期继续医学教育改革、服务于成人学历教育、探索教材建设新模式，在对高校继续医学教育广泛、系统的教学和课程调研后，启动了"全国高等医学院校成人学历教育（专升本、专科层次）规划教材"的组织编写工作，并得到了全国众多院校的积极响应，一大批多年从事医学成人学历教育的优秀作者参与了本套教材的编写工作，其中很多作者具有临床工作经验。首批规划了36种教材，其中医学基础课教材9种（供临床、护理、药学、检验、影像等专业用），护理学专业教材27种（专升本17种，专科10种）。经教材编审委员会研讨、主编人会议集体讨论确定了整套教材的指导思想和编写特色，为保证教材质量、服务教学打下了坚实的基础。

本套教材主要具有以下特点：

1. **找准教材定位** 以"三基、五性、三特定"为基础，减少学科间的内容重复，优化编排体例。精选适合成人学历教育的内容，夯实基础知识，与临床接轨，基础密切联系临床，兼顾创新性培养和学科进展。

2. **适应自主学习** 结合临床岗位胜任力需求，护理学专业课教材"学习目标"多数采用"布卢姆"教育目标分类模式，按"识记、理解、应用"等不同层次列出。章后"小结"简明、清晰，便于学生归纳总结。"自测题"可供学科考试、执业资格考试及卫生专业技术资格考试的应试参考。教材配套有网络学习资源，利于学生立体化学习。

3. **渗透情境案例** 护理学专业课教材酌情压缩了医疗部分内容，突出护理。以引导式、递进式案例模拟临床护理情境，与教材内容、临床实践深度整合，提升学生系统性的临床思维。

4. **扩展知识阅读** 恰当处理新知识新进展，加入"知识链接"，展现新理论、新技术，以及与其他相关学科的联系，有效达到知识更新与交融、激发进一步学习兴趣的目的。

本套教材得到了全国40余所高校的高度重视和大力支持，凝聚了众多作者多年教学的精华和心血，于2015年陆续出版。在此对各有关高校和全体作者一并表示衷心的感谢！

希望广大师生多提宝贵意见、反馈使用信息。您对本套教材有任何建议或意见，请发送email至：textbook@163.com，以期在教材修订时进一步改进、完善。

全国高等医学院校成人学历教育规划教材目录

序号	教材名称	版次	主编			适用层次	适用专业
1	人体解剖学	1	金昌洙	章惠英		专升本	临床、护理、药学、检验、影像等
2	组织学与胚胎学	1	唐军民	苏衍萍		专升本	临床、护理、药学、检验、影像等
3	生理学	1	薛明明	张延玲		专升本	临床、护理、药学、检验、影像等
4	生物化学与分子生物学	1	德伟	王杰	李存保	专升本	临床、护理、药学、检验、影像等
5	病理学	1	陶仪声	张忠		专升本	临床、护理、药学、检验、影像等
6	病理生理学	1	商战平			专升本	临床、护理、药学、检验、影像等
7	病原生物学	1	于爱莲	强华		专升本	临床、护理、药学、检验、影像等
8	医学免疫学	1	王月丹			专升本	临床、护理、药学、检验、影像等
9	病原生物与免疫学	1	于爱莲	王月丹		专科	临床、护理、药学、检验、影像等
10	护理学基础	1	尚少梅	邢凤梅		专升本	护理学
11	健康评估	1	孙玉梅	吕伟波		专升本	护理学
12	临床护理药理学	1	肖顺贞	杨俭	李湘萍	专升本	护理学
13	内科护理学	1	李明子	罗玲		专升本	护理学
14	外科护理学	1	路潜			专升本	护理学
15	妇产科护理学	1	陆虹	何荣华		专升本	护理学
16	儿科护理学	1	梁爽	林素兰		专升本	护理学
17	急危重症护理学	1	张海燕	甘秀妮		专升本	护理学
18	社区护理学	1	李春玉	薛雅卓		专升本	护理学
19	护理伦理与法规	1	唐启群	张武丽	崔香淑	专升本	护理学
20	护理心理学	1	徐云	田喜凤		专升本	护理学
21	护理管理学	1	谢红	刘彦慧		专升本	护理学

续表

序号	教材名称	版次	主编	适用层次	适用专业
22	康复护理学	1	马素慧 林 萍	专升本	护理学
23	老年护理学	1	刘 宇 陈长香	专升本	护理学
24	精神科护理学	1	许冬梅	专升本	护理学
25	护理教育学	1	孙宏玉 孟庆慧	专升本	护理学
26	护理研究	1	章雅青 马小琴	专升本	护理学
27	护理学基础	1	景钦华 邢凤梅	专科	护理学
28	健康评估	1	李晓慧 李亚玲	专科	护理学
29	内科护理学	1	张建欣	专科	护理学
30	外科护理学	1	庞 冬 朱宁宁	专科	护理学
31	妇产科护理学	1	柳韦华 金子环	专科	护理学
32	儿科护理学	1	林晓云	专科	护理学
33	急危重症护理学	1	吴晓英	专科	护理学
34	社区护理学	1	张先庚	专科	护理学
35	护理管理学	1	黄 新 杨秀木	专科	护理学
36	康复护理学	1	林 萍 马素慧	专科	护理学

注：教材1~8也可根据教学需要供专科层次参考

全国高等医学院校成人学历教育规划教材编审委员会

顾　　问	王德炳　　郑修霞
主任委员	程伯基　　肖纯凌
副主任委员	（按姓名笔画排序）

王维民　付　丽　刘志跃　袁聚祥　陶仪声

秘书长	孙宏玉　　王凤廷
委　　员	（按姓名笔画排序）

马小琴　马小蕊　王　杰　王凤廷　王爱敏
王维民　王慧生　田喜凤　付　丽　冯学斌
毕晓明　刘　扬　刘　娟　刘志跃　刘金国
孙宏玉　牟绍玉　李　杰　李文涛　李国华
李建光　李春玉　肖纯凌　何长江　余小惠
张先庚　张翠娣　陈　勇　陈宏志　陈海英
陈翠萍　岳树锦　赵　岳　袁聚祥　陶仪声
黄　新　章雅青　程伯基　谢　晖　强巴丹增
鲍秀芹　蔡景一　廖春玲　缪世林　颜世义
潘庆忠

 # 前 言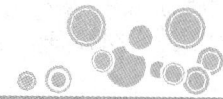

为更好地服务于成人学历教育教学改革，探索教材建设新模式，北京大学医学出版社对开设成人学历教育护理学专业的高等医学院校进行了广泛的教学和课程调研，启动了"全国高等医学院校成人学历教育规划教材"的组织编写工作。根据北京大学医学出版社对教材编写的指导思想和整体要求，我们组织专家对《儿科护理学》进行了编写。

随着我国医学教育改革和医疗卫生体制改革的深入推进，成人学历教育迎来了前所未有的发展和挑战，为了应对新挑战和顺应新形势，本教材以成人教育人才培养目标和专业特点为依据，以培养职业素质能力为根本，融入儿科护理学发展的新技术和新进展。在教材编写过程中，我们坚持"三基（基本理论、基本知识、基本技能）、五性（思想性、科学性、启发性、先进性、实用性）"的原则，强调教材的针对性、条理性和逻辑性，体现儿科护理的连续性、整体性和延伸性；强调人文知识向专业知识的渗透，力求反映本学科教学、科研的最新进展。

为了适应成人学历教育护理学专业的发展，体现成人护理教育的特色，本教材以"必需、够用"为度，反映当今医护领域的现实与进展，力求满足儿科护理专业岗位需要。在编写体例上，本教材突出"以小儿及其家庭为中心"的整体护理，重点疾病采用案例导入，将护理程序有机贯穿其中。本教材在内容和形式上进行创新，每章内容前有学习目标，内容后有小结和自测题，文中有相关链接，使教材内容更加完整、合理和适用，更有利于临床护理能力的培养。

本教材在编写过程中得到了北京大学医学出版社以及各院校领导和老师的支持，在此谨致真诚的感谢。在编写本书的过程中，我们也参考了国内外有关教材、书籍和参考资料，谨向被引用内容的相关作者表示感谢和敬意。由于时间仓促，水平有限，本教材难免存在不当之处，恳请广大读者谅解并批评指正。

林晓云
2015 年 3 月

目录

第一章　绪论 …………………… 1
　第一节　儿科护理学的任务和范畴 … 1
　　一、儿科护理学的任务 ………… 1
　　二、儿科护理学的范畴 ………… 1
　第二节　儿科特点及儿科护理一般
　　　　　原则 …………………… 2
　　一、儿科护理的特点 …………… 2
　　二、儿科护理的一般原则 ……… 3
　第三节　小儿年龄分期及各期特点 … 4
　　一、胎儿期 ……………………… 4
　　二、新生儿期 …………………… 4
　　三、婴儿期 ……………………… 4
　　四、幼儿期 ……………………… 5
　　五、学龄前期 …………………… 5
　　六、学龄期 ……………………… 5
　　七、青春期 ……………………… 5
　第四节　儿科护士的角色与素质
　　　　　要求 …………………… 6
　　一、儿科护士的角色 …………… 6
　　二、儿科护士的素质要求 ……… 7
　第五节　儿科护理的发展与展望 …… 7

第二章　小儿生长发育 ………… 11
　第一节　生长发育的规律及影响
　　　　　因素 …………………… 11
　　一、生长发育的规律 …………… 11
　　二、影响生长发育的因素 ……… 12
　第二节　小儿体格生长发育及评价 … 14
　　一、体格生长常用指标及测量 … 14
　　二、体格生长的评价 …………… 15
　第三节　与体格生长有关的其他系统
　　　　　的发育 ………………… 17
　　一、骨骼的发育 ………………… 17
　　二、牙齿的发育 ………………… 18
　　三、生殖系统的发育 …………… 19
　第四节　小儿神经心理发育 ……… 19
　　一、神经系统的发育 …………… 19
　　二、感知觉的发育 ……………… 20
　　三、运动功能的发育 …………… 21
　　四、语言的发育 ………………… 21
　　五、心理活动的发展 …………… 23
　第五节　小儿生长发育中的特殊
　　　　　问题 …………………… 24
　　一、体格生长偏离 ……………… 24
　　二、心理行为异常 ……………… 25

第三章　小儿保健 ………………… 32
　第一节　各年龄期小儿的保健重点 … 32
　　一、胎儿期保健 ………………… 32
　　二、新生儿期保健 ……………… 32
　　三、婴儿期保健 ………………… 34
　　四、幼儿期保健 ………………… 35
　　五、学龄前期保健 ……………… 36
　　六、学龄期保健 ………………… 37
　　七、青春期保健 ………………… 38
　第二节　体格锻炼 ………………… 39
　　一、户外活动 …………………… 39
　　二、皮肤锻炼 …………………… 39

三、体育运动 …………………… 40
第三节　计划免疫 ……………… 40
一、人工获得的免疫方式 ………… 40
二、免疫程序 …………………… 41
三、预防接种的注意事项 ………… 41
四、预防接种的反应及处理 ……… 43
第四节　意外伤害的预防 ………… 44

第四章　住院患儿的护理 ………… 47
第一节　儿科医疗机构的设置及护理管理 …………………………………… 47
一、儿科门诊 …………………… 47
二、儿科急诊 …………………… 48
三、儿科病房 …………………… 49
第二节　住院患儿的心理反应及护理 …………………………………… 50
一、各年龄阶段小儿对住院的心理反应及护理 ……………………… 50
二、临终患儿的心理反应及护理 … 52
第三节　小儿健康评估的特点 …… 52
一、健康史的采集 ……………… 52
二、身体评估 …………………… 53
三、家庭评估 …………………… 55
第四节　与患儿及其家长的沟通 … 56
一、与患儿沟通的方法及技巧 …… 56
二、与患儿家长沟通的方法和技巧 …………………………… 57
第五节　小儿用药特点及护理 …… 57
第六节　儿科常用护理技术操作 … 60
一、婴幼儿约束法 ……………… 60
二、婴幼儿头皮静脉留置针输液法 …………………………… 61
三、输液泵使用技术 …………… 62
四、微量注射泵使用技术 ……… 63

五、经外周穿刺中心静脉置管术 … 64
六、婴幼儿股静脉穿刺法 ……… 65
七、婴幼儿保留灌肠法 ………… 66
八、蓝光疗法 …………………… 67
九、暖箱使用法 ………………… 68
十、换血疗法 …………………… 70
十一、婴儿抚触 ………………… 71

第五章　小儿营养 ………………… 75
第一节　小儿营养基础 …………… 75
一、能量的需要 ………………… 75
二、营养素的需要 ……………… 76
第二节　婴儿喂养 ………………… 78
一、母乳喂养 …………………… 78
二、部分母乳喂养 ……………… 79
三、人工喂养 …………………… 80
四、婴儿食物转换 ……………… 81
第三节　幼儿膳食安排 …………… 82
一、幼儿进食特点 ……………… 82
二、幼儿膳食安排 ……………… 83
第四节　小儿营养状况的评估 …… 83
一、健康史询问 ………………… 83
二、营养调查 …………………… 84
三、实验室检查 ………………… 84

第六章　营养障碍性疾病患儿的护理 …………………………………… 87
第一节　蛋白质-能量营养不良 …… 87
第二节　单纯性肥胖 ……………… 90
第三节　维生素D缺乏症 ………… 92
一、营养性维生素D缺乏性佝偻病 …………………………… 92
二、营养性维生素D缺乏性手足搐搦症 ………………………… 96

第四节 锌缺乏症 …………… 98

第七章 新生儿及新生儿疾病患儿的护理 …………… 102
第一节 概述 …………… 102
一、新生儿有关概念 …………… 102
二、新生儿分类 …………… 102
第二节 正常足月儿和早产儿的特点与护理 …………… 103
一、正常足月儿的特点及护理 …… 103
二、早产儿的特点与护理 …………… 107
第三节 新生儿窒息 …………… 109
第四节 新生儿缺氧缺血性脑病 …… 114
第五节 新生儿颅内出血 …………… 117
第六节 新生儿呼吸窘迫综合征 …… 120
第七节 新生儿黄疸 …………… 123
第八节 新生儿溶血病 …………… 124
第九节 新生儿败血症 …………… 128
第十节 新生儿寒冷损伤综合征 …… 131
第十一节 新生儿低血糖 …………… 133

第八章 消化系统疾病患儿的护理 …………… 138
第一节 小儿消化系统解剖生理特点 …………… 138
一、口腔 …………… 138
二、食管 …………… 138
三、胃 …………… 139
四、肠 …………… 139
五、肝 …………… 139
六、胰腺 …………… 139
七、肠道细菌 …………… 139
八、健康小儿粪便 …………… 139
第二节 口炎 …………… 140

一、鹅口疮 …………… 140
二、疱疹性口炎 …………… 140
三、溃疡性口炎 …………… 141
四、口炎护理 …………… 141
第三节 小儿腹泻病 …………… 142
附：小儿体液平衡特点及液体疗法 …………… 146

第九章 呼吸系统疾病患儿的护理 …………… 157
第一节 小儿呼吸系统解剖生理特点 …………… 157
一、解剖特点 …………… 157
二、生理特点 …………… 158
三、呼吸道免疫特点 …………… 159
四、呼吸系统检查时的重要体征 … 159
第二节 急性上呼吸道感染 …………… 160
第三节 急性支气管炎 …………… 163
第四节 肺炎 …………… 164
一、支气管肺炎 …………… 165
二、几种不同病原体所致小儿肺炎的特点 …………… 169
第五节 支气管哮喘 …………… 171

第十章 循环系统疾病患儿的护理 …………… 179
第一节 小儿循环系统解剖生理特点 …………… 179
一、心脏的胚胎发育 …………… 179
二、胎儿血液循环和出生后的改变 …………… 180
第二节 先天性心脏病 …………… 182
一、概述 …………… 182
二、临床常见的先天性心脏病 … 183

三、先天性心脏病患儿的护理 … 190
　第三节　病毒性心肌炎 ………… 192
　第四节　心力衰竭 ……………… 195

第十一章　泌尿系统疾病患儿的
　　　　　护理 ………………… 199
　第一节　小儿泌尿系统解剖生理
　　　　　特点 ………………… 199
　　一、解剖特点 …………………… 199
　　二、生理特点 …………………… 200
　第二节　急性肾小球肾炎 ……… 201
　第三节　肾病综合征 …………… 205
　第四节　泌尿道感染 …………… 209
　第五节　急性肾衰竭 …………… 212

第十二章　血液系统疾病患儿的
　　　　　护理 ………………… 220
　第一节　小儿造血和血液特点 … 220
　　一、造血特点 …………………… 220
　　二、血液特点 …………………… 221
　第二节　小儿贫血 ……………… 221
　　一、概述 ………………………… 221
　　二、营养性缺铁性贫血 ………… 222
　　三、营养性巨幼细胞性贫血 …… 226
　第三节　特发性血小板减少性紫癜
　　　　　　……………………… 228
　第四节　急性白血病 …………… 231

第十三章　神经系统疾病患儿的
　　　　　护理 ………………… 238
　第一节　小儿神经系统解剖生理
　　　　　特点 ………………… 238
　　一、脑、脊髓 …………………… 238
　　二、脑脊液 ……………………… 239

　　三、神经反射 …………………… 239
　第二节　小儿惊厥 ……………… 240
　第三节　化脓性脑膜炎 ………… 243
　第四节　病毒性脑炎 …………… 247
　第五节　注意力缺陷多动障碍 … 249

第十四章　遗传及内分泌疾病患儿
　　　　　的护理 ……………… 254
　第一节　唐氏综合征 …………… 254
　第二节　苯丙酮尿症 …………… 257
　第三节　先天性甲状腺功能减退症
　　　　　　……………………… 259
　第四节　小儿糖尿病 …………… 261

第十五章　免疫性疾病患儿的
　　　　　护理 ………………… 268
　第一节　风湿热 ………………… 268
　第二节　过敏性紫癜 …………… 271
　第三节　幼年特发性关节炎 …… 274
　第四节　皮肤黏膜淋巴结综合征 … 277

第十六章　感染性疾病患儿的
　　　　　护理 ………………… 284
　第一节　麻疹 …………………… 284
　第二节　水痘 …………………… 289
　第三节　流行性腮腺炎 ………… 292
　第四节　手足口病 ……………… 295
　第五节　小儿结核病 …………… 299
　　一、原发型肺结核 ……………… 299
　　二、结核性脑膜炎 ……………… 303

附录一　2005年九市城区 7 岁以下小
　　　　儿体格发育测量值（$\bar{x} \pm s$）
　　　　　　……………………… 309

附录二　2005年九市郊区7岁以下小儿体格发育测量值（$\bar{x} \pm s$） …… 310

附录三　我国小儿膳食营养素参考摄入量 …… 311

自测题参考答案 …… 313

中英文专业词汇索引 …… 320

主要参考文献 …… 323

第一章　绪　论

学习目标

通过本章内容的学习，学生应能：
◆ **识记**
1．说出儿科护理学的任务和范畴。
2．说出小儿年龄分期及各期特点。
◆ **理解**
1．举例说明儿科护理的特点和一般原则。
2．举例说明儿科护士的角色及素质要求。

儿科护理学（pediatric nursing）是研究小儿生长发育规律及其影响因素、小儿保健、疾病防治和护理以促进小儿身心健康的一门专科护理学。儿科护理学的服务对象是自胎儿至青春期的小儿，其身心处于不断发展中，此为小儿不同于成人的最基本特征。

第一节　儿科护理学的任务和范畴

一、儿科护理学的任务

儿科护理学的任务是通过研究小儿的生长发育特点、疾病防治和小儿保健规律，提供"以小儿及其家庭为中心"的全方位整体护理（holistic nursing care），包括疾病护理、生活护理、安全护理、保健护理、心理护理等，增强小儿体质，最大限度地降低小儿的发病率和死亡率，保障和促进小儿的身心健康，使其在德、智、体、美、劳各方面都得到充分发展，成为中华民族的优秀接班人。

二、儿科护理学的范畴

一切涉及小儿时期健康和卫生的问题都属于儿科护理学的范畴，儿科护理学不单纯是一门专科护理学，还涉及营养学、社会学、心理学、教育学、自然科学、文学艺术、绘画音乐等多门学科。

儿科护理学与临床儿科学都属于儿科医学范畴，二者是一个紧密联系且不可分割的整体。随着医学模式的转变，儿科护理学的范畴已由单纯对疾病的护理转变为"以小儿及其家庭为中心"的整体护理，由单纯对患儿的护理扩展为对所有小儿提供有关生长发育、疾病防治、保障和促进小儿身心健康的全面服务，由单纯的医疗保健机构承担其任务逐渐发展为全社会都参与和承担的小儿保健和护理。因此，儿科护理学将以其全方位的整体护理促进小儿的健康成长。

护理模式的转变

护理模式是指人们对人、健康、环境、护理及康复等护理问题的思维方式和处理方法。护理模式是护理目标、方法和价值的形式，其前提是基于对人的客观认识，进而去探讨与之相关的健康、环境、护理及康复等几个基本要素。护理模式随着医学模式的发展而发展，是医学护理实践的产物。

随着社会的发展，人民生活水平的提高，人们对健康的需求也逐年提高，护理模式也随着人们日益增长的健康需求而变化和发展。随着生物医学模式的转变，护理模式的发展也经历了3个阶段，即以疾病为中心的功能制护理模式、以患者为中心的责任制护理模式、以人的健康为中心的系统化整体护理模式。现代医学的发展需要有一定的护理模式相适应，而每一次护理模式的转变都是一场深刻的变革。

第二节 儿科特点及儿科护理一般原则

一、儿科护理的特点

小儿在解剖、生理、病理、心理等方面都与成人有所不同，他有自己的特征，在护理方面也有其独特之处，因此小儿不是成人的缩影。

（一）基础特点

1. 解剖方面　小儿随着体格生长发育的进展，外观不断变化，如体重、身长、头围、胸围等的增长，各器官的发育亦遵循一定规律，如身体各部分比例的改变、骨骼的发育、牙齿的萌出等。因此，护理人员必须熟悉小儿的正常生长发育规律，才能做好保健护理工作。如：①新生儿和小婴儿头部比例相对较大，颈部肌肉和颈椎发育相对滞后，抱婴儿时应注意保护头部；②小儿骨骼比较柔软并富有弹性，不易折断，但长期受压易变形；③小儿髋关节附近的韧带较松弛，臼窝较浅，容易发生脱臼及损伤，护理时动作应轻柔，避免过度牵拉。

2. 生理方面　小儿年龄越小，生长越快，所需营养物质和液体总量相对比成人高。小儿各器官系统的功能亦随年龄的增长逐渐发育成熟，不同年龄小儿的生理、生化正常值也各不相同，如心率、呼吸、血压、血清和其他体液的生化检验值等。熟悉这些生理生化特点才能正确地判断和护理。

3. 病理方面　由于小儿发育不够成熟，对同一致病因素的病理反应与成人有很大差异。如维生素D缺乏时婴儿患佝偻病，而成人则表现为骨软化症；肺炎球菌所致的肺部感染在婴幼儿常为支气管肺炎，而在年长儿和成人则表现为大叶性肺炎。

4. 免疫方面　小儿免疫系统发育不成熟，防御能力差。小儿在生后6个月内，因从母体获得特异性抗体IgG，暂时形成被动免疫，故很少感染麻疹、腺病毒等传染病，而自行合成的IgG一般要到6~7岁才达到成人水平。母体IgM不能通过胎盘，故小儿易患革兰氏阴性细菌感染；婴幼儿SIgA也缺乏，易患呼吸道和消化道感染。因此，护理中应注意消毒隔离以预防感染。

(二)心理特点

小儿时期是心理行为发育和个性发展的重要时期,由于身心发育未成熟,表现为情绪不稳定、依赖性较强、适应能力差、较不能合作。同时,小儿心理行为发育易受家庭、学校和社会的影响,可塑性强,应因势利导促其身心发育,培养良好的个性及行为习惯。护理中应以小儿及其家庭为中心,与小儿父母、幼教工作者、教师等共同配合,根据不同年龄阶段的心理行为发育特征和需求,采取相应的心理护理措施。

(三)临床特点

1. 疾病方面　小儿疾病种类与成人不同,以感染性、先天性、遗传性疾病多见,且疾病常缺乏典型的临床表现,年龄越小越不典型,如新生儿及体弱儿患严重感染性疾病时,常表现为各种反应低下,如体温不升、拒乳、表情呆滞、外周血白细胞不增或降低等。此外,小儿病情变化多端、起病急、症状重、受累系统多,须密切观察病情并结合必要的辅助检查,才能及时发现问题、及早做出确切诊断,并给予及时细致的护理。

2. 诊治方面　不同年龄阶段小儿患病临床表现也不同,故在临床诊断时应注意年龄因素。以惊厥为例,若新生儿,首先考虑产伤、颅内出血和缺氧缺血性脑病等;6个月以内婴儿,首先考虑婴儿手足搐搦症;6个月~3岁小儿,应考虑热性惊厥和中枢神经系统感染;4岁以上小儿,应考虑癫痫和其他神经系统疾病。小儿多不能自己诉说病情,除应向家长详细询问病史外,还应密切观察病情并结合辅助检查,及早发现问题,做出正确诊断和处理。小儿疾病受累系统多,除治疗原发病外,还应及时处理并发症,治疗应注意药物剂量和使用方法。

3. 预后方面　小儿患病时起病急,变化快,病情转归有正反两面倾向。从正面而言,如诊治及时、有效,护理恰当,疾病往往迅速好转恢复,由于小儿修复和再生功能旺盛,后遗症一般较成人少。反之,小儿病情危重可能在未见明显临床症状时即发生猝死。因此,小儿患病时应严密监护、积极抢救。

4. 预防方面　开展计划免疫和加强传染病管理是降低小儿发病率和死亡率的重要环节。及早筛查和发现先天性、遗传性疾病以及视觉、听觉障碍和智力异常,并加以干预和矫正,可防止发展为严重伤残。注意合理营养,积极进行体育锻炼,可防止小儿肥胖症,并对成年后出现的高血压、糖尿病、冠心病等起到预防作用。因此,儿科医护人员应将焦点从疾病治疗转移到疾病的预防和小儿的健康促进。

二、儿科护理的一般原则

(一)以小儿及其家庭为中心

家庭是小儿生活的中心,儿科医护工作者必须鼓励、支持、尊重并提高家庭的功能,重视不同阶段小儿的特点,关注小儿家庭成员的心理感受和服务需求,与小儿及其家庭建立良好的关系,为家长创造机会和途径,让他们展示照顾小儿的才能,获得对家庭生活的把握感;为小儿及其家庭提供预防保健、健康指导、疾病护理和家庭支持等服务,让他们将健康理念和健康行为放在疾病预防和健康促进上。

(二)实施身心整体护理

护理工作既要满足小儿的生理需要和维持已有的发育状况,又要维护和促进小儿心理行为的发展和精神心理的健康;除关心小儿各系统器官功能的协调平衡外,还应使小儿的生理、心理活动状态与社会环境相适应,并应重视环境带给小儿的影响。

(三)减少创伤和疼痛

对于小儿来说,大多数治疗手段是有创的、疼痛的,是令他们害怕的。儿科医护工作者应充分认识疾病本身及其治疗、检查和护理过程对小儿及其家庭带来的影响,安全执行各项护理操作,防止或减少小儿的创伤和疼痛,并应采取有效措施防止或减少小儿与家庭的分离,帮助小儿及其家庭建立把握感和控制感。

（四）遵守法律和伦理道德规范

儿科医护工作者应自觉遵守法律和伦理道德规范，尊重小儿的人格，保障小儿的权利，促进小儿身心健康发展。随着社会主义法制的不断健全和完善，许多保护小儿和促进小儿健康的相关法律和规定不断完善。儿科护士有法律上的责任用应有的科学知识使小儿得到最佳的照护。儿科护士还应告知小儿与家庭遵守医院的规定，在为小儿做各项护理操作时，应向小儿及家长解释操作的目的和意义，并取得小儿及家长的同意和合作，必要时让小儿家长签署知情同意书。从法律的角度考虑，护士在执业中应当正确执行医嘱，对小儿进行科学的护理。如果因护士本身工作的疏忽，发生护理差错、事故，给小儿及家庭造成伤害的，儿科护士对自己的行为负有法律责任。

第三节　小儿年龄分期及各期特点

小儿的生长发育是一个动态变化的复杂过程，各组织器官系统逐渐发育完善，功能不断趋于成熟。根据小儿生长发育不同阶段的特点，将小儿年龄划分为以下 7 个时期，应以整体、动态的观点认识各期小儿的特点，并采取相应的护理措施。

一、胎儿期

从受精卵形成到胎儿娩出称为胎儿期（fetal period），约 40 周。胎儿的周龄即为胎龄。该期胎儿生长发育迅速，完全依靠母体生存，孕母的健康、营养、情绪等对胎儿的生长发育有着重大影响，因此应重视孕期保健和胎儿保健。临床上将此期分为 3 个阶段。①妊娠早期：自受精卵形成至满 12 周，此期末胎儿已形成。此期是胎儿生长发育十分重要的时期，如受感染、放射线、化学物质等不利因素的影响，胚胎发育受阻，可导致流产或各种先天畸形，甚至胎儿夭折。②妊娠中期：自 13 周至满 28 周，此期胎儿各器官迅速生长，功能也逐渐成熟，至 28 周时，胎儿肺泡发育基本完善，已具有气体交换功能，在此胎龄以后出生者存活率高，所以临床上常以 28 周作为胎儿娩出后有无生存能力的界限。③妊娠晚期：自 29 周至胎儿出生。此期胎儿以肌肉及脂肪发育为主，体重迅速增长。

二、新生儿期

自胎儿娩出脐带结扎到生后满 28 天称为新生儿期（neonatal period）。此期小儿脱离母体开始独立生存，其适应能力及生理调节功能尚不完善，生长发育和疾病方面具有非常明显的特殊性，且发病率高，死亡率也高。因此，新生儿期应加强监护，注意保暖、喂养、清洁卫生、消毒隔离等护理，同时还要做好新生儿疾病筛查。

三、婴儿期

自出生到满 1 周岁之前为婴儿期（infant period）。此期为小儿出生后体格、动作和认知能力生长发育最迅速的时期，该期小儿对热量和营养素尤其是蛋白质的需求量相对较高，但各器官消化吸收功能尚不够成熟完善，容易发生营养和消化紊乱。同时，婴儿体内来自母体的抗体逐渐减少，自身免疫功能尚未成熟，易患感染性疾病。因此，此期提倡母乳喂养和合理添加辅食，有计划接受预防接种，重视培养良好的卫生习惯，做好消毒隔离工作。

四、幼儿期

自 1 周岁后到满 3 周岁前为幼儿期（toddler's age）。此期小儿体格生长发育速度较前减慢，但智能发育较前突出，同时活动范围渐广，接触社会事物渐多，语言、思维和社交能力的发育日渐增速，自主性和独立性不断发展，但自我保护和对危险的识别能力不足，此期是小儿意外事故高发的时期，应加强防护，注意防止意外创伤和中毒等发生。同时，该期小儿消化系统仍不完善，断乳和其他食物添加应在幼儿早期完成，注意防止营养缺乏和消化紊乱。

五、学龄前期

自 3 周岁后到 6~7 岁入小学前为学龄前期（preschool age）。此期小儿体格生长速度较前减慢，处于稳步增长阶段，智能发育更加迅速，有强烈的好奇心，可塑性大。该期小儿发展语言能力，拓展社会关系，自我概念开始发展。因此，此期应加强早期教育，注意小儿学习习惯和思维能力的培养，重视思想品德教育和生活自理能力的培养，为入学做准备。

六、学龄期

自入小学前（6~7 岁）到青春期前为学龄期（school age）。此期小儿体格生长发育相对缓慢，智能发育更趋成熟，除生殖系统外，小儿各系统器官的发育已接近成人。该期是接受科学文化教育的重要时期。这个时期小儿感染性疾病的发病率较前为低，但要注意预防近视和龋齿，端正坐立行姿势，安排有规律的生活，促进德、智、体、美、劳全面发展。

七、青春期

青春期（adolescence）年龄范围一般为 10~20 岁，女孩青春期开始和结束年龄都比男孩早 2 年左右。女孩一般从 11~12 岁至 17~18 岁，男孩从 13~14 岁至 18~20 岁为青春期。此期小儿的生长发育再次加速，出现生长发育的第二高峰期。在性激素作用下，第二性征逐渐明显，生殖系统的发育渐趋成熟。该期以成熟的认知能力、自我认同感的建立为显著特征。因此，此期除了要保证足够的营养和加强锻炼外，还应进行生理卫生和性知识教育，使之树立正确的人生观和价值观，养成良好的道德品质，建立健康的生活方式。

青春期厌食症

青春期厌食症是在青春期内发生的厌食。这种厌食不是疾病引起的，也不是平常所说的食欲不好，而是由于精神因素所致，属神经性厌食范畴。比如，有的女孩总认为自己太胖，必须限制饮食；或认为越瘦越美，欣赏并追求苗条的身材，因而对食物产生了厌烦情绪，甚至见了食物就呕吐，以致体重急剧下降。轻者消瘦、营养不良、闭经、抵抗力下降；重者全身功能紊乱、心动加速、卧床不起，需要送进医院治疗。体重下降到生病前的 35%~40% 时，心肌发生变化，可能突然死亡。由于这种厌食症的病因是精神因素，是思想上的错误观念所造成的，而这种观念又十分固执，很难改变。因此，需要精神科医生进行配合治疗。不过，最好的办法还是预防，只要树立正确的健美观，在健康的前提下追求美，就不会发生青春期厌食症。

第四节　儿科护士的角色与素质要求

一、儿科护士的角色

随着医学模式的转变和护理学科的发展，儿科护士的角色发生了很大的转变，已由单纯的疾病护理角色转变为具有专业知识技能的多元化角色的护理人员。

（一）护理活动计划者和决策者

儿科护士的首要角色是为小儿和家庭提供直接的照护，以护理程序为框架，评估小儿及家庭对疾病和伤害的反应，以小儿的身心需求为基础，并根据生长发育不同阶段的特点，制订护理计划，实施护理措施，评价护理效果，用自己的知识和技能为小儿提供专业的护理。同时护士还应为小儿家庭提供建议，根据小儿年龄特点逐步培养小儿的自理能力，帮助小儿适应医院、社区和家庭的生活。这一系列护理活动的目的是满足小儿身、心两方面的需要。

（二）健康教育者

健康教育与疾病预防和家庭支持密切联系。包括帮助不同年龄、不同理解能力的小儿和父母了解疾病治疗和护理过程，向小儿及其家庭宣传卫生保健知识，传递健康知识，提供极佳的促进小儿身心健康的各项服务，以达到预防疾病、促进健康的目的。儿科护士还应向小儿及其家庭宣传科学的育儿知识，通过教育改变小儿及其家庭的某些不良习惯，并让家长理解在患儿出院后他们的责任及掌握相应的照顾技巧，使他们采取健康的态度和行为，帮助小儿建立自我保护意识和养成良好的卫生、生活习惯。

（三）健康咨询者

护士通过倾听患儿及其家长的倾诉，关心小儿及其家庭在医院环境中的感受，帮助家庭应对危机和压力。因此，儿科护士应鼓励、支持、教育小儿表达情感和想法，鼓励小儿及其家庭咨询有关小儿身心方面的问题，解答他们的问题，向他们提供有关治疗和护理的信息，并给予有效的健康指导。

（四）合作与协调者

儿科护士应与其他专业人员进行合作与协调，构成一个有效的治疗和护理网络，使诊断、治疗、营养、康复等工作互相协调和配合，从而保证小儿获得最适宜的整体性医护照顾。如护士与医生联络，探讨治疗和护理方案；护士与营养师联系，讨论小儿膳食的安排；护士还需与小儿及其家庭进行有效的沟通，让其共同参与小儿的护理过程，以保证护理措施的有效执行。

（五）小儿及其家庭的代言人

儿科护士是小儿及其家庭权益的维护者，在小儿不会表达或表达不清自己的要求和意愿时，护士有责任向小儿及其家庭告知治疗和护理程序，帮助小儿及家庭做出知情性决定，让家庭共同参与小儿的护理过程，维护小儿的权益不受侵犯或损害。护士还应评估有碍小儿健康的问题和事件，提供给医院行政部门改进或提供给卫生行政单位作为拟定卫生政策和计划的参考。

（六）小儿及其家庭权益的维护者

儿科护士应充分认识到小儿及家庭的需求、家庭资源情况以及他们可从医院及社区获得的卫生保健服务，关心并帮助小儿享用这些服务。让家庭在尽可能的情况下参与小儿的照护，应与小儿及家庭成员共同努力，利用所有可利用的健康服务和经济支持，维护小儿和家庭的权益，为小儿和家庭提供有意义的健康服务。

（七）护理研究者

护士应积极进行护理研究工作，通过研究来验证、扩展护理理论和知识，发展护理新技术，指导和改进护理工作，提高儿科护理质量，促进专业发展。同时，护士还需探讨隐藏在小儿症状及表面行为下的真正问题，从而更实际、更深入地帮助他们。

二、儿科护士的素质要求

（一）思想道德素质

1．热爱护理事业，有高度的责任感和严谨的工作态度，爱护并尊重小儿，具有高度的同情心，用爱心、细心、耐心和责任心为小儿的健康提供优质服务。

2．有高尚的道德品质，有较高的"慎独"修养，以平等、真诚和友善的心态，为小儿及其家庭提供帮助。

3．有全心全意为小儿健康服务的高尚情操，能保护小儿及其家庭的隐私。

（二）科学文化素质

1．具有一定的文化素养和自然科学、社会科学、人文科学等多学科知识，并应用于护理实践。

2．掌握一门外语和现代科学发展的新理论和新技术。

（三）专业业务素质

1．具有较全面的知识结构及比较系统完整的专业理论和精湛的护理实践技能，操作准确、动作规范。

2．具有细致敏锐的观察能力和分析判断能力、快速敏捷的反应能力，能用护理程序解决患儿的健康问题。

3．具有护理科研意识，掌握护理科研方法。

（四）身体心理素质

1．有健康的身体和健康的心理，有乐观、开朗、平和的心态和宽容的胸怀。

2．具有与小儿及家庭进行有效沟通的能力。

3．具有较强的适应能力和强烈的进取心。

第五节　儿科护理的发展与展望

与西方医学相比，我国的中医儿科起源要早得多，自扁鹊"为小儿医"以来已有两千四百余年，自宋代钱乙建立中医儿科学体系以来也有近九百年。在祖国丰富的医学典籍和历代名医的传记中，常见许多有关小儿保健、疾病预防等方面的记载，如我国现存最早的医学经典著作《黄帝内经》中对儿科病症已有记录；唐代杰出医学家孙思邈所著的《备急千金要方》中，比较系统地解释了小儿的发育过程，提出了小儿喂养和清洁等方面的护理原则。

进入19世纪后，西方儿科学发展迅速，20世纪30年代西医儿科学在我国开始受到重视。各国传教士在我国开办了教会医院并附设了护士学校，医院中设立了产科、儿科门诊及病房，护理工作重点放在对住院患儿的生活照顾和护理上，逐渐形成了我国的护理事业和儿科护理学。

新中国成立以后，在党和政府的关怀下，我国儿科护理事业取得了较大的发展。随着儿科护理工作不断发展，从推广新法接生、实行计划免疫、建立各级小儿医疗保健机构、大力开展城乡小儿保健、提倡科学育儿，直至形成和发展了儿科监护病房（PICU）和新生儿监护病房（NICU）等专科护理病房。特别是近年来，我国积极开展了小儿保健工作，使小儿的健康状况有了显著的改善。①婴儿死亡率明显下降，从2000年的32.2‰下降至2011年的12.1‰；②小儿体格发育水平提高了，以6～7岁组小儿为例，2005年我国普查结果与1995年比较，男童体重增加了1.54kg，身高增长了2.1cm，女童体重增加了1.19kg，身高增长了1.8cm；

③小儿营养状况得到明显改善，1991年资料显示我国5岁以下男女童营养不良发生率分别为16.5%和17.3%，均比发展中国家的平均水平低10个百分点左右；④小儿传染病发病率大幅下降，我国已于1960年宣布天花消失，1994年后成为无脊髓灰质炎的国家；⑤常见病、多发病发病率也迅速下降，小儿体质普遍增强。2011年国务院颁发了《中国小儿发展纲要（2011—2020年）》，提出了改善小儿卫生保健服务，提高小儿健康水平的更明确要求。

为适应儿科护理学的发展，儿科护士队伍的建设也受到极大重视。护理教育从单一层次的中等护理教育逐步转向专科、本科、硕士、博士研究生等多层次护理教育体系。自1983年我国恢复高等护理教育以来，举办护理专业高等教育的院校逐年增加，办学规模不断扩大，为我国培养了一大批儿科护理人才，使儿科护理队伍向高层次、高素质方向发展。随着科学技术的突飞猛进，新理论、新知识、新技术不断涌现，对儿科护士的继续教育也日趋受到重视。儿科护理学已逐渐发展成为有独特功能的专门学科，其研究内容、范围、任务涉及影响小儿健康的生物、心理、社会等各个方面，儿科护士成为小儿保健的主要力量。

21世纪是生命医学的世纪，随着社会的发展，科学的进步，儿科疾病谱将继续发生变化，在新时期小儿健康将面临新的机遇和挑战，主要表现在：①感染性疾病仍然是威胁小儿健康的主要问题，一些已经得到控制的传染病（结核）在全球范围内的回升，艾滋病等新的传染病在世界范围的广泛传播，将不断对小儿健康构成新的威胁；②小儿精神卫生将成为人们越来越重视的问题，各种媒介手段对小儿的影响越来越大，应高度重视其产生的负面影响；③小儿时期意外伤害将成为儿科领域的一个前沿课题；④成人疾病的小儿期预防成为儿科工作者所面临的一项新任务；⑤环境污染对小儿健康的危害将越来越受到关注；⑥青春期医学等多学科对儿科学的渗透将是21世纪的热门课题；⑦儿科疾病的基因诊断和治疗将得到发展和普及。

医学科学和诊疗技术的发展，大大提高了护理工作的技术含量，对儿科护士的知识、技术和能力都提出了更高要求。我国儿科护理工作虽然已取得了较大的成绩，但与发达国家相比仍有较大差距，所以我们应当努力学习先进技术和经验，结合我国国情，使我国的儿科护理事业取得更大、更快的发展。

小 结

一、儿科护理学的任务和范畴

儿科护理学是一门研究小儿生长发育规律及其影响因素、小儿保健、疾病防治和护理，以促进小儿身心健康的一门专科护理学。其任务是为小儿提供"以小儿及其家庭为中心"的整体护理。

二、儿科特点及儿科护理一般原则

儿科护理学的服务对象是自胎儿至青春期的小儿，在解剖、生理、病理、免疫、心理、疾病诊治、预防、护理等方面都有其学科特点。其不同于成人的最基本特征是小儿身心处于不断发展中。

三、小儿年龄分期及各期特点

根据不同年龄的发育特点，将小儿划分为胎儿期、新生儿期、婴儿期、幼儿期、学龄前期、学龄期和青春期七个时期，各期都具有其突出的特点。

四、儿科护士的角色与素质要求

儿科护士的角色有：护理活动计划者和决策者、健康教育者、健康咨询者、合作与协调者、小儿及其家庭的代言人、小儿及其家庭权益的维护者、护理研究者。

自测题

一、单项选择题

1. 以下哪项**不是**小儿疾病的特点
   A．起病急
   B．变化快
   C．后遗症多
   D．并发症多
   E．临床表现与年龄相关

2. 新生儿期是指自胎儿娩出脐带结扎至生后满
   A．1 周
   B．2 周
   C．3 周
   D．4 周
   E．1 个月

3. 死亡率最高的时期是
   A．新生儿期
   B．婴儿期
   C．幼儿期
   D．学龄前期
   E．学龄期

4. 关于婴儿期的划分，以下哪项正确
   A．出生～生后满 28 天
   B．出生～生后满 1 岁
   C．出生～生后满 3 岁
   D．出生 28 天～生后满 1 岁
   E．出生 28 天～生后满 3 岁

5. 关于幼儿期的划分，以下哪项正确
   A．生后满 1 周～3 周
   B．生后满 1 个月～3 个月
   C．生后满 1 个月～1 岁
   D．生后满 1 岁～3 岁
   E．生后满 1 岁～5 岁

6. 小儿出生后生长发育最迅速的时期是
   A．婴儿期
   B．幼儿期
   C．学龄前期
   D．学龄期
   E．青春期

7. 小儿最易发生意外的年龄期是
   A．新生儿期
   B．婴儿期
   C．幼儿期
   D．学龄前期
   E．学龄期

8. 以下哪项**不是**青春期的发育特点
   A．体格发育迅速
   B．淋巴系统发育迅速
   C．生殖系统发育渐趋成熟
   D．心理、行为、精神方面问题多见
   E．建立成熟的认知能力、自我认同感

9. 生后 6 个月的婴儿易感染某些传染病的主要原因是
   A．白细胞吞噬功能不足
   B．皮肤黏膜娇嫩，屏障功能差
   C．来自母体的钙离子及其他微量元素储备不足
   D．来自母体的 IgM 浓度下降，而自身合成 IgM 的能力又不足
   E．来自母体的 IgG 浓度下降，而自身合成 IgG 的能力又不足

10. 学龄前期小儿易发生以下哪种疾病
    A．肺炎
    B．贫血
    C．佝偻病
    D．急性肾炎
    E．婴幼儿腹泻病

二、案例题

患儿，男，3个月，足月顺产，出生体重3.3kg，母亲抱来儿保门诊体检。查体：体重6.9kg，身长61.8cm，头围40.6cm，胸围39.9cm，未发现器质性病变。

问题：

1．小儿年龄分几期？该男孩处于哪一年龄期？
2．对该家长保健指导的内容是什么？

（林晓云）

第二章 小儿生长发育

学习目标

通过本章内容的学习，学生应能：

◆ 识记
1. 复述小儿体格生长常用指标的正常值和计算方法。
2. 说出与体格生长有关的各系统发育的关键时点的变化特点。
3. 叙述小儿感知、运动及语言发育的过程。

◆ 理解
1. 归纳小儿生长发育的规律。
2. 总结影响小儿生长发育的因素。

◆ 运用
1. 正确评价不同年龄阶段小儿的生长发育。
2. 识别小儿生长发育中的异常情况，为小儿及家长进行健康指导。

第一节 生长发育的规律及影响因素

一、生长发育的规律

生长发育是小儿身体的基本特点，小儿时期的生长发育对成年后的影响很大。生长发育又称成长发展。生长（growth）是指小儿各器官、系统的长大和形态变化，表示量的改变；发育（development）是指细胞、组织、器官的分化完善和功能上的成熟，表示质的改变。二者紧密相关，共同表示机体的动态变化。生长发育贯穿于从精卵结合到青春期结束的全部过程，不仅指体格的生长，还包括情感、认知、道德水平等心理社会方面的发展。

生长发育应遵循人类共同的规律性。

（一）连续性和阶段性

生长发育是一个连续的过程，但又并非等速进行。不同年龄阶段生长速度不同，每一个阶段的发展均以前一阶段为基础，即具有阶段性。一般，年龄越小，体格生长速度越快，生后6个月内生长最快，为第一个生长高峰，以后逐渐减慢，周岁后基本稳步成长，至青春期又出现第二个生长高峰。

（二）各器官、系统发育的不平衡性

各器官、系统的发育快慢不同，各有先后，如图2-1所示。神经系统发育领先，生殖系统发育较晚，淋巴系统则先快而后回缩，皮下脂肪发育年幼时较发达，肌肉组织的发育到学龄期才加速。

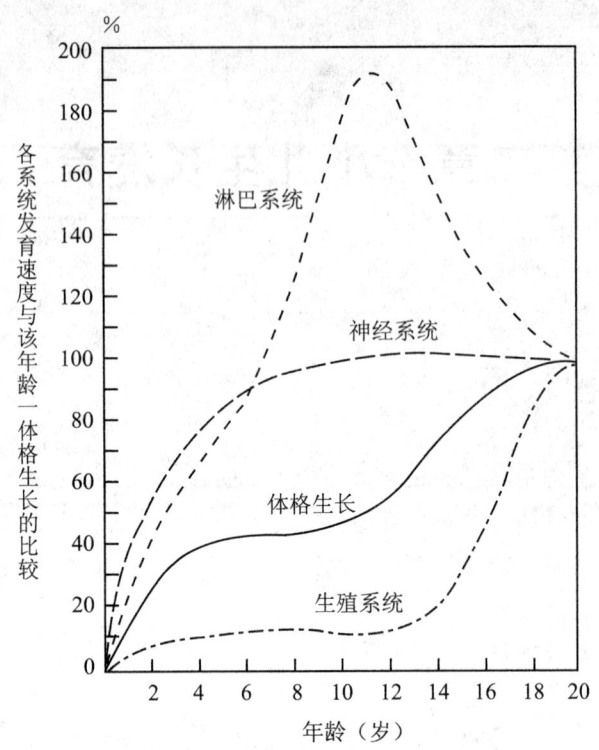

图 2-1 人体主要系统生长模式

（三）顺序性

小儿各器官功能的生长发育遵循特定的顺序：由上到下、由近到远、由粗到细、由低级到高级、由简单到复杂。如小儿先抬头，后抬胸，再会坐、立、行（由上到下）；先会控制肩和臂，再会控制手的活动（由近到远）；先会全掌抓握物品，再发展到手指捏取（由粗到细）；先会画直线，进而能画圆、图形（由简单到复杂）；先会看、听和感觉事物，再发展到记忆、思维、分析和判断（由低级到高级）。

（四）个体差异性

小儿生长发育虽按上述一般规律发展，但在一定范围内因受遗传、环境因素的影响而存在较大的个体差异。因此，小儿的生长发育水平有一定范围，所谓的正常值不是绝对的，必须考虑个体的不同影响因素，才能进行正确地判断。

二、影响生长发育的因素

遗传因素和环境因素是影响小儿生长发育的两个基本因素。遗传决定了机体发育的潜力，环境则决定发育的速度及最终达到的程度。两者相互作用决定了小儿的生长发育模式。

（一）遗传因素

小儿生长发育的特征、潜力、趋向由父母双方的遗传因素决定。如皮肤和头发的颜色、面部特征、身材高矮、性成熟早晚以及对某些疾病的易感性均与遗传有关。同时，小儿的性格、气质和学习方式等方面的特点也受到遗传因素的影响。

性别也可造成生长发育的差异。如女孩的语言、运动发育略早于男孩。女孩的青春期开始较男孩早约两年，此时其身高、体重可超过男孩，但至青春期末，男孩的平均身高、体重最终超过女孩；在骨骼、肌肉和皮下脂肪发育等方面，女孩与男孩也有较大差异。

（二）环境因素

1. **营养** 小儿的生长发育需要充足且比例恰当的营养素供给。年龄越小，其生长发育受营养的影响越大。宫内营养不良的胎儿不仅体格发育落后，严重时脑的发育也可受到影响。生后长期营养不良，不仅影响体格发育，使身体免疫、内分泌、神经调节等功能紊乱，甚至影响智力、心理和社会能力的发展。另外，营养素摄入不均衡，如维生素 D 缺乏，各种微量元素如锌、铁、碘等的缺乏也可引起小儿体格和精神神经发育的异常。

2. 母孕情况　胎儿在宫内的发育受孕母的营养、情绪、健康状况、生活环境等因素影响。如妊娠早期感染巨细胞病毒、风疹病毒、带状疱疹病毒等，可导致胎儿先天畸形；孕母严重营养不良可引起流产、早产和胎儿发育迟缓；孕母接受某些药物、放射线照射、环境毒物污染、精神创伤等可引起胎儿发育受阻。

3. 生活环境　生活环境不仅包括物理环境（居住环境、卫生条件），还包括社会环境（经济水平、社会制度、文化等）和家庭环境（家庭结构、气氛、物质条件、社会地位等）。良好的生活环境，如新鲜的空气、和谐的家庭氛围、良好的社会文化环境，可促进小儿的生长发育，反之则带来不良影响。国内外的研究结果表明处于快速生长中的胎儿对铅的毒性十分敏感，即使是低水平的铅暴露仍可对胎儿及婴儿出生后的生长发育造成损害。

4. 疾病与药物　孕母的疾病可影响胎儿的发育，甚至造成畸形。出生时的产伤、窒息、颅内出血等疾病可造成小儿智能发育的落后。长期慢性疾病对小儿的体重、身高、心理行为等方面均可产生不良影响。有些内分泌疾病致使小儿身材矮小。神经系统感染性疾病后有时留有程度不等的智能发育迟缓。

妊娠早期用药对胎儿的影响较大。小儿如长期应用某些抗生素可致听力障碍及其他不良反应。长期应用肾上腺皮质激素可使小儿身高增长缓慢，体脂分布异常。

5. 教育　早期教育可以促进婴幼儿的神经心理发育。研究表明，婴儿出生后第 1h 的母婴接触，可促进其今后形成良好的性格和积极的情绪。另外，适当的教育可使智能低下者的智能水平得到轻度提高。

早期教育

早期教育是指对于正常小儿根据婴幼儿智能发育的规律进行有组织、有目的的丰富环境的活动，促进婴幼儿智能发育；早期干预是将早期教育的方法用于高危新生儿或发育偏离正常的 5~6 岁以前，特别是 3 岁以前小儿，使这些小儿的智能赶上正常小儿或有所提高。近年来，脑科学和小儿心理学的发展，为早期教育及干预提供了生理和心理方面的理论依据。婴幼儿出生后头几年是脑发育最为迅速的时期。新生儿脑重 370g，6 个月时为 700g（占成人脑重的 50%）；2 岁时为成人的 3/4。皮质细胞的分化从胎生第 5 个月开始，逐渐形成分层结构。3 岁时，皮质细胞已大致分化完成，8 岁时已与成人无大区别。神经细胞之间由突触连接。突触数目在小儿出生后迅速增加，4 岁左右完成神经纤维的髓鞘化。脑科学研究表明，婴幼儿时期是脑发育过程中的关键期。此期，脑在结构和功能上都具有很强的适应和重组能力，即其可塑性很强，易受环境的影响。适宜的经验和适当的感觉、语言和运动等刺激可以促进脑功能的发展。早期教育专家建议，早期教育越早越好，6 岁以前都称早期，但 3 岁以前更好，最好从新生儿开始。不同年龄段小儿早期教育的方法和要求不尽相同，应选择正规且高质量的早期教育机构为小儿提供早期教育。

第二节 小儿体格生长发育及评价

一、体格生长常用指标及测量

（一）体重

体重（weight）为各器官、组织和体液的总重量。体重易于测量、结果较准确，是反映小儿生长与营养状况的重要指标，也是儿科临床计算药量、输液量的重要依据。

出生体重与新生儿的胎次、胎龄、性别及宫内营养状况有关。据《2005年中国九市七岁以下小儿体格发育调查》结果显示，男婴的平均出生体重为3.3±0.4kg，女婴为3.2±0.4kg，与世界卫生组织的参考值相近（男3.3kg，女3.2kg）。生后一周内可出现暂时性体重下降或称生理性体重下降，约减少原来体重的3%～9%，以后逐渐回升，至出生后第7～10日应恢复到出生时的体重。如生后及时合理喂哺，体重下降可减少。如果体重下降超过10%或至第10天还未恢复到出生时的体重，则为病理状态，应分析其原因。

随年龄的增加，小儿体重的增长逐渐减慢，具体见表2-1。我国1975年、1985年、1995年、2005年四次九城市小儿的调查资料显示，正常足月新生儿生后3个月时的体重约为出生时的2倍，11个月时达到出生体重的3倍，系第一个生长高峰；2岁时约为出生体重的4倍。2岁至青春前期体重增长减慢，年增长值约为2kg。

表2-1　2005年九市城区小儿的年平均增长情况

年龄	体重（kg）		身高（cm）		头围（cm）	
	男	女	男	女	男	女
0～1岁	6.99	6.46	26.9	26.3	12.1	11.4
1岁～	2.44	2.40	12.1	12.0	2.0	2.0
2岁～	2.38	2.47	8.7	8.8	1.0	1.3
3岁～	1.95	1.94	6.9	7.2	0.8	0.7
4岁～	2.57	2.21	7.3	7.0	0.7	0.7
5～6岁	2.57	2.49	6.4	6.6	0.5	0.5

当无条件测量小儿实际体重时，为便于医务人员计算小儿用药量和液体量，可用以下公式估计体重

1～6月：体重（kg）＝出生体重（kg）＋月龄×0.7

7～12月：体重（kg）＝6＋月龄×0.25

2岁到青春前期小儿体重：体重（kg）＝年龄×2+8

12岁以后为青春发育阶段，是生长发育的第二次高峰，受内分泌影响，体重增长较快，不能按上式推算。

正常同年龄、同性别小儿的体重存在个体差异，体重在均值加减2个标准差范围内为正常。体重的增长在同一年龄的小儿亦有较大的差异，可有±10%范围波动。故大规模小儿生长发育指标测量所得的数据只能作为参考。

体重测量前应脱去外衣、鞋帽，排空大小便。如因气候原因不能过多脱衣服，应设法扣除衣服重量。测量前必须将秤校正至零点。

(二) 身高

身高 (height) 指从头顶至足底的全身长度，是反映骨骼发育的重要指标。一般情况下，3岁以下小儿立位测量不易准确，应仰卧位测量，称为身长。

身高 (长) 的增长规律与体重相似。年龄越小，增长越快，也出现婴儿期和青春期两个生长高峰。出生时男孩的平均身长为50.4±1.7cm，女孩为49.7±1.7cm，生后第一年身长增长最快，约为26.6cm；1岁时城区（郊区）男孩身长约为78.3cm (77.5cm)；城区女孩（郊区）约为76.8cm (75.8cm)；第二年开始身长增长速度快速下降，约12cm，具体见表2-1。2岁至青春前期可按下列公式推算：身长 (cm) = 年龄 × 7+75。

青春期出现身高增长的第2个高峰，则不能再按上式推算。身高 (长) 的发育受遗传、营养、内分泌、运动、疾病等因素的影响。短期的疾病与营养波动不易影响身高 (长) 的发育。身高 (长) 在均值加减2个标准差范围内均为正常。

3岁以下小儿用量板卧位测身长，精确到0.1cm。3岁以上可用身高计或固定于墙上的软尺进行测量，精确到0.1cm。

(三) 坐高

坐高 (sitting height) 是头顶到坐骨结节的长度。与身长测量一致，3岁以下小儿仰卧位测量为顶臀长。坐高增长代表头颅与脊柱的生长。

出生时坐高为身高的67%，以后下肢增长比躯干快，6～7岁时小于60%。此百分数显示了上、下部比例的改变，反映下肢的生长情况，比坐高绝对值更有意义。按实际测量计算结果与参照人群值计算结果比较，结果以匀称、不匀称表示。任何影响下肢生长的疾病，可使坐高与身高的比例出现异常，如甲状腺功能低下与软骨营养不良。

3岁以下小儿平卧于量板上，读刻度至0.1cm。3岁以上的被测者坐于坐高计凳上，记录读数至0.1cm。

(四) 头围

头围 (head circumference) 是指经眉弓上方、枕骨隆凸绕头一周的长度。头围反映脑和颅骨的发育。胎儿期脑发育处于领先地位，故出生时头相对大。正常足月新生儿出生时平均头围为34cm，第一年前3个月头围的增长约等于后9个月头围的增长。1岁时约为46cm，2岁时头围为48cm，2岁后头围的增长显著减慢。因此，头围的测量在2岁以内最有价值。头围过小常提示脑发育不良，头围增长过速多见于脑积水。婴幼儿期头围的连续追踪测量比一次测量更重要。

测量者将软尺0点固定于头部一侧眉弓上缘，将软尺紧贴头皮绕枕骨隆凸及另一侧眉弓上缘回至0点，读数精确到0.1cm。

(五) 胸围

胸围 (chest circumference) 是指沿乳头下缘水平绕胸一周的长度。胸围反映胸廓、胸背肌肉、皮下脂肪及肺的发育程度。出生时胸围约为32cm（较头围小1～2cm）。1岁时胸围与头围大致相等，1岁至青春前期胸围应大于头围（约为头围 + 年龄 − 1cm）。

测量时取卧位或立位。小儿两手自然平放或下垂，测量者将软尺0点固定于一侧乳头下缘（乳腺已发育的女孩，固定于锁骨中线第4肋间），经两侧肩胛骨下缘回至0点，读数精确到0.1cm。

二、体格生长的评价

体格生长评价是以一种体格生长的"标准"为根据，来判断个体小儿或群体小儿生长状况的过程。为客观和正确地评估小儿生长发育状况，必须选择一个正常小儿体格生长的标准参考值以适于比较。它可以了解和评价个体或群体小儿的体格生长水平和营养状况，检出需要干预的小儿并评估干预的效果。在进行体格发育评价时,要有科学的体格发育评价标准以及统一的测量方法和准确的测量用具;应将横向观察和纵向观察相结合。

(一)小儿体格生长评价内容

包括发育水平、生长速度以及匀称程度三个方面。

1. 发育水平　将某一年龄时点所获得的某一项体格生长指标测量值(横断面测量)与参考人群值比较,得到该小儿在同质人群中所处的位置,即为此小儿该项体格生长指标在此年龄的生长水平。但该方法只能反映该群体或个体小儿目前的发育水平,不能说明过去存在的问题,也不能预示其未来的生长趋势。

2. 生长速度　生长速度是对某一单项体格生长指标定期连续测量(纵向观察),将获得的该项指标在某一年龄阶段的增长值,即该项指标的生长速度,与参考人群值的生长速度比较,结果以正常、不增、下降或增长不足表示。这种动态纵向观察的方法可发现小儿自己的生长轨迹。以生长曲线表示生长速度最简单、直观,定期体检是评价生长速度的关键。

3. 匀称程度　是对个体发育指标之间关系的评价。主要包括体型匀称和身材匀称两个方面。

(二)体格生长评价的常用方法

1. 均值离差法　适用于数据呈正态分布的情况。根据不同年龄、性别分组,通过大量人群的横断面调查,算出某一变量值(5岁男孩的身高)的均值($\bar{x}$)和标准差(s)。通常以$\bar{x}\pm 2s$(包括总体的95.4%)为正常范围。将某一个体或群体小儿的体格生长指标的实测值与均值比较,根据实测值在均值上下所处的位置,确定和评价小儿发育等级。

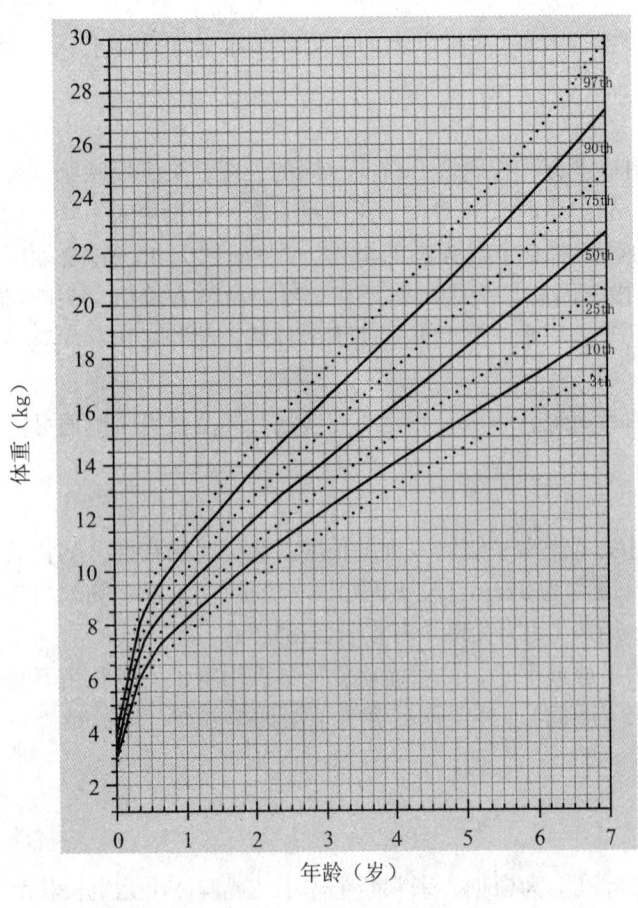

2. 百分位数法　适用于正态和偏态分布情况。将一组变量值(身高)按大小顺序排列,算出第3、10、25、50、75、90、97百分位的数值,常用P_3、P_{10}、P_{25}、P_{75}、P_{90}、P_{97}表示,通常以$P_3\sim P_{97}$(包括总体的94%)为正常范围。

3. 指数法　用两项指标间相互关系作比较。目前常用体质指数(body mass index,BMI),即体重(kg)/[身高(m)]^2。该指标能较为敏感地反映体型胖瘦,近年来被广泛应用于小儿肥胖症的监测。

4. 生长发育图法　将同性别、各年龄组小儿的某项体格生长指标的数值按离差法或百分位法的等级绘成曲线图(图2-2),对个体小儿从出生开始至青春期进行全程监测。将定期连续的测量结果每月或每年标记于曲线图上与标准曲线做比较,以了解该小儿目前所处生长水平及发育趋势和生长速度,及时发现偏差,分析原因予以干预。

图2-2　生长曲线图

第三节 与体格生长有关的其他系统的发育

一、骨骼的发育

（一）颅骨发育

颅骨随脑的发育而长大，可根据头围大小、前囟与后囟关闭的迟早及骨缝闭合来衡量颅骨的发育。

前囟是由额骨与顶骨形成的菱形间隙，后囟是由两块顶骨和枕骨形成的三角形间隙。各颅骨之间形成了额缝、冠状缝、矢状缝及人字缝（图2-3）。

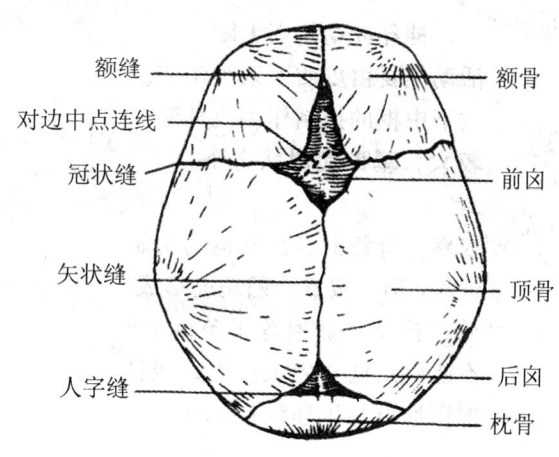

图 2-3 前囟示意图

婴儿出生时颅骨缝分离，于3～4月龄时闭合。前囟对边中点连线长度在出生时1.5～2.0cm，在1～1.5岁时闭合。后囟出生时很小或已闭合，最迟于生后6～8周闭合。前囟检查在儿科临床很重要，前囟早闭或过小见于小头畸形，迟闭、过大见于佝偻病、先天性甲状腺功能低下症等；前囟饱满常提示存在颅内压增高，而前囟凹陷则多见于中、重度脱水患儿。

（二）脊柱的发育

脊柱的变化反映脊椎骨的发育。刚出生时脊柱仅呈轻微后凸，3个月抬头时出现颈椎前凸，6个月会坐时出现胸椎后凸，1岁后能行走时出现腰椎前凸。生理弯曲的形成与人类的直立姿势有关，坐、立、行姿势不正确及骨骼病变可引起脊柱发育异常或畸形。

（三）长骨与扁骨的发育

长骨的生长主要由长骨干骺端的软骨骨化及骨膜下成骨，使长骨增长、增粗，骨骺与骨干融合标志长骨停止生长；扁骨的生长则主要由于周围骨膜骨化。长骨干骺端的软骨次级骨化中心随年龄的增加而有规律地出现，即按一定顺序及骨解剖部位发生。通过X线测定不同年龄小儿长骨干骺端骨化中心出现的情况，可以评价骨的成熟度或骨龄（bone age）。婴儿早期应摄膝部X线骨片，年长儿摄腕部X线骨片来评估骨龄。骨的发育与生长激素、甲状腺激素和性激素有关，骨龄是判断内分泌激素异常的参考指标。但正常骨化中心出现的年龄差异较大，诊断骨龄延迟时一定要慎重。

二、牙齿的发育

乳牙共20个，一般于6个月（4~10个月）开始萌出，2~2.5岁出齐，小儿乳牙萌出的顺序见图2-4。乳牙萌出时间个体差异较大，与遗传、内分泌、食物性状有关。6岁左右开始萌出第一颗恒牙即第1恒磨牙，7~8岁之后乳牙按萌出顺序逐个脱落换之以恒牙。12岁左右萌出第2恒磨牙，18岁以后出第3恒磨牙（智齿），恒牙一般20~30岁出齐，共32个。出牙时个别小儿出现低热、流涎、睡眠不安、烦躁等反应。较严重的营养不良、佝偻病、甲状腺功能减退症、先天愚型等患儿可出现出牙较迟，牙釉质差等问题。（图2-4）

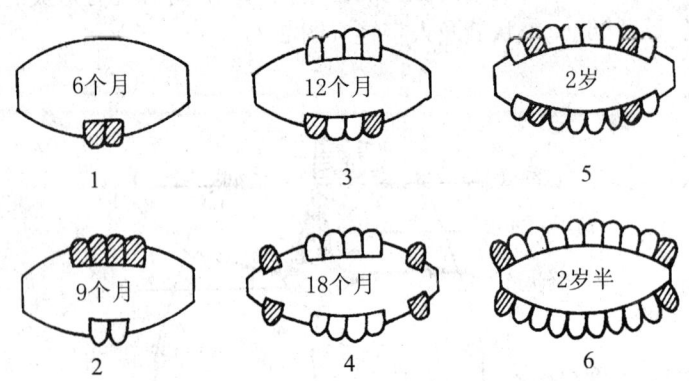

图2-4 小儿乳牙萌出的顺序

龋 齿

龋齿俗称"虫牙"或"蛀牙"，是牙齿硬组织逐渐被破坏的一种疾病。龋齿是小儿常见口腔疾病，乳牙患龋率高峰约在5岁，恒牙患龋率高峰约在15岁。

乳牙易患龋与其形态解剖特点密切相关。如邻牙之间的接触面大，牙裂中存在生理间隙，以及冠部的点隙与裂沟，均易滞留菌斑和食物残渣；乳牙和年轻恒牙的结构和钙化程度不够成熟，牙釉质层相对较薄弱，易受致龋因素的影响。另外，幼儿喜吃甜食，黏着性强，易发酵产酸；且小儿较难自觉维护口腔卫生，导致菌斑、食物碎屑、软垢易滞留于牙面上，有利于细菌繁殖，成为致龋的因素。

由于牙体硬组织被破坏后是无法再生的，所以预防龋齿很重要。预防龋齿应该加强宣传教育，使小儿养成良好的口腔卫生习惯，学会正确的刷牙方法；少食含蔗糖多的食物和饮料。氟化物防龋是全世界公认的有效防龋方法，可视具体情况选择含氟牙膏、含氟漱口水等方法。窝沟封闭是WHO推荐的一种防龋方法，适用于小儿的大小乳磨牙及年轻恒牙的咬合面，尤其是有患龋倾向的沟、窝、裂隙处乳磨牙的封闭治疗。窝沟封闭治疗后，仍应定期检查或请医生复查。

三、生殖系统的发育

青春期时,在下丘脑垂体、甲状腺、肾上腺皮质和性腺的调节下,生殖系统开始加速发育,包括生殖器官的形态、功能发育和第二性征发育。女孩一般在 10～16 岁出现月经初潮;9～10 岁乳房开始发育,骨盆变宽;10～11 岁出现阴毛。男孩一般 14～16 岁发生首次遗精;12～13 岁开始出现阴毛,喉结发育;14～15 岁出现腋毛,声音变粗,部分男孩乳房发育;16 岁后长出胡须,出现痤疮。

性早熟

性早熟是指女童在 8 岁前、男童在 9 岁前呈现第二性征的发育异常性疾病。近年来本病的发生率显著增高,已成为最常见的小儿内分泌疾病之一。性早熟分为真性、假性及部分性三种类型。真性性早熟即中枢性或促性腺激素释放激素(GnRH)依赖性性早熟,患儿的发育顺序与正常青春发育相似,但其发育提前并加速,发育时相缩短。这是下丘脑-垂体-性腺轴提前发动、功能亢进所致,可导致生殖能力提前出现。其中大部分是因下丘脑的神经内分泌功能失调,下丘脑的视前内侧核及弓状核提早产生过多的 GnRH 所致,即特发性性早熟;只有少数是病毒性脑炎、脑膜炎或下丘脑、垂体、松果体部位肿瘤等器质性病变所致。假性性早熟是由于性腺肿瘤、肾上腺皮质增生或肿瘤产生大量性激素所致。另一种较常见的假性性早熟是因摄入含有性激素的药物或食物所致,这种情况近年来有日益增多的趋势。部分性性早熟主要是指单纯性乳房早发育,不伴其他性征发育及生长加速。可能与患儿下丘脑稳定的负反馈机制尚未建立,而有暂时性的卵泡刺激素及雌二醇增高有关。病程大多呈自限性。

第四节 小儿神经心理发育

神经心理发育是小儿健康成长的一个重要方面,包括感知觉、运动、语言和心理功能的发育。神经心理发育与体格发育相互影响,是神经系统解剖生理功能成熟与教育学习等外界刺激相互作用的结果。

一、神经系统的发育

随着小儿年龄的增长,神经系统不断发育和完善,表现为坐、爬、站立、行走等动作能力的形成,语言的理解和表达以及情感、记忆力、想象力、计算等心理活动的发展。

(一)小儿神经系统生理解剖特点

胚胎时期和小儿早期脑的发育最为迅速。出生时大脑重量约占成人脑重的 25%(成人脑重平均 1500g),6 个月时约占成人脑重的 50%,2 岁时为成人的 3/4。小儿出生时大脑已有主要的沟回,但较浅、较薄,细胞分化较差,但皮质下中枢的发育已较好,以保证生命中枢的功能。大脑皮质的神经细胞于胎儿第 5 个月开始增殖分化,出生时神经细胞数目已与成人相同,但树突与轴突少而短,所以出生时兴奋性低,睡眠多,生后 2 个月内除哺乳时间外,多处于睡眠或半睡眠状态。

出生时大脑皮质及新纹状体的发育尚未成熟，因而新生儿常出现无意识的手足徐动和肌肉紧张力高。3～4月时大脑皮质开始形成抑制性条件反射；3岁时神经细胞分化基本完成，8岁时接近成人。但3～5岁时抑制功能仍不完善，会出现"人来疯"的现象。

婴儿期神经髓鞘没有完全形成，到4岁时才完成髓鞘化。当外界刺激作用于神经传导至大脑时，因缺乏髓鞘的隔离作用，有可能将兴奋传至邻近神经纤维，所以小儿对外来刺激反应常较慢而且易泛化，不易形成明显的兴奋灶。

脊髓的发育在出生时已较成熟，脊髓的成长和运动功能的发育相平行。胎儿时脊髓下端达第二腰椎下缘。4岁时脊髓下端上移至第一腰椎。

（二）神经反射

反射是神经活动的基础，小儿出生时，已具备各种维持生命所必需的非条件反射，还有角膜反射、结膜反射及瞳孔反射、吞咽反射等均终生存在。觅食反射、吸吮反射、握持反射、拥抱反射等先天性反射于生后3～4个月消失，如持续存在说明神经系统发育异常；2岁以下小儿巴宾斯基征等病理反射阳性可为生理现象。

二、感知觉的发育

（一）视感知

新生儿已有视觉感应功能，有瞳孔对光反射，能看见明暗和颜色，不少新生儿有眼球震颤现象。由于晶状体形状调节功能和眼外肌反馈系统发育未完善，新生儿视觉清晰的范围为15～20cm；1个月时可凝视物体并具备目光追随物体移动的共轭功能；3个月时，调节范围扩大，头眼协调好，可随物体水平转动180°；4～5个月开始能认母亲，见到奶瓶表示喜悦；6～7个月目光可随上下移动的物体垂直方向转动；8～9个月出现视深度感觉，能区分细小物体；12～18个月时可以区别形状；2岁时可区别垂直线与直线，视力达到0.5；5岁时可以区分颜色；6岁时视力达到1.0，视深度已充分发育，此前因判断视深度不正确而常常撞到东西。视力是在外界刺激的作用下反复练习才得以发展的，0～6岁是视力发展的敏感时期，成人应创造条件使小儿得到练习的机会。

（二）听感知

听觉在胎儿30周左右开始发育。出生时鼓室无空气，听力差；生后3～7日听觉已相当良好；1个月左右能区分言语声和环境发出的非言语声；3个月时能感受不同方位发出的声音，头可转向声源；6个月可区别父母声音，有应答表示；8个月开始区别语言的意义，将头、眼同时转向声源；1～2岁能听懂简单的吩咐；4岁听觉发育完善。听觉的发育对小儿语言的发展有重要意义。听力障碍如果不能在语言发育的关键期内或之前得到确诊和干预，则可因聋致哑。听力筛查在婴幼儿可用发声的简单工具或听力器进行行为测试，年长儿可用秒表、音叉或测听器测试。脑干听觉诱发电位可较精确地判断小儿的听觉。

（三）嗅觉和味觉

嗅觉出生时已基本发育成熟。新生儿能循乳香找乳头，3～4个月可区分好闻和难闻的气味，7～8个月能对芳香气味有反应。婴儿出生时已有良好的味觉，可对不同味道产生不同反应；4～5个月的婴儿对食物味道的微小改变很敏感，故应适时添加各类换乳食物，使之适应不同味道。

（四）皮肤感觉

皮肤感觉可分为触觉、痛觉、温度觉和深感觉。新生儿的触觉已很敏感，尤其以嘴唇、手掌、脚掌、前额和眼睑等部位最敏感，遇有手指或乳头接触口唇时，便会有吸吮动作，而前臂、大腿、躯干的触觉则较迟钝。痛觉出生时已存在，但不敏感，刺激后有痛觉泛化现象；6

个月后痛觉灵敏度提高，痛觉定位逐步清晰。温度觉也很灵敏，对冷刺激比热刺激更敏锐。

三、运动功能的发育

运动功能的发育是内在动力、神经运动功能的成熟、体格生长适当状态和成人鼓励的综合结果，四者共同使原始的功能逐步提高为新的技能。运动的发育既依赖于小儿视感知觉等的参与，又反过来影响其社会心理等功能的发展。妊娠后期出现的胎动为小儿最初的运动形式。

（一）运动发育的规律

小儿动作发育遵循一定规律：①从整体动作到分化动作，如从双手无目的的乱动到单手有目的的动作；②从上部动作到下部动作；③从大肌肉动作到小肌肉动作，如从头部、躯干动作到灵巧的手部小肌肉动作；④由正向动作到负面动作，如先会抓东西，后才能放下东西；先会向前走，然后才会向后退等。其中手的动作发展是巨大的，并推动了大脑结构和功能的日趋完善，更有利于小儿智力水平的提高。

（二）运动发育的进程

运动的发育分大运动（包括平衡）和精细运动。

1. 平衡与大运动　小儿的姿势或全身活动称大运动。包括①抬头：新生儿俯卧时能抬头 1~2s；2 个月时，能抬头与床面成 45°；3 个月时抬头较稳；4 个月时抬头很稳，并转动自由。②翻身：7 个月时可有意在俯卧位、仰卧位和侧卧位之间转换，并迅速发展到能自由地翻身。③坐：5 个月左右，小儿在扶坐下能挺直躯干；6~7 个月时能上身挺直稳定地独坐；8 个月可坐稳，并左右转身。④爬：7~8 个月时可用手支撑胸腹，使上身离开床面或桌面，有的可在原地转；8~9 个月可用双上肢向前爬，但这还不是真正意义上的爬，而是在地上滑行；12 个月左右爬时才能熟练地手膝并用做四肢爬行。⑤站、走与跳：8 月龄可扶站片刻，到 10 个月时能在搀扶下走几步，11 月龄独立站片刻；大多数小儿在 15~18 个月时能够独自行走；24 月龄双足并跳；30 月龄独足跳；3 岁时能自由地两脚交替上下楼梯；5 岁会跳绳。

2. 精细运动　主要是手指精细运动的发育。首先是尺侧的动作发育，然后是桡侧，最后是手指功能的发育。新生儿双手紧握拳，3~4 个月握持反射消失，能胸前玩手，看到物体时全身乱动，有意取物；6~7 个月能在双手间准确地传递物体和出现探索性动作，如摆弄小物体和捏敲等；9~10 个月能用拇指与示指拈取物体，喜撕纸；12~15 个月学用匙，能握笔涂鸦，会几页几页地翻书；18 个月叠 2~3 块方积木；2 岁叠 6~7 块方积木，逐页翻书；3 岁能在帮助下穿衣，临摹圆形；4 岁能临摹正方形，画人；5 岁能学写字。

四、语言的发育

小儿语言发育受语言中枢管理，需要正常的听觉和发音器官，还与后天教育、周围环境影响有很大关系。语言发展经过发音、理解和表达三个阶段。

（一）语言准备阶段（初生~1 岁）

新生儿已会用各种音调的哭叫表达需求；1~2 个月开始发喉音；2 个月发"啊""伊""呜"等元音；4 个月时会笑出声；6 个月时出现辅音；7~8 个月能发出"爸爸""妈妈"等语音，但无意识；10 个月有意识叫"爸爸""妈妈"；12 个月时能说简单的词，用手势指物、挥手"再见"。

（二）理解语言阶段（1 岁~1 岁半）

小儿通过视觉、触觉、体位感等与听觉的联系逐步理解一些日常用品，如"奶瓶""电灯"等名称；亲人对婴儿发出的"爸爸""妈妈"等语言的及时应答，也使其逐渐理解这些音的特定含义。18 个月时用手势示意，使用 15~20 个字，并指认和说出家庭主要成员的称谓。

(三)表达语言阶段(1岁半以后)

当语言具有特殊意义时,听觉中枢与发音运动中枢间建立起联系通路,小儿便学会发出有意义的语言。先说单词后组成句子;先会用名词,后会用代名词、动词、形容词等;先讲简单句后讲复杂句。

各年龄语言发展见表2-2。

表2-2 小儿动作、语言和适应性能力的发育过程

年龄	粗细动作	语言	适应周围人物的能力与行为
新生儿	无规律,不协调动作,紧握拳	能哭叫	铃声使全身活动减少
2个月	直立位及俯卧位时能抬头	发出和谐的喉音	能微笑,有面部表情,眼随物转动
3个月	仰卧位变为侧卧位,用于摸东西	咿呀发音	头可随看到的物品或听到的声音转动180°,注意自己的手
4个月	扶着髋部时能坐,可以在俯卧位时用两手支持抬起胸部,手能握持玩具	笑出声	抓面前物体,自己弄手玩,见食物表示喜悦,较有意识地哭和笑
5个月	扶腋下能站得直,两手各握一玩具	能喃喃地发出单调音节	伸手取物,能辨别人声,望镜中人笑
6个月	能独坐一会,用手摇玩具		能认识熟人和陌生人,自拉衣服,自握足玩
7个月	会翻身,自己独坐很久,将玩具从一手换入另一手	能发出"爸爸""妈妈"等复音,但无意识	能听懂自己的名字,自握饼干吃
8个月	会爬,会自己坐起来,躺下去,会扶着栏杆站起来,会拍手	重复大人所发简单音节	注意观察大人的行动,开始认识物体,两手会传递玩具
9个月	试独站,会从抽屉中取出玩具	能懂几个较复杂的词句,如"再见"等	看见熟人会伸出手来要人抱,或与人合作游戏
10~11个月	能独站片刻,扶椅或推车能走几步,拇、示指对指拿东西	开始用单词,一个单词表示很多意义	能模仿成人的动作,招手"再见",抱奶瓶自食
12个月	独走,弯腰拾东西,会将圆圈套在木棍上	能叫出物品名字,指出自己的手、眼	对人和事物有喜憎之分,穿衣能合作,用杯喝水
15个月	走得好,能蹲着玩,能叠一块方木	能说出几个词和自己的名字	能表示同意不同意
18个月	能爬台阶,有目标地扔皮球	能认识和指出身体各部分	会表示大小便,懂命令,会自己进食
2岁	能双脚跳,手的动作更准确,会用勺子吃饭	会说2~3个字构成的句子	能完成简单的动作,如拾起地上的物品,能表达喜、怒、怕、懂
3岁	能跑,会骑三轮车,会洗手、洗脸、脱、穿简单衣服	能说短歌谣,数几个数	能认识画上的东西,认识男女,自称"我",表现自尊心、同情心、怕羞
4岁	能爬梯子,会穿鞋	能唱歌	画人像,初步思考问题,记忆力强,好发问
5岁	能单腿跳,会系鞋带	开始识字	能辨颜色,数10个数,知物品用途及性能
6~7岁	参加简单劳动,如扫地、擦桌子、剪纸、泥塑、结绳等	能讲故事,开始写字	能数几十个数,可简单加减,喜独立自主,形成性格

五、心理活动的发展

（一）注意力的发展

注意是指人们的心理指向并集中于一定的人或物，是获取知识和发展智力的起点。注意可分为无意注意和有意注意。有意注意是自觉的、有目的的注意，需要一定的努力才能做到。无意注意则是自发的。

婴儿期以无意注意为主。强烈的刺激如鲜艳的色彩、较大的声音或需要的物品（奶瓶等）都能成为小儿无意注意的对象，如2个月时当发亮或色彩鲜艳的物体出现在视野内时会睁眼注视，并发出喜悦的声音；5~6个月时能稳定地注意某事物，但这些注意一般不持久、不稳定、易分散。1岁时有意注意开始萌芽。随年龄增长、活动范围扩大及动作语言的发展，小儿的有意注意逐渐增多。但幼儿期和学龄前期小儿仍以无意注意为主。5~6岁后才能较好地控制其注意力，集中时间约15min，7~10岁20min，10~12岁25min，12岁后30min。11~12岁后小儿注意力的集中性和稳定性提高，注意的范围也不断扩大。

因此，在婴幼儿时期，应充分利用小儿的无意注意优势，为其传授多种知识，这是早期教育的基础。随着年龄增大，无意注意将不能完全满足小儿的学习需要。应逐步训练他们把注意力集中到所要求的内容和活动上，促进有意注意发展。

（二）记忆力的发展

记忆是将感知、操作、思考和体验过的事物保存在大脑的过程。记忆从时间上可分瞬时记忆、短时记忆和长时记忆，长时记忆又分再认和重现；从目的上可分无意记忆和有意记忆；从方式上可分机械记忆和逻辑记忆。小儿的认知发展遵循无意记忆向有意记忆、机械记忆向逻辑记忆过渡的过程。新生儿有最简单的记忆，如对妈妈抱成吃奶姿势的记忆，只要抱成这种姿势，他就会四处寻找奶头。婴儿只有再认而无重现，1岁以后才有重现。1~2岁后，随着言语发育，记忆能力进一步增强。2岁半时能记住儿歌。记忆再认的能力进一步增强，如2~3岁小儿和父母分开几个月后仍能认识。然而，婴幼儿的记忆基本上是以无目的、无意识、短时为主的。利用形象鲜明、具体和婴幼儿有兴趣的物品促进其记忆是较好的方式。小儿记忆的持久性与精确性随年龄而增长，学龄前期小儿对感兴趣的、能激起强烈情绪体验的事物较易记忆，并保持持久，以机械记忆为主。而学龄期小儿由于分析思维能力的发展以及学习任务的要求，有意记忆能力增强，记忆的内容拓宽，复杂性增加，逻辑记忆逐渐发展。小儿因为缺乏知识和经验，记忆并不很准确。所以，有必要利用日常生活进行反复的记忆训练。

（三）思维的发展

思维是人利用理解、记忆、综合分析能力认识事物的本质，掌握事物发展规律，借助语言实现的一种思想或观念的精神活动，是认识的高级阶段。思维的发展过程分为直觉行动思维、具体形象思维和抽象概念思维。小儿1岁以后开始产生思维。3岁前婴幼儿的思维是直觉行动思维，如拿玩具汽车边推边说"汽车来了"；学龄前小儿以具体形象思维为主。6岁以后，小儿通过各种形式的智力活动，逐渐学会了综合、分析、分类、比较等抽象思维方法。

促进小儿思维发展，首先必须增加他们接触自然、认识环境的机会，依靠各种动作加速具体形象思维；其次要加速发展言语，从而促进抽象概括思维的发展。

（四）想象力的发展

想象是一种特殊的思维活动，它是对头脑中原有的形象进行加工和改造，创造新形象的过程。想象具有明显的间接性和概括性，没有想象就没有创新。

新生儿无想象，1~2岁小儿仅有想象的萌芽；3岁小儿想象力仍简单贫乏，是片段和零散的想象，没有创造成分，没有预定目的；学龄前期以无意想象和再造想象为主，特点为想象的主题多变，想象与现实不能分清楚，具有特殊的夸大性，且以想象为满足；学龄期小儿的想象便复杂起来，是有意想象和创造想象。

（五）意志的发展

意志是人们自觉地克服困难，实现预定目标的心理过程。新生儿无意志，婴幼儿开始有意行动或抑制自己某些行动时即为意志的萌芽。3岁左右经常说"不，我来弄""我要"等，就是意志的表现。意志是逐步发展的。年龄越小，积极的意志（自觉性、坚持性、果断性、自制性）越弱，消极的意志（依赖性、顽固性、冲动性）越强。随着年龄增长和教育过程，小儿逐步学会服从别人，或按自己的目标行事，减少外界环境的干扰影响。培养小儿的积极意志与小儿发展创造性的思维活动、行为、个性及学习能力密切相关。

意志是通过培养获得的，方法有：①自由培养独立生活能力。对那些生活中经常说"妈妈，来帮我""我不会"的孩子，要放手鼓励，培养自信心和独立勇敢精神。②在成人指导下，进行各种需克服障碍才能完成的游戏。③培养意志的目标要稳定，不轻易变动。④鼓励参加集体游戏，训练自制能力，克服冲动性。

（六）情绪和情感的发展

情绪是人们从事某种活动时产生的兴奋心理状态，属原始、简单的感情，较短暂而外显，容易观察，缺乏控制。情感是人的需要是否得到满足时所产生的一种内心体验，属较高级、复杂的情绪，持续时间长而不甚外显。情感是在情绪的基础上形成和发展的。小儿生活经历短暂，不足以形成明显情感。但早期生活中健康和良好的情绪体验对他们未来形成健康的情感至关重要。

新生儿消极情绪多，如对饥饿、不适、寒冷等表现出不安、啼哭。2个月时积极情绪增多，如看到母亲时非常高兴。6~7个月时，产生与双亲的依恋、对陌生人的怯生情绪。8~10个月时，产生分离时的焦虑情绪，并越来越强，12~16个月时达到高峰。婴儿与亲人间的这种依恋感情是小儿社会性发展的最早表现。没有建立良好依恋感情的婴儿，以后多不善于与人相处和不能很好地面对现实。随着年龄增长，小儿有意识控制自己情绪的能力增强，情绪逐步变得比较稳定；情感日益分化，产生信任感、安全感、荣誉感等。2岁开始，小儿的情感表现日渐丰富和复杂，如喜、怒、初步的爱、憎等，也会有一些不良的情绪、情感反应，如恐惧。学龄前期小儿已能有意识地控制自己情感的外部表现，如故意不哭等。

成人在日常养育中应注意对小儿的需要做出及时、适当的应答，提供合适的玩具和适度的社交活动，维持和谐的家庭气氛，避免精神紧张和创伤，可以培养小儿良好、稳定的情绪和情感，促进其心智发展和良好品德的形成。

第五节 小儿生长发育中的特殊问题

一、体格生长偏离

体格生长偏离是指小儿体格生长偏离正常的轨道，主要包括低体重、消瘦、肥胖和身长矮小、高大。导致体格生长偏离的原因包括遗传因素、营养因素、疾病、体质以及心理因素等。

（一）体重生长偏离

1. **体重低下（低体重）** 是指小儿体重低于同年龄、同性别小儿体重正常参考值的均值减2个标准差，或第3百分位以下。体重低下的常见原因包括喂养不合理、食物摄入过少、挑食偏食、慢性疾病、神经心理因素等导致的能量和（或）蛋白质摄入不足。其干预应采取综合性的治疗措施，包括调整饮食、补充营养物质、积极治疗原发疾病、培养良好的饮食习惯、去除不良心理因素。低体重亦可见于正常的与身高发育相平行的情况，如家族性矮小。

2. 体重过重 是指小儿体重超出同年龄、同性别小儿体重正常参考值的均值加2个标准差，或第97百分位以上。体重过重的常见原因包括营养素摄入过多、活动量过少以及疾病因素。其干预原则为减少热能性食物的摄入、增加活动量以增加机体对能量的消耗、积极治疗原发疾病。体重过重亦可见于正常的、与身高发育相平行的情况，即体重与身高的发育均超过同龄、同性别小儿的发育。

（二）身高（长）生长偏离

1. 身材矮小 是指小儿身高（长）低于同年龄、同性别小儿身高（长）正常参考值的均值减2个标准差，或第3百分位以下。多种原因可致身材矮小，包括遗传因素（父母身材矮小）、宫内营养不良、内分泌疾病（生长激素缺乏症、甲状腺功能减退症、糖原累积症等）以及精神、心理障碍等；但其常见原因仍是长期喂养不当、慢性疾病以及严重畸形所致的重度营养不良。在小儿生长发育监测中，必须随访身高，以尽早发现身材矮小，尽早干预。

2. 身材过高 是指小儿身高（长）高于同年龄、同性别小儿身高（长）正常参考值的均值加2个标准差，或第97百分位以上。多种原因可致身材过高，如正常的家族性高身材、真性性早熟、某些内分泌疾病（垂体性肢端肥大症）以及结缔组织病（马方综合征）。

二、心理行为异常

（一）小儿行为问题

小儿生长发育过程中常出现各种心理行为问题，对其身心健康带来不良影响，不仅影响其学习和生活，还可导致成人期社会适应不良、情绪问题、药物滥用、违法犯罪和精神障碍。近年来，小儿行为问题发生率呈上升趋势，国外报道其检出率为10%～20%，国内报道小儿行为问题的发生率＞10%。

小儿行为问题是指在发育过程中出现的、在严重程度和持续时间上均超出了相应年龄允许的正常范围的异常行为。小儿行为问题多表现在小儿日常生活中，容易被忽略或过分估计，因此，区别正常或异常的小儿行为非常必要。

小儿行为问题有多种分类方法，其中比较常见的是按主要行为表现将其分为①生物功能行为问题：如遗尿、夜惊、食欲不佳、过分挑剔饮食等；②运动行为问题：如吮手指、咬指甲、挖鼻孔、活动过多、小儿擦腿综合征等；③社会行为问题，如攻击、破坏、说谎等；④性格行为问题：如忧郁、社交退缩、违拗、发脾气、胆怯、过分依赖、嫉妒等；⑤语言问题：如口吃等。小儿行为问题的发生与多种因素有关，包括遗传因素、家庭因素（父母养育方式、家庭结构）、社会因素（文化背景、经济发展程度）以及小儿自身因素（气质、健康状况）等。

1. 屏气发作 是指小儿在剧烈哭闹时突然出现呼吸暂停的现象，多见于婴幼儿时期。屏气发作在临床上分为轻型和重型两种。轻型的患病率为4.7%～27%。重型的患病率为0.1%～4.6%。约50%的患儿于3岁前屏气发作自然消失，90%的患儿于6岁前症状消失。患儿在发作前，有明显的情绪不快，首先是呜咽，然后哭声逐渐增强成为大哭大叫，继而瞬间无声响、张大嘴、深呼气、面色明显改变，瞬间过后患儿出现用力吸气，如患儿此时无意识丧失现象，称为"轻型"；如患儿此时屏气发作持续，皮肤颜色发绀或苍白，神志逐渐不清，直至意识丧失，肌张力增强，甚至角弓反张，伴有身体的痉挛，称为"重型"。据国外报道，发作末期，约55%的患儿可出现抽搐，甚至遗尿，发作停止后，患儿可出现吸气性气喘，或恢复自主的呼吸。屏气发作的治疗主要包括指导家长采取合理的教养方式，避免过分关注患儿的发作或简单粗暴的惩罚与斥责；重型患儿发作时应注意采取仰卧位或侧卧位，保持呼吸道通畅，避免头部损伤和异物吸入；伴有贫血时可口服铁剂。

2. 吮拇指癖与咬指甲癖 吸吮是一种生物性行为。吸吮手指在婴幼儿是一种无害的行为，但是如果该行为持久存在，尤其是在4～6岁后仍存在，频率不断增加，则是有问题的行为。该行为是否反映小儿存在情绪应激、焦虑或其他行为问题尚无定论。长期吸吮手指易导致许多后遗症，如牙齿排列不整齐、下颌前凸、黏膜损伤、手指甲沟炎或畸形。这些小儿因为吸吮行为常受到父母的指责或惩罚，易导致不良情绪的产生。4岁以上的小儿如果在多种场合出现该行为，很可能产生生理和心理的后遗症，则必须治疗。治疗上应注意避免过度责备小儿这一行为，应采用多种强化，如没有吸吮行为时予以表扬，行为出现时使用厌恶疗法。

咬指甲多见于学龄期小儿，常被认为是由于情绪紧张或焦虑。被咬的手指甲显得短而不规则，可致甲沟炎，或发展成化脓性指头炎。治疗上应指导小儿养成良好的卫生习惯，寻找与咬手指相关的应激因素，给予小儿一定的支持，帮助小儿解除应激因素。

3. **抽动障碍** 是小儿期最常见的运动性障碍，主要表现为身体某一部位或多部位肌肉群的抽动，具有突发性、无先兆、不随意、无节律的特点。抽动障碍分为短暂性抽动障碍、慢性运动性或发声性抽动障碍和抽动秽语综合征三种类型。其中，短暂性抽动障碍又称为抽动症或习惯性痉挛，是抽动障碍中最多见的一种类型。大多数小儿表现为简单性运动抽动，一般以眼、面肌多见，表现为眨眼、挤眉、翻眼、咬唇、张口、点头、摇头、伸脖、耸肩等。少数表现为单纯发声抽动，表现为反复咳嗽、清嗓子、发出哼声。病程持续时间不超过1年。抽动的频率和严重程度不一，轻者对患儿无影响，重者影响学习和生活。治疗方法包括消除诱因（看紧张的电视节目、家庭冲突、学习压力大等）、行为矫正、指导父母合理教养、必要时（抽动影响患儿运动和说话）采用氟哌啶醇等药物治疗。

4. **遗尿症** 又称非器质性遗尿症或功能性遗尿症，通常是指小儿5岁后仍不自主地排尿而尿湿了裤子或床铺，但无明显的器质性病因。遗尿症有两种分类方法。第一种是根据遗尿发生的时间分为夜间遗尿和白日遗尿。夜间遗尿是指小儿遗尿发生在睡眠中，但白天能控制排尿，而且膀胱功能正常；白日遗尿是指白天清醒时有遗尿，但无神经系统病变如脊柱裂、脊柱损伤等。第二种分类法将遗尿症分为原发性和继发性遗尿两类。原发性是指小儿从未持续获得夜间尿控超过3个月，继发性是指在先前持续获得夜间尿控超过6个月后再次发生。小儿遗尿症以原发性遗尿多见，其中尤以夜间遗尿最常见，男孩较女孩多发。夜间遗尿者约有半数每晚尿床，甚至达到每晚2～3次，白天过度活动、兴奋、疲劳或躯体疾病后往往遗尿次数增多，日间遗尿较少见。遗尿患儿常伴有夜惊、梦游、多动或其他行为障碍。

遗尿症发生的因素较复杂，包括遗传因素、强烈的应激因素（遭遇父母离异、初入学不适应）、膀胱容量小、对膀胱充盈的睡眠觉醒反应发育延迟或障碍、血管加压素缺乏等。

遗尿症治疗前，应首先进行病情评估以制订相应的治疗措施。评估的内容包括：判断是否为遗尿症，是否存在基础疾病，临床表现和分型，可能的病理生理发病机制或诱因，生活习惯，既往治疗经历，患儿及家长对治疗的积极性、依从性和耐受性等。目前国内对小儿遗尿症的治疗方法包括：行为治疗、觉醒训练、药物治疗、针灸和生物反馈治疗等。行为治疗包括控制液体摄入、调整饮食时间和结构、正常排尿和排便习惯训练等。控制液体摄入并不是单纯限制水分，正确的做法是保证日间液体摄入，睡前控制液体摄入，嘱患儿睡前排尿，睡熟后父母可在其经常遗尿时间之前将其叫醒，使其习惯于觉醒时主动排尿，亦可采用警报器协助训练。家长应鼓励患儿做膀胱扩张训练，即让患儿尽量多饮水，当其欲排尿时嘱其延缓排尿，直至不能耐受为止，在排尿时让患儿突然停止一小会儿然后再继续排尿。这样的训练方法可以让患儿体会到膀胱胀满的感觉，延长排尿的间隔时间。必要时采取药物治疗，常用去氨加压素，以减少泌尿量。生物反馈治疗适用于存在膀胱尿道功能紊乱的遗尿症患儿，需要患儿对治疗有一定的理解力和依从性，适用于较大年龄患儿。此外，尚可考虑针灸推拿以及各种方剂做补肾治疗。同时，对小儿遗尿症的治疗还应重视患儿心理、行为能力、社会活动能力等多方面的改善。在治疗的过程中，应帮助小儿建立信心，进行激励性行为矫正、正强化的行为干预，避免责骂、讽刺、处罚等。医师的鼓励、患儿的参与和家长坚持对于治疗成功至关重要。

5. 小儿孤独症 又称自闭症，起病于婴幼儿时期，主要表现为不同程度的社会交往障碍、语言交流障碍、兴趣狭窄和行为刻板，感觉障碍以及认知和智能障碍。有研究显示，我国10省市2000—2010年间小儿孤独症患病率在0.28‰～25.0‰之间，其中男、女患病率分别为3.37‰和1.62‰，城市、乡村患病率分别为3.35‰和0.84‰。目前还不清楚该病的确切病因和发病机制，可能与遗传因素有关，患儿常有出生缺陷和神经发育异常以及部分患儿5-羟色胺水平异常等。

许多患儿在婴儿期就与父母没有任何的依恋，对人态度冷漠，对别人的呼唤无应答。面部缺乏表情，以尖叫或哭吵表示不适或需要，语言发育明显落后于同龄儿。另有一些患儿虽有语言，但语言的内容和形式异常，不能正确使用语言进行交流。患儿对一般小儿喜欢的玩具和游戏缺乏兴趣，而对那些不是玩具的物品如车轮、瓶盖等圆的可旋转的东西特别感兴趣。日常生活习惯不愿被改变，固执地要求环境一成不变，总是以同一方式去做某件事情。患儿常沉湎于独特的行为中或出现刻板重复的行为，如不停转圈、将手放在眼前凝视。孤独症患儿常存在感觉过敏或感觉迟钝现象，如看到光线突然变化时惊恐或烦躁不安，打针时不觉得疼痛等。约3/4患儿存在智力低下，但患儿能力发展可能不平衡，音乐、机械记忆、计算能力相对较好。

目前对小儿孤独症的治疗尚无特效方法，主要采取综合干预措施，以特殊教育训练和行为矫正疗法为主，药物治疗为辅。早期发现、早期干预，促进患儿的脑发育是改善孤独症患儿预后的关键。

6. 注意力缺陷多动障碍 也称多动症，是指智力正常或基本正常的小儿，表现出与年龄不相称的注意力不集中，不分场合的过度活动、情绪冲动并可有认知障碍和学习困难的一组症候群。多动症是小儿、青少年最多见的精神行为问题之一（详见第十三章第五节）。

（二）学习障碍

学习障碍是指智力正常小儿在阅读、书写、拼字、表达、计算等方面的基本心理过程存在一种或一种以上特殊性发育障碍。这类小儿不存在感觉器官和运动能力缺陷，学习困难亦非原发性情绪障碍或教育剥夺所致。有关学习障碍发病率的报道差异很大。国外报道多为3%～5%，国内报道约为6.6%。学龄期小儿发生学习障碍者较多，男孩明显多于女孩，比例约为4:1。学习障碍的确切病因尚未明确，可能与生物学因素和环境因素均有关。一般认为学习障碍是遗传与中枢神经系统损伤、功能失调或结构异常所致，亦不排除不利环境教育因素作用于易感素质小儿所致。

学习困难小儿主要在一般认知和特殊学习技能方面表现困难。如语言理解困难，有的机械记忆字句较好且能运用较复杂的词汇，但对文章理解较差，不合时宜地使用语词或文章；语言表达障碍，会说话较迟；阅读障碍，不喜欢阅读和书写，阅读时遗漏或加字，易出现"语塞"或阅读太急，读同音异义字困难或经常相互混用，字词顺序混乱；书写困难，缺乏主动书写，写字时漏丢偏旁部首或添加笔画；手眼协调困难，影响绘图等精细运动技能的获得。有的学习障碍小儿还有视觉-空间知觉障碍，辨别能力差，常分不清6与9，b与d等。学习障碍小儿由于其认知特性常不能适应学校学习和日常生活。

学习障碍的防治重点在于早期预防早期干预，采取治疗教育、药物疗法和精神（心理）疗法的综合治疗措施。具体的矫治方法包括感觉统合疗法、行为疗法、正负强化、游戏疗法、社会技能训练、理解规则训练、结构化教育训练等。

小 结

一、生长发育的规律及影响因素

生长发育是小儿身体的基本特点，是小儿不同于成人的一个重要特点。生长和发育紧密相关，共同表示身体的动态变化，且遵循一定的规律，包括连续性和阶段性，各器官、系统发育的不平衡性、顺序性及个体差异性。生长发育受到遗传因素和环境因素两大因素的影响。

二、小儿体格生长发育及评价

小儿体格生长常用指标包括体重、身高、坐高、头围、胸围等。其中，体重是反映小儿生长最为重要的指标之一，身高是反映骨骼发育的重要指标。在小儿生长发育过程中，上述指标各有其变化规律。不同年龄段小儿的身高和体重还可以用公式来简单估算。

体格生长评价是以一种体格生长的"标准"为根据，来判断个体小儿或群体小儿生长状况的过程。评价内容包括发育水平、生长速度以及匀称程度三个方面。体格生长评价的常用方法包括均值离差法、百分位数法、指数法及生长发育图法。

三、与体格生长有关的其他系统的发育

小儿时期，与体格生长有关的其他系统包括骨骼、牙齿以及生殖系统也处于不断的生长发育过程中。如前囟在出生时1.5~2.0cm，在1~1.5岁时闭合；前囟早闭或过小以及迟闭、过大常提示某些病理性原因。脊柱的发育随着小儿大动作的发展不断发育，如3个月抬头时出现颈椎前凸，6个月会坐时出现胸椎后凸，1岁后能行走时出现腰椎前凸。牙齿的发育也有其特点，如乳牙一般于6个月（4~10个月）开始萌出，2~2.5岁出齐，6岁左右开始萌出第一颗恒牙。

四、小儿神经心理发育

神经心理发育是小儿健康成长的一个重要方面，包括感知觉、运动、语言和心理功能的发育。随着神经系统解剖生理功能的成熟以及教育学习等外界刺激的作用，小儿的各种感知觉不断发育成熟。小儿运动的发育分大运动（包括平衡）和精细运动。大运动的发育主要经历了"二抬四翻六坐七滚八爬周会走"（数字代表月龄）的发展过程。语言的发展经过了三个阶段：语言准备阶段（初生~1岁）、理解语言阶段（1~1岁半）和表达语言阶段（1岁半以后）。

五、小儿生长发育中的特殊问题

小儿生长发育过程中常出现各种异常情况，如体格生长偏离及心理行为问题。比较常见的如屏气发作、吮拇指癖、咬指甲癖、抽动障碍、遗尿症、孤独症、多动症等。这些异常行为对小儿的身心健康带来不良影响，应积极预防、早发现、早治疗。

自测题

一、单项选择题

1. 反映骨骼发育最主要的指标是
   A. 胸围
   B. 体重
   C. 牙齿
   D. 身长
   E. 囟门

2. 正常小儿1周岁时，体重约为出生体重的
   A. 1.5倍
   B. 2倍
   C. 2.5倍
   D. 3倍
   E. 3.5倍

3. 体重（kg）= 年龄×2+8（kg），此公式适用于
   A. 1周岁时
   B. 2~12岁
   C. 13~15岁时
   D. 16~18岁时
   E. 18岁以上

4. 某小儿体格发育正常，出生体重为3kg，按公式计算，其10个月时的体重约为
   A. 6.8 kg
   B. 7 kg
   C. 7.6 kg
   D. 8kg
   E. 8.5kg

5. 符合生长发育基本规律的是
   A. 生长发育匀速进行
   B. 神经系统发育领先
   C. 远心端优先发育
   D. 学龄期身体发育最迅速
   E. 青春期个体差异不明显

6. 生长发育最为迅速的时期是
   A. 围生期
   B. 新生儿期
   C. 婴儿期
   D. 幼儿期
   E. 学龄前期

7. 小儿先能抬头后能坐，之后能走是遵循了下列哪项发育顺序
   A. 由上到下的顺序
   B. 由近到远的顺序
   C. 由粗到细的顺序
   D. 由低级到高级的顺序
   E. 由简单到复杂的顺序

8. 下列有关器官系统发育**不平衡性**的描述中正确的是
   A. 生殖系统发育较早
   B. 神经系统发育领先
   C. 淋巴系统到青春期开始发育
   D. 皮下脂肪年长时发育较发达
   E. 肌肉组织的发育到青春期才加速

9. 脊柱出现胸椎后凸的时间是
   A. 出生时
   B. 3个月
   C. 6个月
   D. 9个月
   E. 12个月

10. 头围与胸围大致相等的年龄为
    A. 新生儿
    B. 1岁
    C. 2岁
    D. 6岁
    E. 12岁

11. 5岁小儿，身高103cm，体重18kg，牙齿20枚，其发育状况为
    A. 肥胖
    B. 发育迟缓
    C. 营养不良
    D. 身材高大
    E. 在正常范围内

12. 一健康小儿，前囟约2cm×2cm，开始出牙，身长65cm，体重7.3kg，可独坐片刻，能发辅音，其年龄大约是

A. 12个月
B. 10个月
C. 8个月
D. 6个月
E. 4个月

13. 某小儿，开始学会用拇指和示指取物，预计其年龄为
    A. 2～3个月
    B. 3～5个月
    C. 5～6个月
    D. 6～7个月
    E. 9～10个月

14. 某健康小儿，10个月，来院体检，前囟未闭，家长很担忧，询问小儿前囟闭合的时间，正确的是
    A. 10～12个月
    B. 1～1.5岁
    C. 2～2.5岁
    D. 3岁
    E. 4岁

15. 新生儿视觉的清晰范围为
    A. 5～10cm
    B. 10～15cm
    C. 15～20cm
    D. 20～30cm
    E. 30～60cm

16. 下列关于小儿心理活动的描述正确的是
    A. 婴儿以有意注意为主
    B. 6个月的婴儿能有重现记忆
    C. 学龄期小儿以具体形象思维为主
    D. 新生儿有想象力
    E. 新生儿也有意志

17. 关于生长发育的规律，**不正确**的描述是
    A. 生长发育是在量的增长过程中发生质的改变
    B. 生长发育速度因年龄而异，年龄越小，增长越快
    C. 生长发育有一定的个体差异性
    D. 生殖系统发育速度是先慢后快
    E. 神经系统发育速度是先慢后快

18. 以下关于小儿各阶段体重的描述，**不正确**的是
    A. 出生时平均约为3kg
    B. 6个月时约为6kg
    C. 1周岁时约为9kg
    D. 2周岁时约为12kg
    E. 2岁以后平均每年增长2kg

19. 2岁以后至青春期前，小儿身高稳步增长，平均每年增长
    A. 1～2cm
    B. 2～3cm
    C. 3～5cm
    D. 5～7cm
    E. 7～9cm

20. 小儿出生时的头围是
    A. 34cm
    B. 44cm
    C. 46cm
    D. 48cm
    E. 50cm

二、案例题

1．某健康男婴，出生体重为3.5kg、身长为50cm、头围34cm，现在月龄为6个月，来医院做健康体检。问题：
  （1）预计该婴儿的体重和身长各为多少？
  （2）预计该婴儿可以完成的动作是？
  （3）该小儿目前已形成哪些脊柱生理弯曲？
  （4）该小儿前囟为1.5cm×1.5cm，家长询问小儿前囟闭合的时间是？
  （5）该小儿尚未添加换乳期食物，护士告知家长婴儿对食物味道非常敏感且适宜开始添加换乳期食物的时期是？

2．一健康小儿，身长75cm，体重9kg，头围46cm，头围与胸围大致相等。请问：
  （1）预计该小儿目前的年龄大约为？

（2）该小儿目前应出牙数目约为多少颗？其乳牙出齐的年龄应为几岁？
（3）其目前的语言发育水平为什么？
（4）其动作的发育水平为什么？
（5）该小儿的体重达到出生体重4倍的年龄是多大？

（杨园园）

第三章 小儿保健

学习目标

通过本章内容的学习，学生应能：

◆ 识记
1．说出计划免疫、疫苗的定义。
2．识别主动免疫制剂和被动免疫制剂。
3．说出我国计划免疫程序的具体内容。

◆ 理解
1．举例说明不同年龄段小儿体格锻炼的内容。
2．举例说明常见小儿意外伤害发生的原因，并列出相应的预防措施。

◆ 运用
1．根据小儿的实际情况，查阅资料，为小儿制订合适的保健要点。
2．正确指导家长选择适合其孩子的体格锻炼方法。
3．指导家长进行预防接种反应的正确处理。

小儿保健是研究小儿生长发育规律及其影响因素，采取有效措施保护和促进小儿身心健康及社会能力发展的一门学科。它是儿科学与预防医学的交叉学科，以预防为主，防治结合，群体保健干预和个体保健服务相结合，包括一、二级预防和部分三级预防的内容。

第一节 各年龄期小儿的保健重点

一、胎儿期保健

胎儿的发育与孕母的营养、健康状况及心理卫生、生活环境等有密切的关系，胎儿期保健通过孕母的保健实现，胎儿期保健重点在于预防。

（一）预防遗传性疾病和先天性畸形。

提倡和普及婚前男女双方检查和遗传咨询，有遗传性家族史的母亲怀孕后应加强产前检查，预测遗传风险。禁止近亲结婚以减少遗传性疾病发生。孕母早期应预防发生风疹病毒、巨细胞病毒、单纯疱疹病毒及弓形体感染，孕期应避免接触放射线及苯、汞、铅、有机磷农药等化学毒物，避免吸烟、吸毒、酗酒，注意用药安全，防止胎儿畸形及宫内发育不良。

（二）给孕母良好的生活环境，保证充足营养，注意劳逸结合，减少心理压力和精神负担。

（三）尽可能避免妊娠期并发症，预防流产、早产、异常分娩的发生。

二、新生儿期保健

新生儿身体各组织和器官的功能发育尚不成熟，对外界环境变化的适应性和调节性差，抵抗力弱，易患各种疾病，且病情变化快，特别是围生期的新生儿发病率和死亡率极高，婴儿死亡总人数中 1/2～2/3 是新生儿。其中第 1 周内的新生儿死亡人数占新生儿死亡总人数的 70% 左右。故新生儿保健重点应在生后 1 周内。

（一）家庭访视

社区卫生服务中心的妇幼保健人员在新生儿期一般家访 2～3 次。高危儿或者检查发现有异常者适当增加访视的次数。家访的目的在于早期发现问题，早期干预，从而降低新生儿疾病发生率或减轻疾病的严重程度。访视内容有：①询问新生儿出生情况、出生后生活状态、预防接种、喂养与护理等情况；②观察居住环境及新生儿一般情况，重点注意有无产伤、黄疸、畸形、皮肤及脐部感染等；③体格检查，包括头颈、前囟、心肺腹、四肢、外生殖器，测量头围、体重等；视、听筛查；④指导及咨询，如喂养、日常护理。问题严重应立即就诊。

知识链接

新生儿访视

新生儿访视就是定期对新生儿进行健康检查，宣传科学育儿知识，指导家长做好新生儿喂养、护理和疾病预防并早期发现异常和疾病，及时处理和转诊以降低新生儿患病率和死亡率，促进新生儿健康成长。2012 年 4 月 20 日，前卫生部办公厅以卫办妇社发〔2012〕49 号印发《新生儿访视技术规范》，制定了新生儿访视、小儿健康检查、小儿喂养与营养指导和小儿营养性疾病管理 4 个方面的小儿保健技术规范。

（二）合理喂养

母乳是新生儿的天然最佳食品，应鼓励和支持母乳喂养，教授母亲哺乳的方法和技巧，并指导其观察乳汁分泌是否充足，新生儿吸吮是否有力。低出生体重儿吸吮力强者可按正常新生儿的喂养方法进行，按需授乳；吸吮力弱者可将母乳挤出，用滴管哺喂，一次量不宜过大，以免吸入气管。食后右侧卧位，床头略抬高，避免溢奶引起窒息。如确系无母乳或母乳不足者，则指导采取科学的人工喂养方法。

（三）保暖

新生儿房间应阳光充足，通风良好，温湿度适宜。室内温度保持在 22～24℃，湿度 55%～65%。冬季环境温度过低可使新生儿（特别是低出生体重儿）体温不升，影响代谢和血液循环，甚至发生新生儿寒冷损伤综合征，所以新生儿在寒冷季节要特别注意保暖。访视时应指导家长正确使用热水袋或代用品保暖，防止烫伤。夏季若环境温度过高、衣被过厚或包裹过严，可引起新生儿体温上升。因此，要随着气温的变化，调节环境温度，增减衣被、包裹。

（四）日常护理

指导家长观察新生儿的精神状态、面色、呼吸、体温和大小便等情况，了解新生儿的生活方式。新生儿皮肤娇嫩且新陈代谢旺盛，应每日沐浴。新生儿脐带未脱落前要注意保持清洁干燥。用柔软、浅色、吸水性强的棉布制作衣服、被褥和尿布，尿布以白色为宜，便于观察大小便的颜色，且应勤换勤洗，保持臀部皮肤清洁干燥，以防红臀。新生儿包裹不宜过紧，更不宜用带子捆绑，应保持双下肢自然屈曲以利于髋关节发育。

（五）预防疾病和意外

定时开窗通风，保持室内空气清新。新生儿有专用用具，食具用后要消毒，保持衣服、被褥和尿布清洁干燥。母亲在哺乳和护理前应洗手。凡患有皮肤病、呼吸道和消化道感染及其他传染病者，不能接触新生儿。按时接种卡介苗和乙肝疫苗。新生儿出生两周后应口服维生素

D，预防佝偻病的发生。注意防止因包被蒙头过严、哺乳姿势不当、乳房堵塞新生儿口鼻等造成新生儿窒息。

（六）早期教养

新生儿的视、听、触觉已初步发展，在此基础上，可通过反复的视觉和听觉训练，建立各种条件反射，培养新生儿对周围环境的定向力以及反应能力。家长在教养中起重要作用，应鼓励家长拥抱和抚摸新生儿，对新生儿说话和唱歌等。

三、婴儿期保健

婴儿期的生长发育非常迅速，对能量和蛋白质的要求也较高，而消化和吸收功能发育尚不完善，故易出现消化功能紊乱和营养不良等疾病；同时，婴儿从母体获得的免疫力逐渐消失，而自身后天的免疫力尚未产生，故易患肺炎等感染性疾病和传染病，所以此期小儿的发病率和死亡率仍高。

（一）合理喂养

4～6个月以内婴儿提倡母乳喂养。4个月以上婴儿要及时添加辅食，使其适应多种食物，减少以后挑食、偏食的发生；介绍辅食添加的顺序和原则，食物的选择和制作方法等。在添加辅食的过程中，家长要注意观察婴儿的粪便，及时判断辅食添加是否恰当。断奶应采用渐进的方式，以春、秋季节较为适宜，根据具体情况指导断奶。断奶时，婴儿可能出现烦躁不安、易怒、失眠或大声啼哭等，家长应特别给予关心和爱抚。

自添加辅食起，即应训练用勺进食；7～8个月后学习用杯喝奶和水，以促进咀嚼、吞咽及口腔协调动作的发育；9～10个月的婴儿开始有主动进食的要求，可先训练其自己抓取食物的能力，尽早让婴儿学习自己用勺进食，促进眼、手协调动作的发展，并有益于手部肌肉发育，同时也使小儿的独立性、自主性得到发展。

（二）日常护理

1. 清洁卫生　每日早晚应给婴儿部分擦洗，如洗脸、脚和臀部，勤换衣裤，用尿布保护会阴皮肤清洁。有条件者每日沐浴，天气炎热、出汗多时应酌情增加沐浴次数。

2. 衣着　婴儿衣着应简单、宽松、便于穿脱及四肢活动。少接缝，以避免摩擦皮肤。衣服宜用带子代替纽扣，以免婴儿误食或误吸，造成意外伤害。婴儿颈短，上衣不宜有领，可用圆领。不用松紧腰裤，最好穿连衣裤或背带裤，以利胸廓发育。婴儿臀下不宜使用塑料布或橡胶单，以免发生尿布性皮炎。

3. 睡眠　充足的睡眠是保证婴儿健康的先决条件之一，为保证充足睡眠，婴儿出生后立即培养良好的睡眠习惯，习惯养成后不要轻易改变。如婴儿应有固定的睡眠场所，利用固定的音乐催眠，尽可能不拍、不抱、不摇。婴儿所需的睡眠时间个体差异较大。随年龄增长睡眠时间逐渐减少，且两次睡眠的间隔时间延长。各种卧位均可，但通常侧卧是最安全和舒适的。侧卧时要注意两侧经常更换，以免面部或头部变形。

4. 牙齿　4～10个月乳牙开始萌出，婴儿会有一些不舒服的表现，如吸手指、咬东西，严重的会表现烦躁不安、无法入睡和拒食等。可指导家长用软布帮助婴儿清洁齿龈和萌出的乳牙，并给较大婴儿提供一些较硬的饼干、烤面包片或馒头片等食物咀嚼，使其感到舒适。注意检查婴儿周围的物品是否安全，以防婴儿将所有能拿到的东西放入口中。

5. 户外活动　家长应每日带婴儿进行户外活动，呼吸新鲜空气和晒太阳；有条件者可进行空气浴和日光浴，以增强体质和预防佝偻病的发生。

（三）早期教育

1. 大小便训练　婴儿3个月后可以把尿，会坐后可以练习大小便坐盆，每次3～5min。婴儿坐盆时不要分散其注意力。随食物性质的改变和消化功能的成熟，婴儿大便次数逐渐减少，至每日1~2次时，即可开始训练定时大便。小便训练可从6个月开始。先训练白天不用尿布，然后是夜间按时叫醒坐盆小便，最后晚上也不用尿布。在此期间，婴儿应穿易脱的裤子，以利培养排便习惯。

2. 视、听能力训练　对3个月内的婴儿，可以在婴儿床上悬吊颜色鲜艳、能发声及转动的玩具，逗引婴儿注意；每天定时放悦耳的音乐；家人经常面对婴儿说话、唱歌。3~6个月婴儿需进一步完善视、听觉，可选择各种颜色、形状、发声的玩具，逗引婴儿看、摸和听。培养分辨声调和好坏的能力，用温柔的声音表示赞许、鼓励，用严厉的声音表示禁止、批评。对6~12个月的婴儿应培养其稍长时间的注意力，引导其观察周围事物，促使其逐渐认识和熟悉常见的事物；以询问方式让其看、指、找，从而使其视觉、听觉与心理活动紧密联系起来。

3. 动作的发展　家长应为婴儿提供运动的空间和机会。2个月时，婴儿可开始练习空腹俯卧，并逐渐延长俯卧的时间，培养俯卧抬头，扩大婴儿的视野。3~6个月，婴儿喜欢注视和玩弄自己的小手，能够抓握细小的玩具，应用玩具练习婴儿的抓握能力；训练翻身。7~9个月，用能够滚动的、颜色鲜艳的软球等玩具逗引婴儿爬行，同时练习婴儿站立、坐下和迈步，以增强婴儿的活动能力和扩大其活动范围。10~12个月，婴儿会玩"躲猫猫"的游戏，鼓励婴儿学走路。

4. 语言的培养　语言的发展是一个连续的有序过程。最先是练习发音，然后是感受语言或理解语言，最后才是用语言表达。婴儿出生后，家长就要利用一切机会和婴儿说话或逗引婴儿"咿呀"学语，利用日常接触的人和物，引导婴儿把语言同人和物及动作联系起来。5、6个月开始培养婴儿对简单语言做出动作反应，如用眼睛找询问的物品，用动作回答简单的要求，以发展理解语言的能力。9个月开始注意培养有意识地模仿发音，如"爸爸""妈妈"等。

（四）防止意外

此期常见的意外事故有异物吸入、窒息、中毒、跌伤和烫伤等。应向家长特别强调意外的预防。

（五）预防疾病和促进健康

婴儿对传染性疾病普遍易感，为保证婴儿的健康成长，必须切实按照计划免疫程序，为婴儿完成预防接种的基础免疫，预防急性传染病的发生。同时，要定期为婴儿做健康检查和体格测量，进行生长发育监测，及时纠正，以预防佝偻病、营养不良、肥胖症和营养性缺铁性贫血等疾病的发生。婴儿期常见的健康问题还包括婴儿腹泻、营养物（牛奶）过敏、湿疹、尿布疹和脂溢性皮炎等。

四、幼儿期保健

幼儿神经心理发育迅速，行走和语言能力增强，自主性和独立性不断发展，与外界环境接触机会增多，但免疫功能仍不健全，对危险事物的识别能力差，故感染性和传染性疾病发病率及意外伤害发生率仍较高。

（一）合理安排膳食

幼儿正处在断奶之后、生长发育仍较快的时期，应注意供给足够的能量和优质蛋白，保证各种营养素充足且均衡。在2~2.5岁以前，乳牙未出齐，咀嚼和胃肠消化能力较弱，食物应细、软、烂，食物的种类和制作方法需经常变换，做到多样化，菜色美观，以增进幼儿食欲。由于幼儿期生长速度较婴儿期减缓，需要量相对下降以及受外界环境的吸引，18个月左右可能出现生理性厌食，幼儿明显表现出对食物缺乏兴趣和偏食。

注意培养良好的进食习惯。就餐前15min使幼儿做好心理和生理上的就餐准备，避免过度兴奋或疲劳。进食时不玩耍，专心进食，鼓励和培养自用餐具，保持愉快、宽松的就餐环境，吃饭时不要惩罚小儿，以免影响食欲。养成不吃零食、不挑食、不偏食、不撒饭菜等良好习惯。此期还要注意培养就餐礼仪，如吃饭时不讲话，不将自己喜欢的菜拿到自己面前等。

（二）日常护理

由于幼儿的自理能力不断增加，家长既要促进小儿的独立性，又要保证安全和卫生。

1. **衣着**　幼儿衣着应颜色鲜艳便于识别，宽松、保暖、轻便易于活动，穿脱简便。
2. **睡眠**　幼儿的睡眠时间随年龄的增长而减少。一般每晚可睡 10～12h，白天小睡 1～2 次。幼儿睡前常需有人陪伴，或带一个喜欢的玩具上床，以使他们有安全感。
3. **口腔保健**　幼儿不能自理时，家长可用软布轻轻清洁幼儿牙齿表面，逐渐改用软毛牙刷。3 岁后，幼儿应能在父母的指导下自己刷牙，早、晚各一次，并做到饭后漱口。为保护牙齿应少吃易致龋齿的食物，如糖果等，并去除不良习惯，如抱着奶瓶、喝着牛奶或果汁入睡。家长还应带幼儿定期进行口腔检查。

（三）早期教育

1. **大、小便训练**　18～24 个月时，幼儿开始能够自主控制肛门和尿道括约肌，而且认知的发展使他们能够表示便意，为大小便训练做好了生理和心理的准备。在训练过程中，家长应注意多采用赞赏和鼓励的方式，训练失败时不要表示失望或责备幼儿。
2. **动作的发展**　1～2 岁幼儿要选择发展走、跳、投掷、攀登和发展肌肉活动的玩具，如球类、拖拉车、积木、滑梯等。2 岁后的幼儿开始模仿成人的活动，玩水、沙土、橡皮泥，在纸上随意涂画，喜欢奔跑、蹦跳等激烈、刺激性的运动，故 2～3 岁幼儿要选择能发展动作、注意、想象、思维等能力的玩具，如形象玩具（积木、娃娃等）、能拆能装的玩具、三轮车、攀登架等。
3. **语言的发展**　幼儿有强烈的好奇心、求知欲和表现欲，喜欢问问题、唱简单的歌谣、翻看故事书或看动画片等。家长应满足其欲望，经常与其交谈，鼓励其多说话，通过游戏、讲故事、唱歌等促进幼儿语言发育，并借助于动画片等电视节目扩大其词汇量，纠正其发音。
4. **卫生习惯的培养**　培养幼儿养成饭前便后洗手，不喝生水，不吃未洗净的瓜果，不食掉在地上的食物，不随地吐痰和大小便，不乱扔瓜果纸屑等习惯。
5. **品德教育**　幼儿应学习与他人分享，互助友爱，尊敬长辈，使用礼貌用语等。

（四）预防疾病和意外

继续加强预防接种和防病工作，每 3～6 个月为幼儿做健康检查一次，预防龋齿，筛查听、视力异常，进行生长发育系统监测。指导家长防止意外发生，如异物吸入、烫伤、跌伤、中毒、电击伤等。

（五）防治常见的心理行为问题

幼儿常见的心理行为问题包括违拗、发脾气和破坏性行为等，家长应针对原因采取有效措施。

五、学龄前期保健

学龄前期小儿智力发展快，活动范围扩大，自理能力和机体抵抗力增强，是性格形成的关键时期。

（一）合理营养

学龄前小儿饮食接近成人，食品制作要多样化，并做到粗、细、荤、素食品搭配，保证热能和蛋白质的摄入。学龄前小儿喜欢参与食品制作和餐桌的布置，家长可利用此机会进行营养知识、食品卫生和防止烫伤等健康教育。

（二）日常护理

1. **自理能力**　学龄前小儿已有部分自理能力，如进食、洗脸、刷牙、穿衣、如厕等，但其动作缓慢、不协调，常需他人帮助，可能要花费成人更多的时间和精力，此时仍应鼓励小儿自理，不能包办。

2. 睡眠　因学龄前期小儿想象力极其丰富，可导致小儿怕黑、做噩梦等，小儿不敢一个人在卧室睡觉，常需要成人的陪伴。成人可在小儿入睡前与其进行一些轻松、愉快的活动，以减轻紧张情绪。还可在卧室内开一盏小灯。

（三）早期教育

1. 品德教育　培养小儿关心集体、遵守纪律、团结协作、热爱劳动等优良品质。安排小儿学习手工制作、唱歌和跳舞、参观博物馆等活动，培养他们多方面的兴趣和想象，陶冶情操。

2. 智力发展　学龄前小儿绘画、搭积木、剪贴和做模型的复杂性和技巧性能力明显增加。成人应有意识地引导小儿进行较复杂的智力游戏，增强其思维能力和动手能力。

（四）预防疾病和意外

小儿应每年进行1～2次健康检查和体格测量，筛查与矫治近视、龋齿、缺铁性贫血、寄生虫病等常见病，继续监测生长发育，预防接种可在此期进行加强。

对学龄前小儿开展安全教育，采取相应的安全措施以预防外伤、溺水、中毒、交通事故等意外发生。

（五）防治常见的心理行为问题

学龄前期常见的心理行为问题包括吮拇指和咬指甲、遗尿、手淫、攻击性或破坏性行为等，家长应针对原因采取有效措施。

六、学龄期保健

学龄期小儿的抵抗力和控制、理解、分析、综合能力增强，认知和心理社会发展非常迅速，同伴、学校和社会环境对其影响较大。

（一）合理营养

学龄期小儿膳食要求营养充分而均衡，以满足其体格生长、心理和智力发展、紧张学习和体力活动等需求。要重视早餐和课间加餐，同时，要特别重视补充强化铁食品，以减低贫血发病率。家长在安排饮食时，可让小儿参与制定菜谱和准备食物，以增加食欲。吃饭应定时定量，不喝生水。不吃腐烂变质和不洁的食物，不用别人的餐具。

（二）体格锻炼

学龄小儿应每天进行户外活动和体格锻炼。体格锻炼时，内容要适当，要循序渐进，不能操之过急。

（三）预防疾病

保证充分的睡眠和休息，定期进行健康检查，继续按时进行预防接种，宣传常见传染病的知识，预防传染病，并对传染病做到早发现、早报告、早隔离、早治疗。此期学校和家庭还应注意培养小儿正确的姿势。具体措施如下：

1. 培养良好的睡眠习惯，养成按时睡眠、起床和夏季午睡的习惯。

2. 注意口腔卫生，培养小儿每天早、晚刷牙，饭后漱口的习惯，预防龋齿。

3. 预防近视眼，学龄期小儿应特别注意保护视力，教育小儿写字、读书时书本和眼睛应保持30cm左右的距离，保持正确姿势。避免小儿在太弱的光线下看书、写字。读书、写字的时间不宜太长，课间要到户外活动，进行远眺以缓解视力疲劳。积极开展眼保健操活动，预防近视眼的发生。如果发生近视，要到医院检查和治疗。

4. 培养正确的坐、立、行等姿势。

（四）防止意外

学龄期常发生的意外伤害包括车祸、溺水以及在活动时发生擦伤、割伤、挫伤、扭伤或骨折等。对小儿进行法制教育，学习交通规则和意外事故的防范知识，减少伤残的发生。

（五）培养良好习惯

培养不吸烟、不饮酒、不随地吐痰等良好习惯。注意培养良好的学习习惯和性情，加强素质教育，通过体育锻炼培养小儿的毅力和奋斗精神，通过兴趣的培养陶冶高尚情操。

（六）防治常见的心理行为问题

学龄期小儿不适应上学是此期常见问题，表现为焦虑、恐惧或拒绝上学。家长应查明原因，采取相应措施。同时，需要学校和家长的相互配合，帮助小儿适应学校生活。

七、青春期保健

青春期是由小儿过渡到成年的时期，是小儿生长发育的最后阶段，是一生中决定体格、体质、心理、智力发育和发展的关键时期。此期认知、心理社会和行为发展日趋成熟，但由于神经内分泌调节尚不稳定以及要面对更多的社会压力，他们会出现一些特殊的健康问题。此期保健重点是保证充足的营养；加强青春期生理和心理卫生教育，形成健康的生活方式；培养良好的品德。

（一）供给充足营养

青春期为生长发育的第二个高峰期，体格生长迅速，脑力劳动和体力运动消耗大，必须增加热能、蛋白质、维生素及矿物质（铁、钙、碘等）等营养素的摄入。

（二）健康教育

良好的个人卫生、充足的睡眠、适当的体格锻炼对促进青少年的健康成长十分重要。

1. 培养青少年良好的卫生习惯　重点加强少女的经期卫生指导，如保持生活规律，避免受凉、剧烈运动及重体力劳动，注意会阴部卫生，避免坐浴等。

2. 保证充足睡眠　青少年需要充足的睡眠和休息以满足此期迅速生长的需求，应养成早睡早起的睡眠习惯。家长和其他成人应起到榜样和监督作用。

3. 养成健康的生活方式　在社会不良因素的影响下，青少年会染上吸烟、酗酒等不良习惯，有的青少年甚至染上吸毒及滥用药物的恶习，应加强正面教育，利用多种方法大力宣传吸烟、酗酒、吸毒及滥用药物的危害，帮助其养成健康的生活方式。

4. 进行正确性教育　性教育是青春期健康教育的一个重要内容，家长、学校和保健人员可通过交谈、宣传手册、上卫生课等方式对青少年进行性教育。提倡男女学生之间正常的交往，劝导学生不谈恋爱并自觉抵制黄色书刊、录像等。

5. 预防网络成瘾　网络成瘾是随着互联网的发展和普及而出现的新问题，多见于13～18岁青少年，我国城市青少年网络成瘾已达2404.2万，严重损害了青少年的身心健康和成长。护士应联系社会力量，发挥个人、家庭、学校及社会力量，为青少年提供一个良好的网络环境、家庭环境、学习环境和社会环境，促进青少年身心健康成长。

（三）法制和品德教育

青少年思想尚未稳定，易受外界错误的和不健康因素的影响。因此，青少年需要接受系统的法制教育，学习助人为乐、勇于上进的道德风尚，自觉抵制腐化堕落思想的影响。

（四）预防疾病和意外

青春期应重点防治结核病、风湿病、沙眼、屈光不正、龋齿、肥胖、神经性厌食、月经不调和脊柱侧弯等，可通过定期检查早期发现、早期治疗。意外创伤和事故是青少年，尤其是男性青少年常见的问题，应继续进行安全教育。自杀在女性青少年中多见，必要时可对其进行心理治疗。

（五）防治常见的心理行为问题

此期最常见的心理行为问题为多种原因引起的出走、自杀及对自我形象不满而出现的心理问题。家庭及社会应给予重视，并采取积极的措施解决此类问题。

第二节 体格锻炼

体格锻炼是促进小儿生长发育、增进健康、增强体质的积极措施。体格锻炼能提高机体对外界环境的耐受力和抵抗力，培养小儿坚强的意志和性格，促进小儿德、智、体、美全面发展。按照国家运动和体育教学协会的有关小儿活动指南要求，学步幼儿每天至少有30min的正式体力活动，学龄期及以上小儿有60min的有组织的体力活动，久坐每次不宜超过60min。

小儿体格锻炼的形式多种多样，必须根据其生理解剖特点安排适宜的锻炼内容、运动量、环境及用具。应充分利用自然因素，如阳光、空气和水进行锻炼。

一、户外活动

一年四季均可进行户外活动。户外活动可增加小儿对冷空气的适应能力，提高机体免疫力；接受日光直接照射还能预防佝偻病。婴儿出生后应尽早户外活动，到人少、空气新鲜的地方，年长儿除恶劣气候外，鼓励多在户外玩耍。

二、皮肤锻炼

（一）婴儿抚触

抚触可刺激皮肤，有益于循环、呼吸、消化、肢体肌肉的放松与活动。皮肤抚触不仅给婴儿以愉快的刺激，同时也是父母与婴儿之间最好的交流方式之一。抚触可以从新生儿时期开始。一般在婴儿洗澡后进行。

（二）水浴

利用水的机械作用和水的温度刺激机体，使皮肤血管收缩或舒张，以促进机体的血液循环、新陈代谢及体温调节，增强机体对温度变化的适应能力。不同年龄及体质的小儿应选择不同的水浴方式。

1. 温水浴　由于水的传热能力比空气强，温水浴可提高皮肤适应冷热变化的能力，故不仅可保持皮肤清洁，还可促进新陈代谢，增加食欲，有利于睡眠和生长发育。冬季应注意室温、水温，做好温水浴前的准备工作，减少体表热能散发。

2. 擦浴　7~8个月以后的婴儿可进行身体擦浴。水温32~33℃，待婴儿适应后，水温可逐渐降至26℃。先用毛巾浸入温水，拧至半干，然后在婴儿四肢做向心性擦浴，擦毕再用干毛巾擦至皮肤微红。

3. 淋浴　适用于3岁以上小儿，效果比擦浴更好。每日1次，每次冲淋身体20~40s，水温35~36℃，浴后用干毛巾擦至全身皮肤微红。待小儿适应后，可逐渐将水温降至26~28℃。

4. 游泳　有条件者可从小训练，但注意应有成人在旁照顾。浴场应选择平坦、活水、水底为沙质、水质清洁、附近没有污染源的地方，或在游泳池进行。水温不低于25℃。游泳前，先用冷水浸湿头部和胸部，然后全身浸入水中。游泳持续时间逐渐延长。

（三）空气浴

利用气温和体表温度之间的差异形成刺激，气温越低，作用时间越长，刺激强度就越大，可促进机体新陈代谢、锻炼呼吸器官和增强心脏活动。空气浴应根据不同地区、不同季节灵活安排，健康小儿出生后即可进行。接触新鲜空气是锻炼的第一步。每日坚持开窗通风至少半小时，逐渐锻炼开窗睡眠，注意风不要直接吹向小儿，以免受凉。从2~3个月婴儿开始，逐渐减少衣服至只穿短裤,室温不低于20℃,习惯后可移至户外。宜从夏季开始,随着气温的降低,使机体逐步适应。一般在饭后0.5～1h进行较好,每日1～2次,每次2～3min,逐渐延长至夏季2～3h,冬季以20～25min为宜,室温每4～5天下降1℃。3岁以下及体弱儿气温不宜低于15℃,3～7岁不低于12℃,学龄儿可降至10～12℃。小儿脱衣后先用干毛巾擦全身皮肤至微红以做准备,可结合小儿游戏或体育活动进行。

(四)日光浴

日光中的紫外线能使皮肤中的7-脱氢胆固醇转变为维生素D,预防小儿佝偻病的发生;而日光中的红外线可促进皮肤中的血管扩张,使血液循环加速,增强小儿的心肺功能。日光浴适用于1岁以上小儿。日光浴最好能在餐后1～1.5h进行。先晒背部,再晒身体两侧,最后晒胸腹部。开始时每个部位晒半分钟,以后逐渐增加,但每次日光浴时间不超过30min。照射时避免日光直射小儿眼睛,年长儿可以戴墨镜。一般日光浴前应进行一段时间的空气浴。

三、体育运动

(一)体操

1. 婴儿被动操　被动操是指由成人给婴儿做四肢伸屈运动。一般认为,被动操可促进婴儿大运动的发育、改善全身血液循环,适用于2～6个月的婴儿,每日1～2次为宜。

2. 婴儿主动操　7～12个月婴儿大运动开始发育,可训练婴儿爬、坐、仰卧起身、扶站、扶走、双手取物等动作。

3. 幼儿体操　12～18个月幼儿学走尚不稳时,在成人的扶持下,帮助婴儿进行有节奏的活动。18个月～3岁幼儿可配合音乐,做模仿操。

4. 小儿体操　如广播体操、健美操,以增进动作协调性,有益于肌肉骨骼的发育。

(二)游戏、田径与球类

年长儿可利用器械进行锻炼,如木马、滑梯,还可进行各种田径、球类、舞蹈、跳绳等活动。

第三节　计　划　免　疫

小儿计划免疫(planned immunization)是根据免疫学原理、小儿免疫特点和传染病疫情的监测情况制订的免疫程序,是有计划、有目地将生物制品接种到小儿体内,以确保小儿获得可靠的抵抗疾病的能力,从而达到预防、控制乃至消灭相应传染病的目的。预防接种是计划免疫的核心。

一、人工获得的免疫方式

婴幼儿对各种传染病都具有易感性。可通过按期地预防接种,提高他们的免疫力,控制传染病的发生和流行,从而保护他们健康成长。

1. 主动免疫　主动免疫是指给易感者接种特异性抗原,刺激机体产生特异性抗体,从而产生免疫力。但主动免疫制剂在接种后经过一定期限产生的抗体,在持续1～5年后逐渐减少,故要适时地安排加强免疫,巩固免疫效果。

2. 被动免疫　未接受主动免疫的易感者在接触传染病后,被给予相应的抗体,而立即获得免疫力,称之为被动免疫。由于抗体留在机体中的时间短暂(一般3周),故主要用于应急预防和治疗。

二、免疫程序

2008年卫生部颁布了扩大免疫规划，要求在现行全国范围内使用的乙肝疫苗、卡介苗、脊髓灰质炎疫苗、百白破疫苗、麻疹疫苗、白破疫苗6种国家免疫规划疫苗基础上，以无细胞百白破疫苗替代百白破疫苗，将甲肝疫苗、流脑疫苗、乙脑疫苗、麻腮风疫苗纳入国家免疫规划，对适龄小儿进行常规接种。

实施预防接种证制度可保证接种对象和接种项目准确、及时，避免发生错种、漏种和重种。详见下页表3-1。

《小儿预防接种证》的补办

《小儿预防接种证》是小儿预防接种史的记录凭证，每次接种时要携带，接种人员根据该小儿的预防接种史记录、具体年龄和国家免疫规划的要求，决定应当给该小儿接种何种疫苗，并将接种结果的详细信息记录其中。当小儿的基础免疫与加强免疫全部完成后，家长应保管好《小儿预防接种证》，以备孩子入托、入学、入伍或将来出入境时查验。如有遗失应及时补办，补办方式如下：

如果从未接受过预防接种（打预防针），应到现居住地的镇卫生院或街道卫生服务中心补证、补种。

如果已打过预防针，但《小儿预防接种证》遗失了，应及时到原接种点补办《小儿预防接种证》。

如果原来在外地打过预防针，又无法从原接种点补办《小儿预防接种证》，家长应出具该小儿最后1次接种疫苗的名称、时间和在临时居住地的连续时间，由父母签名确认的文字凭据，以便接种人员根据不同疫苗的间隔要求酌情补种并补证。

主动给小儿建立预防接种证是家长的义务，建立和管理小儿预防接种证是法律赋予卫生和教育部门的职责。

三、预防接种的注意事项

（一）接种过程中的注意事项

1. **安排适当场所** 接种场所应光线明亮，空气流通，冬季室内应温暖。接种用品及急救用品摆放有序。

2. **仔细解释** 做好解释、宣传工作，消除紧张、恐惧心理，争取家长和小儿的合作。接种最好在饭后进行，以免晕针。

3. **生物制品的准备和处理** 检查制品标签，包括名称、批号、有效期及生产单位，并做好登记；检查安瓿有无裂痕，药液有无发霉、异物、凝块、变色或冻结等；按照规定方法稀释、溶解、摇匀后使用。

4. **严格无菌操作** 要做到每人1支无菌注射器、1个无菌针头；抽吸后安瓿内如有剩余药液，需用无菌干纱布覆盖安瓿口，在空气中放置不能超过2h；接种后剩余药液应废弃，活菌苗应烧毁。

5. **严格查对** 仔细核对小儿姓名、年龄以及疫苗名称；详细询问小儿的病史及传染病接

表3-1 小儿计划免疫程序

疫苗	接种对象月（年）龄	接种剂次	接种部位	接种途径	接种剂量/剂次	备注
乙肝疫苗	0、1、6月龄	3	上臂三角肌	肌内注射	酵母苗5μg/0.5ml；CHO苗10μg/1ml，20μg/1ml	出生后24h内接种第1剂次，第1、2剂次同隔≥28天
卡介苗	出生时	1	上臂三角肌中部略下处	皮内注射	0.1ml	
脊髓灰质炎疫苗	2、3、4月龄，4周岁	4		口服	1粒	第1、2剂次，第2、3剂次间隔均≥28天
百白破疫苗	3、4、5月龄，18~24月龄	4	上臂外侧三角肌	肌内注射	0.5ml	第1、2剂次，第2、3剂次间隔均≥28天
白破疫苗	6周岁	1	上臂三角肌	肌内注射	0.5ml	
麻风疫苗	8月龄	1	上臂外侧三角肌附着处	皮下注射	0.5ml	8月龄接种1剂次麻风疫苗，麻腮风疫苗不足部分继续使用麻疹疫苗
麻腮风疫苗	18~24月龄	1	上臂外侧三角肌附着处	皮下注射	0.5ml	18~24月龄接种1剂次麻腮风疫苗，麻腮疫苗不足部分继续使用麻腮疫苗替代
乙脑减毒活疫苗	8月龄，2周岁	2	上臂外侧三角肌附着处	皮下注射	0.5ml	
乙脑灭活疫苗	8月龄（2剂次），2周岁，6周岁	4	上臂外侧三角肌附着处	皮下注射	0.5ml	第1、2剂次间隔7~10天
A群流脑疫苗	6~18月龄	2	上臂外侧三角肌附着处	皮下注射	30μg/0.5ml	第1、2剂次间隔3个月
A+C流脑疫苗	3周岁，6周岁	2	上臂外侧三角肌附着处	皮下注射	100μg/0.5ml	2剂次间隔≥3年，第1剂次与A群流脑疫苗第2剂次间隔≥12个月
甲肝减毒活疫苗	18月龄	1	上臂三角肌附着处	皮下注射	1ml	
甲肝灭活疫苗	18月龄，24~30月龄	2	上臂三角肌附着处	皮下注射	0.5ml	2剂次间隔≥6个月

触史等健康情况，严格掌握禁忌证。必要时先进行体格检查；严格执行规定的接种剂量和途径；注意预防接种的次数。按使用说明完成全程和加强免疫。按各种制品要求的间隔时间接种，一般接种活疫苗后需隔4周，接种死疫苗后需隔2周，再接种其他活或死疫苗。

6. 局部消毒 用2%碘酊及75%乙醇或0.5%碘酊消毒皮肤，待干后注射；接种活疫苗、菌苗时，只用75%乙醇消毒，因活疫苗、菌苗易被碘酊杀死，影响接种效果。

7. 及时记录及预约 保证接种及时、全程足量，避免重种、漏种，未接种者须注明原因，必要时进行补种。

8. 交代接种后的注意事项及处理措施。

（二）严格掌握禁忌证

1. 患自身免疫性疾病、免疫缺陷者，应禁忌接种。
2. 有明确过敏史者禁种白喉类毒素、破伤风类毒素、麻疹疫苗（特别是鸡蛋过敏者）、脊髓灰质炎糖丸疫苗（牛奶或奶制品过敏）、乙肝疫苗（酵母过敏或疫苗中任何成分过敏）。
3. 患有结核病、急性传染病、肾炎、心脏病、湿疹及其他皮肤病者不予接种卡介苗。
4. 在接受免疫抑制剂治疗（放射治疗、糖皮质激素、抗代谢药物和细胞毒性药物）期间、发热、腹泻和急性传染病期忌服脊髓灰质炎疫苗。
5. 因百日咳菌苗可产生神经系统严重并发症，故小儿及家庭成员患癫痫、神经系统疾病，有抽搐史者禁用百日咳菌苗。
6. 患有肝炎、急性传染病（包括有接触史而未过检疫期者）或其他严重疾病者不宜进行免疫接种。

四、预防接种的反应及处理

作为异物的免疫制剂进入人体后会引起不同程度的不适，可分为一般反应和异常反应，其临床表现及处理措施如下：

（一）一般反应

1. 局部反应 接种后数小时至24h左右，注射部位会出现红、肿、热、痛，有时还伴有局部淋巴结肿大或淋巴管炎。红晕直径在2.5cm以下为弱反应，2.6～5cm为中等反应，5cm以上为强反应。局部反应一般持续2～3天。如接种活菌（疫）苗，则局部反应出现较晚、持续时间较长。

2. 全身反应 一般于接种后24h内出现不同程度的体温升高，多为中、低度发热，持续1～2天。体温37.5℃左右为弱反应，37.5～38.5℃为中等反应，38.6℃以上为强反应。但接种活疫苗需经过一定潜伏期（5～7天）才有体温上升。此外，还常伴有头晕、恶心、呕吐、腹泻、全身不适等反应。个别小儿接种麻疹疫苗后5～7天出现散在皮疹。

多数小儿的局部和（或）全身反应是轻微的，无需特殊处理，注意适当休息、多饮水即可。局部反应较重时，用干净毛巾热敷；全身反应可对症处理。如局部红肿继续扩大，高热持续不退，应到医院诊治。

（二）异常反应

1. 过敏性休克 于注射免疫制剂后数秒钟或数分钟内发生。表现为烦躁不安、面色苍白、口周青紫、四肢湿冷、呼吸困难、脉细速、恶心呕吐、惊厥、大小便失禁以至昏迷。如不及时抢救，可在短期内危及生命。此时应使患儿平卧，头稍低，注意保暖，给予氧气吸入，并立即皮下或静脉注射1：1000肾上腺素0.5～1ml，必要时可重复注射。

2. 晕针 是由于各种刺激引起反射性周围血管扩张所致的一过性脑缺血。小儿在空腹、疲劳、室内闷热、紧张或恐惧等情况下，在接种时或几分钟内，出现头晕、心慌、面色苍白、出冷汗、手足冰凉、心跳加快等症状，重者心跳、呼吸减慢，血压下降，知觉丧失。此时应立即使患儿平卧,头稍低,保持安静,饮少量热开水或糖水,必要时可针刺人中、合谷穴,一般即可恢复正常。数分钟后不恢复正常者,皮下注射1∶1000肾上腺素,每次0.5~1ml。

3. 过敏性皮疹 荨麻疹最为多见,一般于接种后几小时至几天内出现,服用抗组胺药物后即可痊愈。

4. 全身感染 有严重原发性免疫缺陷或继发性免疫功能遭受破坏者,接种活菌(疫)苗后可扩散为全身感染。

第四节 意外伤害的预防

意外伤害,又称意外事故,是指因各种意外而引起的人体损伤。它已成为威胁小儿健康和生命的主要问题,是小儿青少年的第一死因。在我国,14岁以下小儿意外伤害占小儿死亡原因总数的26.1%。5岁以下小儿主要死亡原因是意外窒息、溺水、中毒、交通事故和摔落,其中意外窒息和溺水死亡人数占半数以上。意外伤害是可预防的,可通过4E(education教育、engineering工程、enforcement执行、economics经济)干预避免意外的发生。

(一)窒息与异物进入机体

1. 窒息的原因 窒息是出生1~3个月内婴儿较常见的意外事故,多发生于严冬季节。如婴儿包裹过严,床上的大毛巾等物品不慎盖在婴儿脸上,或因母亲与婴儿同床,熟睡后误将身体或被子捂住婴儿的面部而导致婴儿窒息等。另外,婴儿易发生溢奶,如家长未能及时发现,婴儿可将奶液或奶块呛入气管引起窒息。

2. 异物进入机体的可能 由于婴幼儿的好奇心重,在玩耍时,他们可能会将小物品如豆类、塑料小玩具、硬币、纽扣等塞入鼻腔、外耳道或放入口内,从而引起鼻腔、外耳道或消化道异物,多见于1~5岁婴幼儿。呼吸道异物则多见于学龄前小儿,小儿进食时哭闹、嬉笑或将异物含入口中,当哭笑、惊恐而深吸气时,将异物吸入呼吸道,如果冻、瓜子、花生等,也可因成人给小儿强迫喂药而引起。

3. 预防措施

(1)放手不放眼,放眼不放心;有预见性。

(2)母子分床睡,小儿床上不放杂物。

(3)小儿进食时勿惊吓、逗乐、责骂。

(4)细嚼慢咽,勿将鱼刺、骨头、果核吞入。

(5)不给婴幼儿整粒的花生、瓜子、豆子及带刺、带骨、带核的食品。

(6)不给小儿玩体积小、锐利、带有毒性的玩具和物品。

(二)中毒

1. 中毒种类 食品、药品、农药、有毒动植物、其他化学药品等。

2. 预防

(1)小儿食物应清洁新鲜。

(2)勿随便采集植物和野果。

(3)口服药物和日常使用的农药、其他剧毒物品应放置在小儿拿不到的地方;家长喂药前要认真核对药瓶标签、用量及服法,对变质、标签不清的药物切勿服用。

(4)冬季应预防一氧化碳中毒。

(三)外伤

1. 外伤种类 有骨折、关节脱位、灼伤及电击伤。

2. 预防

（1）妥善存放易燃、易爆、易损品。教育年长儿不可随意玩火柴、打火机、煤气等危险物品。

（2）室内电器、电源应有防止触电的安全装置。

（3）定期检查大型玩具，及时维修。小儿玩耍时，应有成人在旁照顾。

（4）户外活动场地最好有草坪，室内地面宜用地板或铺有地毯。

（5）婴幼儿居室窗户、阳台、楼梯、睡床应有护栏，家具边缘应为钝角。

（6）小儿应远离厨房。热水瓶、热锅应放在小儿拿不到的地方，给小儿洗脸、洗脚、洗澡时先倒冷水后倒热水，暖气片应加罩，正确使用热水袋。

（四）溺水与交通事故

1. 幼托机构应远离公路、河塘等。在农村房前屋后的水缸、粪缸均应加盖。
2. 小儿不可去无安全措施的池塘、江河玩水或游泳。绝不可将婴幼儿单独留在澡盆中。
3. 遵守交通规则，做好学龄前小儿接送工作。
4. 小儿骑车时佩戴摩托车头盔或自行车头盔；坐汽车时，系上安全带，不坐第一排。
5. 在校园、居住区和游戏场所周围强制车辆减速。

小 结

一、各年龄期小儿的保健重点

我国目前小儿保健的重点是对不同年龄小儿及其家庭进行预防保健指导、计划免疫、健康监测。新生儿期保健需重视家庭访视；婴儿期因生长发育最迅速，合理喂养尤为重要；幼儿期最易发生各种意外事故，应注意预防；学龄前期应加强早期教育；学龄期小儿要注意用眼卫生和口腔卫生，端正坐立行姿势；青少年的心理、情绪及行为问题要及早发现、尽早调整。

二、体格锻炼

体格锻炼是促进小儿健康成长、增强体质的重要措施。体格锻炼方式包括：户外活动、皮肤锻炼、体育运动等。体格锻炼应从小开始，选择合适的锻炼方式，由简单到复杂，循序渐进。活动时应注意安全。

三、计划免疫

计划免疫包括基础免疫和加强免疫，且基础免疫均从婴儿期开始，预防接种是计划免疫的核心，用于人体预防接种的预防性生物制品则是疫苗。目前，我国普遍开展用于人体预防接种的有第一类和第二类疫苗。第一类疫苗包括乙肝疫苗、卡介苗、麻疹疫苗、无细胞百白破疫苗、白破疫苗、脊髓灰质炎糖丸疫苗。在此基础上，将麻腮风疫苗，流脑疫苗，乙脑疫苗以及甲肝疫苗等纳入国家免疫规划疫苗，对适龄小儿进行常规接种。

四、意外伤害的预防

根据不同年龄段高发的意外伤害，针对性地进行预防，以有效防止小儿意外伤害的发生。

自测题

一、单项选择题

1. 麻疹疫苗初种的月龄是
   A. 新生儿
   B. 2 个月
   C. 4 个月
   D. 6 个月
   E. 8 个月

2. 基础免疫接种的疫苗**不包括**
   A. 卡介苗
   B. 麻疹疫苗
   C. 乙脑疫苗
   D. 乙肝疫苗
   E. 脊髓灰质炎疫苗

3. 婴儿日光浴的最佳时间是
   A. 春季 9～10 时
   B. 夏季 8～9 时
   C. 秋季 9～10 时
   D. 冬季 10～12 时
   E. 夏季 16～17 时

4. 小儿习惯培养开始的时间最好是
   A. 婴儿期
   B. 幼儿期
   C. 学龄前期
   D. 学龄期
   E. 青春期

5. 现阶段我国少年小儿的第一位死因是
   A. 肺炎
   B. 传染病
   C. 心脏病
   D. 白血病
   E. 意外伤害

6. 新生儿保健重点为
   A. 生后第 1 天
   B. 生后 1 周内
   C. 生后 10 天内
   D. 生后 2 周内
   E. 生后 3 周内

7. 乙肝疫苗第 1 剂次接种的时间是
   A. 生后 24h 内
   B. 生后 24～72h
   C. 生后 1 个月
   D. 生后 2 个月
   E. 生后 3 个月

8. 脊髓灰质炎疫苗接种的途径是
   A. 皮内注射
   B. 皮下注射
   C. 肌内注射
   D. 口服
   E. 静脉推注

9. 接种完疫苗的孩子出现发热现象，正确的处理是
   A. 密切观察，暂不处理
   B. 给予口服抗生素
   C. 给予口服退热剂
   D. 给予口服抗病毒药物
   E. 给予口服抗生素及抗病毒药物

10. 幼儿健康体检的频次建议是
    A. 1～2 个月
    B. 2～3 个月
    C. 3～6 个月
    D. 6～9 个月
    E. 12 个月

二、案例题

甜甜，女，现体重 7.6kg，萌出乳牙 6 颗，能独站片刻，扶推车能走几步，能模仿成人的动作并招手"再见"，可拇、示指对指拿东西。请根据甜甜的发育特点估算其年龄，并指导其添加辅食、睡眠时间、卫生、教育、锻炼、预防接种。

（张海宏）

第四章 住院患儿的护理

学习目标

通过本章内容的学习，学生应能：

◆ **识记**
1. 描述儿科门诊的设置"预诊处""急诊室"的意义。
2. 说出小儿用药的特点及护理。
3. 列举儿科常用护理技术操作方法。

◆ **理解**
1. 总结住院患儿心理反应及护理。
2. 举例与住院患儿及家长沟通方法及技巧。
3. 总结小儿医疗机构的护理管理。

◆ **运用**
1. 应用儿科病房小儿意外的预防。
2. 演示普通病房遇到传染病患儿如何转运。
3. 能够对住院患儿进行正确健康评估。

患病住院不仅给患儿带来躯体上的疼痛，也使其身心受到影响，同时对患儿及其家庭也是一种危机。护士应该应用专业知识对患儿实施优质整体护理，为其家庭提供帮助，减轻住院给患儿及家庭带来的压力，促进患儿恢复健康。小儿医疗机构的组织和设备也应根据小儿特点进行合理安排。

第一节 儿科医疗机构的设置及护理管理

我国的儿科医疗机构有小儿医院、妇幼保健院和综合性医院儿科三类。其中以小儿医院设置最为全面，包括儿科门诊、儿科急诊和儿科病房。

一、儿科门诊

（一）设置

1. 预诊处　设置在门诊入口处，预诊护士应由责任心强，经验丰富，决断能力强的高年资护士担任。预诊护士抓住疾病的临床特点，通过问诊、望诊及简单的体检，区分急诊、平诊、初步鉴别传染病，协助患儿家长选择就诊科室；安排危重症患儿提前就诊，争取抢救机会；安排传染病患儿至隔离区就诊，减少患儿交叉感染。预诊处应设两个出口，一个通向普通门诊候诊室，一个通向隔离室。隔离室应备隔离消毒设备，如臭氧消毒机、隔离衣、洗手设施、隔离诊室、留观室。检出传染病或疑似传染病的患儿安排在隔离区进行初步诊断，并在指定区域内化验、交费、治疗等。

2. 门诊部　一般分为门诊诊疗区和门诊患儿治疗区。门诊诊疗区设有导医咨询处、候诊大厅、体温测量处、电子叫号显示屏，根据条件设专家诊室和普通诊室，并留有机动诊室。遇有传染病或疑似传染病患儿，其就诊室应关闭消毒，并启用机动诊室。候诊大厅应安全、宽敞、明亮、空气流通，因小儿就诊多由家长陪伴，故应有足够的候诊椅。候诊大厅布置应符合小儿心理特点，粘贴卡通图画及防病、科学育儿图片。有小儿活动娱乐场所，电视可放映小儿喜欢的动画片，营造轻松愉快的气氛，减轻患儿紧张恐惧心理，在娱乐中等待就诊。

门诊治疗区分为一般治疗区（雾化中心、皮试、肌内注射、各种小治疗包括灌肠、中药穴位贴敷等）和静脉输液治疗观察区。治疗区配有药房、收费处、静脉液体配置中心、静脉输液穿刺区和观察室（配备输液观察椅和观察床），电子叫号显示屏，家长根据电子显示叫号提示到指定穿刺台与护士共同核对输液单、患儿姓名、年龄、性别及输液号后进行输液。

门诊还应有饮水处供应开水，一次性纸杯，便于患儿饮水和服务，厕所应适应小儿特点，便于使用和留取大小便标本。

（二）护理管理

小儿门诊就诊患儿及陪伴人员数量多，人员流动性大，应做好以下护理：

1. 维护就诊秩序　门诊护士应做好就诊前准备，诊中协助和诊后解释工作，合理安排各诊室就诊人数，随时间调整疏散就诊小儿。保持就诊工作有条不紊地进行，提高就诊质量。

2. 密切观察病情变化　由于小儿病情变化快，护士应随时注意观察小儿的病情变化，特别注意患儿面色、呼吸的改变，发现异常及时与医生联系，安排提前就诊，必要时就地或护送到急救室抢救。

3. 预防院内感染　遵守无菌技术操作规程，严格执行消毒隔离制度，发现传染病可疑征象予以及时处理。

4. 杜绝医疗差错　严格执行查对制度及药品管理制度。护士应有高度责任心，工作一丝不苟，避免差错发生。

5. 健康教育　护士通过宣传、电视、健康手册等形式，根据季节和疾病流行特点，利用患儿候诊时间进行科普卫生宣教工作。

二、儿科急诊

（一）设置

儿科急诊室是抢救患儿生命的第一线，小儿病情变化快，突发情况多，应随时做好紧急抢救准备。儿科急诊室应设有抢救室、诊查室、观察室、治疗室、小手术室、药房、化验室、收费处等，形成独立单位，确保24h持续工作。

1. 抢救室　设病床1~2张，配有中心供氧、吸引装置、心电监护仪、气管插管用具、人工呼吸机、洗胃机等仪器设备；各种穿刺包、切开包、导尿包；抢救车内备有常用急救药品、物品（手电筒、压舌板、开口器、血压计、简易呼吸囊、听诊器、电源插座、各种型号注射器、口头医嘱执行记录本和笔等），以保证抢救工作顺利进行，同时应备有应急灯。

2. 观察室　设有病床及一般抢救设备，各种医疗文件，有条件可备婴儿暖箱、监护设备。

3. 简易手术室　应备有用于清创缝合手术、大面积烧伤清创处理、骨折固定等相应器械、药品等。

4. 治疗室　应有药品柜、注射用具、穿刺用品、各种型号导尿管、胃管等。

（二）护理管理

1. 急诊抢救　人员、医疗技术、药品、急救配合和时间是提高抢救成活率的主要因素，其中抢救人员起主要作用。急诊护士应有高度责任心、敏锐的观察能力，熟练掌握小儿各种急

救抢救理论及技术。此外，仪器设备完好、先进，药品种类齐全，时间争分夺秒是抢救成功的重要保证。

2. 建立并执行儿科急诊护理常规　定期培训护士，掌握儿科常见病的抢救程序、护理要点、急救技术及良好的应急能力，提高抢救成功率。

3. 执行急诊岗位责任制度　抢救药品及设备应放在指定位置，保管、补充、维护应有明确的交接班制度和专人负责制，确保急救药品齐全，器械设备性能良好。护士应坚守岗位，随时做好抢救患儿的准备。经常巡视病房及时正确处理各种危急症状。

4. 加强文件管理，完善护理记录　急诊病历记录患儿就诊时间、一般情况、诊治过程，抢救经过。紧急抢救时执行口头医嘱应复述两遍，核对无误时方可执行，并登记于口头医嘱执行本上，抢救结束后督促医生及时补记于病历上，保持病历资料的完整、真实和准确性。急诊观察室转出患儿应做好登记，转入病房时患儿及病历资料由急诊护士护送至病房，与病房护士完成患儿及病历的交接。

三、儿科病房

（一）设置

1. 病室　分为普通病室、危重监护病室。儿科病房最适宜的病床数30～40张，设有大小两种病室。大病室内纳3～4张病床，小病室1～2张病床。普通病室主要收治病情较轻或恢复期患儿。每张床安装U字形轨道输液架，床头有呼叫器、吸氧和负压吸引装置，病房配置卫生间方便患儿使用。危重监护病室安置在靠近护理站最近的房间，主要用于收治危重需要观察和抢救的患儿，病室配置除普通病室配置外，室内还应放置各种抢救设备、药品、监护仪等。病室装修应符合小儿心理特点，墙面可绘制彩色动画图片，被服最好运用有卡通画的棉质布料。

2. 护理站、医生办公室　应设在病区中间位置，并靠近危重症监护病房，便于观察和抢救患儿。

3. 治疗室　进行各种注射、输液准备工作。

4. 污物间　应备有洗手设备，医疗垃圾、生活垃圾桶、锐器盒、污物车，垃圾分类放置在污物间进行。

5. 配膳（奶）室　设在病房入口处，营养部门将备好的患儿食品在配膳室分发，室内配备微波炉、电冰箱、餐车等。

6. 游戏室　设在病房一端，供患儿活动、游戏使用。地面应使用防漏材料，玩具、图书柜、桌椅应适合小儿使用。有条件配备电视机、投影仪，作为健康教育场所。

此外病房还配有库房、值班室、主任办公室、护士长办公室、仪器存放室等。

（二）护理管理

1. 环境管理　病室环境应适合小儿心理、生理特点。病室窗帘、被服采用棉质、颜色鲜艳，有活泼图案的布料。室内灯光光线明亮，以便观察患儿病情，夜间将病室光线调暗使用壁灯，以免影响患儿休息。可以用动物形象作为病室标志，房间内可张贴一些卡通画，室内安装温湿度计，温湿度应根据患儿年龄大小而定（表4-1）。

表4-1　不同年龄小儿适宜的病室温湿度

年龄	室温（℃）	相对湿度（%）
早产儿	24～26	55～65
足月新生儿	22～24	55～65
婴幼儿	20～22	55～60
年长儿	18～20	50～60

2. 生活管理　患儿饮食要兼顾生长发育和疾病治疗的需要。每次餐后对食具进行消毒处理。患儿的衣着应式样简单、柔软，经常换洗，保持清洁。根据患儿年龄、病情合理安排作息时间，培养孩子形成规律的生活习惯。

3. 安全管理　由于小儿好奇心强，好动，对危险判断力差，因此病房安全措施非常重要。病房的设施、设备均应有保护罩，如病床应加床档，床档缝隙应较成人床小，防止患儿坠床；口服药、开水瓶、电源插座均应在患儿不易接触处，防止误服、烫伤、触电。消防器材固定放置并处以备用状态，专人负责管理。紧急通道保持通畅，并有明显标志。治疗护理过程中应严格执行查对制度，防止差错发生。有条件的医院可使用PDA电子信息程序，进行患儿身份核实，确保治疗和护理安全。

4. 防止交叉感染　严格执行清洁、消毒、隔离、探视、陪伴制度。定时开窗通风。在闷热季节开启病室新风系统通风换气。地面、家具、床每日采用消毒剂湿式擦洗2次。医护人员接触患儿前后均应认真洗手，防止医源性交叉感染。

5. 传染病管理　患儿住院期间发现传染病应立即转至儿科传染病房，同病室居住患儿采取隔离检疫，并给予被动免疫或预防性服药保护。儿科传染病房应按病种收治患儿，按传播途径采取隔离措施，并有明显隔离标志，加强病房管理，杜绝家长和患儿互串病室行为，及时报告疫情，防止疾病传播。

第二节　住院患儿的心理反应及护理

患病住院对小儿是一件压力事件。陌生的环境、陌生的人群、疾病侵入性治疗的痛苦，身体形象改变、与家人分离及日常生活打乱等均可造成小儿心理、生理上的损害。住院期间护士应给患儿提供帮助、尽量缩短患儿对医院环境适应时间，最大限度地减少对小儿身心的影响。

一、各年龄阶段小儿对住院的心理反应及护理

（一）婴儿对住院的心理反应及护理

1. 心理反应　婴儿期是小儿身心发育最快的时期，月龄不同小儿对住院的反应也不同。6个月以内的婴儿满足其生理需要一般比较安静，6个月后婴儿开始认生，对母亲或抚育者的依恋性越来越强，对住院主要反应是分离性焦虑（separation anxiety），指婴儿与其父母或最亲密的人分开所表现的行为特征，如哭闹不止，寻找父母或亲密人，避开和拒绝陌生人，亦可有退缩、抑郁表现。

2. 护理要点
（1）多给一些良性刺激满足其需要，特别需要多抚触、怀抱、微笑，提供适当的声音、颜色等感知觉刺激，向家长了解小儿的生活习惯和乳名，在护理时呼唤小儿乳名，尽量维持原有的生活习惯，通过细致入微的护理，使患儿对护士产生好感，从而建立信任。
（2）父母或患儿抚育者住院期间尽量多陪伴患儿，减少患儿的分离性焦虑。
（3）促进患儿运动发育，协助患儿进行全身和局部的动作训练，维持患儿的正常发育。

（二）幼儿住院的心理反应及护理

1. 心理反应　幼儿对母亲的依赖性十分强烈，认为住院是一种惩罚手段。与父母分离担心被抛弃，产生分离性焦虑；陌生的医院环境、陌生的医务人员、生活习惯的改变使小儿缺乏安全感；住院患儿的活动时间和范围受到限制，从而产生抵触情绪及各种心理反应。具体表现为以下3个阶段。
（1）反抗：患儿采用哭闹、打人、争吵、说脏话等行为拒绝护士的照顾，甚至逃跑。

（2）否认：克制对父母思念的感情，能与周围人交往，以不在乎的态度对待父母的探视和离去，多为与父母分离时间较长的患儿如 PICU 小儿。

（3）失望：表现为退行性行为，如尿床、吸吮奶嘴或手指，有时因长期找不到父母表现出抑郁、悲伤情绪，对周围的一切漠不关心，失去兴趣。

2. 护理要点

（1）陪伴和照顾患儿：鼓励父母陪伴和照顾患儿，固定护士对患儿进行全面、连续的护理，尽可能保持患儿住院前的饮食、睡眠等生活习惯，用患儿能够理解的语言介绍医院环境及同病房小朋友。

（2）与患儿沟通：运用语言和非语言的沟通技巧多与患儿沟通，达到相互理解，保持患儿语言能力的发展。

（3）促进患儿行为的发展：给患儿创造独立活动的机会，如自己洗手、吃饭等，满足其生活自理的要求，对患儿的退行性行为正确引导，不应当面批评，并向父母适当解释。

（4）减轻患儿分离性焦虑：PICU 患儿因病情危重、长时间与父母分离可表现为引起分离性焦虑，故 PICU 应设置可视通话系统，鼓励父母每天在探视时间与患儿进行视频通话，允许患儿留下心爱的玩具、物品等，定时给患儿播放家长讲的故事、唱歌的录音带等。

（三）学龄前小儿住院的心理反应及护理

1. 心理反应　学龄前住院患儿与父母分离会和幼儿一样出现分离性焦虑，因智能进一步发育，自己能调节和控制，表现较温和，如难以入睡、悄悄哭泣、把注意力转移到感兴趣的绘画中。此阶段患儿不理解疾病需要住院治疗，担心治疗破坏了身体的重要性。

2. 护理要点

（1）介绍病房环境：固定的护士对患儿进行全面、连续性的护理，尽快熟悉患儿的生活习惯，关心、爱护、尊重患儿，主动向患儿介绍同病室小朋友，帮助其减轻陌生感，鼓励家长陪伴患儿，并积极参与治疗和护理。

（2）减轻分离性焦虑：根据病情选择合适的游戏，如绘画、唱歌等。

（3）鼓励自我照顾：根据病情鼓励患儿进行选择性生活自理，如洗手、洗脸、饮水等，增强患儿自我控制感，建立信心。

（4）用患儿能理解的语言，帮助其了解疾病简单病情，治疗必要性，告知其疾病和治疗不会造成身体伤害，消除或减轻恐惧感。

（四）学龄小儿住院的心理反应与护理

1. 心理反应　住院后心理反应主要是与同学、学校分开感到孤独，担心自己会因疾病而致残或死亡，担心住院不能到校学习导致成绩下降。家庭困难患儿会因住院增加家庭经济负担而内疚。学龄小儿自尊心强，独立性强，一般不愿意将心理反应表露出来，为掩盖心中的恐惧感常表现出若无其事的样子。

2. 护理要点

（1）多与患儿沟通：护士应关心患儿，耐心解答患儿所提出问题，满足其合理要求。根据患儿理解程度，向患儿讲解疾病的相关知识，解除疑虑，确认疾病和治疗不会导致身体的伤害。

（2）维护患儿自尊：在进行治疗、操作和体格检查时，注意患儿隐私的保护，采用必要的保护措施，如治疗或休息时病床之间用隔帘隔开等，维护患儿自尊。鼓励患儿参与护理计划制订和活动的安排，从事适当的自我护理。

（3）协助患儿与同学、学校联系：在病情允许的情况下联系同学到病房探视，鼓励患儿尽快恢复学习。

（五）青春期小儿住院的心理反应与护理

1. 心理反应　青春期小儿个性形成，开始关注自我、探索自我。学习对他们尤为重要，住院耽误学习，因害怕成绩下降出现焦虑，自控力下降。住院后患儿活动范围受到限制，与同伴交流减少，使其依赖性加强，归属感丧失，表现为不合作、气愤、挫折感或退缩。此期小儿对身体关注胜于对疾病的关注。患儿能与护士进行良好沟通，但个性较强不愿受到医护较多的干涉，容易出现情绪波动。

2. 护理要点

（1）建立良好护患关系，增加患儿安全感：护士应运用熟练的沟通技巧与患儿多沟通，关心患儿，向患儿介绍疾病的原因、治疗和康复，允许患儿充分表达情绪反应。

（2）健康教育：讲解疾病转归情况及自我护理知识，说明身体改变是暂时现象，不会产生影响，消除自卑心理。

（3）提高自我管理能力：与患儿共同制订时间表，根据病情合理安排时间进行治疗、学习、娱乐、锻炼活动。在进行治疗护理时，给患儿提供部分选择权，通过强调患儿的个人能力，强化其自我管理能力获得满足感。

二、临终患儿的心理反应及护理

（一）心理反应

临终患儿的心理反应与对死亡的认知有关。10岁以下的患儿不知道死亡的真正含义，不能将死亡与自己联系起来，部分患儿希望与父母亲人在一起获得安全感和减轻疼痛。10岁以上患儿逐渐懂得死亡意义，预感自己濒临死亡时，惧怕死亡前的痛苦和死亡。

（二）护理要点

1. 减轻患儿疼痛　护士应尽量采取措施减轻患儿的痛苦，为临终患儿提供耐心、细致的护理。

2. 提供心理支持　对10岁以上的患儿提出的死亡问题给予适当解释，但应回避预期死亡时间，允许患儿父母亲守护在身边，参与照顾，关注患儿的情绪变化，尽量满足心理、生理需要，帮助其平静离去。

3. 满足家长要求　理解、同情、关心患儿父母及亲人，尽量满足他们的需求，患儿死亡后允许他们在患儿身边多停留一些时间，为家长提供情绪发泄的场所，为患儿做好尸体料理，维护患儿最后的尊严。

第三节　小儿健康评估的特点

小儿生长发育处于动态变化过程中，在心理、生理各方面均不成熟。小儿健康评估时要掌握小儿自身特点，运用多学科知识，获得全面、正确、主观、客观资料，为护理方案制订打下良好基础。

一、健康史的采集

健康史应围绕小儿目前和过去的健康状况、心理、社会环境进行评估，多由患儿、家长和照顾者叙述获得。健康史的收集是一个系统的、有组织的资料收集过程，包括以下内容：

1. 一般情况　包括姓名（乳名）、年龄、性别、出生日期、种族、入院日期、疾病陈述者、通讯地址、联系电话、父母姓名。年龄应问问确切，要求新生儿记录到天数，婴幼儿记录到月龄，年长儿记录到几岁几个月。

2. 主诉　为患儿或家长诉说的最主要、最明显的症状、体征及其性质、持续时间，也是此次求医的主要原因，如"发热咳嗽2天"。

3. 现病史 指这次患病情况，包括发病时间、主要症状、检查治疗情况等。评估其他系统和全身的伴随症状以及同时存在的其他疾病。

4. 个人史 包括出生史、喂养史、生长发育史。评估时根据不同年龄及不同健康问题各有侧重。

（1）出生史：新生儿或小婴幼儿重点询问。包括第几胎第几产、母亲妊娠经过、分娩情况、患儿出生时情况以及出生时体重、有无窒息、产伤等。

（2）喂养史：婴幼儿喂养食物的种类和方法、辅食添加情况，小儿进食习惯、方式，年长儿有无偏食、挑食、贪吃零食的不良习惯。

（3）生长发育史：此项是儿科所特有的，是评估小儿健康状况的重要依据。询问有关体检、运动、语言、认知和心理社会等方面的发育情况。

5. 既往史 指以往小儿健康状况，根据不同年龄不同健康问题各有侧重。与成人不同，主要包括免疫接种史、既往健康史、过敏史及日常活动。

（1）免疫接种史：接种过何种疫苗，有无不良反应等。

（2）既往健康史：既往住院史，患过何种疾病、患病时间及治疗效果，特别应了解小儿患传染病情况。

（3）过敏史：询问家长及患儿有无食物、药物过敏史。既往有药物过敏反应应详细询问具体是哪种药物过敏，过敏症状有哪些。询问患儿是否有过敏性疾病史。

（4）日常活动：包括小儿日常生活作息、排泄情况、自理能力，是否有特殊行为如咬指甲、吮拇指等。

6. 家族史 家族是否有过敏性、传染性、遗传性疾病史。如哮喘、结核、惊厥、肝炎等。

7. 心理－社会状况 了解小儿的性格特征、家庭居住环境及经济状况，父母与小儿的互动方式。患儿及家长对本次疾病的认知及心理反应，学龄儿还应询问在校学习情况及与同学之间的关系等。

二、身体评估

通过对身体进行全面检查，对患儿身心、社会方面功能进行评估，为制订护理计划提供依据。

（一）小儿体格检查的原则

1. 环境舒适 体格检查房间应安静，光线充足，温度适中，用物齐全，备少许玩具，书籍供患儿玩用。检查体位根据患儿特点而定，如婴幼儿可由父母抱着体检，年长儿可躺在诊断床上进行体检，怕生的小儿可由父母抱着从背部查起。体检时尽量有家人陪同，以增加小儿的安全感。

2. 态度和蔼 护士开始小儿体格检查前应与小儿交流、逗玩片刻，取得小儿的信任，借此观察小儿的精神状态及对外界反应和智力情况；检查中多应用鼓励性、表扬性语言，使小儿能够主动配合体检；鼓励小儿说出自己的感受。年长儿应向其说明检查目的、检查部位及小儿配合检查的方法，保证体格检查顺利进行。

3. 顺序灵活 根据小儿情况灵活掌握体检顺序。一般情况下在小儿安静时进行心肺听诊，呼吸脉搏测量以及腹部触诊，对小儿刺激较大的检查应最后进行如口腔、咽部、眼结合膜等。四肢、皮肤、骨骼可随时观察。急诊情况下应首先检查生命体征及与疾病相关部位。

4. 保护和尊重小儿 检查中动作应轻柔、熟练，同时应注意保暖，冬季检查者应将双手和听诊器先温热以后再进行体检。学龄儿及青少年应注意隐私的保护。检查中认真执行消毒隔离制度，防止院内交叉感染。

(二)体格检查内容

1. **一般状况** 包括小儿的精神状态、营养、发育、面部表情、体位、行走姿势、活动能力,对周围事物的反应及语言反应等情况。询问健康史时在小儿不注意时就开始观察,取得可靠资料。

2. **一般测量** 除测量体温、脉搏、呼吸、血压外还应测量体重、身高、头围、胸围等。

(1) 体温测量:多采用腋温测量,测量时先擦干小儿腋窝处的汗液,将体温计水银端放在腋窝中央,嘱家长帮助小儿夹紧上臂,5min 后取出体温计读数,正常值 36~37℃。亦可采用肛温和口温测量(适用于能配合的年长儿),肛温正常值 36.5~37.5℃,口温正常值 36.3~37.5℃。测量时应有护士在旁边协助、陪同,防止体温计折断对患儿造成伤害。

(2) 呼吸、脉搏的测量:测量时尽量保持患儿安静。根据小儿年龄及配合度选择合适的测量方法,测量时间为 1min。婴幼儿以腹式呼吸为主,可通过观察小儿腹部起伏测量呼吸频率,桡动脉不易触及,可通过听诊心脏来检查;年长儿通过桡动脉检查脉搏,听诊器听诊呼吸音进行呼吸测量。各年龄段小儿呼吸和脉搏的正常值见表 4-2。

表4-2 各年龄段小儿呼吸和脉搏的正常值

年龄	脉搏(次/分)	呼吸(次/分)	脉搏:呼吸
新生儿	120~140	40~45	3:1
≤1岁	110~130	30~40	(3~4):1
1~3岁	100~120	25~30	(3~4):1
4~7岁	80~100	20~24	4:1
8~14岁	70~90	18~20	4:1

(3) 血压的测量:根据小儿年龄选择合适的袖带,一般为上臂长度的 2/3。小儿血压正常值为收缩压(mmHg)= 年龄 ×2+80,舒张压 = 收缩压 ×2/3。新生儿及小婴儿多用可视多普勒超声仪或心电监护仪测量。

(4) 体重的测量:应在餐后 2h 进行测量,称重前先校正工具。1岁以内小婴儿可采用盘式称称重,称重前先脱去衣裤、尿布,不能脱去者要减去衣服、尿布的重量,称重结果读数精确到 10g;1~3 岁小儿采用坐式杠杆称测量,读数精确到 50g;3 岁以后采用站式杠杆称测量,读数精确到 100g。测量时小儿身体不能摇动,不可触及其他物体。

(5) 身高的测量:3 岁以下小儿采用量板卧位测量身长。测量时小儿脱鞋、帽、袜及外衣,身体尽量伸直,头部扶正,轻按小儿膝部,使其双下肢伸直紧贴底板,双脚足底与底板垂直后测量并读数,读数精确至 0.1cm。3 岁以上小儿采用直立测量身高。测量时小儿脱鞋、帽、直立,双眼正视前方,腹微收,挺胸抬头,两臂自然下垂,手指并拢,双脚后跟、臀部及肩胛骨同时接触测量立柱,测量者移动头顶板与小儿头部接触,板呈水平位时读数,读数精确至 0.1cm。

(6) 头围的测量:2 岁以下小儿测量最有价值。测量时小儿取坐位或立位,测量者左手拇指将软尺的 0 点固定在小儿右侧眉弓上缘,左手中、示指固定软尺和枕骨粗隆,手掌稳住小儿头部,右手将软尺紧贴头皮,绕枕骨结节最高点及左侧眉弓上缘回到 0 点,读数精确到 0.1cm。

(7) 胸围:一般不作为常规测量,多用于有特殊疾病的患儿。测量时小儿取立位或卧位,测量者一手将软尺的 0 点固定于一侧乳头下缘(乳腺已经发育的女孩,固定于胸骨中线第四肋间),一手将软尺紧贴皮肤经两侧肩胛骨下缘回到 0 点,取平静呼气、吸气时的平均数,读数精确到 0.1cm。

(8) 坐高:3 岁以下小儿仰卧于量板上测量顶臀长。测量者握住小儿小腿,使其膝关节屈曲,骶骨贴紧底板,大腿与底板垂直,移动足底板紧压臀部,量板两侧刻度一致时读数,读数精确到0.1cm。3岁以上的小儿用坐高计测量。测量时小儿坐于坐高计凳子上，身体挺直使骶部紧贴量板，大腿靠拢紧贴凳面与躯干呈直角，膝关节屈曲呈直角，双脚平放于地面，测量者移动头板与头顶接触，读数精确到0.1cm。

3. 系统检查　包括皮肤、淋巴结、颈部、脊柱、四肢系统的检查等，应注意小儿不同年龄阶段的特点。

三、家庭评估

小儿的家庭环境及家庭成员中的关系，直接影响到小儿的身心发展。家庭评估是小儿健康评估的重要组成部分，包括家庭结构评估和功能评估。

（一）家庭结构的评估

1. 家庭类型　了解小儿的生长环境，是与祖父母或其他亲戚一起组成的大家庭，还是结构简单、人数少、关系单纯的核心家庭。是否是单亲家庭，单亲的原因（分居、离异或死亡）及患儿对家庭事件的反应。

2. 家庭中的角色及亲属特点　父母受教育的程度及职业情况，父母是否近亲结婚，每个成员在家庭中的地位及承担的责任。

3. 家庭文化及宗教特点　家庭的宗教信息及文化传统对护理计划制订十分重要，应全面评估家庭育儿观念、饮食习惯、保健态度等。

4. 家庭及社区环境

（1）家庭环境：对小儿家庭环境包括住房面积及类型、卫生条件、房间多少、安全性等进行评估、有无潜在危险因素。

（2）社区环境：评估家庭与社区邻里之间的关系，所在社区的社会安全性等。

（二）家庭功能评估

1. 家庭成员的关系　家庭成员是否亲密、相互关心、有无偏爱、溺爱、紧张、冲突状况，小儿在家庭中是否能获得安全感。

2. 家庭中的沟通交流情况　小儿与父母是否能平等地进行沟通交流，享受感受；能否听取父母的意见；家庭是否具有使小儿心理、生理和社会性成熟的条件，帮助患儿完成社会化进程。

在小儿的健康评估中，根据健康史的采集，体格检查及家庭评估的资料进行综合分析，确立患儿主要的健康问题，护理诊断，制订切实可行的护理计划，在实施中不断评估、执行、评价，为患儿提供优质护理服务。

知识链接

APGAR 家庭功能评估表

1978年Smilkstein设计了用于评价家庭功能的量表——APGAR家庭功能问卷，从以下5个方面评价家庭功能，①适应（adaptation）：指家庭在发生问题或面临困难时，家庭成员对于内在或外在资源的运用情形；②共处（partnership）：指家庭成员对权利与责任的分配情况；③成长（growth）：指家庭成员互相支持而趋向于身心成熟与自我实现的情形；④情感（affection）：指家庭成员彼此之间的相互关爱的情形；⑤亲密（resolve）：指家庭成员彼此间享受共同时间、空间和经济资源的承诺。本表共5题，每题有3个答案，分别记2、1、0分，所答问题总分7～10分表示家庭功能良好，4～6分表示家庭功能中度障碍，0～3分表示家庭功能严重障碍。此表用于测量个人对家庭功能的感观及满意度。

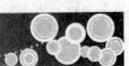

第四节 与患儿及其家长的沟通

沟通是人与人之间信息传递的过程，沟通是儿科护理工作中的重要技能。通过与患儿及家长的有效沟通，进行护理评估，解决患儿的健康问题，同时为患儿及家长提供信息，使其尽快适应住院环境，配合治疗，以达到促进患儿健康的目的。

一、与患儿沟通的方法及技巧

（一）与患儿沟通的特点

1. **语言表达能力差** 语言表达能力与小儿年龄阶段相关，年龄越小表达能力越差。婴儿只能用哭声表达自己的需求，幼儿吐字不清，用词不准确，对自己的要求表达不清，使对方难以理解，甚至误解。3岁以上的小儿能够通过语言并借助肢体动作来叙述某些事件，但缺乏条理性、准确性、容易掺杂个人想象，夸大事实。

2. **缺乏判断能力** 小儿对事物的认知，问题的理解有一定的局限性，至学龄小儿才逐步学会正确掌握概念，学会判断，能进行逻辑推理，因此小儿在理解、判断、认知、分析问题能力方面较成人差，容易影响沟通效果和进展。

3. **适应环境能力差** 患儿对住院陌生环境、陌生人群暂时不适应，恐惧心理及身体不适均影响沟通效果。

（二）与患儿沟通的途径

1. **语言沟通** 分为口头、书面语言沟通两种。口头沟通是与患儿语言沟通最常用的方式，能准确、快速传递信息。住院期间护士向患儿及家长介绍疾病相关知识、治疗情况及住院环境，患儿向护士倾诉自己的情绪、感受和需求均采用面对面口头语言沟通。患儿出院健康指导多采用书面语言进行沟通，如患儿出院后饮食、休息、用药注意事项及定期复诊时间等。

2. **非语言沟通** 指通过表情、手势、姿势、动作、目光等进行的沟通（又称身体语言）。护士的微笑、轻轻的抚摸都会使患儿感到舒适和安全，获得心灵慰藉。非语言沟通对语言表达理解能力差的患儿尤为重要。

3. **游戏沟通** 游戏是小儿生活中的一个重要组成部分，适当做游戏可缩短护患距离，促进相互了解，密切护患关系。在游戏中患儿可充分表达住院的感受，发泄自己的情感及表达心理要求。游戏也是促进疾病康复功能锻炼的有效方法。

4. **绘画沟通** 绘画分自发性和目的性绘画。患儿根据自己的兴趣、想象，随意画出的图案为自发性绘画；而根据指定内容和范围，患儿按要求绘画为目的性绘画。通过绘画帮助患儿发泄感情，表达愿望。护士从中了解分析患儿心理活动，发现其心理问题，并予以矫正。

（三）与患儿沟通的技巧

1. **语言沟通的技巧**

（1）主动自我介绍：护士与患儿初次见面，应用亲切简单的语言进行自我介绍，同时询问患儿的一些具体情况，姓名（包括乳名）、年龄、喜欢的玩具、书籍、动画片等，拉近护士与患儿之间的距离，建立初步信任，注意应鼓励患儿表达自己的感受及愿望。

（2）尽量使用肯定性语言：护士应熟悉患儿不同年龄阶段语言表达能力和理解能力，尽量使用肯定性语言，使儿易于理解，并主动配合。如"我要听听你的胸部，你要解开衣扣，需要我帮忙吗？"避免采用模棱两可的语言，如"我要听听你的胸部，你要不要解开衣扣？"

（3）耐心倾听：护士与患儿交流时采取真诚的态度耐心倾听，分析患儿谈话的目的，获得准确资料，对患儿幼稚、夸大其词的说法应理解、接受，不能讽刺、讥笑患儿，不要打断患

儿的谈话，在交谈中帮助患儿纠正词语，真诚的理解患儿，引导患儿交谈下去。

（4）注重沟通效果：护士应掌握谈话时的技巧，如与患儿的距离、语言、声调、音量、语速，倾听中应适当停顿，使患儿有时间反应，理顺思路。适当使用幽默，缓解患儿紧张情绪和疾病的压力，促进患儿坦诚、开放地与护士沟通。

2．非语言沟通技巧

（1）开导尊重：护士与患儿谈话时不可漫不经心、东张西望，要保持较近的距离，采取蹲位，身体适当向前倾，保持与患儿眼睛在同一水平线，耐心地满足患儿的需求，这样既维护了患儿的自尊又增加了亲切感，增强沟通效果。

（2）面带微笑：护士发自内心的微笑，有助于患儿消除紧张情绪，增加交流主动性。因此护士除治疗外一般不戴口罩，使患儿能经常看到护士的微笑，缩短双方感情上的距离。

（3）适时抚摸：抚摸是情感交流的方式，护士通过怀抱抚摸患儿传递"爱"的信息，特别是婴幼儿和不会语言表达的患儿，更有利于获得身心满足感和安全感。

3．游戏沟通技巧

（1）了解游戏：游戏前护士应向患儿了解游戏内容、规则，或与患儿一起制订游戏规则和程序，尽快与患儿熟悉，满足患儿成就感。护士与患儿共同游戏，使患儿在不知不觉中消除约束感和陌生感，与护士成为好朋友，达到顺利沟通的目的。

（2）合理安排游戏：结合患儿的年龄特点和疾病情况安排适当游戏，如婴幼儿只能做简单游戏，如躲猫猫；学龄前小儿可安排搭积木、折纸游戏；学龄小儿安排一些较为复杂的游戏，如词语接龙、小魔术等。

4．绘画沟通技巧 患儿通过绘画可以表达自己的情感和心理状态，护士通过对画面中形象大小、出现次序、重叠、涂擦等情况，结合患儿的背景资料，综合分析患儿心理状态。

二、与患儿家长沟通的方法和技巧

因患病小儿家长常常有内疚、焦虑、紧张不安的情绪，这些负面情绪都可以引起小儿的不安。因此与家长沟通可以促进家长与患儿的沟通，给家长提供放松心情，减小压力的机会，使患儿和家长能够以稳定的情绪安心接受治疗。在与患儿家长沟通中可适当采用沉默、观察和移情等沟通技巧。

1．鼓励交谈 与家长沟通时应选择合适的时间和地点，最好在轻松的气氛中进行。与小婴儿家长沟通应选择患儿休息安静时进行沟通，根据患儿病情选择病房或办公室作为沟通地点。谈话中采用开放式问题，如"小孩现在怎么样？"，容易形成相互沟通的气氛，有利于家长表达情感，提供患儿更多的信息。

2．恰当的沉默 通过恰当的沉默给家长时间考虑他的想法和回顾所需的信息，使其感觉护士是真正用心倾听，获得非常舒适的感觉，从而建立良好的信任。

3．移情和观察 移情也叫做换位思考。护士应站在家长的角度去看待事情，交谈中应注意观察家长的反应，并做相应解释。观察和移情可以表明护理人员对家长真诚的关心。

4．避免阻碍沟通 沟通中应注意信息适量，随时澄清，关系到隐私问题应注意保护。

第五节 小儿用药特点及护理

药物是疾病治疗的重要手段，及时、合理用药可控制疾病，促进患儿康复，但小儿病情变化快且处于生长发育中，各器官功能发育不成熟，对药物的毒性反应较为敏感。因此小儿用药必须了解药物性能、作用机制、毒性反应，适应证和禁忌证、配伍禁忌，精确计算药物剂量，选择合适用药途径，做到合理用药。

（一）小儿用药特点

1. 药物在组织内的分布因年龄而异，如吗啡、巴比妥类、四环素在幼儿脑浓度明显高于年长儿。

2. 小儿血脑屏障功能不完善，药物易透过血脑屏障到达中枢神经系统。药物进入小儿体内，游离药物浓度较高，与血浆蛋白结合较少，易通过血脑屏障引起中枢神经系统症状，如小儿对吗啡类药物特别敏感，易产生呼吸中枢抑制，因此小儿应慎用中枢神经系统药物。

3. 年龄不同，对药物反应及毒副作用有所差别。吗啡抑制呼吸中枢的作用新生儿明显高于年长儿，而麻黄碱高血压的作用在未成熟儿却很低。3个月内婴幼儿使用退热剂容易出现虚脱，故应慎用。

4. 胎儿期孕妇用药可以通过胎盘屏障对胎儿造成影响，用药时间越长、剂量越大造成的影响就越大。某些药物在乳汁中含量较高，哺乳期乳母用药可引起乳儿发生毒性反应，如地西泮、苯巴比妥等要慎用。而抗癌药、放射性药物、抗甲状腺药物在哺乳期应禁用。

5. 肾功能不足，肾排泄差，药物分解及其产物在体内滞留时间延长，增加了药物的毒性反应。肾对水、电解质调节功能差，易发生脱水、电解质紊乱及酸碱平衡失调。

（二）小儿药量的计算方法

小儿用药剂量较成人更应准确计算，可按下列方法计算：

1. **按体重计算** 是最常用最基本的计算方法，在临床应用广泛。体重为小儿实测体重。每日（次）剂量＝患儿体重（kg）× 每日（次）每公斤体重所需药量。需连续应用数日的药物按日计算，如抗生素、维生素等，可分2～3次使用。年长儿按体重计算药量大于成人剂量则以成人剂量为上限。

2. **按体表面积计算** 此法与肾小球率过滤、基础代谢率等生理活动关系密切。因此用此法计算药物剂量较其他计算方法更为准确。

小儿体表面积计算公式：

体重≤30kg的小儿，体表面积（m^2）＝体重（kg）× 0.035＋0.1

体重＞30kg的小儿，体表面积（m^2）＝[体重（kg）－30]× 0.02＋1.05

小儿用药剂量＝体表面积（m^2）× 每日（次）每平方米体表面积所需药量。

3. **按年龄计算** 用于不需十分精确且剂量幅度较大药物的计算。因计算方法简单，临床使用营养类药物、中药制剂多按此法计算剂量。

4. **按成人剂量计算** 仅用于没有提供小儿剂量的药物。

$$小儿剂量＝成人剂量 × 小儿体重（kg）÷ 50$$

临床计算药物剂量时必须与患儿实际情况相结合，如新生儿、早产儿因肾功能不成熟药物剂量应偏小；重症患儿较轻症患儿用药剂量大；通过血脑屏障发挥作用的药物（治疗化脓性脑炎青霉素类药物）剂量相对增大。用药目的不同、途径不同，剂量也不同（口服药剂量大于静脉用药剂量），阿托品在抢救中毒性休克时剂量要比常规剂量大几倍到几十倍。

（三）小儿药物的选择

小儿用药的选择主要依据小儿年龄、病情和病种，同时还要考虑药物远期影响和小儿的特殊用药反应。

1. **抗生素** 小儿易患感染性疾病，抗感染治疗常选用抗生素，使用抗生素时应严格掌握药物的药理作用及用药指征，重视药物的毒、副作用，不可滥用及过度使用抗生素。对人体来说，长期过量使用抗生素易引起菌群失调，导致体内微生态环境紊乱，从而引起真菌、耐药菌感染。对社会群体来说长期广泛滥用抗生素易引起微生物对药物的耐受性，对人类健康产生极为有害的影响。因此，临床应用抗生素应选择正确的药物、恰当的剂量、足够的疗程，同时应观察药物反应，注意副作用对人体的危害。

2. 肾上腺皮质激素　临床分为短程和长程治疗。短疗程用于重度感染性疾病、过敏性疾病；长疗程用于肾病综合征、某些自身免疫性疾病、血液病等。某些皮肤病、哮喘提倡局部用药。使用时必须重视其副作用，较长时间使用肾上腺皮质激素可抑制骨髓生长，影响蛋白质、脂肪、水、电解质的代谢，也可引起库欣综合征及血压增高；长期使用还可以导致肾上腺皮质萎缩，免疫力降低，扩散病灶；诊断不明确时避免滥用，以免掩盖病情；水痘患儿禁用激素，以防加重病情。

3. 退热药物　多采用布洛芬、对乙酰氨基酚退热，剂量不宜过大，用药时间不可过长，高热不退需反复使用时必须间隔 4～6h，用药后应注意观察患儿体温及出汗情况，及时补充液体，防止虚脱。小婴儿因体温调节中枢发育不成熟，发热多采用物理降温和多饮水措施，使用退热剂应谨慎，不宜过早、过多使用，婴儿不宜使用阿司匹林，警惕瑞氏综合征发生。

4. 镇静止惊药　常用药物如水合氯醛、苯巴比妥、地西泮，多用于患儿高热惊厥、烦躁不安、咳嗽不止时。

5. 镇咳止喘药　小儿呼吸道分泌物多且黏稠，多用祛痰药行雾化吸入，分泌物稀释易于排出，一般不用镇咳药。哮喘患儿提倡吸入β受体激动剂，必要时用茶碱类药物。新生儿及小婴儿慎用镇咳止喘药，使用中应注意观察精神状态。

6. 止泻药与泻药　患儿腹泻时多采用口服、静脉补液的方法防止水、电解质、酸碱平衡紊乱。一般不用止泻药，可适当使用活菌制剂和保护肠黏膜药物。小儿多采用调整饮食和松软大便的方法解决便秘，一般不用泻药。

7. 新生儿、早产儿用药　小婴儿肝、肾代谢功能不成熟，药物毒、副反应较年长儿多见，应慎重用药，如氯霉素可引起灰婴综合征，维生素 K 可引起高胆红素血症。

8. 乳母用药　一些药物如阿托品、苯巴比妥等可经母乳影响婴儿，应慎用。

（四）小儿常用给药方法

小儿用药根据年龄、疾病和病情尽量选择患儿和家长都能接受的给药途径，药物剂型和用药次数以保证用药效果，最大程度减少药物对患儿的不良影响。

1. 口服给药法　是临床常用的给药方法。婴幼儿通常选用水剂、冲剂、糖浆或将药物捣碎后加糖水吞服。年长儿可服用药丸和片剂。小婴儿喂药时应将小儿抱起，抬高头部，防止呛咳。喂药时间最好在喂奶前，以免呕吐引起误吸。病情需要时可用滴管或鼻饲喂药。同时服用多种药物时，应了解药物作用机理，合理安排服药顺序，如糖浆类药物最后服用且指导家长半小时内勿给小儿进食和饮水。

2. 注射法　常用有肌内注射、静脉注射和静脉滴注，此法奏效快，但对患儿刺激大，易造成小儿恐惧。小儿肌内注射部位多为臀中肌、臀小肌，小婴儿可采用三快（进针、注药、拔针均快）的特殊注射方法。年长儿注射前做好解释、鼓励，采取适当的保护措施，肌内注射次数过多可造成臀肌挛缩，影响小儿行走，除非疾病必需，一般不采用。

3. 外用药　多为皮肤用药，剂型多为软膏、水剂和混悬液。使用时根据药物涂擦部位不同，适当约束患儿双手，避免患儿抓摸药物误入口、眼发生意外。混悬液涂擦前应充分摇匀药物后再使用。滴眼药、滴鼻剂、滴耳剂等要由护理人员或保育人员给小儿操作，使用时应掌握次数、剂量和正确的给药方法。

4. 其他方法　含剂、漱口药物仅用于能够合作的年长儿。灌肠多用于腹泻患儿直肠给药。鼻饲法一般用于昏迷的患儿，用胃管灌入，只限于口服的药物。雾化吸入临床应用较多，常用于治疗肺炎咳嗽、哮喘、感冒、咳嗽等。

第六节 儿科常用护理技术操作

一、婴幼儿约束法

(一)目的

1．对不合作的患儿采取保护性手段，以利于诊疗及护理操作顺利进行。

2．防止躁动不安的患儿发生意外。

3．保护伤口及敷料，避免抓伤或感染。

(二)评估与准备

1．评估　评估患儿病情、年龄、肢体活动情况及约束部位皮肤情况，向家长及患儿说明约束法的目的，以取得配合。家长在知情同意书上签名。

2．准备　治疗车上层：大单，肩部、膝部、腕部、踝部约束带，棉垫，绷带。

(三)操作步骤

1．备齐用物携至床旁，与家长核对患儿床号、姓名、年龄，向患儿家属解释，取得理解并配合，核实知情同意书是否签字。

2．患儿取仰卧位。

3．约束

(1)肩部约束法：暴露患儿双肩，将患儿双侧腋下垫棉垫，将保护带置于患儿双肩下，双侧分别穿过患儿腋下，在背部交叉后分别固定于床头，松紧以能伸进1～2手指为宜。

(2)膝部约束法：将膝部约束带分别套入两个膝关节处系紧，再将上面的宽带系于床两侧的床栏上。

(3)肢体约束法：暴露患者腕部，用棉垫包裹腕部，将保护带打成双套结套在棉垫外，稍拉紧，使之不松脱，同法约束踝部；将保护带系于两侧床栏上，转至对侧同法约束腕部、踝部。

(4)全身约束法：将大单折成自患儿肩部至踝部的长度，将患儿放于中间，用靠近护士一侧的大单紧紧包裹同侧患儿的手足至对侧，自患儿腋窝下掖于身下，再将大单的另一侧包裹手臂及身体后，紧掖于靠护士一侧身下；如患儿过分活动，可用绷带系好。

4．检查约束效果、局部皮肤温度、颜色、约束肢体末梢循环情况，保持肢体功能位和适当的活动度。

5．指导家长注意勿太用力，以免损伤患儿肢体，注意患儿呼吸情况，保持呼吸道通畅。

6．操作完毕，再次核对床号、姓名。

7．整理用物、洗手、记录开始约束时间、方法、约束部位的血液循环情况，解除约束的时间。

(四)注意事项

1．严格掌握约束法的适应证，约束带捆扎松紧要适宜，以伸入1～2指为宜，定时松解。

2．每15min定时观察局部皮肤血液循环状况。

3．避免皮肤损伤，必要时局部按摩或加厚棉垫。

4．病情稳定或者治疗结束后，应及时解除约束。需较长时间约束者，每2h松解约束带1次，每次15min，并活动肢体，协助患儿翻身。

5．准确记录并交接班，包括约束的原因、时间、约束带的数目、约束部位、约束部位皮肤状况，解除约束时间等。

二、婴幼儿头皮静脉留置针输液法

(一) 目的

1. 补充营养,促进排出毒素,增加有效循环血量。
2. 纠正水和电解质紊乱,维持机体酸碱平衡。
3. 输入液体与药液,治疗疾病。
4. 减少静脉穿刺带来的痛苦和不适。
5. 随时进行抢救危重患儿。

(二) 评估与准备

1. 评估 了解患儿病情,如患儿心理反应、合作程度、头皮皮肤情况(有无破损、皮疹、感染等)、静脉状况(解剖位置、充盈程度、弹性及滑动度等);明确诊断、了解患儿生命体征及一般状况。
2. 患儿准备 嘱患儿排尿,选择合适的体位。
3. 用物准备
(1) 治疗盘、治疗车、静脉输液药物、输液架,必要时备约束用品。
(2) 治疗盘内置 75% 乙醇、0.5% 碘酊、无菌棉签、无菌棉球、无菌手套 1 双、无菌镊子缸、弯盘 1 个、胶布、止血钳、一次性输液器及头皮针、适宜型号静脉留置针一个,肝素生理盐水 1U/ml×10ml,5ml 注射器一支、剃毛刀、毛刷、肥皂、纱布块、橡胶单及治疗巾等。
4. 环境准备 美观、整洁、安静,根据病情调节适宜的温、湿度。

(三) 操作步骤

1. 备齐用物,携至床旁,双人核对床号、姓名、药物,向患儿及家长解释输液目的及注意事项。
2. 询问患儿排大小便情况,尽量排空小便,戴口罩,备胶布。
3. 置患儿于舒适的体位。
4. 查对药液及输液器,将输液瓶挂于输液架上,排尽空气,戴手套。
5. 选择静脉,将枕头放在床中间,患儿取仰卧位,一人固定患儿头部,操作护士备皮,动作轻柔,避免损伤头部皮肤,备皮范围 6cm×6cm,0.5% 碘酊常规消毒,待干。
6. 检查留置针型号及有效期,查看包装是否完好,备好无菌敷贴。
7. 再次碘酊消毒皮肤,待干,去除留置针外包装检查其完整性,10ml 注射器连接头皮针,插入肝素帽,排尽空气,旋转松动外套管,松动外套管时,注意避免刺破软管。
8. 再次核对患儿床号、姓名、药名。检查输液器内有无空气。
9. 穿刺者左手绷紧皮肤,右手持针以 15°~30°缓慢进针,见回血后,降低穿刺角度再将穿刺针送入 1~2cm。右手固定针芯,左手送软管,将软管全部送入静脉内。注入少许生理盐水确定穿刺成功后,直线退出针芯,注意避免刺破软管。
10. 用无菌敷贴密闭式固定留置针,并注明日期、时间、操作者签全名,敷贴应平整,确保密闭效果,可给患儿带网状弹力帽,固定留置针。
11. 取下注射器及针头,再次核对床号、姓名、药物,连接输液器,注意防止污染,固定输液管,根据年龄、病情、药物性质调整滴速。
12. 记录输液时间、滴速,签全名。将输液卡挂于输液架上。
13. 患儿取舒适体位,整理床单位。
14. 向家长说明有关注意事项,注意保持留置针部位的干燥,敷料潮湿及时更换,防止患儿抓脱留置针,可戴并指手套。
15. 整理用物、洗手、记录留置针穿刺的部位、时间。

16. 巡视病房，询问患儿感觉，有无不良反应，观察局部和全身反应。
17. 输液毕，注入3～5ml肝素盐水，正压脉冲封管。

（四）注意事项

1. 严格执行查对制度及无菌技术。
2. 选择弹性好、走向直、粗大的血管。
3. 操作中注意观察患儿面色及生命体征变化，发现不适及时处理。
4. 固定稳妥、美观。注意保持留置针部位的干燥，敷料潮湿及时更换，防止患儿抓脱留置针，可戴并指手套。
5. 根据患儿年龄、药物性质、病情调整输液速度。
6. 加强巡视，观察输液是否通畅，局部有无肿胀，输液结束及时更换液体或拔针。
7. 静脉留置针一般可保留72～96h，留置期间严密观察留置针有无脱出、断裂、折弯、阻塞、局部有无红肿热痛等静脉炎表现，及时处理相关并发症。

三、输液泵使用技术

（一）目的

通过输液泵电子控制装置作用于输液导管达到准确控制输液速度，药物速度均匀、用量准确的目的。

（二）评估与准备

1. 评估　了解患儿病情、血管弹性、配合度及拟准备穿刺部位皮肤情况。向家长介绍输液泵使用目的、做好解释工作以取得配合。
2. 用物准备　输入液体、输液泵、输液记录单，其余同静脉输液物品准备，必要时备电源插盘。

（三）操作步骤

1. 备齐用物，携至床旁，双人核对患儿床号、姓名、年龄。
2. 向患儿及家长解释操作目的和配合方法，协助大小便，备胶布。
3. 安全与舒适，环境安静、整洁，患儿体位舒适，安全。
4. 检查电源线、插头有无破损、裂缝，接通电源，如果使用机内电源，应连续充电10h以上。
5. 将输液泵妥善固定在输液架上，检查机器性能。
6. 查对输液卡、药物（名称、浓度、剂量、时间）、用药速度、输液器。
7. 准备药液，将配好的药液连接输液泵管，排尽管道内空气，关闭输液泵管调节器。
8. 连接输液泵，接通电源，打开泵门，将钳口打开，然后将输液器依次按方向嵌入泵内，关上泵门，将感应夹夹在茂菲氏滴管上端。
9. 打开电源开关，根据医嘱设置输液量、输液速度，然后按"启动/停止"键启动，检查机器工作情况，再次按键停止。
10. 再次查对。
11. 选择合适的静脉进行穿刺，按"启动/停止"键开始输液，胶布固定，核对泵速。
12. 协助患儿取舒适体位，整理床单位及用物。
13. 再次核对，在输液卡上记录输入时间、药物名称、剂量、滴速，签名后挂于输液泵上。
14. 交代注意事项，指导家长不要随意调节输液泵速度。
15. 观察液体运行情况，记录用药后患儿反应。
16. 撤机①关闭输液泵及电源：液体输完，按"启动/停止"键停止，除去胶布，拔出针头并分离，旋紧调节夹，关闭电源开关；②取出输液泵管：打开输液泵门，取下输液管及液体瓶，关好泵门，切断电源；③整理用物，按医疗垃圾处理要求分类处理，擦拭机器，放置备用。

17．洗手，记录。

（四）注意事项

1．连接输液泵前注意彻底排尽输液泵管内的空气。

2．更换液体时应根据病情变化及药物性质重新设置输液速度。

3．及时处理各种报警，如输液管道堵塞、管道内有气泡、断电、液体滴空等。

4．使用过程中不能随意打开输液泵门，如确实需要打开泵门，务必先关闭输液泵管调节器，严防输液失控。

5．输注较黏稠的液体（脂肪乳、胶体液等）时，可能会增加输液泵报警的概率，应及时观察、准确判断并消除报警。

6．操作过程中严密观察用药效果与患儿的反应，做好记录。

四、微量注射泵使用技术

（一）目的

通过电子控制装置，准确注入单位时间内药液量，达到最佳治疗效果。

（二）评估与准备

1．评估　了解小儿病情、血管弹性、配合度及准备穿刺部位皮肤情况。向家长介绍微量注射泵使用目的以取得配合。

2．用物准备　微量注射泵、专用延长管、已抽入药物的注射器（注射器上贴输液泵贴注明床号、姓名、药物种类、剂量、配药时间），必要时备电插盘。其余同静脉输液物品准备。

（三）操作步骤

1．备齐用物，携至床旁，双人核对床号、姓名、腕带。

2．向患儿及家长解释操作目的和配合方法，协助大小便，备胶布。

3．置患儿于舒适、安全的体位。

4．检查电源线、插头有无破损、裂缝，接通电源。如果使用机内电源，应连续充电10h以上。

5．将微量泵妥善固定在床头柜上。

6．查对输液卡、药物（名称、浓度、剂量、时间）、延长管。

7．将配好的装有药液的注射器连接专用延长管，排尽管道内空气，接通电源。

8．安装注射器，将注射器安装在微量泵泵槽内并卡紧。

9．设置输液速度，打开微量泵开关，根据医嘱设置注射速度和输注量，然后按"启动/停止"键启动，检查机器工作情况，按暂停键停止。

10．再次查对床号、姓名、腕带、输液卡、药液。

11．选择合适的静脉进行穿刺，按"启动"键开始输液，胶布固定，核对速度。

12．协助患儿取舒适体位，整理床单位及用物。

13．再次核对在输液卡上的药物名称、剂量、记录输入时间、速度，签名后挂于微量泵上。

14．告知患儿不得自行调节速度，随意移动泵的位置，报警时及时呼叫护士处理。

15．巡视病房观察液体运行情况，患儿用药后的反应。

16．注射完毕：①液体输完，按"停止"键停止，关闭微量泵电源，拔出静脉穿刺针并局部按压5min；②分离空注射器及延长管；③整理用物，医疗垃圾处理要求分类处理。微量泵用75%乙醇擦拭备用。

17．洗手、记录。

(四)注意事项

1. 连接微量泵前注意彻底排尽注射器和延长管内的空气,并注意节约药液。
2. 更换液体时应根据病情变化重新设置输液速度。勿在同一静脉通路上输入其他液体,避免受输液速度、压力影响或因推药等其他操作影响药液持续泵入,使药物浓度忽高忽低,血药浓度受到影响而引起病情变化,延误治疗,出现不良反应。
3. 要及时处理各种报警,如输液管道堵塞、管道内有气泡、断电、液体走空等。
4. 微量泵的速率设置在 1～99ml/h 之间,在注射特殊药物(血管活性药物和胰岛素等)时,要根据监测指标及时调整注射的速度。
5. 需避光的药液(硝普钠),应用避光注射器抽取药液,并连接避光延长管。
6. 更换药液时应先关闭静脉通道,暂停注射;取出注射器,更换新的药液;复查注射程序无误后,再开放静脉通道,启动微量泵。
7. 操作过程中严密观察用药效果与患儿的反应,并做好记录。
8. 操作者要熟悉报警处理方法。
9. 泵速计算:泵速(ml/h)= 所需药物剂量[μg/(kg·min)] ×0.06× 体重(kg)× 注射器毫升数 ÷ 药物剂量(mg)。

五、经外周穿刺中心静脉置管术

(一)目的

1. 为患儿提供中、长期的静脉输液治疗通路。
2. 静脉输注有刺激性、高渗性的药物,如化疗、胃肠外营养(PN)等。
3. 减轻反复穿刺带来的痛苦,保护外周静脉。

(二)评估与准备

1. 评估 了解患儿病情,如患儿心理反应、合作程度、皮肤情况(有无破损、皮疹、感染等)、静脉状况(解剖位置、充盈程度、弹性及滑动度等)。
2. 患儿准备 嘱患儿排尿,选择合适的体位。
3. 用物准备 无菌手套、PICC 无菌包、敷贴、注射器、肝素帽或正压接头、治疗巾、无菌生理盐水、75% 乙醇、0.5% 碘酊溶液、肝素。

(三)操作步骤

1. 备齐用物,携至床旁,查对床号、姓名、腕带、住院号。
2. 向患儿及家属解释操作目的及方法,取得配合。
3. 置患儿于舒适的体位。
4. 选择血管以贵要静脉为主。
5. 测量定位患儿手臂外展 90°,稍抬起患儿胸廓,从穿刺点起,沿血管走向达右胸锁关节加 0.5～1cm,同时测臂围。
6. 再次核对。
7. 建立无菌区:①打开 PICC 无菌包,带无菌手套;②应用无菌技术,裁剪小纱块,准备肝素帽、抽吸生理盐水;③将第一块治疗巾垫在患儿手臂下。
8. 消毒穿刺点,用 75% 乙醇 3 次,0.5% 碘酊 3 次消毒待干;消毒范围上至肩胛腋窝,下至手指尖,铺无菌巾和孔巾。
9. 检查、用生理盐水和肝素盐水,预冲导管,按测量的实际距离修剪长度。
10. 再次消毒,查对。
11. 穿刺:扎止血带(助手),移去穿刺针上的保护套,松外套,转动针芯,肘窝下 1～2 横指处穿刺,15°～30°角进针,见回血后立即放低穿刺角度,再进针头 0.5cm,推入导入针,确保导入鞘管的尖端也处于静脉内，再送套管。

12．从导引套管内取出穿刺针：①松开止血带；②左手示指固定导入鞘避免移位；③中指轻压在套管尖端所处的血管上，减少血液流出；④从导入鞘管中抽出穿刺针。

13．置入 PICC 导管用镊子轻轻夹送，以每次 0.3～0.6cm 的速度送至预测长度。

14．退出导引套管，撤导丝：①当导管置入预计长度时，即可退出导入鞘；②指压套管端静脉稳定导管，从静脉内退出套管，一手固定导管，一手移去导丝，动作轻柔地移去导丝。

15．确定回血和通畅　用生理盐水注射器抽回血，并脉冲式注入生理盐水 2ml，确定通畅。

16．封管　连接肝素帽或正压接头，用肝素盐水 3～5ml 正压封管。

17．固定　再次清洁和消毒穿刺点周围皮肤及导管圆盘，固定导管（导管呈 S 型固定），在穿刺点上方放置一小块纱布，贴透明敷贴，在衬纸上标记置管日期及时间。

18．观察患儿穿刺局部情况和反应。

19．通过 X 线片确定导管尖端位置。

20．协助患儿取舒适体位，整理床单位。

21．整理用物，脱手套、洗手、记录：型号，置入的长度，穿刺过程是否顺利，穿刺点渗血情况，X 线检查结果，臂围，穿刺者，穿刺日期并告知注意事项。

（四）注意事项

1．穿刺前应当了解患儿静脉情况，避免在疤痕及静脉瓣处穿刺。

2．严格执行查对制度、无菌操作原则和知情同意原则。

3．注意避免穿刺过深而损伤神经，避免穿刺进入动脉，避免损伤静脉内膜、外膜。

4．对有出血倾向的患儿要进行加压止血。

5．预防并发症。

6．放置或拔出导管时勿使用暴力。

7．持续输液应及时更换输液瓶，以防空气进入；24h 持续输入者，每日更换输液器。

8．导管放置完成后或改变导管位置时，均应立即进行 X 线检查，确定导管尖端位于正常的位置。

9．使用含乙醇和丙酮等物质消毒皮肤时，应待其完全干燥后再加盖敷料。

10．穿刺方法应根据小儿的年龄和体型加以适当调整。

11．根据年龄、个体差异，采用不同长度及管径的 PICC 导管，型号应根据病儿血管情况及输液要求选择，尽可能选择较细型号的导管，以减少静脉炎和血栓的发生。1.9Fr 的导管适用于小婴儿，液体用输液泵匀速输注，自然流率为 10ml/h。2.8Fr 的导管适用于小儿，自然流率 22ml/h。

12．新生儿穿刺贵要静脉时，将患儿手臂外展与躯干成 90°，测量穿刺点→胸骨上切迹→第 3 肋间长度；穿刺颞浅静脉时，沿颞浅静脉及颈外静脉走向，测量穿刺点→锁骨→胸骨上切迹→第 3 肋间长度。操作过程应在温箱或开放式抢救台上进行。术中持续监测患儿生命体征。

13．有精神症状、躁动者或容易发生血栓的患儿不适合进行 PICC 置管。

14．有外伤史的手臂、偏瘫患侧肢体不宜做穿刺。

六、婴幼儿股静脉穿刺法

（一）目的

1．采集血标本以协助诊断。

2．用于周围静脉采血困难、危重及不宜翻身的婴幼儿采血。

（二）评估与准备

1．评估　了解患儿病情，如患儿心理反应、合作程度、皮肤情况（有无破损、皮疹、感染等)、静脉状况（解剖位置、充盈程度、弹性及滑动度等）。

2. 患儿准备　嘱患儿排尿，选择合适的体位。

3. 用物准备　治疗车，治疗盘注射器2支，各种试管、血培养瓶，小垫枕，化验单。

（三）操作步骤

1. 备齐用物，携至患儿床旁，核对床号、姓名、检验项目、所需血量及合适试管；做好局部皮肤清洁工作，婴幼儿用尿布包裹好会阴部，以免排尿污染穿刺点。向患儿及家长做好解释说明，消除恐惧心理，以取得合作。

2. 体位准备。取仰卧位，臀下垫一小枕，两腿分开成蛙腿状，大腿外展与躯体成45°，使腹股沟展平，小腿弯曲90°角呈蛙状，助手协助固定肢体。

3. 常规消毒穿刺部位（腹股沟中、内1/3交界处），用碘酊消毒患儿穿刺部位皮肤及操作者左手示指待干。

4. 取出注射器，检查注射器包装是否完好，有无漏气，正常后备用。

5. 再次核对床号、姓名、检验项目、所需血量、合适试管。

6. 穿刺　左手示指触摸股动脉搏动内侧0.5cm处直刺或斜刺抽血。（直刺法刺入深度视患儿胖瘦而定，然后向上提针并同时回抽，见回血后固定针头，抽取所需血量。斜刺法针头与皮肤成45°刺入，此法可避免引起局部出血或血肿）见回血后固定针头，抽取所需血量。

7. 拔针，按压穿刺部位，用无菌敷料压迫3～5min至不出血为止。

8. 取血后立即根据检查目的的不同将血沿试管壁徐徐注入，防止溶血；若为加有抗凝剂血液标本，须轻轻摇动试管8～10次，血液和抗凝剂充分混合，防止血液凝固。

9. 为患儿换尿布，穿衣，取舒适体位，整理床单位。

10. 再次核对患儿床号、姓名、标本、检验单。

11. 在条形码上注明采血人姓名及时间。

12. 整理用物、洗手、记录。

（四）注意事项

1. 执行查对制度及无菌技术操作规程。充分暴露穿刺部位，严格消毒穿刺处皮肤，并遮盖尿道口，防止尿液污染。若穿刺失败，不宜同侧多次反复穿刺，以免形成血肿。

2. 穿刺时，如抽出血液为鲜红色，则提示误入股动脉，应立即拔出针头，用消毒棉球紧压穿刺处数分钟，直至无出血为止。

3. 穿刺后检查局部有无活动性出血，无出血方可离去。

4. 有出血倾向或凝血功能障碍者禁用此法，以免引起出血。

5. 病情危重、虚弱患儿慎用，在操作中注意观察患儿面色、神志、呼吸。

6. 需要抗凝的血标本，需与抗凝剂混匀。

7. 穿刺后应观察局部，有无活动性出血，并保持针眼不被大小便污染。

七、婴幼儿保留灌肠法

（一）目的

1. 灌入药物，治疗肠道感染。

2. 镇静、催眠。

3. 为高热患儿降温。

（二）评估与准备

1. 评估　了解患儿病情、年龄、合作程度、肛门周围皮肤黏膜的情况，了解灌肠目的、药物有无特殊要求。

2. 患儿准备　嘱患儿排尿、排便。

3. 用物准备

（1）治疗盘：内备灌肠器、肛管（按患儿年龄选用不同型号）、量杯、水温计、小水杯（内盛温开水 5～10ml）、止血钳、橡胶单、液状石蜡、弯盘、一次性治疗巾、大毛巾、棉签、卫生纸、清洁手套一双、卧位枕。

（2）输液架、尿布、屏风。

（3）灌肠液：选用 0.1～0.2% 的肥皂水、生理盐水，溶液温度为 39～41℃，用于降体温时为 28～32℃；镇静时可用 10% 水合氯醛；治疗肠道感染时，可用 2% 小檗碱、1.0% 新霉素等。

（三）操作步骤

1. 操作者到床边核对患儿床号、姓名，评估患儿病情、年龄、治疗目的、排便状况、心理反应、合作程度、肛周皮肤黏膜的情况，嘱患儿排便，可利于药物吸收并向患儿家属说明灌肠的目的和方法，取得患儿家属的理解和配合。

2. 操作者衣帽整洁，洗手、戴口罩，携带用物至患儿床边，再次核对患儿姓名，关闭病室门窗，调节室温、屏风遮挡，保护患儿隐私和保暖。

3. 根据病情取合适体位，左侧卧位或俯卧于患儿家长腿上，脱裤至膝部或解开尿布，左侧卧位时臀部移近床沿，抬高臀部，臀下垫一次性治疗巾。

4. 戴手套，润滑肛管前端，连接灌肠器与肛管，排气，左手分开臀裂显露肛门，右手轻轻插肛管入肛门内，根据年龄插入深度不同（婴幼儿 2.5～4cm、小儿 5～7.5cm），如遇有阻力，可轻轻转动肛管后再插入；液体注入受阻时可稍移动肛管或捏肛管使堵塞的粪块脱落将药液缓慢注入。

5. 注完后用血管钳夹闭肛管，抽吸少量温开水注入，以保证将肛管内的药液全部注入肠内。

6. 注入后用卫生纸包住肛管拔出，放入弯盘内，用卫生纸轻轻按揉肛门处。指导家长继续抬高患儿臀部，轻轻夹紧小儿两侧臀部数分钟，以利于药物保留吸收。

7. 脱手套，协助患儿穿上裤子或兜好尿布，取舒适体位。

8. 整理用物、洗手，记录药物名称、用量，排便性质和次数，操作者签名。观察患儿反应。

（四）注意事项

1. 在做保留灌肠前，对灌肠目的和病变的部位应了解清楚，以便掌握灌肠的卧位和插管深度。

2. 灌肠前，应嘱患儿先排便。灌肠时推注速度要慢，压力要低，以减轻刺激，延长保留时间，以便充分吸收。

3. 肛门、直肠、结肠手术后的患儿及排便失禁的患儿不宜做保留灌肠。

4. 若为降温灌肠，液体应尽可能保留 30min 后再排出。排便 30min 后再次测量体温，并记录。

5. 不同年龄患儿每次灌肠液量，6 个月以下约为 50ml，6 个月～1 岁约为 100ml，1～2 岁约为 200ml，2～3 岁约为 300ml。

八、蓝光疗法

蓝光疗法用于新生儿高胆红素血症的辅助治疗。以波长 420～470nm 的蓝色荧光管照射新生儿的皮肤，使血清及照射部位皮肤的脂溶性未结合胆红素转变成水溶性的胆红素，经胆汁及尿排出体外，降低血清未结合胆红素的含量。

（一）目的

治疗各种原因引起的新生儿高胆红素血症。

（二）评估与准备

1. 评估　了解患儿的日龄、体重、体温、病情、黄疸的部位、皮肤颜色、胆红素检查结果、患儿的合作程度。有无特殊治疗，周围环境。了解患儿接受蓝光箱照射时的黄疸值范围。
2. 物品准备　光疗箱、遮光眼罩（可用墨纸或胶片剪成眼镜状）、胶布、清洁尿布。

（三）操作步骤

1. 备齐用物，携至床旁。向家长说明蓝光治疗的目的及治疗时间，以取得家长配合。
2. 检查蓝光箱是否清洁、安全，擦拭灯管灰尘。
3. 光疗箱水槽内加蒸馏水至2/3满，接通电源，检查灯管亮度。
4. 预热　根据医嘱和患儿体重、出生天数调节蓝光箱温度32~35℃，相对湿度为55%~65%。灯管距离患儿为33~50cm，蓝光箱内达到预设温度、湿度。
5. 给患儿修剪指甲，清洁皮肤，更换尿布。禁忌在患儿皮肤上涂粉和油类护肤品。
6. 将患儿全身裸露，戴护眼罩，用长条尿布遮盖会阴部，抱入预热好的蓝光箱内，妥善放置其他物品（小儿腕带、床头卡、输液装置等）。
7. 关好边门，衣物置于箱下柜中。打开蓝光电源，记录照射起止时间。
8. 治疗结束，关电源，抱出患儿，脱眼罩、换尿布，清洁皮肤，检查皮肤情况，穿衣，核实患儿身份。
9. 整理用物、洗手，记录。

（四）注意事项

1. 蓝光箱不宜置于太阳直射、取暖设备附近及有对流风处，以免影响箱内温度的控制，严禁骤然提高箱温，以免患儿体温突然上升造成不良后果。经常检查蓝光箱报警系统是否完好，有无调节失灵现象，以保证正常使用。如果蓝光箱报警，应及时查找原因，妥善处理。
2. 注意眼罩清洁，每天检查眼睛结膜有无发红现象，及时更换眼罩，动作轻柔，防止眼睛、皮肤受损。
3. 观察精神反应、哭声、吸吮力、皮肤及黏膜颜色、生命体征。观察黄疸的部位、程度及其变化。皮肤有无皮疹、破损、干燥、发红，有无呼吸暂停、烦躁、嗜睡、发热、腹胀、呕吐、惊厥，大小便情况。
4. 如为单面照射床，应每2~4h为患儿翻身一次。
5. 保持灯管及反射板的清洁，并及时更换灯管，每天清洁灯管及反射板，记录灯管使用时间，灯管使用300h后，其能量输出约减弱20%；900h后约减弱35%，因此灯管使用超过1000h必须更换。
6. 光疗箱的维护和保养：光疗箱应放置在干净，温湿度变化较小，无阳光直射的场所；光疗结束后，关好电源，拔出电源插座，将湿化器水箱内的水倒尽，并做好整机的清洗、消毒工作；定期做细菌培养以检查清洁消毒质量。

九、暖箱使用法

（一）目的

暖箱使用是以科学的方法，创造一个温度和湿度适宜的环境，维持患儿体温稳定，提高未成熟儿的成活率。

（二）评估与准备

1. 评估　了解患儿基本情况，胎龄、日龄、出生体重、生命体征、有无并发症。向家属解释使用暖箱的目的、方法、操作步骤和注意事项，以获得支持。
2. 用物准备　暖箱、床垫、床单、干湿温度计、灭菌注射用水。

（三）操作步骤

1. 用清水将暖箱内外擦拭干净，接通电源，检查暖箱的各部件是否处于正常状态，放蒸馏水于水槽内 2/3 满，增加湿度。

2. 预热暖箱，根据患儿的体重、日龄，胎龄调节预热箱温（表 4-3），将温湿度计正立于暖箱尾部，箱内湿度应维持在 55%～65%。

表4-3　不同出生体重早产儿暖箱温、湿度参数

出生体重（g）	温度（℃）				湿度
	35	34	33	32	
~1000	出生10天内	10天	3周	5周	55%～65%
~1500	—	出生10天内	10天	4周	55%～65%
~2000	—	出生2天内	2天	3周	55%～65%
~2500	—	—	出生2天内	2天后	55%～65%

3. 箱温至预设温湿度时，护士洗手，核对患儿床号、姓名、体重、住院号。床头卡、腕带、胸牌三卡一致，将患儿穿单衣，裹尿裤，置入暖箱中。患儿入暖箱后，一切护理操作尽量在暖箱内进行（喂奶、更换尿布等），操作可从袖孔或边门伸入在暖箱内操作，以免影响箱内温度。

4. 监测患儿体温，根据体温调节暖箱温度及湿度，定时更换水槽内蒸馏水。患儿体温没有升至正常之前 1h 测量体温 1 次，体温正常后 4h 测量体温 1 次，维持体温在 36～37℃。

5. 保持暖箱清洁：每天用消毒剂和清水擦拭暖箱内外，保持暖箱清洁明亮；长期使用者每周更换暖箱一次，更换下的暖箱进行终末消毒；定期做细菌培养；空气净化垫每 2 个月更换一次。

6. 出箱条件
（1）体温正常，体重 2000g 左右。
（2）在不加热暖箱中室温 24～26℃，患儿能够维持正常体温。
（3）患儿置暖箱 1 个月以上，体重未达 2000g，但一般情况良好。

7. 使用完毕，根据医嘱护士洗手后将患儿抱出暖箱，穿衣，包好患儿襁褓。

8. 切断电源，倒掉水槽内蒸馏水，撤下床上用品，送洗衣房清洗消毒后备用，取出温湿度计、床板，用含有效氯 250mg/L "84" 消毒液擦拭暖箱，暖箱进行终末消毒，检查暖箱功能，挂正常标志备用。

9. 整理用物、洗手，记录。

（四）注意事项

1. 严格交接班。
2. 暖箱应避免阳光直射，冬季避开热源及冷空气对流处。
3. 使用中注意观察暖箱各仪表显示是否正常，出现报警要及时查找原因并处理，必要时切断电源，请专业人员进行维修。在使用暖箱过程中严格执行操作规程，以保证安全。
4. 每天更换水槽内蒸馏水，以免细菌繁殖。
5. 除测量体重外，一切护理操作应尽量在箱内进行，护理操作集中进行，避免过多开启暖箱侧门、端门，影响箱温的恒定。
6. 工作人员操作、检查、接触患儿前，必须洗手，防止交叉感染。

十、换血疗法

换血疗法是指以较大量（常为受血者循环血量 2 倍）的适合受血者的健康人血液，置换受血者的病理血液，以清除受血者的病理血液成分，迅速恢复正常血液功能的疗法。

（一）目的

1. 置换血液中游离胆红素，防止胆红素脑病发生。
2. 移去血清中致敏红细胞及游离抗体，终止红细胞破坏，减轻溶血。
3. 纠正溶血引起的贫血，防止缺氧、心功能不全。

（二）评估与准备

1. 评估　了解患儿病史、诊断、日龄、体重、生命体征、黄疸等情况。正确估计和掌握换血过程中常见护理问题的处理，检查物品及药物准备是否齐全。向家长介绍换血疗法目的、方法及手术大概需要的时间，减轻家长心理压力，取得配合。

2. 用物准备

（1）物品准备：辐射抢救床、输注泵、体温表、心电监护仪、24G 留置针、各型注射器和针头若干、复苏囊、静脉测压装置、三通管 2 个、无菌手套 3～4 双、婴儿约束带、滤血器 2～3 个、1000ml 量杯 1 个、弯盘、换药碗、2.5% 活力碘消毒液、尿袋、血培养瓶 2 个、干燥试管若干、换血记录单。

（2）药品准备：0.9% 氯化钠、5% 葡萄糖、10% 葡萄糖酸钙、利多卡因、肝素、苯巴比妥、地西泮，按需要准备抢救药品。

（3）血源准备：尽量选择新鲜血液，库存时间小于 3 天，换血量 150～180ml/kg 为患儿全血量 2 倍。血源选择① Rh 血型不合应选择 Rh 与母亲相同，ABO 血型与患儿相同（或抗 A、抗 B 效价不高的 O 型血）。② ABO 血型不合应选择 O 型血红细胞和 AB 型血浆或与患儿相同血型，也可以选择抗 A、抗 B 效价不高的 O 型血。③明显贫血、心功能不全者应选择血浆减半的浓缩血。

3. 护士准备

掌握换血指征：①产前明确诊断，出生时脐血总胆红素 > 4mg/dl，血红蛋白 < 120g/l，伴有水肿、肝脾大、心力衰竭。②生后 12h 内每小时胆红素上升 0.7mg/dl。③光疗失败，指高胆红素血症光疗 4～6h 后血清总胆红素每小时仍然上升 0.5mg/dl。④已有胆红素脑病早期表现的患儿。

4. 患儿准备　术前禁食 4h 或置入胃管抽空胃液，进行静脉输液。术前肌内注射苯巴比妥 10mg/kg，患儿仰卧于辐射抢救台上，约束固定四肢，贴上尿袋、行心电监护。

5. 环境准备　在消毒处理环境中进行，室温保持 26～28℃。

（三）操作步骤

1. 操作者到床边核对患儿床号、姓名，评估患儿的皮肤情况，并向患儿家属说明换血的目的和方法，取得家属的理解和配合。

2. 将患儿抱至已消毒好的房间，置于预热好的辐射台上，取仰卧位，接多功能监护仪持续监测心率、呼吸、经皮血氧饱和度，每 30min 监测血压 1 次，并观察皮肤颜色。贴上尿袋，固定四肢。

3. 操作者衣帽整洁，洗手、戴口罩，后携带用物至患儿床边，再次核对患儿姓名、腕带。确认家属已签署换血同意书。

4. 做桡动脉穿刺，连接延长管和两个串联三通管，第一个三通管接肝素盐水（10U/ml）的注射器，第二个三通管作为抽出患儿血液用；做周围静脉穿刺，连接三通管，与换入血滤管及注射器相接。

5. 换血前应由 2 名操作者认真执行三查八对，所供血液先置于室内复温 30min。

6. 换血前、后均做血培养、肝功、血生化、胆红素、血糖、血常规，换血中检测血气、血电解质并测量静脉压。

7. 等量进行换血，量出为入，开始以 10ml 等量更换，如患儿心功能良好，逐渐增加到 20ml，以每分钟 2～4ml/kg 速度匀速更换。病情危重，低体重儿速度应慢。每换血 100ml，静脉推注 10% 葡萄糖酸钙 2ml，并测量静脉压一次，维持静脉压在 0.558～0.785kPa（6～8cmH$_2$O），根据静脉压调节换血的速度。

8. 监测血压、血氧饱和度、呼吸、心率、体温、尿量、皮肤颜色。详细记录每次血液出入量，换血中所用的药物名称及剂量。

9. 换血完毕，暂时保留动脉处留置针，待黄疸症状逐渐消退，确定不需要第二次换血时再拔管，以避免患儿穿刺痛苦。

10. 将患儿转重症监护室监护，行心电监护，继续行双面蓝光治疗和白蛋白治疗。尽量减少护理活动使患儿得到充足的休息，保持患儿安静，必要时可使用镇静剂。禁食 6h 后试喂糖水，无呛咳、呕吐、吸吮正常者可开始正常喂养。

11. 清点用物，整理，记录。

十一、婴儿抚触

（一）目的

1. 促进血液循环、刺激淋巴系统，提高婴儿抗病能力。
2. 改善消化系统功能，促进婴儿生长发育。
3. 满足婴儿的心理需求，促进婴儿智力发育。

（二）评估与准备

1. 评估　了解小儿皮肤和一般情况，向家长介绍婴儿抚触的目的和方法以取得理解和配合。
2. 用物准备　毛巾被、换洗的衣物、尿布和婴儿按摩油。

（三）操作步骤

1. 核对小儿腕带、胸牌及母亲床号、姓名。
2. 调节室温 26～28℃，播放柔和音乐有助于彼此放松，将用物放至小儿床旁，关门窗。
3. 操作者在操作前取下手上所佩戴的物品，修剪指甲，确保指甲光滑，避免划伤小儿皮肤并洗净双手，将手搓热，脱去小儿的衣裤，用浴巾包裹全身。
4. 将小儿放在床上或抚触台上检查全身情况，及时更换尿布。
5. 将按摩油倒于手心内轻轻摩擦温暖双手，按顺序抚触，抚触顺序：头面部→胸部→腹部→背部→全身放松→活动四肢。每个部位的动作重复 5～8 次。

（1）头面部抚触：①前额。两手拇指在婴儿前额中央向两侧慢慢滑动按摩。②头部。从婴儿前额发际向上向后滑动至耳后乳突处，两中指轻轻按压。③面部。用两指从婴儿下颌中央向面部两侧滑动，呈"微笑"状。

（2）胸部：涂上按摩油，双手分别放在两侧肋缘，右手向上滑向婴儿的右肩后复原，左手以同样方法进行，交叉循环滑动，避开新生儿乳头。

（3）腹部：双手交替从右向左按顺时针方向画半圆按摩腹部，在脐带结痂未脱落前不要按摩该区域；右手由上至下划"I"型，从左至右划倒的"L"或"U"型，按摩动作要在婴儿下腹结束（右下方），避免压迫膀胱。

（4）四肢：涂上按摩油，将婴儿仰卧，手臂置于身体两侧，操作者将双手示指和拇指弯成圈状，套在婴儿手上，从上臂到手腕轻轻挤捏、搓滚，然后用拇指指腹从手掌腕侧面依次推

向指端,并提捏手指各关节。同样方法抚触婴儿的大腿、膝部、小腿至脚踝部。

(5) 背部:将婴儿呈俯卧位,头偏向一侧,保持呼吸顺畅,涂上按摩油,操作者双手平放在婴儿脊柱两侧,由上而下,环形按摩至臀部,轻压臀部凹陷处。然后双手平放在脊柱两侧向相反方向移动双手。重复以上动作。用双手指指面轻轻按摩脊柱两侧的肌肉,再从颈部向骶尾部迂回运动。将一只手掌放在婴儿的臀部正上方的骶尾凹陷处,顺时针方向按摩数次。

(6) 全身放松:最后从前额沿头顶至颈椎、胸椎、腰椎向下滑行到骶尾部轻压。

(7) 活动四肢:在做完全身抚触后,婴儿肌肉已完全放松时可帮助婴儿活动各关节,伸展婴儿的四肢,主要动作为上肢的伸展和交叉,下肢的伸展和交叉。

6. 给小儿更衣,换尿布。

7. 整理用物、洗手,记录。

(四) 注意事项

1. 窒息抢救、颅内出血、观察期新生儿、皮下出血新生儿等有特殊情况时不宜抚触。注意室内温度(足月儿26～28℃,早产儿28～30℃)和通风换气,防止受凉。

2. 抚触可于沐浴前后、午睡及晚上睡觉前、两次进食之间进行。应在小儿安静、清醒时进行。每个手法重复5～8次,每天按摩1～3次,每次10～20min。

3. 注意室内照明,避免刺激光源,防止噪声,避免影响婴儿的注意力。

4. 婴儿疲劳时,应在婴儿休息睡眠后再进行。

5. 抚触者双手要光滑、指甲要短,不戴首饰或手表,以免损伤婴儿皮肤。

6. 按摩时力度适中,动作要柔缓,密切观察小儿的变化。在抚触过程中,如新生儿出现哭闹、肌张力提高、兴奋性增加、肤色改变等,应暂停抚触,并汇报医生。

小 结

一、儿科医疗机构的设置及护理管理

儿科医疗机构设置中分别叙述了儿科门诊、病房、急诊的设置特点及护理管理。护理管理重点是建立各种急诊抢救程序及护理常规、执行急诊岗位责任制、培养急诊护士急救意识及急救技能,提高抢救成功率,加强文件书写及管理;儿科病房护理管理包括环境管理、患儿安全管理、生活管理、传染病管理及病房消毒措施落实,防止院内交叉感染。

二、住院患儿的心理反应及护理

介绍了不同年龄阶段住院患儿心理反应及临终患儿的心理反应和护理要点,满足住院患儿的心理需求,尽量缩短住院患儿对医院适应时间,以积极的心态配合治疗护理,最大限度减少住院对患儿身心的影响。

三、小儿健康评估的特点

1. 健康史采集包括一般情况、现病史、既往史及小儿心理社会状况。住院小儿体格检查包括一般状况(精神状况、营养、发育情况、面部表情、体位、活动情况),一般测量(体温、脉搏、呼吸、血压、体重、身高、头围、胸围)。

2. 小儿体格检查的原则是环境舒适、体格检查房间布局合乎小儿特点,护士技术熟练,态度和蔼,缩短与患儿距离,检查方法和顺序因人而异,灵活机动。检查中注意患儿保暖及隐私保护。

3. 小儿家庭评估包括家庭功能及家庭结构评估。通过健康评估资料的综合分析确定小儿主要健康问题，护理诊断，制订和执行护理计划，并不断评估、执行、评价，提高护理质量。

四、与患儿及其家长沟通

1. 与患儿沟通途径有语言沟通、非语言沟通、游戏及绘画沟通，熟练应用沟通技巧了解患儿心理感受并给予心理指导，适当应用非语言沟通技巧向患儿传递"爱"的信息，使患儿获得心理满足和安全感。

2. 与患儿家长沟通中善于应用沉默、移情沟通技巧，避免沟通障碍，鼓励家长讲述自己的感受，并给予心理支持。

五、小儿用药特点及护理

介绍了小儿用药特点、药物计算方法及小儿用药选择、常用给药方法。通过正确的药物选择，精确的药物剂量，合适的给药途径合理用药，同时避免药物毒副反应对患儿的短期、长期影响。

六、儿科常用护理技术操作

介绍了婴幼儿头皮静脉留置针输液法、微量注射泵使用、股静脉穿刺法、经外周穿刺中心静脉置管术、保留灌肠法、蓝光疗法、暖箱使用等技术的目的、操作步骤及注意事项。

一、单项选择题

1. 儿科病房管理**不包括**下列哪项
   A．安全管理
   B．环境管理
   C．生活管理
   D．加强文件书写
   E．预防感染和传染病管理

2. 婴儿腹泻时，**不主张**使用以下哪项措施
   A．控制肠道感染
   B．纠正水电解质紊乱
   C．使用止泻药
   D．给予助消化药
   E．给予活菌制剂调节肠道功能

3. 住院患儿进行护理时，**不正确**的方法是
   A．多与患儿沟通
   B．初次接触患儿应有其父母在场
   C．根据患儿年龄安排合适游戏
   D．尽量保持患儿住院前的生活习惯
   E．多照顾患儿生活，不要让患儿自己穿衣、吃饭

4. 新生儿、早产儿用药应特别注意药物的不良反应，下列哪种药物能引起小儿"灰婴综合征"
   A．青霉素
   B．氯霉素
   C．红霉素
   D．庆大霉素
   E．卡那霉素

5. 儿科抢救室内必备的设备应齐全，下列哪项**不属于**儿科抢救室必须配置的设备
   A．心电监护仪
   B．人工呼吸机
   C．供氧设备
   D．玩具柜

E. 喉镜
6. 蓝光疗法的目的是
   A. 降低血清总胆红素
   B. 降低血清间接胆红素
   C. 降低血清直接胆红素
   D. 减少血红细胞破坏
   E. 降低血清尿素氮
7. 护士在护理婴儿时,以下哪项心理沟通方式适用
   A. 因势利导
   B. 多做游戏
   C. 搂抱与抚摸
   D. 适时鼓励
   E. 社会交流
8. 儿科急诊抢救质量最主要因素是
   A. 医疗技术
   B. 药品
   C. 人
   D. 仪器设备
   E. 时间
9. 青霉素按每日5万U/kg剂量计算,4岁小儿(体重16kg)每日应给予青霉素剂量是
   A. 20万U/次,每日2次
   B. 30万U/次,每日2次
   C. 40万U/次,每日2次
   D. 50万U/次,每日2次
   E. 10万U/次,每日2次
10. 患儿,男,1岁11个月,肺炎住院,当日哭闹不止,不愿离开母亲,患儿主要压力源是
    A. 离开亲人和接触陌生人
    B. 缺乏对疾病的认识
    C. 身体形象改变
    D. 饥饿
    E. 失眠

二、案例题

足月男婴,生后20h出现黄疸,精神差,血清胆红素为228μmol/L,母血型O型,子血型A型,直接抗人球蛋白试验(+)。

问题:
1. 最可能的诊断是什么?
2. 目前应采取的治疗措施是什么?

(胡艳萍)

第五章 小儿营养

> 通过本章内容的学习，学生应能：
>
> ◆ 识记
> 1．陈述小儿能量需要的五个方面及小儿特殊能量的需要。
> 2．复述母乳喂养、部分母乳喂养、人工喂养的概念及母乳喂养的优点。
> 3．说出食物转换的概念与原则。
>
> ◆ 理解
> 1．解释母乳喂养与人工喂养的护理。
> 2．举例说明食物转换的顺序。
>
> ◆ 运用
> 1．正确计算婴儿需要的奶量。
> 2．指导母亲正确母乳喂养和人工喂养。
> 3．指导母亲掌握食物转换的方法及顺序。

营养是保证小儿正常生长发育的物质基础。小儿的生长发育迅速，新陈代谢旺盛，营养供给量应满足小儿的生长，避免营养素的缺乏，也要适合小儿生理特点。

营养素分为宏量营养素（蛋白质、脂类、糖类）和微量营养素（矿物质和维生素）及其他膳食成分。

第一节 小儿营养基础

一、能量的需要

人体所需能量来自食物中的蛋白质、脂肪、糖类（碳水化合物）三大营养素，它们在体内产能分别为：蛋白质 16.8kJ/g（4kcal/g），脂肪 37.8kJ/g（9kcal/g），糖类 16.8kJ/g（4kcal/g）。小儿能量需要包括以下 5 个方面。

1．基础代谢　小儿基础代谢能量需要量较成人高，随年龄增长逐渐减少。婴幼儿基础代谢的能量需要占总能量的 50%～60%，婴儿每日平均约需能量 230kJ（55kcal）/kg，7 岁时每日约需 184kJ（44kcal）/kg，12 岁时每日约需 126kJ（30kcal）/kg，成人时每日需 104～125kJ（25～30kcal）/kg。

2．食物的热力作用　食物的热力作用（thermic effect of food，TEF）是指进餐后几小时内发生的超过基础代谢的能量消耗，主要用于食物的消化、吸收、转运、代谢和储存。与食物成分有关：糖类的食物热力作用为本身产能 6%，脂肪为 4%，蛋白质为 30%。婴儿食物中蛋白质多，食物热力作用占总能量的 7%～8%，年长儿的膳食为混合食物，其食物热力作用占总能量的5%。

3. 活动消耗　小儿活动所需能量与活动量大小及活动持续时间有关，好哭多动的婴幼儿比同龄安静小儿所需能量高3～4倍，故活动所需能量波动较大，随年龄增长而增加。婴儿每日需63～84kJ（15～20kcal）/kg，12～13岁时，约需126kJ（36kcal）/kg。

4. 生长所需　生长所需能量为小儿所特有，与生长速度成正比，即随年龄增长逐渐减少。婴儿生长最快，此项所需占总能量的25%～30%，1岁以后生长速度趋于平稳，能量需要随之减少，至青春期又增加。

5. 排泄消耗　正常情况下未经消化吸收的食物排出体外所损失的能量约占总能量的10%，腹泻时增加。

小儿能量需要为以上5方面总和，一般按下述方法估算：婴儿每日需总能量约为460kJ（110kcal）/kg，以后每增加3岁约减去42kJ（10kcal）/kg，15岁时为250kJ（60kcal）/kg。

二、营养素的需要

（一）宏量营养素

1. 蛋白质　构成人体蛋白质的氨基酸有20种，其中9种是必需氨基酸（异亮氨酸、亮氨酸、赖氨酸、色氨酸、蛋氨酸、苯丙氨酸、苏氨酸、缬氨酸、组氨酸），需要由食物供给。组成蛋白质的氨基酸模式与人体蛋白质氨基酸模式接近的食物，生物利用率高，称为优质蛋白。优质蛋白主要来源于动物和大豆蛋白质。

蛋白质的主要功能是构成人体组织和器官，次要功能是供能，占总能量的10%～15%。1岁以内婴儿蛋白质的推荐摄入量为（1.5～3g）/（kg·d）。婴儿生长旺盛，保证优质蛋白的供给非常重要，优质蛋白应占50%以上。食物的合理搭配及加工可达到蛋白质互补，提高食物的生物价值。如小麦、大米、玉米等赖氨酸含量低，蛋氨酸含量高，而豆类则相反，将两者搭配可互相弥补不足，大大提高其蛋白质的利用率。

2. 脂类　包括脂肪、胆固醇、磷脂，是机体的第二供能营养素，n-3型的α-亚麻酸和n-6型的亚油酸，人体不能合成，必须由食物供给，称为必需脂肪酸。亚油酸在体内可转变为亚麻酸和花生四烯酸，故亚油酸是最重要的必需脂肪酸。必需脂肪酸参与构成线粒体膜和细胞膜，参与体内磷脂和前列腺素的合成，还参与胆固醇的代谢。

必需脂肪酸来源：主要来源于植物油，亚油酸主要存在于植物油、坚果类；亚麻酸主要存在于绿叶蔬菜、鱼类脂肪及坚果类。母乳中含丰富的必需脂肪酸。婴儿期脂肪供能占总能量的35%～50%，年长儿为25%～30%。必需脂肪酸供能应占脂肪所提供能量的1%～3%。

3. 碳水化合物　供能的主要来源。2岁以上小儿膳食中，糖类所产生能量应占总能量的55%～65%。如糖类产能＞80%或＜40%都不利于健康。糖类主要来源于谷类食物。

为满足小儿生长发育需要，应首先保证能量供给，其次是蛋白质，宏量营养素应供给平衡，比例适当，否则易发生代谢紊乱。

（二）微量营养素

1. 维生素主要功能是维持人体正常生理功能，调节体内新陈代谢，这类物质分为脂溶性和水溶性两大类。脂溶性维生素（维生素A、维生素D、维生素E、维生素K）可储存体内，缺乏时症状出现较迟，过量易致中毒；水溶性维生素（B族维生素、维生素C、叶酸等）不易储存，缺乏后迅速出现症状，过量一般不易发生中毒。对小儿来说，维生素A、维生素D、维生素C、维生素B_1是容易缺乏的维生素。各种维生素的作用和来源见表5-1。

表5-1 各种维生素的作用和来源

种类	作用	来源
维生素A	促进生长发育,维持上皮细胞的完整性,形成视紫质,与铁代谢和免疫功能有关	肝、牛乳、鱼肝油、有色蔬菜和水果
维生素D	调节钙磷代谢,促进肠道对钙的吸收,维持血钙浓度,有利于骨骼矿化	肝、鱼肝油、蛋黄、人皮肤经紫外线照射合成
维生素K	由肝利用、合成凝血酶原	肝、蛋、豆类、青菜、肠内细菌合成
维生素B_1	构成脱羧辅酶的主要成分,为糖代谢所必需,维持神经、心肌的功能,调节胃肠蠕动,促进生长发育	米糠、麦麸、豆、花生、瘦肉、肠内细菌和酵母可合成一部分
维生素B_2	为辅黄酶的主要成分,参与机体氧化过程	肝、蛋、乳类、蔬菜、酵母
维生素B_6	为转氨酶和氨基酸脱羧酶的组成成分,参与神经、氨基酸及脂肪代谢	各种食物中,可由肠道内细菌合成
维生素B_{12}	参与核酸的合成,促进细胞及细胞核的成熟,对造血和神经组织代谢有重要作用	动物性食物
叶酸	参与核苷酸的合成,有造血作用,胎儿期缺乏引起神经管畸形	绿叶蔬菜、肝、肾、蛋、豆类、酵母含量丰富
维生素C	参与人体的羟化和还原过程,对胶原蛋白、细胞间黏合质、神经递质的合成及类固醇的羟化、氨基酸的代谢、抗体及红细胞的生成等均有重要作用	各种水果、新鲜蔬菜

2．矿物质

（1）常量元素：在矿物质中,体内含量大于体重的0.01%的各种元素称为常量元素,如钙、磷、镁、钠、钾等,其中钙和磷接近人体总重量的6%,构成人体的牙齿、骨骼等组织,婴儿期钙的沉积高于生命的任何时期,2岁以下每日钙在骨骼增加约200mg,非常重要。但钙摄入过量可能造成一定危害,需特别注意钙的补充控制在2g/d以下。乳类是钙的最好来源,大豆是钙的较好来源。

（2）微量元素：体内含量小于体重的0.01%,需要通过食物获得,有一定生理功能的元素为微量元素。其中铁、碘、锌为容易缺乏的微量元素。各种矿物质的作用和来源见表5-2。

表5-2 各种矿物质作用和来源

种类	作用	来源
钙	凝血因子,能降低神经肌肉的兴奋性,是构成骨骼牙齿的主要成分	乳类、豆类、绿色蔬菜
磷	骨骼、牙齿、细胞核蛋白、各种酶的主要成分,协助糖、脂肪、蛋白质的代谢,维持酸碱平衡	肉类、豆类、乳类、五谷
铁	血红蛋白、肌红蛋白、细胞色素和其他酶系统的主要成分,协助氧的运输	肝、蛋黄、血、豆类、肉类、绿色蔬菜
镁	构成骨骼、牙齿的主要成分,激活糖代谢酶,与神经肌肉兴奋性有关	谷类、豆类、干果、肉、乳类
锌	多种酶的组成成分	鱼、蛋、肉、禽、麦胚、全谷
碘	甲状腺激素的主要成分	海带、紫菜、海鱼等海产品

（三）其他膳食成分

1. 膳食纤维　指一般不易被消化的食物营养素，至少包括5种：纤维素、半纤维素、果胶、树脂和木质素。主要功能：吸收大肠水分，软化大便，增加大便体积，促进肠蠕动等。膳食纤维在大肠被细菌分解，产生短链脂肪酸，降解胆固醇，改善肝代谢，防止肠萎缩。婴幼儿可以从谷类、新鲜蔬菜、水果中获得膳食纤维。过多纤维素摄入可干扰机体矿物质的吸收。2岁内小儿每日膳食纤维摄入应为2g，年长儿每岁每日增加5g。年长儿、青少年适宜摄入量为每日20～35g。

2. 水　小儿水的需要量与能量摄入、食物种类、肾功能成熟度、年龄等因素有关。小儿新陈代谢旺盛，水的需要量相对较多，婴儿每日需150ml/kg，以后每3岁约减少25ml/kg，至成人每日需40～50ml/kg。

第二节　婴儿喂养

婴儿喂养方法有母乳喂养、部分母乳喂养、人工喂养3种。

一、母乳喂养

人乳是婴儿最好的天然食物，对婴儿健康的生长发育有不可替代的作用。一般一个健康的母亲可提供足月儿正常生长到6个月所需的营养。

（一）母乳喂养的优点

1. 营养丰富，比例适宜　人乳所含蛋白质、脂肪、糖的比例适宜，为1∶3∶6，易于吸收。蛋白质以乳清蛋白为主，在胃内形成细小乳凝块，有利于消化；脂肪中含较多的不饱和脂肪酸，人乳中的脂肪酶使脂肪颗粒易于消化吸收；人乳中乙型乳糖含量丰富，利于脑的发育，能促进双歧杆菌、乳酸杆菌的生长，并产生B族维生素。人乳中矿物质浓度低，适宜婴儿不成熟的肾发育水平，矿物质吸收率较高，钙磷比例适宜（2∶1），钙吸收好，人乳中含低分子量的锌结核因子-配体，锌吸收率高，人乳中铁含量与牛乳相似，但人乳中铁吸收率（50%）高于牛奶（10%）。

2. 增强婴儿免疫力　母乳中含有不可替代的免疫成分，初乳中丰富的SIgA，阻止病原体吸附于肠道表面，使其繁殖受抑制，保护消化道黏膜，抗多种病毒、细菌；母乳中含有较多的乳铁蛋白，可螯合大肠埃希菌、大多数需氧菌及白念珠菌赖以生存的铁，从而抑制其生长。低聚糖是人乳所特有，可阻止细菌黏附于肠黏膜，促使乳酸杆菌生长。人乳中含有大量免疫活性细胞及免疫活性物质，巨噬细胞、淋巴细胞、溶菌酶、双歧因子等，具有杀菌、抗病毒等作用。

3. 有利于婴儿脑的发育　母乳中含有较多的必需氨基酸、不饱和脂肪酸和乳糖以及生长调节因子，对细胞的增殖、发育有重要作用，如牛磺酸、上皮生长因子、神经生长因子等激素样蛋白，能促进神经系统发育。

4. 喂哺简便，增进母婴感情　母乳喂养经济、方便、温度适宜、不易污染，有利于婴儿心理健康。

5. 对母亲有利　母乳喂养可加快产后子宫复原，减少再受孕的机会。

（二）母乳的成分变化

1. 各期人乳成分　初乳为孕后期与分娩4～5天以内的乳汁，5～14天的乳汁为过渡乳，14天～9个月的乳汁为成熟乳，10个月以后的乳汁为晚乳。初乳量少，每日量15～45ml，色淡黄，含脂肪少而蛋白质较多（主要为免疫球蛋白），维生素A、牛磺酸和矿物质含量丰富，并含有初乳小球（充满脂肪颗粒的巨噬细胞及其他免疫活性细胞），对新生儿的生长发育和抗感染能力非常重要。随哺乳时间的延长，蛋白质和矿物质含量逐渐减少。各期乳汁中乳糖含量较稳定。

2. 哺乳过程中乳汁成分变化 每次哺乳过程乳汁的成分也随时间而变化，如将哺乳过程分为三部分，第一部分乳汁脂肪低而蛋白质高，第二部分乳汁中脂肪含量逐渐增加蛋白质含量逐渐降低，第三部分乳汁中脂肪含量最高。

3. 乳量 正常乳母在产后6个月内平均每天泌乳量随时间而增加，成熟乳量可达700～1000ml，6个月以后乳量与乳汁的营养成分逐渐下降。

（三）母乳喂养护理

1. 方法

（1）哺乳时间：吸吮是促进泌乳的关键，应尽早开奶，产后15min至2h内，吸吮母亲双侧乳房。尽早开奶可减轻生理性黄疸，减轻生理性体重下降、低血糖的发生。2个月内婴儿按需哺乳，以促进乳汁分泌，随月龄增长，可定时哺乳，4个月后，夜间暂停1次，每天共6～7次，添加辅食后逐渐减少喂哺次数。

（2）促进乳房分泌：哺乳前让母亲先湿热敷乳房2～3min，促进乳房血液循环流量，后从外侧边缘向乳晕方向轻拍或按摩乳房，促进乳房感觉神经的传导和泌乳。两侧乳房交替进行哺乳，吸空一侧乳房后再吸另一侧，若一侧乳房奶量已能满足婴儿需要，则可每次轮流哺喂一侧乳房，并将另一侧的乳汁用吸乳器吸空。每次哺乳应让乳汁排空。

（3）哺乳方法：喂哺前清洗双手，用温水毛巾清洁乳头、乳晕。采取舒适姿势哺乳，母亲一般采取坐位，斜抱婴儿，使其头、肩部枕于母亲哺乳侧肘弯部，另一手拇指和其余四指分别放在乳房上、下方，手掌托住乳房，将整个乳头和大部分乳晕置于婴儿口中，以不影响鼻自由呼吸为宜。每次哺乳时间15min左右。哺乳后，将婴儿竖抱起，头紧靠在母亲肩部，轻拍背将空气排出。哺乳时应唤起婴儿的最佳进奶状态，如哺乳前让婴儿用鼻推压或舔母亲乳房，哺乳时婴儿的气味、身体的接触都可刺激乳母的射乳反射。等待哺乳的婴儿应是清醒状态、有饥饿感、已更换干净的尿布。

2. 注意事项

（1）乳母准备，乳头保健：哺乳期母亲应生活规律，睡眠充足，营养合理，适量活动，保持身心愉快，避免精神紧张。孕妇在妊娠后期应经常用清水擦洗乳头，使乳头耐受吸吮，不易发生裂伤。每次哺乳后可挤出少许乳汁涂在乳头上，乳汁中丰富的蛋白质和抑菌物质对乳头表皮有保护作用，可防止乳头皲裂。

（2）哺乳禁忌：母亲感染HIV，患有严重疾病如活动性肺结核、糖尿病、严重心、肾疾病等应停止哺乳。化疗、放射性药物治疗一般禁忌母乳喂养。乳母患急性传染病时，可将乳汁挤出，经消毒后哺喂。母亲乙肝表面抗原阳性时，婴儿常规注射乙肝免疫球蛋白和乙肝疫苗，并非母乳喂养禁忌证。丙肝感染不是母乳喂养的禁忌证。

3. 断乳 随着婴儿年龄的增长，母乳已不能完全满足婴儿营养和生长所需，婴儿的生理功能也逐步适应非流质食物，应在4～6个月开始添加辅助食品，逐渐减少哺乳次数，增加辅食量，为完全断奶做准备，但此过程仍需维持婴儿总奶量约800ml/d。一般于10～12个月完全断奶，世界卫生组织建议母乳喂养至2岁。

二、部分母乳喂养

同时采用母乳与配方奶或兽乳喂养婴儿为部分母乳喂养。

1. 补授法 是补充母乳量不足的方法。母乳哺喂次数不变，每次先喂母乳，吸空两侧乳房后再以配方奶或兽乳补充母乳的不足部分。适合6个月内的婴儿。

2. 代授法 用配方奶或兽乳替代一次或数次母乳喂养的方法。多在4～6月龄的婴儿准备断离母乳开始引入配方奶或兽乳时采用。在某一次母乳哺喂时，有意减少哺喂母乳量，增加配方奶或兽乳，逐渐替代此次母乳量。以此类推直到完全替代所有母乳。

三、人工喂养

4～6个月以内的婴儿由于各种原因不能进行母乳喂养时，完全采用配方奶或其他兽乳，如牛乳、羊乳、马乳等喂哺婴儿，称为人工喂养。

（一）牛奶喂养

人工喂养时常用牛乳，但成分不如人乳适合婴儿。

1. 牛乳的特点　牛乳蛋白质含量高，但以酪蛋白为主，在胃内形成凝块较大不易消化；含饱和脂肪酸多，脂肪球大，缺乏脂肪酶，较难消化吸收；乳糖含量较少，且以甲型乳糖为主，易造成大肠埃希菌生长；矿物质较多，增加婴儿肾负担；牛乳中缺乏各种免疫因子是与人乳最大的区别，故牛乳喂养儿患感染性疾病的机会较多。牛乳与人乳成分比较见表5-3。

表5-3　牛乳与人乳主要成分比较（g/L）

	蛋白质	酪蛋白	白蛋白	脂肪	糖
牛乳	35	28	7	37	50
人乳	15	3	12	40	69

2. 牛乳的改造　鲜牛乳不宜直接喂养婴儿，需经过稀释、加糖、加热处理，以适合婴儿的营养需要和消化能力。

（1）稀释　降低牛乳矿物质、蛋白质浓度，减轻婴儿消化道负担、肾负荷。稀释奶仅用于新生儿，生后不满2周可采用2∶1奶（2份牛奶加1份水），以后逐渐过渡到3∶1或4∶1，满月后即可用全奶。

（2）加糖　婴儿食用全牛乳应加糖，这不是为增加甜味或增加能量，而是改变牛乳中宏量营养素的比例，利于吸收，软化大便。一般每100ml牛乳中可加5~8g蔗糖。

（3）加热　煮沸即可灭菌，又可使蛋白质变性，使其在胃中凝块变小，利于消化。一般需煮沸3～4min。

3. 乳量的估计　以每日所需总能量和总液量计算。每100ml全牛乳产能67kcal（280kJ），8%糖牛乳（即每100ml的牛乳加8g糖）100ml产能100kcal（418kJ）。婴儿每日需能量110kcal（460kJ）/kg，故婴儿每日需8%的糖牛乳110ml/kg。全牛奶喂养时，应在两次喂哺之间加水。每日需水量150ml/kg，减去进乳量即为饮水量。

例如：某婴儿体重5kg

每日需总能量110kcal/kg×5kg＝550kcal

每日需要8%的牛乳总量110ml/kg×5kg＝550ml

每日需水量150×5＝750ml

牛乳以外的需水量750－550＝200ml

（二）其他乳品

1. 配方奶粉　是以牛乳为基础改造的奶制品，参照人乳成分对牛乳成分进行调整，使宏量元素成分尽量接近人乳，如降低酪蛋白、无机盐的含量等；添加一些重要营养素，如乳清蛋白、不饱和脂肪酸、乳糖；强化婴儿生长时所需要的微量元素，如核苷酸、维生素A、维生素D、β胡萝卜素和微量元素铁、锌等。使用时按年龄选用。配方奶粉一般按每1g提供能量5kcal计算，婴儿每日约需配方奶粉22g/kg。

2. 羊乳　羊乳营养价值与牛乳接近，乳凝块较细。但羊乳中叶酸、维生素B_{12}含量少，长期单纯羊乳喂养易导致巨幼红细胞性贫血。

（三）人工喂养的注意事项

同母乳喂养一样，人工喂养也需要有正确的喂哺姿势和方法。

1. 选用适宜的奶嘴　奶嘴的软硬度与奶嘴孔的大小应适宜，孔的大小以奶瓶倒置时液体呈滴状连续滴出为宜。

2. 测试乳液的温度　乳液的温度与体温相似。喂哺前先将乳汁滴在成人手腕掌侧面，以不感到过热为宜。

3. 避免空气吸入　喂哺时奶瓶呈斜位，使奶嘴及奶瓶的前半部分充满乳汁，防止吸入空气。喂哺完毕，抱起婴儿轻拍婴儿后背，使吞咽的空气排出。

4. 加强奶具卫生　所用奶具每次用后要洗净、消毒。

5. 及时调整奶量　婴儿食量存在个体差异，在初次配乳后，观察婴儿食欲、体重及粪便性状，随时调整奶量。

四、婴儿食物转换

婴儿期随着生长发育逐渐成熟，需要进入到由出生时的纯乳类向固体食物转换的转乳期。婴儿 4~6 月龄，一般每天乳量已达 800~1000ml，每次奶量近 180ml，提示婴儿消化能力已可接受其他食物，故需向固体食物转换。此期为婴儿食物的过渡期，又称转乳期。婴儿喂养的食物转换过程是让婴儿逐渐适应各种食物的味道，培养婴儿对其他食物的兴趣，逐渐由以乳类为主转换为以固体食物为主的过程。

1. 不同喂养方式婴儿的食物转换　不同喂养方式的婴儿食物转换略有不同。母乳喂养婴儿的食物转换问题是帮助婴儿逐渐用配方奶或兽乳完全替代母乳，同时引入其他食物；部分母乳喂养和人工喂养婴儿的食物转换是逐渐引入其他食物。

2. 食物转换的原则

（1）循序渐进，由少到多，由稀到稠，由细到粗，由一种到多种。添加食物 3~4 天待小儿适应了再引入另一种。

（2）天气炎热，婴儿患病时应暂停引入新的食物。

（3）食物转换时应首先选择婴儿易于吸收、能满足生长需要、又不易产生过敏的食物。

3. 换乳期食物引入　换乳期食物是指除母乳或配方奶（兽乳）外，为过渡到成人固体食物所添加的富含能量和各种营养素的泥状食物（半固体食物）（表5-4），给婴儿引入食物的时间和过程应适合婴儿的接受能力，保证食物的结构、风味等能够被婴儿接受。

表5-4　转乳期食物引入

月龄	食物性状	种类	餐次		进食技能
			主餐	辅餐	
4~6个月	泥状食物	菜泥、水果泥、含铁配方米粉、配方奶、蛋黄	6次奶（断夜间奶）	逐渐加至1次	用勺喂
7~9个月	末状食物	粥、烂面、饼干、鱼、全蛋、肝泥、肉末、水果	4次奶	1餐饭 1次水果	学用杯
10~12个月	碎食物	软饭、碎肉、碎菜、蛋、鱼、豆制品、水果	3餐饭	2~3次奶 1次水果	抓食 停用奶瓶 自用勺

4. 婴儿期喂养常出现的问题

（1）溢乳：15% 的婴儿常出现溢乳，可因过度喂养、不成熟的胃肠运动类型、不稳定的进食时间引起。同时，婴儿胃呈水平位，韧带松弛，易折叠；贲门括约肌松弛、幽门括约肌发育好等消化道解剖生理特点使6个月内的小婴儿常常出现胃食管反流。此外，喂养方法不当，如奶头过大、吞入气体过多时，婴儿也往往出现溢乳。

（2）进餐频繁：胃的排空与否与消化能力密切相关。6月龄后婴儿进餐仍频繁（每日超过8次），或夜间进食，使胃排空不足，影响婴儿食欲。一般安排婴儿一日6餐有利于消化。

（3）食物引入时间和方法不当：过早引入半固体食物影响母乳铁吸收，增加食物过敏和肠道感染机会；过晚引入其他食物，错过味觉、咀嚼功能发育的关键年龄，易发生进食行为异常，断离母乳困难，以致婴儿营养不足。引入半固体食物时采用奶瓶喂养，导致孩子不会主动咀嚼、吞咽饭菜。

（4）能量摄入不足：8~9月龄婴儿已可接受能量密度较高的成人固体食物，如经常食用能量密度低的食物（汤面、稀粥、汤饭、米粉），或摄入液量过多，婴儿可表现进食后不满足，体重增长不足甚至下降，或常于夜间醒来要求进食。

（5）进食困难：约25%的婴儿有喂养困难经历，2岁时下降到10%。30%的喂养困难小儿因患器质性疾病不能获得正常的进食技能，表现为喂养障碍。其余无器质性疾病小儿的喂养困难主要是家长或抚养人的行为所致，如延长奶瓶喂养、延长母乳喂养、食物质地过细使小儿错过进食行为发育的关键期。

小儿食物过敏

食物过敏按IgE免疫病理反应分为：①IgE调节的即刻免疫反应，如花生过敏；②T淋巴细胞在非IgE参与的食物过敏的病理生理关键作用（细胞调节的延迟反应），如食物蛋白诱导的小肠结肠炎；③IgE和细胞调节的混合反应，如特应性皮炎、过敏性嗜酸性胃肠炎。

食物过敏的临床表现多样但非特异性，如有时婴幼儿对食物过敏的反应仅表现一种保护性拒食行为。约有140种食物可致敏，最常见的致敏食物有牛奶、鸡蛋，其次为大豆、鱼、虾、大麦、花生、坚果等。花生、坚果类过敏最严重，持续时间最长。在家庭自制的婴儿食物中过早加入花生、大豆等食物是不适宜的。非IgE介导的食物过敏反应多为慢性消化道炎症。

第三节 幼儿膳食安排

一、幼儿进食特点

幼儿进食特点

1. 食物摄取量减少　1岁后幼儿体格生长逐渐平稳，进食相对稳定，较婴儿期食欲略有下降。

2. 心理行为影响　幼儿神经心理发育迅速，好奇心强，进食时表现出强烈的自我进食欲望，常有探索性行为及自主选择食物的欲望。应允许幼儿参与进食，满足自我进食的欲望，培养其独立进食的能力。幼儿期注意力易分散，切忌边进食边玩及看电视，导致食欲下降和消化不良。

3. 家庭成员进食习惯的影响　幼儿喜欢模仿，家庭成员对食物的反应及进食行为可作为小儿的榜样，幼儿期形成的饮食习惯可影响其若干年甚至终身。因此家长应注意不挑食、不偏食、不暴饮暴食，进食要按时定量、细嚼慢咽。

4. 进食技能培养　幼儿的进食技能发育状况与婴儿期的训练有关，错过训练咀嚼、吞咽的关键期，长期食物过细，幼儿会表现为不愿吃固体食物，或"含在口中不吞咽"。

5. 食欲波动　幼儿有准确的判断能量摄入的能力。这种能力不仅在一餐中表现出来，连续几餐都可被证实。幼儿可能一日早餐吃很多，次日早餐什么也没吃；一天早餐吃得少，可能会吃较多的中餐和较少的晚餐。变化的进食行为提示幼儿有调节进食的能力。

二、幼儿膳食安排

幼儿膳食中各种营养素和能量的摄入需满足该年龄阶段小儿的生理需要，蛋白质每日40g左右，其中优质蛋白（动物性蛋白和豆类蛋白）应占总蛋白的1/2。蛋白质、脂肪、糖类产能比约为1：3：6。膳食安排需合理，食物种类应多样，要注意色、香、味、形，同种食物烹饪时要富于变化，以刺激小儿食欲。餐次以主食3餐，另加2次乳品或点心为宜。

小儿对食物的偏爱

婴儿早期味觉发育与以后进食的偏爱行为密切相关。早期的经历使小儿具有判断某些食物可吃或不可吃的能力。4～5岁小儿已有与成年人相似的对食物恶好的倾向，包括拒绝不愉快的味道，或有害的、非食性的东西。小儿拒绝行为可预防小儿摄入某些对自己有害的食物。小儿，包括婴儿往往连续几日选择某些食物的现象，可能是小儿体内一种自然的营养素平衡。成年人应容许小儿广泛选择食物。经常变换食物，增加味觉刺激，可使小儿熟悉、接受、习惯某些特殊的食物味道，减少小儿对某些熟悉的食物产生偏爱。强迫小儿接受某些有营养的、不太好吃的食物，小儿被迫或为获得奖励而吃，反而会使小儿不喜欢有营养的食物。应正面鼓励小儿接受食物。

第四节　小儿营养状况的评估

营养状况评估是衡量小儿每日平均所摄取的营养素与其生理需要之间是否相称。常用的评估方法包括健康史询问和营养调查，营养调查包括体格检查、体格发育评价、膳食调查及实验室检查。

一、健康史询问

详细询问小儿进食情况，如每日进食种类及数量，母乳喂养儿要询问母乳喂养次数，人工喂养儿应了解乳品种类、冲调浓度、数量及次数。询问其他乳品引入情况，有无偏食习惯，有无腹泻、便秘等。要了解有无营养缺乏症状。

二、营养调查

(一) 体格检查

除常规体格检查外,注意有关营养素缺乏的体征。如维生素 D 缺乏的小儿有夜惊、枕秃等。

(二) 体格发育评价

体格发育指标可反映小儿的营养状况及健康水平。通过对小儿的体重、身长、头围、胸围、皮下脂肪厚度等进行测量,可以掌握其生长发育的状况,评价小儿的营养水平。

(三) 膳食调查

膳食调查是指通过对小儿群体或个体每日摄入食物的种类和数量的调查,计算出小儿每日摄入的营养素的数量及各营养素之间的比例,参照同年龄小儿每日膳食营养素推荐摄入量来评估膳食是否均衡合理。

1. 调查方法　包括称重法、记账法及询问法。

（1）称重法：实际称量各餐进食量,以生/熟比例计算实际摄入量,多用于集体小儿膳食调查。

（2）记账法：多用于集体小儿膳食调查,以食物出入库的量计算。记账法简单,但结果不准确,要求记录时间较长。

（3）询问法：多用于个人膳食调查,询问小儿近 1~3 天膳食情况,同时应掌握小儿餐具的容量规格,从而分析其营养状况。询问法简单,易于临床使用,但不准确。

2. 膳食评价　将膳食调查结果与推荐供给量进行比较,全面分析小儿营养状况。

（1）营养素摄入：能量摄入达到推荐摄入量的 85% 以上,显示能量摄入足够; < 70% 说明能量摄入不足;优质蛋白应占膳食蛋白总量的 1/2 以上;矿物质、维生素摄入达到推荐摄入量的 80% 以上。

（2）宏量营养素供能比例：膳食中宏量营养素比例应适当,即蛋白质的产能应占总能量的 10%~15%,脂类占总能量的 25%~30%,糖类占总能量的 50%~60%。

（3）膳食能量分布：每日三餐的供能应适当。早餐供能应占一日总能量的 25%~30%,中餐占 35%~45%,点心占 10%,晚餐占 25%~30%。

三、实验室检查

了解机体某种营养素储存、缺乏水平。通过实验方法测定小儿体液或排泄物中各种营养素及其代谢产物或其他有关的化学成分,了解食物中营养素的吸收利用情况。实验室检查在营养素检查缺乏中变化最敏感,可用于早期缺乏的诊断。

小　结

一、小儿营养基础

1. 能量的需要　小儿总的能量消耗包括 5 个方面：基础代谢、食物热力作用、生长、活动和排泄,生长是小儿所特有。1 岁以内婴儿平均每日所需总能量 110kcal/kg。

2. 营养素的需要　营养素有宏量营养素、微量营养素及其他膳食成分。宏量营养素包括碳水化合物、脂肪、蛋白质,糖类是主要供能物质,宏量营养素应供给平衡,比例适当。婴儿每日水的需要量约为 150ml/kg。

二、婴儿喂养

1. **母乳喂养** 母乳是婴儿最适宜的天然营养品。母乳营养丰富、比例适当、含有丰富的抗感染物质，有利于婴儿脑的发育及身心健康，经济、简便，对母亲有利。母乳喂养应尽早开奶，应每次先吸空一侧，再吸另一侧，每次哺乳应让乳汁排空。小儿自4～6个月引入转乳期食物，逐步减少哺乳次数，10～12个月断乳。

2. **人工喂养** 母亲不能给婴儿喂哺时，应人工喂养，鲜牛奶应加糖、煮沸处理。人工喂养应注意乳液温度，乳液应充满奶瓶前半部分和奶嘴，避免吸入空气。

3. **婴儿食物转换** 婴儿的食物转换应循序渐进，由少到多，由稀到稠，由细到粗，由一种到多种，逐渐过渡到固体食物。

三、幼儿膳食安排

幼儿膳食安排需合理，食物种类应多样，蛋白质、脂肪、糖类产能比约为1∶3∶6，其中优质蛋白应占总蛋白的1/2。餐次以主食3餐，另加2次乳品或点心为宜。

四、小儿营养状况的评估

小儿营养状况评估衡量小儿每日平均所摄取的营养素与其生理需要之间是否相称。常用的评估方法包括健康史询问和营养调查，营养调查包括体格检查、体格发育评价、膳食调查及实验室检查。

自测题

一、单项选择题

1. 小儿能量代谢中特有的能量需要是
   - A. 基础代谢
   - B. 食物的特殊动力作用
   - C. 生长需要
   - D. 活动所需
   - E. 排泄损失

2. 人体最重要的供能营养素是
   - A. 矿物质
   - B. 脂肪
   - C. 蛋白质
   - D. 碳水化合物
   - E. 维生素

3. 婴儿期所需总能量是
   - A. 376kJ（90kcal）/（kg·d）
   - B. 397kJ（95kcal）/（kg·d）
   - C. 418kJ（100kcal）/（kg·d）
   - D. 439kJ（105kcal）/（kg·d）
   - E. 460kJ（110kcal）/（kg·d）

4. 脂溶性维生素的特点是
   - A. 易溶于水
   - B. 不易溶于脂肪溶剂中
   - C. 排泄快
   - D. 需每天供应
   - E. 过量摄入易中毒

5. 母乳喂养的方法中下列哪项**不正确**
   - A. 母亲取坐位哺乳
   - B. 哺乳时只将乳头送入婴儿口中即可
   - C. 先给小儿换尿布，然后清洗母亲双手及乳头
   - D. 吸空一侧乳房再吸另一侧
   - E. 哺乳完毕，将小儿抱起轻拍背部将吞咽的空气排出

6. 长期以羊乳喂养的小儿容易发生
   - A. 低血糖
   - B. 风湿病
   - C. 佝偻病
   - D. 夜盲症
   - E. 营养性巨幼红细胞性贫血

7. 下列各组辅食中，4个月小儿可添加的食品是
   - A．果汁、饼干
   - B．豆腐、碎菜
   - C．蛋黄、稀粥
   - D．鸡蛋、肉末
   - E．面条、鱼泥

8. 婴儿为了补充铁剂，最早需要添加的辅助食品是
   - A．新鲜水果
   - B．蔬菜
   - C．粥
   - D．蛋黄
   - E．牛奶

9. 以下哪种辅食适合7个月小儿食用
   - A．碎肉和菜汤
   - B．烂面和鸡蛋
   - C．面条和肉末
   - D．带馅儿的食品
   - E．碎肉和馒头

10. 下列哪项是水溶性维生素
    - A．维生素A
    - B．维生素B
    - C．维生素D
    - D．维生素E
    - E．维生素K

二、案例题

患儿，女，8个月，单纯母乳喂养，尚未添加任何辅食。口唇苍白，舌面光滑，肝肋下4cm，血常规检查：Hb 90g/L，RBC 3×10^{12}/L，血清铁 8.0μmol/L。

问题：

1．该患儿可能的诊断是什么？

2．最适宜的治疗是什么？

3．怎样预防该病？

（贾汝琴）

第六章 营养障碍性疾病患儿的护理

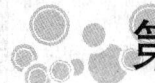

通过本章内容的学习，学生应能：

◆ 识记
1. 说出蛋白质-营养不良的概念、小儿单纯性肥胖、维生素D缺乏性佝偻病的概念。
2. 描述蛋白质-营养不良、维生素D缺乏性佝偻病的临床表现。
3. 说出维生素D缺乏性佝偻病的病因及护理措施。

◆ 理解
1. 解释蛋白质-营养不良、单纯性肥胖、锌缺乏的病因，维生素D缺乏性佝偻病及维生素D缺乏性手足搐搦症的的发病机制。
2. 说出蛋白质-营养不良、单纯性肥胖症、维生素D缺乏性佝偻病及手足搐搦症治疗要点及护理。

◆ 运用
1. 评估蛋白质-营养不良患儿并为其制订护理计划。
2. 评估维生素D缺乏性佝偻病患儿并为其制订护理计划。

第一节 蛋白质-能量营养不良

蛋白质-能量营养不良（protein-energy malnutrition，PEM）是由于缺乏能量和（或）蛋白质所致的一种营养缺乏症，多见于3岁以下婴幼儿，主要表现为体重不增、体重下降、皮下脂肪减少和皮下水肿，常伴有全身各组织脏器不同程度的功能低下及新陈代谢失常。临床常见三种类型：能量供应不足为主的消瘦型，以蛋白质供应不足为主的水肿型及介于两者之间的消瘦-水肿型。

发病原因有长期摄入不足、消化吸收障碍、需要量增加及消耗量过大。喂养不当是导致营养不良的重要原因，如母乳不足而未及时添加其他富含蛋白质的牛奶，奶粉配制过稀，突然停奶而未及时添加辅食，长期以淀粉类食品喂养等。较大小儿或因不良的饮食习惯，如偏食、挑食、吃零食过多等也可致营养不良。

病理生理变化包括①代谢失常：负氮平衡，低蛋白性水肿；血清胆固醇下降，脂肪肝；血糖偏低，重者可引起低血糖昏迷甚至猝死；易出现低渗性脱水、酸中毒、低钠血症、低钙血症、低钾血症等；体温降低。②各系统功能低下：消化功能低下，易发生腹泻；心搏出量减少，血压偏低，脉细弱；尿量增多而尿密度下降；精神抑郁，有时烦躁不安，表情淡漠，反应迟钝，记忆力减退；非特异性和特异性免疫功能均明显降低。

案例 6-1 A

患儿,女,7个月,因"纳差1月余,发现体重下降1周"就诊。其母亲诉患儿近1个月来易哭吵、食欲差,1周前发现体重较6个月时下降,患儿无呕吐、无腹泻、无发热。2月龄开始至今每天吃4次配方奶,每个月吃配方奶1500g,其中有2次配方奶中加配方米粉。未添加任何辅食。3月龄后体重增加不明显,近1个月体重有所下降。1个多月前患"感染性腹泻"就诊,治疗5天后好转,10多天前患"支气管肺炎"住院治疗。

体格检查:体重5.2kg,身长66.2cm。反应可,面色欠红润,皮肤弹性稍差,皮下脂肪薄,手臂、大腿和臀部明显皮肤皱褶,心肺(-),肝肋下2.5cm。四肢肌张力正常。

问题与思考:该患儿的评估内容有哪些?

【护理评估】

(一)临床表现

营养不良的早期表现为体重不增,随着营养不良加重,体重逐渐下降,主要表现为消瘦。皮下脂肪层厚度是判断营养不良程度的重要指标之一。皮下脂肪减少的顺序首先是腹部,其次是躯干、臀部、四肢,最后为面颊。皮下脂肪逐渐减少以至消失,皮肤干燥、苍白、渐失去弹性。肌张力渐降低、肌肉松弛,甚至肌肉萎缩。营养不良初期,身高不受影响,但随病情加重,身高亦低于正常。轻度营养不良精神状态正常;但重度可有精神萎靡、反应差,体温偏低,脉细无力,无食欲,腹泻、便秘交替。重度营养不良可有重要脏器功能损害,如心脏功能下降,可有心音低钝,血压偏低,脉搏变缓、呼吸浅表等。

常见的并发症有营养性贫血,以小细胞低色素性贫血最为多见。还可有多种维生素缺乏,以维生素A缺乏常见。营养不良时维生素D缺乏症状不明显,在恢复期生长发育加快时症状比较突出。大部分患儿伴有锌缺乏。由于免疫功能低下,易患各种感染,如上呼吸道感染、鹅口疮、肺炎、中耳炎、尿路感染等。特别是婴儿腹泻,常迁延不愈,加重营养不良,造成恶性循环。还可并发自发性低血糖,若不及时诊治,可致死亡。

临床上根据患儿身高与体重的减少情况,5岁以下小儿营养不良的分型和分度如下:

1. 体重低下(underweight) 体重低于同年龄、同性别参照人群值的均值减2个标准差为体重低下。如体重低于均值减2~3个标准差为中度,低于均值减3个标准差为重度。该项指标主要反映慢性或急性营养不良。

2. 生长迟缓(stunting) 身长低于同年龄、同性别参照人群值的均值减2个标准差为生长迟缓。如体重低于均值减2~3个标准差为中度;低于均值减3个标准差为重度。该项指标主要反映慢性长期营养不良。

3. 消瘦(wasting) 体重低于同性别、同身高参照人群值的均值减2个标准差为消瘦。如体重低于均值减2~3个标准差为中度;低于均值减3个标准差为重度。该项指标主要反映近期急性营养不良。

临床常综合应用以上指标来判断患儿营养不良的类型和严重程度。

(二)辅助检查

血浆白蛋白浓度降低为其特征性改变,但半衰期较长,不够灵敏。前白蛋白和视黄醇结合蛋白较敏感,胰岛素样生长因子1(IGF1)不受肝功能影响,被认为是早期诊断的灵敏、可靠指标。

（三）与疾病相关的健康史

评估患儿喂养史，饮食习惯及生长发育状况。注意是否存在母乳不足，喂养不当以及不良饮食习惯；是否有消化道解剖或功能上的异常；是否为早产或双胎等。

（四）心理-社会状况

评估家长对疾病的心理反应，对营养不良疾病的病因、发展、营养不良对患儿影响的认识程度；了解家长的文化程度；了解父母的喂养育儿知识水平；评估患儿家庭的经济状况及父母角色是否称职等。

（五）治疗要点

营养不良的治疗原则是积极处理各种危及生命的并发症、去除病因、调整饮食、促进消化功能。

> **案例6-1 B**
>
> 该患儿明确诊断为营养不良，给予饮食的调整，改善消化，补充维生素和微量元素等，进行喂养育儿的指导。
>
> **问题与思考：**
> 1. 如何对该患儿进行饮食调整？
> 2. 对家长健康宣教哪些内容？

【主要护理诊断/合作性问题】

1. 营养失调：低于机体需要量　与能量、蛋白质长期摄入不足和（或）需要、消耗过多有关。
2. 有感染的危险　与机体免疫功能低下有关。
3. 生长发育迟缓　与营养素缺乏，不能满足生长发育的需要有关。
4. 潜在并发症　营养性缺铁性贫血、低血糖、维生素A缺乏。
5. 知识缺乏　家长缺乏喂养知识及育儿经验。

【护理措施】

（一）调整饮食，补充营养物质

营养不良患儿的消化道由于长期摄入量过少，已适应低营养素的摄入，过快增加摄食量出现消化不良、腹泻，故饮食调整的量和内容应根据实际的消化能力和病情逐步完成，不能操之过急。

1. 能量的供给　营养不良可从每日250～330kJ/kg（60～80kcal/kg）开始，中重度可参考原来的饮食情况，从每日165～230kJ/kg（45～55kcal/kg）开始，逐步少量增加。若消化吸收能力好，可逐渐增加到每日500～727kJ/kg（120～170kcal/kg），并按实际体重计算热量需要。

2. 蛋白质的供给　蛋白质摄入量从每日1.5～2.0g/kg开始，逐步增加到3.0～4.5g/kg，过早给予高蛋白质食物可引起腹胀、肝大。食品除乳制品外可给予豆浆、蛋类、肝泥、肉末、鱼粉等高蛋白食物，必要时可添加酪蛋白水解物、氨基酸混合液或要素饮食。

3. 维生素及微量元素的补充　食物中富含维生素和微量元素，一般采用新鲜蔬菜和水果，从少量开始，逐渐增加，以免引起腹泻。

4. 尽量保证母乳喂养　母乳喂养儿可根据患儿的食欲按需喂哺；人工喂养儿从给予稀释

奶开始,适应后逐渐增加奶量和浓度。待患儿消化功能恢复后,再添加适合小儿月龄的辅食。

5. 鼻饲喂养　如患儿食欲差、吞咽困难、吸吮力弱,可选择鼻饲管喂养;如胃肠道功能严重障碍,应选静脉营养。

(二)促进消化,改善食欲

按医嘱给予各种消化酶;血锌降低者,给予锌制剂,每日口服元素锌 0.5～1mg/kg,可提高味觉敏感度,增加食欲,改善代谢;为促进体内蛋白质的合成,增加食欲,可肌内注射蛋白质同化类固醇制剂如:苯丙酸诺龙,每次 10～25mg,每周 1～2 次,连续 2～3 周;对食欲极差者可使用胰岛素葡萄糖疗法,皮下注射胰岛素 2～3U,每日 1 次,注射前先服葡萄糖 20～30g,1～2 周为一个疗程。

(三)预防感染

实行保护性隔离,与感染性疾病患者分开病室居住,防止交叉感染;提供舒适卫生的休息环境;保持皮肤清洁干燥,防止皮肤破损,避免发生褥疮;做好口腔护理。

(四)观察病情

夜间及清晨容易发生自发性低血糖,表现为出汗、肢冷、脉弱、面色苍白、神志不清等,一旦发生,立即静脉注射 25%～50% 的葡萄糖进行抢救;观察有无维生素 A 缺乏、酸中毒等。应每日记录进食情况,定期测量体重,以判断治疗效果。

(五)促进生长发育

重症患儿提供感官刺激和情绪上的支持:温柔的呵护,快乐、有刺激的环境,在患儿症状好转的前提下尽早开始身体活动,母亲的参与(安抚、喂食、洗澡、游戏等)。

(六)健康教育

1. 向患儿家长解释导致营养不良的原因、治疗、护理及预防。
2. 教会家长观察病情,及时发现病情突变。
3. 大力提倡母乳喂养,对母乳不足或不宜母乳喂养者应及时给予指导,采用混合喂养或人工喂养,及时添加辅食;纠正偏食、挑食、吃零食的不良习惯,小学生早餐要吃饱,午餐应保证足够的能量和蛋白质。
4. 合理安排生活作息制度,坚持户外活动,保证充足睡眠,纠正不良卫生习惯。
5. 按时预防接种。
6. 推广应用生长发育监测图,定期测量体重,并将体重值标记在生长发育监测图上,如发现体重增长缓慢或不增,应尽快查明原因,及时予以纠正。

第二节　单纯性肥胖

单纯性肥胖(obesity)是由于长期摄入超过人体消耗,使体内脂肪过度积聚,体重超过参考值范围的一种营养障碍性疾病。小儿期肥胖不但影响生长发育,还与成年期代谢综合征密切相关,它既是代谢综合征的表现之一,又在代谢综合征形成中起重要作用。因此小儿单纯性肥胖极大危害小儿身心健康成长,已经成为小儿保健领域最需重视的问题之一。目前,不仅发达国家及大城市小儿超重及肥胖发病率持续上升,一些发展中国家,包括我国的农村小儿超重及肥胖发生率也有增加趋势,在我国部分城市学龄期小儿超重和肥胖已高达 10% 以上。

小儿单纯性肥胖的原因是能量摄入过多、活动量过少、遗传因素及其他,如进食过快,或饱食中枢和饥饿中枢调节失衡以致多食;精神创伤以及心理异常等因素亦可致小儿过量进食,其中能量摄入过多是主要原因。

肥胖的主要病理改变是脂肪细胞的体积增大和(或)脂肪细胞数目的增多。肥胖患儿可有代谢和内分泌的改变：肥胖儿对外界体温的变化反应较不敏感，有低体温倾向；脂类代谢异常、三酰甘油、胆固醇、极低密度脂蛋白及游离脂肪酸增加，但高密度脂蛋白减少；蛋白质代谢、嘌呤代谢异常，血尿酸水平增高；内分泌甲状腺功能、生长激素水平、性激素、糖皮质激素、胰岛素与糖代谢等发生变化。

【护理评估】

(一)临床表现

肥胖可发生于任何年龄，但最常见于婴儿期、5～6岁和青春期，男童多于女童。患儿食欲旺盛，喜吃甜食和高脂肪食物。明显肥胖小儿常有疲劳感，用力时气短或腿痛。严重肥胖者由于脂肪的过度堆积限制了胸廓和膈肌运动，使肺通气不良，造成低氧血症、气急、发绀、红细胞增多、心脏扩大或出现充血性心力衰竭甚至死亡，称肥胖-换气不良综合征（pickwickian syndrome）。

体格检查常见患儿皮下脂肪丰满，但分布均匀，腹部膨隆下垂。严重肥胖者可因皮下脂肪过多，使胸腹、臀部及大腿皮肤出现白色或紫色皮纹；因体重过重，走路时双下肢负荷过重可致膝外翻和扁平足。女孩胸部脂肪堆积应与乳房发育相鉴别。男性肥胖儿因大腿内侧和会阴部脂肪堆积，阴茎可隐匿在阴阜脂肪垫中而被误诊为阴茎发育不良。肥胖小儿性发育较早，故最终身高常略低于正常小儿。由于怕被人讥笑而不愿与其他小儿交往，故常有心理上的障碍，如自卑、胆怯、孤独等。

知识链接

小儿单纯性肥胖的判断方法和标准

1. 身高性别体重法　是WHO建议在小儿中使用的对体脂含量进行诊断与分度的方法，也是国内目前最常用的指标。当小儿体重超过同性别、同身高正常儿均值20%以上者即诊断为肥胖，20%～29%为轻度肥胖，30%～49%为中度肥胖，超过50%为重度肥胖。

2. 体重指数（body mass index，BMI）法　BMI＝体重（kg）/身高的平方（m^2）。近年来，为使小儿超重和肥胖的评价指标与成人有一定的连续性，尤其是便于国际间的比较，WHO及较多研究人员推荐使用BMI作为小儿肥胖的评价指标，但因为小儿BMI随着年龄的增长而增加，BMI的诊断切点上不能统一。中国肥胖问题工作组2003年制定了"中国学龄小儿超重、肥胖BMI筛查分类"参考标准，标准中18岁BMI超重和肥胖界值点分别在$24kg/m^2$和$28kg/m^2$。

(二)辅助检查

血清三酰甘油、胆固醇增高，严重患儿血清β白蛋白增高，肝B超可有脂肪肝。

(三)与疾病相关的健康史

评估患儿的饮食习惯及生长发育状况。

(四)心理社会状况

评估家长和患儿对合理营养的认识水平及肥胖对小儿身心不良影响的认识程度。

(五)治疗要点

治疗原则是减少产热性食物的摄入和增加机体对热能的消耗，使体内脂肪不断减少，体重逐步下降。饮食疗法和运动疗法是两项最主要的措施，药物治疗效果不很肯定，外科手术治疗的并发症严重，不宜用于小儿。

【主要护理诊断/合作性问题】

1. 营养失调：高于机体需要量　与摄入高能量食物过多和（或）运动过少有关。
2. 自我形象紊乱　与肥胖引起自身形体改变有关。
3. 社交障碍　与肥胖造成心理障碍有关。
4. 知识缺乏　患儿及家长缺乏合理营养知识。

【护理措施】

（一）饮食疗法

原则是在保证小儿生长发育所需营养的前提下，控制每天的热量摄入，采用低热量、低脂肪、低糖、高蛋白的饮食，提供适量的维生素和微量元素。鼓励患儿选择体积大、饱腹感明显而能量低的蔬菜类食品，如萝卜、青菜、黄瓜、番茄、莴笋、苹果、柑橘、竹笋等。提倡良好的饮食习惯，进食定时定量，餐具采用浅碗和小盘子，进食完毕后应立即端走剩余的饭菜；提倡少食多餐，避免过饱，不吃夜宵，少吃零食，细嚼慢咽等。

（二）运动疗法

可鼓励和选择患儿喜欢、有效又易于坚持的运动，如晨间跑步、散步、跳绳、游泳等，每天坚持运动至少30min，活动量以运动后轻松愉快、不感到疲劳为原则；尤其注意饭后不要立刻坐下来看电视，提倡饭后参加家务和散步，运动要循序渐进，不要操之过急。如果运动后疲惫不堪、心慌气促以及食欲大增均提示活动过度。

（三）心理支持

引导患儿正确认识自己身体形态的改变，避免指责患儿的形象及进食习惯，经常鼓励患儿坚持控制饮食及加强锻炼，建立减肥信心。鼓励患儿多参加集体活动，改变其孤僻、自卑的心理。

（四）健康教育

向家长讲述科学喂养知识，培养小儿良好的饮食习惯，改变家长"越胖越健康"的陈旧观念。鼓励患儿多户外活动，加强锻炼。对患儿实施生长发育监测。

第三节　维生素 D 缺乏症

一、营养性维生素 D 缺乏性佝偻病

维生素 D 缺乏性佝偻病（rickets of vitamin D deficiency）是由于小儿体内维生素 D 缺乏使钙、磷代谢紊乱，产生的一种以骨骼病变为主要特征的全身慢性营养性疾病。主要见于 2 岁以下婴幼儿，北方佝偻病患病率高于南方。

维生素 D 缺乏性佝偻病的病因有围生期维生素 D 摄入不足、日照不足、生长速度快，需要量增加，摄入不足及疾病、药物的影响等。

维生素 D 缺乏性佝偻病可以看成是机体为维持血钙水平而对骨骼造成的损害。长期严重维生素 D 缺乏造成肠道吸收钙、磷减少和低钙血症，以致甲状旁腺代偿性亢进，甲状旁腺激素（PTH）分泌增加以动员骨钙释出，使血钙浓度维持在正常或接近正常的水平；但 PTH 同时也抑制肾小管重吸收磷，尿磷排出增加，血磷减低，最终骨样组织矿化受阻，成骨细胞代偿性增生，局部骨样组织堆积，碱性磷酸酶分泌增加，临床上出现一系列佝偻病的症状体征及血液生化改变。

案例 6-2 A

患儿，男，3个月，患儿易惊、摇头10余天，易哭吵并伴汗多。母乳喂养，未添加维生素D制剂，家住电梯房18层，生后至今共户外活动3～5次。

体格检查：体重6.8kg，身长60.9cm，反应好，面色可，枕秃，前囟2.5cm，心肺（－），腹软，四肢无异常。

辅助检查：血25-（OH）D_3降低，血钙降低，血磷降低，碱性磷酸酶轻度升高；骨骼X线检查：左手腕、膝X线片示钙化线稍模糊。

问题与思考：该患儿护理评估内容有哪些？

【护理评估】

（一）临床表现

多见于婴幼儿，特别是小婴儿，母孕期缺乏维生素D者发病较早。主要表现为生长最快部位的骨骼改变，并可影响肌肉发育及神经兴奋性的改变。由于不同年龄的骨骼生长速度不同，所以年龄不同，临床表现不同。本病在临床上可分为4期。

1. 初期（早期）多见于6个月以内，特别是3个月以内的小婴儿。多为神经兴奋性增高的表现，如易激惹、烦闹、汗多刺激头皮而摇头等，出现枕秃（图6-1）。血生化改变：血25-（OH）D_3下降，一过性血钙下降，血磷降低，碱性磷酸酶活性正常或稍高；此期常无骨骼改变，骨骼X线可正常，或钙化带稍模糊。

2. 活动期（激期）初期的患儿未经适当治疗，可发展为激期。主要表现为骨骼改变和运动功能发育迟缓。

（1）骨骼改变：①头部。6个月以内婴儿可见颅骨软化，即用手固定婴儿头部，指尖稍用力压枕骨或顶骨后部，可有按乒乓球样的感觉，故称乒乓头；7～8月龄时，患儿可有方颅，即额骨和顶骨双侧骨样组织增生呈对称性隆起，严重时呈马鞍状或十字状头型（图6-2）；患儿前囟闭合延迟，出牙迟，牙釉质缺乏，易患龋齿。②胸部。胸廓畸形多见于1岁左右的小儿。肋骨与肋软骨交界处因骨样组织堆积而膨大呈钝圆形隆起，上下排列如串珠状，称为肋骨串珠；以两侧7～10肋最明显。膈肌附着部位的肋骨长期受膈肌牵拉而内陷，形成一条沿肋骨走向的横沟，称为郝氏沟；胸骨柄和邻近的软骨向前突起，形成鸡胸（图6-3）。小婴儿漏斗胸主要由先天性畸形引起。③四肢。6个月以上的小儿手腕、足踝部可形成钝圆形环状隆起称手镯、脚镯（图6-4）；能站立或会行走的1岁左右患儿，由于骨质软化与肌肉关节松弛，双下肢负荷过重，可形成严重的膝内翻（"O"形腿）（图6-5）、膝外翻（"X"形腿）（图6-6），有时有"K"样下肢畸形。④脊柱。患儿会坐或站立后，因韧带松弛，重症可致脊柱后突或侧弯。

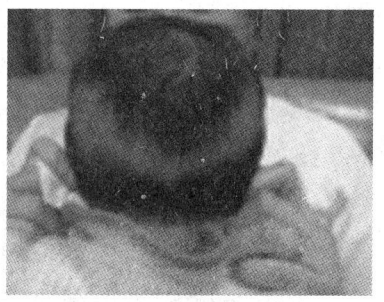

图6-1 佝偻病枕秃

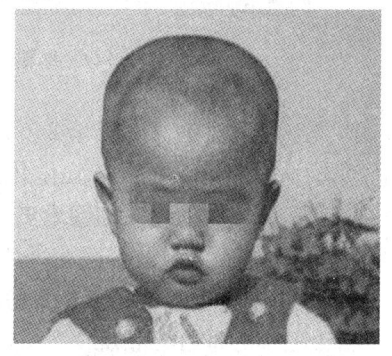

图6-2 方颅

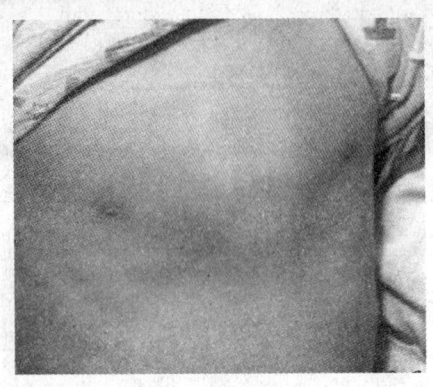

图6-3 佝偻病鸡胸

(2) 运动功能的发育迟缓：严重低血磷使肌肉糖代谢障碍，使全身肌肉松弛，肌张力低下和肌力减弱，坐、立、行等运动功能发育落后，腹肌张力低下，腹部膨隆如蛙腹。

此期除血钙稍低外，其余指标改变更加显著。骨骼X线：长骨钙化带消失，干骺端呈毛刷状、杯口状改变；骨骺软骨盘增宽（＞2mm）；骨质疏松，骨皮质变薄，可有骨干弯曲畸形或青枝骨折，骨折可无临床症状。

3. 恢复期 以上任何期经治疗及日光照射后，临床症状和体征逐渐减轻或消失。血生化改变：25-(OH)D$_3$、血钙、血磷逐渐恢复正常，碱性磷酸酶需1～2个月降至正常水平。骨骼X线：治疗2～3周后出现不规则钙化线，以后钙化带致密增厚，骨骺软骨盘＜2mm，逐渐恢复正常。

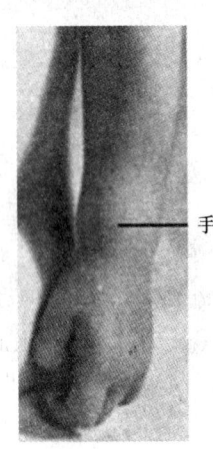

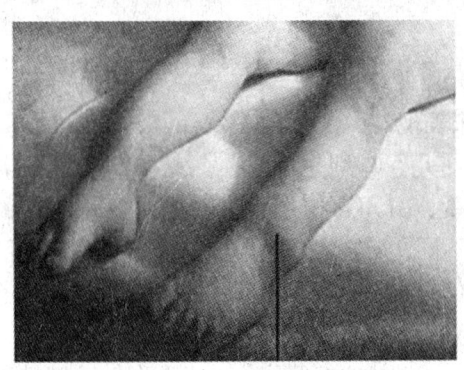

图6-4 佝偻病手镯、脚镯

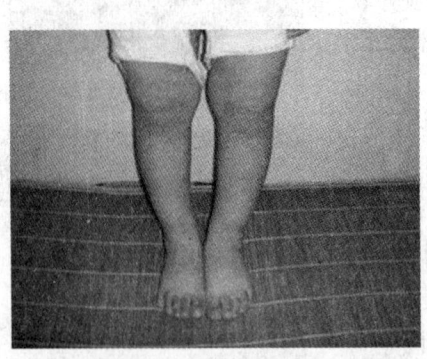

图6-5 "O"形腿

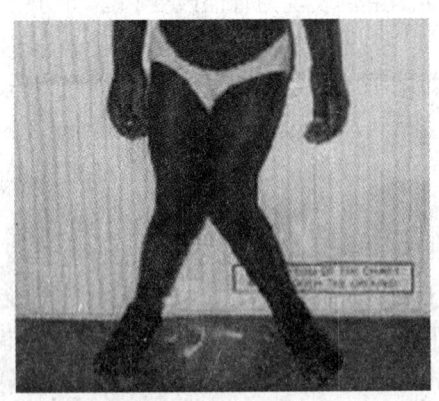

图6-6 "X"形腿

4. 后遗症期 多见于2岁以后的小儿。因婴幼儿期严重的佝偻病，残留不同程度的骨骼畸形。无任何临床症状，血生化正常，X线检查骨骼干骺端病变消失。

（二）与疾病相关的健康史

了解母亲孕期是否存在维生素D缺乏，小儿是否双胎、早产，评估小儿喂养、补充维生素A、D制剂的情况及户外活动的情况，小儿既往疾病和用药史。

（三）心理社会状况

评估患儿家长对疾病的原因、治疗及护理的认识程度，评估家庭经济情况，父母角色是否称职，评估父母的育儿知识水平。

（四）治疗要点

治疗目的在于控制活动期，防止骨骼畸形。

1. 补充维生素 D　不主张采用大剂量维生素 D 治疗，治疗的原则应以口服为主，一般剂量为每日 2000～4000IU，疗程为 1 个月，1 个月后改预防剂量每天 400IU。重症佝偻病有并发症或无法口服者可一次性大剂量肌内注射维生素 D20 万～30 万 IU，3 个月后改预防剂量。治疗 1 个月后应复查效果，应与抗维生素 D 佝偻病鉴别。

2. 补充钙剂　主张从膳食的牛奶、配方奶和豆制品补充钙和磷，只要足够牛奶（每天 500ml），不需要补充钙剂，仅在有低血钙表现、严重佝偻病和营养不足时需要补充钙剂。

3. 其他辅助治疗　应注意加强营养，保证足够奶量，及时添加转乳期食品，坚持每日户外活动。

案例 6-2 B

该患儿明确诊断为维生素 D 缺乏性佝偻病，给予补充维生素 D、钙剂，结合加强营养，添加辅食，多户外活动等治疗，好转。

问题与思考：
1. 应对该患儿采取哪些护理措施？
2. 对家长健康宣教哪些内容？

【主要护理诊断/合作性问题】

1. 营养失调：低于机体需要量　与日光照射不足和维生素 D 摄入不足有关。
2. 有感染的危险　与免疫功能下降有关。
3. 潜在并发症　骨骼畸形、维生素 D 中毒。
4. 知识缺乏　患儿家长缺乏佝偻病的预防及护理知识。

【护理措施】

（一）户外活动

指导家长每日带患儿进行一定的户外活动。生后 2～3 周即可带婴儿户外活动，冬季也要保证 1～2h 户外活动时间。夏季气温太高，可在阴凉处活动，尽量暴露皮肤。冬季室内活动时开窗，让紫外线能够透过。

（二）补充维生素 D

1. 婴儿提倡母乳喂养，按时引入转乳期食物，给予富含维生素 D、钙以及其他营养素的食物，如牛奶、蛋黄、肝、肉类等。
2. 按医嘱补充维生素 D 制剂，注意维生素 D 过量的中毒表现。

（三）预防骨骼畸形和骨折

1. 衣着柔软、宽松，床铺松软。
2. 避免过早、过久地坐、站及行走，以防脊柱和下肢畸形。
3. 严重佝偻病患儿肋骨、长骨易发生骨折，护理操作应轻柔，避免重压和用力牵拉。

（四）预防感染

保持室内空气新鲜、阳光充足、避免交叉感染。

（五）后遗症护理

对已有骨骼畸形者可采取主动和被动运动的方法矫正。如胸廓畸形，可做俯卧抬头展胸运动；下肢畸形可施行肌肉按摩，"O"型腿按摩外侧肌，"X"型腿按摩内侧肌。对于行外科矫治者，指导家长正确使用矫形器具。

（六）健康教育

1. 向孕妇及患儿家长介绍佝偻病的病因、预防及护理知识。
2. 鼓励孕妇多户外活动，食用富含钙、磷、维生素D以及其他营养素的食物。妊娠后期适量补充维生素D，每日800IU有益于胎儿储存充足维生素D，以满足生后一段时间的生长发育需要。
3. 提倡母乳喂养，婴儿尽早开始户外活动。
4. 早产儿、低出生体重儿、双胎儿生后1周开始补充维生素D每日800IU，3个月后改为预防量，足月儿生后2周开始补充维生素D每日400IU，均补充至2岁，并及时添加辅食。夏季阳光充足，可在上午和傍晚户外活动，暂停或减量服用维生素D。在预防用药的同时，告知家长避免过量服用，注意观察有无维生素D中毒的表现，如食欲减退、倦怠、烦躁、呕吐、腹泻、体重下降等。
5. 告诉家长一般可不加服钙剂，但乳类摄入不足或营养欠佳时可适当补充微量元素和钙剂。
6. 指导家长有关户外活动、日光浴、服用维生素D及按摩肌肉的方法。

二、营养性维生素D缺乏性手足搐搦症

维生素D缺乏性手足搐搦症（tetany of vitamin D deficiency）是维生素D缺乏性佝偻病的伴发症状之一，多见于6个月以内的婴儿。目前因预防维生素D缺乏工作的普遍开展，维生素D缺乏性手足搐搦症已较少发生。

维生素D缺乏时，血钙下降而甲状旁腺不能代偿性分泌增加；血钙继续降低，当总血钙低于1.75~1.88mmol/L（7~7.5mg/dl），或离子钙低于1.0mmol/L（4mg/dl）时可引起神经肌肉兴奋性增高，出现抽搐。维生素D缺乏时机体出现甲状旁腺功能低下的原因尚不清楚，推测当婴儿体内维生素D继续缺乏时，甲状旁腺功能反应过度而疲惫，以致出现血钙降低。因此维生素D缺乏性手足搐搦症的患儿，同时存在甲状旁腺功能亢进所致佝偻病的临床表现和甲状旁腺功能低下所致低血钙的表现。

【护理评估】

（一）临床表现

主要为惊厥、喉痉挛和手足搐搦，并有不同程度的活动期佝偻病的表现。

1. **典型发作** 血清钙低于1.75mmol/L时可出现惊厥、喉痉挛和手足搐搦，三种症状以无热惊厥最为常见。

（1）惊厥：是婴儿期最常见的症状。突然发生四肢抽动、两眼上窜、面肌颤动、神志不清，发作时间可短至数秒，或长达数分钟以上，发作时间长者可伴口周发绀。发作停止后，意识恢复，精神萎靡而入睡，醒后活泼如常，发作次数可数日一次或一日数次，甚至多至一日数十次。一般不发热，发作轻时仅有短暂的眼球上窜和面肌抽动，神志清楚。

（2）手足搐搦：可见于较大婴儿、幼儿，突发手足痉挛呈弓状，双手呈腕部屈曲状，手指伸直，拇指内收掌心，强直痉挛；足部踝关节伸直，足趾同时向下弯曲。

（3）喉痉挛：婴儿多见，喉部肌肉及声门突发痉挛，呼吸困难，有时可突然发生窒息、严重缺氧，甚至死亡。

2. **隐匿性** 血清钙多在1.75~1.88mmol/L，没有典型发作的症状，但可通过刺激神经肌肉而引出下列体征

（1）面神经征（Chvostek sign）：以手指尖或叩诊锤骤击患儿颧弓与口角间的面颊部，引起眼睑和口角抽动者为阳性，新生儿期可呈假阳性。

(2) 腓反射（peroneal sign）：以叩诊锤骤击患儿膝下外侧腓骨小头上腓神经处，引起足向外侧收缩者为阳性。

(3) 陶瑟征（Trousseau sign）：以血压计袖带包裹上臂，使血压维持在收缩压和舒张压之间，5min之内该手出现痉挛症状为阳性。

（二）与疾病相关的健康史

了解母亲孕期是否存在维生素D缺乏，小儿是否双胎、早产，评估小儿喂养、补充维生素A、D制剂及户外活动的情况，小儿既往疾病和用药史。

（三）心理社会状况

评估患儿家长对疾病的原因、治疗及护理的认识程度，评估家庭经济情况，父母角色是否称职，评估父母的育儿知识水平。

（四）治疗要点

1. 急救处理

(1) 氧气吸入：惊厥期应立即吸氧，喉痉挛者须立即将舌头拉出口外，并进行口对口呼吸或加压给氧，必要时气管插管。

(2) 迅速控制惊厥或喉痉挛：可用苯巴比妥，水合氯醛或地西泮迅速控制症状。

2. 钙剂治疗　尽快给予10%葡萄糖酸钙5～10ml加入10%葡萄糖液5～20ml中，缓慢静脉注射或滴注，迅速提高血钙浓度。惊厥反复发作者每日可重复使用钙剂2～3次，惊厥停止后改用口服钙剂。

3. 维生素D治疗　急症情况控制后，按维生素D缺乏性佝偻病给予维生素D治疗。

【主要护理诊断/合作性问题】

1. 有窒息的危险　与惊厥、喉痉挛有关。
2. 营养失调：低于机体需要量　与维生素D缺乏有关。

【护理措施】

（一）控制惊厥、喉痉挛

按医嘱立即使用镇静剂、钙剂。补钙最好静脉滴注，需要推注时要缓慢推注（10min以上），并监测心率，以免血钙骤升，发生呕吐甚至心搏骤停；避免药液外渗，不可皮下注射或肌内注射，以免造成局部组织坏死。

（二）防止窒息

密切观察惊厥、喉痉挛的发作情况，做好气管插管或气管切开的准备。一旦出现症状应立即吸氧，喉痉挛者需立即将舌拉出口外，同时将患儿头偏向一侧，清除口鼻分泌物，保持呼吸道通畅，避免吸入窒息；对已出牙的小儿，应在上、下门齿间放置牙垫，避免舌被咬伤，必要时行气管插管或气管切开。

（三）定期户外活动，补充维生素D

（四）健康教育

1. 向家长讲解预防维生素D缺乏的相关知识。
2. 教会家长惊厥、喉痉挛发作的处理方法，如就地抢救，使患儿平卧，松解衣扣，颈部伸直，头后仰，保持呼吸道通畅，同时呼叫医护人员。
3. 指导家长出院后按医嘱给小儿补充维生素D和钙剂，强调口服钙剂时应与乳类分开，最好在两餐之间服用。

第四节 锌缺乏症

锌缺乏（zinc deficiency）是由于锌摄入不足或代谢障碍导致体内锌缺乏，引起食欲减退、生长发育迟缓、皮炎及异食癖等临床表现的营养素缺乏性疾病。

锌是人体必需的微量元素之一，在人体内的含量仅次于铁。锌与胎儿的发育、小儿智力、生长发育、新陈代谢、组织修复均密切相关。

锌缺乏的病因有①摄入不足：动物性食物不仅含锌丰富而且易于吸收，坚果类含锌也不低，谷类等植物性食物则含锌少，故素食者容易缺锌。②吸收障碍：各种原因所致的腹泻可妨碍锌的吸收。谷类食物中的植酸和粗纤维妨碍锌吸收。牛乳锌含量与母乳相似但吸收率低，故长期纯牛乳喂养易缺锌。③需要量增加：生长发育迅速阶段、组织修复过程、营养不良恢复期、急性感染等皆可出现相对性的锌需要量显著增多，如得不到适当补充，可能发生锌缺乏。④丢失过多：反复出血、溶血、大面积烧伤、慢性肾疾病、长期透析、蛋白尿以及长期应用金属螯合剂（青霉胺）等均因锌丢失过多而导致锌缺乏。⑤遗传性疾病：肠病性肢端皮炎为一种少见的常染色体隐性遗传病，因小肠缺乏吸收锌的载体致体内含锌量减少。⑥其他：如铅中毒及被动吸烟所致镉污染严重者，影响锌的吸收，可能加重锌的缺乏。

【护理评估】

（一）临床表现

1. 消化功能减退　缺锌影响味蕾细胞更新和唾液磷酸酶的活性，使舌黏膜增生、角化不全，以致味觉敏感度下降，发生食欲缺乏、厌食及异食癖。

2. 生长发育落后　缺锌可妨碍生长激素轴的功能以及性腺轴的成熟，表现为生长发育迟缓、体格矮小，年长儿可出现性发育延迟。

3. 免疫功能降低　缺锌可导致T淋巴细胞功能损伤而容易发生感染。

4. 智能发育延迟　缺锌可使脑DNA和蛋白质合成障碍，脑内谷氨酸浓度降低，从而引起智能发育迟缓。

5. 其他　如脱发、皮肤粗糙、皮炎、地图舌、反复口腔溃疡、伤口愈合延迟、夜盲、贫血等。

（二）实验室检查

1. 空腹血清锌浓度　正常最低值为 11.47μmol/L（75μg/dl）。

2. 餐后血清锌浓度反应试验（PICR）　测定空腹血清锌浓度（A_0）作为基础水平，然后给予标准饮食（按全天总热量的20%计算，其中糖类50%～60%，脂肪30%～35%，蛋白质10%～15%），2h后复查血清锌（A_2）。按公式 PCIR ＝（$A_0 - A_2$）/A_0×100%，若 PICR＞15% 提示缺锌。

（三）治疗要点

针对病因治疗原发病；饮食治疗，多进食富含锌的动物性食物；补充锌制剂，常用葡萄糖酸锌，每日剂量为元素锌 0.5～1.0mg/kg（相当于葡萄糖酸锌 3.5～7mg/kg），疗程一般为 2～3 个月。

【主要护理诊断/合作性问题】

1. 营养失调：低于机体需要量　与锌摄入不足、需要量增加、吸收障碍、丢失增多有关。

2. 有感染的危险　与锌缺乏导致免疫功能低下有关。

3. 生长发育迟缓　与锌缺乏影响核酸和蛋白质的合成、生长激素分泌减低有关。

4. 知识缺乏　患儿家长缺乏营养知识及小儿喂养知识。

锌缺乏症的预防

小儿是锌缺乏的高发人群,小儿锌摄入量不足在全球范围内包括发达国家都普遍存在。如在美国,10%~15%的美国婴儿由于不能接受母乳喂养,食用大豆配方奶粉而导致锌缺乏。在发展中国家,锌缺乏症是导致疾病负担加重和高死亡率的10大因素之一。在2002年的世界卫生报告中锌缺乏症的问题很突出,因此要求补锌和在食物中加锌的呼声正在增加,并提出补锌可帮助降低63%的全球小儿死亡率。锌的每日供给量应达到0~6个月3mg,7~12个月5mg,1~10岁10mg,>10岁15mg。平时应提倡平衡膳食。

【护理措施】

1. 改善营养,促进生长发育 提倡母乳喂养,平衡膳食,鼓励进食含锌量较多的动物性食物如肝、鱼、瘦肉、禽蛋等;尽量让新生儿哺到初乳;合理引入换乳期食物;培养小儿不偏食、不挑食的饮食习惯。

2. 预防感染 保持室内空气新鲜,注意口腔护理和皮肤护理,防止交叉感染。

3. 健康教育 向家长解释缺锌的原因,指导家长能正确配合治疗和护理,不可随意调整服药剂量,防止锌中毒。

小 结

一、蛋白质-能量营养不良

1. 病因 喂养不当是导致摄入不足的主要原因。
2. 临床表现 体重减轻、渐进性消瘦或水肿、皮下脂肪减少或消失,伴有各器官不同程度的功能紊乱。
3. 治疗原则 积极处理各种危及生命的并发症、去除病因、调整饮食、促进消化功能的改善。
4. 护理措施 饮食护理要注意根据小儿的病情轻重和消化功能调整饮食的种类及量,循序渐进,逐渐添加。

二、单纯性肥胖

1. 病因 能量摄入过多和活动量过少是主要原因。
2. 临床表现 患儿皮下脂肪丰满,但分布均匀,腹部膨隆下垂,严重肥胖者伴肥胖-换气不良综合征。
3. 治疗原则 是减少产热能性食物的摄入和增加机体对热能的消耗,使体内脂肪不断减少,体重逐步下降。饮食疗法和运动疗法是两项最主要的措施。
4. 护理措施 包括饮食疗法、运动疗法、心理支持和健康教育。

三、维生素D缺乏性佝偻病

1. 病因 日照不足、摄入不足是主要病因。

2. 临床表现　初期主要表现为非特异性神经精神症状，激期主要表现为骨骼改变，常见有颅骨软化、方颅、肋骨串珠、鸡胸、手镯症、脚镯症、"O""X"型腿等。

3. 治疗原则　目的在于控制活动期，防止骨骼畸形，补充维生素D。

4. 护理措施　主要采取增加户外活动、补充维生素D、预防骨骼畸形等护理措施。

四、维生素D缺乏性手足搐搦症

1. 病因　是维生素D缺乏性佝偻病的伴发症状之一。

2. 临床表现　血清钙低于1.75mmol/L时可出现典型发作，表现为惊厥、喉痉挛和手足搐搦；没有典型发作时，可引出以下阴性体征如面神经征、腓反射和陶瑟征。

3. 治疗原则　惊厥期应立即吸氧，迅速控制惊厥或喉痉挛；尽快给予10%葡萄糖酸钙缓慢静脉注射或滴注；急症控制后，按维生素D缺乏性佝偻病给予维生素D治疗。

4. 护理措施　包括控制惊厥和喉痉挛；防止窒息；定期户外活动，补充维生素D；健康教育。

一、单项选择题

1. 引起营养不良最常见的病因是
   A. 缺乏锻炼
   B. 疾病影响
   C. 喂养不当
   D. 先天不足
   E. 免疫缺陷

2. 营养不良患儿最早出现的表现是
   A. 皮下脂肪减少
   B. 体重不增
   C. 体重下降
   D. 肌肉松弛
   E. 运动和智能发育落后

3. 营养不良患儿皮下脂肪最先减少的部位是
   A. 面部
   B. 臀部
   C. 腹部
   D. 四肢
   E. 躯干

4. 护理重度营养不良患儿，应特别注意观察可能发生下列哪种情况
   A. 重度贫血
   B. 低血钾
   C. 低血糖
   D. 继发感染
   E. 低血钠

5. 小儿单纯性肥胖最多见的原因是
   A. 遗传因素
   B. 活动减少
   C. 长期能量摄入过多
   D. 内分泌代谢失调
   E. 神经中枢调节异常

6. 引起小儿佝偻病的主要原因是
   A. 饮食中缺钙
   B. 生长过速
   C. 日光照射不足
   D. 疾病影响
   E. 药物影响

7. 8个月佝偻病患儿可出现的表现是
   A. 肋缘外翻
   B. 颅缝增宽
   C. "O"型腿
   D. 方颅
   E. 颅骨软化

8. 佝偻病的预防应强调
 A. 及早添加辅食
 B. 出生后2周添加鱼肝油
 C. 及早服用钙片
 D. 多晒太阳
 E. 母乳喂养
9. 维生素D缺乏性手足搐搦症常见的致死原因是
 A. 惊厥
 B. 手足搐搦
 C. 脑水肿
 D. 循环衰竭
 E. 喉痉挛
10. 维生素D缺乏性手足搐搦症惊厥发作时，下列处理原则哪项正确
 A. 立即肌内注射维生素D
 B. 迅速口服大剂量维生素D
 C. 快速静脉推注10%葡萄糖酸钙
 D. 缓慢静脉注射10%葡萄糖酸钙
 E. 大量维生素D和钙剂同时使用

二、案例题

患儿，男，10月龄，以夜间睡眠不安、多汗、易惊来诊。生后一直人工喂养，未添加鱼肝油及其他辅食，平素体弱，易患上呼吸道感染、肺炎。查体：有枕秃和方颅，前囟大，尚未出牙，其他无异常。辅助检查：血钙、血磷低，钙磷乘积＜30，碱性磷酸酶增高，X线示临时钙化带消失。

问题：

1. 患儿处于佝偻病哪一期？
2. 写出主要护理诊断。
3. 如何给该患儿家长进行健康教育？

（贾汝琴）

第七章 新生儿及新生儿疾病患儿的护理

> **学习目标**
>
> 通过本章内容的学习,学生应能:
>
> ◆ 识记
> 1. 复述新生儿的分类方法。
> 2. 解释各种新生儿的概念。
> 3. 描述足月儿、早产儿的外观特点。
> 4. 叙述新生儿黄疸的分类。
> 5. 描述新生儿窒息、缺血缺氧性脑病、颅内出血、呼吸窘迫综合征、颅内出血、黄疸及溶血病、败血症、寒冷损伤综合征、新生儿低血糖等常见疾病的临床表现和治疗要点。
>
> ◆ 理解
> 1. 比较正常足月儿及早产儿生理方面的特点。
> 2. 解释引起新生儿常见疾病的原因。
>
> ◆ 运用
> 1. 评估足月儿、早产儿并为其制订护理计划。
> 2. 为足月儿、早产儿实施护理。
> 3. 运用所学知识对新生儿常见疾病进行正确的护理评估、护理诊断,制订并实施护理措施。

第一节 概 述

一、新生儿有关概念

从脐带结扎至出生后28天称为新生儿期,期间的小儿称为新生儿(neonate,newborn)。新生儿生活环境由宫内转为宫外,需完成多方面的生理调整,以适应复杂多变的外界环境。国际上常以新生儿死亡率和围生期(我国定义为从妊娠28周至产后7天)死亡率作为衡量一个国家卫生保健水平的标准。因此,护理人员应掌握新生儿医学的相关知识,加强对新生儿的保健及护理,促进新生儿健康成长。

二、新生儿分类

(一)根据出生时胎龄分类

1. 足月儿(full-term infant) 指胎龄满37周至未满42周(259~293天)的新生儿。

2. 早产儿（pre-term infant） 指胎龄未满37周（<259天）的新生儿，其中胎龄<28周者称为极早早产儿或超未成熟儿；胎龄满34周未满37周（239~259天）的早产儿称为晚期早产儿。

3. 过期产儿（post-term infant） 指胎龄满42周以上（≥294天）的新生儿。

（二）根据出生体重分类

出生体重指出生后1h内的体重。分为：

1. 正常出生体重儿（normal weight infant，NBW） 指出生体重为2500~4000g的新生儿。

2. 低出生体重儿（low birth weight infant，LBW） 指出生体重<2500g的新生儿。其中出生体重<1500g者称为极低出生体重儿；出生体重<1000g者称为超低出生体重儿。低出生体重儿以早产儿和小于胎龄儿多见。

3. 巨大儿（macrosomia） 指出生体重>4000g的新生儿。

（三）根据出生体重和胎龄的关系分类

1. 适于胎龄儿（appropriate for gestational age，AGA） 指新生儿出生体重在同胎龄儿平均体重第10~90百分位。

2. 小于胎龄儿（small for gestational age，SGA） 指新生儿出生体重在同胎龄儿平均体重第10百分位以下。

3. 大于胎龄儿（large for gestational age，LGA） 指新生儿出生体重在同胎龄儿平均体重的第90百分位以上。

（四）根据出生后周龄分类

1. 早期新生儿 生后1周以内的新生儿，其发病率和死亡率在整个新生儿期最高，需加强监护和护理。

2. 晚期新生儿 出生后第2~4周末的新生儿。

（五）高危儿

高危儿（high risk infant）指已发生或可能发生危重疾病而需要密切监护的新生儿。多与以下几种情况有关：

1. 母亲疾病史 孕母患有糖尿病、感染、慢性心肺疾患，孕母为Rh阴性血型等，孕母过去有死胎、死产及性传播疾病史等。

2. 母亲孕史 孕母年龄>35岁或<16岁，母孕期有阴道流血、妊娠高血压、先兆子痫、子痫、羊膜早破、前置胎盘、胎盘早剥离等。

3. 异常分娩史 如各种难产、手术产、急产、产程延长、分娩过程中使用镇静或止痛药物史等。

4. 出生时异常的新生儿 如出生时Apgar评分≤7分、早产儿、多胎儿、过期产儿、小于或大于胎龄儿、巨大儿、宫内感染和各种先天性畸形的新生儿等。

第二节 正常足月儿和早产儿的特点与护理

一、正常足月儿的特点及护理

正常足月儿（normal term infant）是指出生时胎龄≥37周并<42周，体重2500~4000g，无畸形和疾病的活产婴儿。

（一）正常足月儿的特点

1. 外观特点

（1）头部：新生儿头大，头和身长之比为1∶4，前额大且突出。出生时头发分条清楚，耳郭已形成，有软骨支撑，耳舟成型。

（2）皮肤：①颜色。出生时新生儿的皮肤是蓝色的，经过适当的氧化作用后，皮肤立转变为暗红色或粉红色，1～2周呈淡红色，在13～14天黄疸期皮肤较黄。②胎脂。大部分新生儿出生时身上覆盖有胎脂，胎脂于胎内5个月时出现，是油性、白色、像乳酪样的物质，出生时在皮肤上可厚可薄，皮肤皱褶处及阴唇间特别厚。③胎毛。出生时可能尚有少量胎毛留在肩部、背部、耳垂、前额等部位，身上的胎毛会因新生儿的皮肤与床铺和衣服的接触、摩擦而掉落。④蜕皮。出生24h后，大部分新生儿的皮肤变得很干、脱屑，手掌和脚掌特别明显，仿佛日晒后的蜕皮，在第1～2周全身表皮呈片状脱落。

（3）乳腺结节：足月新生儿胸部可触及乳腺结节，直径结节＞4mm，平均7mm。

（4）指（趾）甲：足月新生儿指、趾甲达到或超过指（趾）端。

（5）跖纹：足月新生儿足底的纹理多，遍及整个足底。

（6）生殖器：男性胎儿在妊娠第8个月时，睾丸会下降至阴囊内，出生时阴囊可能水肿，其大小因人而异。阴茎覆有包皮，包皮在出生后4～6个月不会回缩。足月女婴大阴唇可覆盖小阴唇及阴蒂。

2. 生理特点

（1）呼吸系统：新生儿胸腔小，胸廓呈圆桶状，肋间肌薄弱，呼吸运动主要靠膈肌的升降，呈腹式呼吸。呼吸较浅，频率较快，安静时为40～45次/分，如持续超过60次/分称呼吸急促，常由呼吸或其他系统疾病所致。因呼吸中枢发育不完善，呼吸节律常不规则。呼吸道管腔狭窄，黏膜柔嫩，血管丰富，纤毛运动差，易致气道阻塞、感染、呼吸困难及拒乳。

（2）循环系统：出生后血液循环发生重大变化。①脐带结扎，胎盘-脐血循环终止。②出生后呼吸建立、肺膨胀，肺循环阻力降低，肺血流增加。③回流至左心房的血量显著增加，体循环压力升高，致卵圆孔功能上关闭。④因动脉血压分压升高，使动脉导管收缩，出现功能上关闭，从而完成胎儿血液循环向成人血液循环的转变。

新生儿心率波动范围较大，通常为100～160次/分，多数120～140次/分，血压平均为70/50mmHg。

（3）消化系统：新生儿消化道面积相对较大，管壁薄，通透性高，有利于流质及乳汁中营养物质的吸收，但也可使有害物质进入血循环，引起中毒症状。食管下部括约肌松弛，胃呈水平位，幽门括约肌发育较好，易发生溢乳甚至呕吐。除淀粉酶外，已能分泌充足的消化酶，因此不宜过早喂淀粉类食物。正常足月儿生后24h内开始排出胎粪，胎粪由胎儿肠道分泌物、胆汁及咽下的羊水等组成，呈糊状，墨绿色，2～3天过渡到正常粪便。若超过24h仍无胎粪排出，应检查是否有肛门闭锁或其他消化道畸形。肝内尿苷二磷酸葡萄糖醛酸转移酶的量和活力不足，是生理性黄疸的主要原因，同时对多种药物处理能力低下，易发生药物中毒。

（4）泌尿系统：新生儿一般在生后24h内排尿，少数在48h内排尿，若生后超过48h仍无尿，需要寻找原因，看是否有畸形存在。肾小球滤过率低，浓缩功能差，不能迅速有效地处理过多的水和溶质，易出现水肿或脱水症状。肾稀释功能尚可，而排磷功能较差，所以牛奶喂养儿血磷偏高，使血钙偏低，易导致低钙血症。肾对酸、碱平衡调节能力不足，易发生代谢性酸中毒。生后头几天，尿色深，放置后有红褐色沉淀，为尿酸结晶，无需处理。

（5）血液系统：足月儿出生时血液中红细胞数和血红蛋白量较高，以后逐渐下降。血红蛋白中胎儿血红蛋白（HbF）占70%～80%，后渐被成人血红蛋白（HbA）取代。由于胎儿血红蛋白对氧有较强亲和力，不易将氧释放至组织中，所以新生儿缺氧时往往发绀不明显。白细胞总数较高，出生后第3天开始下降。血小板数与成人相似。胎儿肝维生素K储存量少，生后需常规肌内注射维生素K_1。

（6）神经系统：新生儿脑相对较大，占体重10%～12%（成人仅2%），但脑沟、脑回未完全形成。大脑皮层兴奋性低，睡眠时间长，觉醒时间一昼夜仅为 2～3h。大脑对下级中枢抑制较弱，且锥体束、纹状体发育不全，常出现不自主和不协调的动作。脊髓相对较长，其末端约在 3、4 腰椎下缘，故腰穿进针应在第 4、5 腰椎间隙为宜。

足月儿出生时已具有多种暂时性原始反射，如觅食反射、吸吮反射、握持反射、拥抱反射和交叉伸腿反射等；正常情况下，这些反射生后数月会自然消失；新生儿期如果上述反射减弱或消失，或生后数月仍存在，常提示有神经系统疾病。此外，正常足月儿也可出现年长儿的病理性反射，如新生儿 Babinski 征、Kerning 征可呈阳性，腹壁和提睾反射不稳定，偶可出现阵发性踝阵挛。

（7）体温：新生儿正常体表温度为 36～37℃，正常核心（直肠）温度为 36.5～37.5℃。新生儿体温调节中枢发育不完善，易受外界环境温度的影响而发生变化；新生儿体表面积相对较大，皮下脂肪薄，血管丰富，易散热；寒冷时因寒战反射未建立，主要依靠棕色脂肪代谢来产热，产热量相对不足。室温过低时，散热增加，如不及时保温，可发生低体温或新生儿寒冷损伤综合征；新生儿通过皮肤蒸发和出汗散热，室温过高时，如体内水分不足，可致脱水、血液浓缩而发热称"脱水热"。

适中温度（neutral environment temperature，NET）是指机体维持体温正常所需的代谢率和耗氧量最低时的环境温度。出生体重、生后胎龄不同，中性温度也不同，出生体重越低，日龄越小，所需中性温度越高。

（8）能量及体液代谢：新生儿基础热能消耗 209kJ/kg（50kcal/kg），每日总热能需 418～502kJ/kg（100～120kcal/kg）。体液总量占体重 70%～80%，与出生体重和日龄有关，体重越轻、日龄越小，含水量越高。所以新生儿需水量因出生体重、胎龄、日龄及临床情况而定。每日体液维持量：第 1 天 60～100ml/kg，以后每日增加 20～30ml/kg，直至每日 150～180ml/kg。新生儿每日钠需要量 1～2mmol/kg。新生儿 10 天内不必补钾，10 天后可按每日 1～2mmol/kg 补充。

（9）免疫系统：新生儿特异性和非特异性免疫功能均不成熟。皮肤、黏膜屏障功能差，损伤后易感染；脐残端为开放性伤口，细菌易进入血液。呼吸道纤毛运动差，胃酸、胆酸少，杀菌力差；同时分泌型 IgA 缺乏，易发生呼吸道和消化道感染。血脑屏障发育未完善，易患细菌性脑膜炎。血浆中补体水平低。胎儿可通过胎盘从母体获得免疫球蛋白 IgG，因此新生儿对麻疹、白喉等传染病具有免疫力，但数月后逐渐消失；IgA 和 IgM 则不能通过胎盘，故新生儿易患呼吸道、消化道感染。人乳的初乳中含较高免疫球蛋白 IgA，可增强新生儿的抵抗力。

（二）新生儿常见的特殊生理状态

1. 生理性体重下降　指新生儿出生数日内，由于进食少、水分丢失较多、胎脂脱落及尿、胎粪排出，而引起的体重下降，约 1 周末降至最低，最多不超过 10%（早产儿为 15%～25%），生后 10 天左右恢复到出生时体重。

2. 生理性黄疸　由于新生儿胆红素代谢特点，新生儿生后 2～3 天出现黄疸，4～5 天达高峰，足月儿 7～14 天自然消退，早产儿可延迟至 3～4 周消退，一般情况良好。

3. 乳腺肿大和假月经　男女新生儿生后 4～7 天均可出现乳腺肿大，如蚕豆或鸽卵大小，2～3 周内消失，切勿挤压，以免感染；部分女婴生后 5～7 天阴道流出少量血性分泌物，或大量非脓性分泌物，可持续 1 周，称假月经。上述两种现象均由出生后母体的雌激素影响中断所致。

4. 口腔内改变　新生儿口腔齿龈切缘上有散在黄白色、米粒大小的颗粒，系由上皮细胞堆积或黏液腺分泌物积留形成，俗称"马牙"或"板牙"；如果颗粒位于上腭中线上，则称"上皮珠"或"Bohn's 珠"，数周后可自然消退。少数新生儿有早熟齿，易脱落而致吸入呼吸道，故应拔除。两侧颊部各有一突起的脂肪垫，俗称"螳螂嘴"，对吸吮有利，不可挑割，以防发生感染。

5. 新生儿红斑及粟粒疹　出生后1~2天，新生儿头部、躯干及四肢可出现大小不等的多型性红斑，称"新生儿红斑"，数日后自行消退；也可因皮脂腺堆积在鼻尖、鼻翼、面颊部形成小米粒大小黄白色皮疹，称"新生儿粟粒疹"，脱皮后自行消退，不必处理。

（三）正常足月儿护理

【主要护理诊断/合作性问题】

1. 有窒息的危险　与溢乳、呕吐物吸入有关。
2. 有体温改变的危险　与体温调节中枢发育不完善、环境温度有关。
3. 有感染的危险　与新生儿免疫功能不成熟、皮肤黏膜屏障功能低下、脐部有开放性伤口有关。
4. 有皮肤完整性受损的危险　与新生儿皮肤薄嫩有关。
5. 有受伤的危险　与新生儿没有自我防卫能力有关。

【护理措施】

1. 保持呼吸道通畅　新生儿刚娩出时，在保暖的前提下，在开始呼吸前应迅速清除口、鼻腔的黏液及羊水，防止引起吸入性肺炎或窒息；生后经常检查并清理鼻孔，避免物品阻挡新生儿口、鼻或压迫其胸部，保持呼吸通畅，喂乳时防止乳房堵住新生儿口鼻，喂乳后应竖抱新生儿轻拍背部，帮助空气排出，然后应将新生儿保持于右侧卧位，防止溢乳和呕吐引起窒息。

2. 维持体温稳定　足月新生儿室应阳光充足，空气流通（避免空气直接对流），室温保持在22~24℃，相对湿度55%~65%。新生儿娩出后应立即擦干皮肤，用温暖、柔软的包被包裹，减少散热。因地制宜采取保暖措施，使新生儿处于中性温度，如戴帽、母亲怀抱、热水袋、暖箱和远红外辐射床等。对新生儿进行检查和护理时，避免不必要的暴露。接触新生儿的手、仪器、物品等均应预热。定时监测新生儿的体温，每4~6h测1次。

3. 预防感染

（1）消毒隔离：新生儿室内应湿式扫除，空气应予以净化。医护人员入室前更换清洁衣、帽及鞋，接触每个新生儿前、后必须严格洗手或涂抹消毒液，避免交互感染，并严格遵守无菌操作。若患感染性疾病或为带菌者应暂时调离。

（2）保持脐部清洁干燥：新生儿娩出后无菌结扎脐带，残端应保持清洁干燥，每日检查有无渗血，防止敷料被尿液污染。脐带残端一般在生后1周内脱落，脱落后，脐窝有分泌物者先用3%过氧化氢消毒，再用0.2%~0.5%的碘酊消毒，注意保持干燥；有肉芽组织可用硝酸银溶液局部点灼。

（3）做好皮肤黏膜护理：新生儿出生后可用消毒植物油拭去皮肤皱褶处过多的胎脂。体温稳定后，每天沐浴1次，沐浴时室温维持在24~28℃，水温保持在38~40℃，以清洁皮肤、促进血液循环。勤换尿布，每次大便后用温开水清洗会阴及臀部、并拭干，以防发生尿布性皮炎。

（4）预防接种：新生儿出生后24h内接种卡介苗；出生后24h内、1个月、6个月各注射乙肝疫苗一次，提高机体抵抗力。母亲为乙肝病毒携带者，婴儿应于生后6h内肌内注射高价乙肝免疫球蛋白（HBIG）100~200IU，同时换部位注射重组酵母乙肝病毒疫苗。

4. 合理喂养　生后半小时吸吮母乳，以促进母亲乳汁分泌，防止新生儿低血糖的发生，且利于维持正常体温和促进母子情感交流。提倡按需哺乳。无母乳者先试喂5%~10%葡萄糖水，无异常者可给予配方乳，每3~4h一次，乳具专用并严格消毒。每日测体重1次，定时、定磅秤测体重，新生儿应每日增加体重15~30g（生理性体重下降期除外）。

5. 健康教育　提倡母婴同室和母乳喂养，鼓励和指导双亲与新生儿眼神交流、说话、皮肤接触，以利于新生儿身心发育。向家长介绍新生儿的日常保暖、喂养、皮肤护理、预防感染等知识。护理人员应向家长解释尽早筛查新生儿疾病的重要性,如先天性甲状腺功能减低症、苯丙酮尿症和半乳糖症等,建议可疑者进行筛查。

二、早产儿的特点与护理

早产儿是指出生时胎龄未满37周的活产婴儿。近年来,我国早产儿的发生率呈逐年上升的趋势,目前已达8.1%,每年约有180万早产儿出生,在三级医院NICU,早产儿占70%～80%,且胎龄越小,体重越低,死亡率越高。

(一)早产儿的特点

1. 外观特点　早产儿的外观特征表现为小而且不成熟,与足月儿有很大的不同(表7-1)。

(1)头部:头大,头长为身长的1/3,囟门宽大,颅缝可分开;头发呈短绒线样,分条不清楚;耳郭软,缺乏软骨支撑,耳舟不清楚。

(2)皮肤:鲜红薄嫩,水肿发亮,胎毛多,胎脂丰富,皮下脂肪少,指(趾)甲软,不超过指(趾)端。

(3)乳腺结节:不能触到,36周后触到直径＜3mm的乳腺结节。

(4)跖纹:仅在足前部见1～2条足纹,足跟光滑。

(5)生殖系:男婴睾丸未降或未全降,女婴大阴唇不能盖住小阴唇。

表7-1　足月儿与早产儿的外观特点比较

	足月儿	早产儿
皮肤	红润、皮下脂肪丰满、毳毛少	鲜红发亮、水肿、毳毛多
头	头大,占全身比例的1/4	头大,占全身比例的1/3
头发	分条清楚	细、乱而软
耳郭	软骨发育好、耳舟成型和直挺	软、缺乏软骨,耳舟不清楚
指(趾)甲	达到或超过指(趾)端	未达到指(趾)端
跖纹	足底纹多	足底纹少
乳腺	结节>4mm,平均7mm	无结节或结节<4mm
男婴外生殖器	睾丸已降至阴囊,阴囊皱纹多	睾丸未降至阴囊,阴囊皱纹少
女婴外生殖器	大阴唇遮盖小阴唇	大阴唇不能遮盖小阴唇

2. 生理特点

(1)呼吸系统:早产儿呼吸中枢及呼吸器官发育不完善,呼吸浅快而不规则,易发生周期性呼吸和呼吸暂停。周期性呼吸是指5～10s短暂的呼吸停顿后又出现呼吸,不伴有心率、血氧饱和度变化及青紫;呼吸暂停(apnea)是指呼吸停止时间＞20s,伴心率减慢＜100次/分并出现发绀。其发生率与胎龄有关,胎龄愈小,发生率愈高。早产儿肺发育不成熟,肺泡表面活性物质少,易发生呼吸窘迫综合征。

(2)循环系统:早产儿心率较足月儿快,血压较足月儿低,在败血症和心功能不全情况下,易出现血容量不足和低血压。又因毛细血管脆弱,缺氧易致出血。部分早期可伴有动脉导管未闭。

(3)消化系统:早产儿吸吮、吞咽能力差,胃容量小,容易呛乳而引起乳汁吸入性肺炎。

各种消化酶分泌不足、胆酸分泌量少，故对脂肪的消化吸收较差。在缺氧、缺血、喂养不当等情况下，可发生坏死性小肠结肠炎。因胎粪形成较少及肠蠕动弱，胎粪排出常延迟。肝功能更加不成熟，生理性黄疸程度比足月儿重，持续时间长，易引起胆红素脑病。肝糖原储存少，且肝合成蛋白质的功能差，易发生低血糖和低蛋白血症。肝内维生素 K 依赖凝血因子合成少，易发生出血症。

（4）泌尿系统：早产儿肾浓缩功能更差，排钠分数高，肾小管对醛固酮反应低下，易出现低钠血症。葡萄糖阈值低，易发生糖尿。肾小管排酸能力差，普通牛乳喂养时可因蛋白含量高，使内源性氢离子增加，易引起晚期代谢性酸中毒，因此早产儿人工喂养应采用早产儿配方乳喂养。

（5）血液系统：早产儿白细胞和血小板较足月儿低，因红细胞生成素水平低下，先天性铁贮存少，且血容量迅速增加，"生理性贫血"出现早，且胎龄越小，程度越重。维生素 K、铁及维生素 D 贮存较足月儿低，易发生出血、贫血和佝偻病。

（6）神经系统：早产儿神经系统成熟度与胎龄关系密切，胎龄越小，原始反射越难引出或反射越不完全。早产儿脑室管膜下存在发达的胚胎生发层组织，易导致颅内出血及脑室周围白质软化。

（7）体温：早产儿体温调节能力更差，棕色脂肪少，产热量更低，寒冷时更易发生低体温而致寒冷损伤综合征；汗腺发育差，环境温度过高或过度保暖，体温易升高。

（8）能量及体液代谢：早产儿热量需要基本同足月新生儿，由于吸吮及消化功能差，常需肠道外营养。

（9）免疫系统：特异性和非特异性免疫功能较足月儿差，IgG 和补体水平较足月儿低，极易发生各种感染。

（二）早产儿的护理

【主要护理诊断/合作性问题】

1. 自主呼吸障碍　与呼吸中枢、呼吸器官发育不完善有关。
2. 有感染的危险　与免疫功能不成熟、皮肤黏膜屏障功能差、脐部为开放性伤口有关。
3. 有体温失调的危险　与体温中枢发育不成熟有关。
4. 营养失调：低于机体需要量　与吸吮、吞咽、消化、吸收功能差有关。

【护理措施】

1. 维持有效呼吸　早产儿仰卧时可在肩下放置小软枕，避免颈部弯曲，以保持呼吸道通畅。出现呼吸暂停，可拍打足底、托背、放置水囊床垫等方法，帮助恢复有效的自主呼吸，必要时可按医嘱给予氨茶碱或机械正压通气。出现发绀、呼吸急促、呼吸暂停是给氧的指征，吸氧浓度以维持动脉血氧分压 6.7～9.3kPa(50～70mmHg) 或经皮血氧饱和度 90%～95% 为宜，症状改善，立即停用，切忌常规吸氧，避免引发早产儿视网膜病或支气管肺发育不良。

2. 预防感染　因早产儿免疫功能更差，对感染的抵抗力更低，应严格执行无菌消毒、隔离制度，室内空气最好净化，严格控制流动探视人员。工作人员应强化洗手意识，穿隔离衣、戴帽和口罩。室内的物品应单独使用，定期更换、消毒，防止交叉感染。严格控制各种可能发生的感染。

3. 维持体温恒定

（1）早产儿室环境：室温维持在 24～26℃，相对湿度在 55%～65%。保持室内空气新鲜，并备有空调、空气净化装置、婴儿暖箱、远红外辐射床等。

（2）保暖：根据早产儿的体重、成熟度及病情，给予不同的保暖措施。一般体重低于2000g 者，应置入温箱，并应根据体重、日龄选择中性温度（表 4-3）。各种护理操作应集中进行，尽量缩短操作时间。每日更换温箱湿化器内水。体温稳定，吸吮良好，呼吸正常，即可出暖箱。体重超过2000g者在箱外保暖，可通过戴帽、母亲怀抱、热水袋等维持体温恒定。暴露操作时应在远红外辐射床保暖下进行。

4. 合理喂养

（1）乳类选择：尽早开奶，防止低血糖。早产儿最好母乳喂养，有文献报道，早产母亲奶中总的氮元素、蛋白氮、能量、矿物质、微量元素和IgA含量均高于足月人奶，而且越早期分泌的乳中越高。无法母乳喂养，以早产儿配方乳为宜。

由于早产儿缺乏维生素K依赖凝血因子，出生后应肌内注射维生素$K_1$1mg，连用3天以防出血；生后2周补充浓维生素AD制剂；4周后添加铁剂，并应补充维生素E、B、C及叶酸等。

（2）喂乳量与间隔时间：体重越轻，开始哺乳量越少，每次增加奶量越少，哺乳间隔时间越短，喂乳量以不呕吐、无胃潴留为原则。早产儿喂乳量与间隔时间（表7-2）。

（3）喂养方法：按早产儿具体情况而定。出生体重较大已有吮吸能力的可直接哺喂母乳，没有母乳者，用奶瓶喂养。用小号奶瓶，橡皮奶头要软，开孔2～3个，大小以倒置时奶液能滴出为度。对于吸吮、吞咽能力不全，体重较轻的早产儿应采取胃管喂养方法。若肠道喂养不耐受或营养不足时，辅以肠道外营养，多数早产儿可行外周静脉中心置管（peripherally inserted central catheter，PICC）进行静脉营养。

表7-2 早产儿喂乳量与间隔时间

出生体重（g）	<1000	1000～1499	1500～1999	2000～1499
开始量（ml）	1～2	3～4	5～10	10～15
隔次增加量（ml）	1	2	5～10	10～15
哺乳间隔时间（h）	1	2	2～3	3

5. 密切观察病情　早产儿异常情况多，病情变化快，除监测生命体征外，还应密切观察进食情况、精神反应、哭声、反射、面色、皮肤颜色、肢体末梢的温度及大小便情况等，定时巡回，并做好记录；如有异常及时报告医生，做好抢救准备。

6. 健康教育　加强孕期保健，避免早产；鼓励家长尽早探视并参与照顾早产儿，如拥抱、喂奶、与早产儿说话等；示范、指导如何为早产儿保暖、喂养及预防感染等，使家长得到良好的信息支持，帮助其树立照顾新生儿的信心；对住院期间给予吸氧的早产儿，分别于3、6、12个月进行眼睛检查，以防视网膜疾病的发生；按期预防接种；定期进行生长发育监测。

7. 发展性照顾（developmental care）　是一种适合每个小儿个体需求的护理模式。这种护理模式可以促进早产儿体重增加、减少哭闹和呼吸暂停的次数。此模式的护理目标是使小儿所处的环境与子宫尽可能相似，并帮助小儿以有限的能力适应宫外的环境。当早产儿承受压力太大时，会发生呼吸暂停、呼吸急促、肤色改变、颤抖、叹气、肌张力降低、手指张开、双眼凝视。护士应尽量减少不良刺激，把灯光调暗或者用毯子遮盖暖箱、使小儿侧卧或者用长条的毛巾环绕小儿、提供非营养性吸吮、保持安静、集中操作，以促进早产儿体格和精神的正常发育。

第三节　新生儿窒息

新生儿窒息（asphyxia of the newborn）是指胎儿因缺氧发生宫内窘迫或娩出过程中发生呼吸、循环障碍，以致出生后1min内无自主呼吸或呼吸抑制而导致低氧血症、高碳酸血症和代谢性酸中毒，国内发病率为5%～10%，是新生儿时期伤残或死亡的主要原因之一，抢救需争分夺秒。

【病因】

窒息的本质是缺氧，凡是影响胎盘或肺气体交换的因素均可引起窒息。可出现于妊娠期，但绝大多数出现于产程开始后。新生儿窒息多为胎儿窒息（宫内窘迫）的延续。

1. 孕母因素　孕母患有严重贫血、心脏病、糖尿病及肺部疾患等，孕母有妊娠并发症如妊娠高血压综合征等，孕母吸毒、吸烟、酗酒等，孕母年龄大于35岁或小于16岁以及多胎妊娠等。

2. 胎盘和脐带因素　前置胎盘、胎盘早剥、胎盘老化等；脐带受压、打结、脐带绕颈或牵拉。

3. 分娩因素　头盆不称、臀位、宫缩乏力，手术产如高位产钳、胎头吸引，产程中使用镇静剂或麻醉剂不当等。

4. 胎儿因素　早产儿、小于胎龄儿、巨大儿，宫内新生儿感染，先天性畸形如食道闭锁、喉蹼、肺发育不全、先天性心脏病等，呼吸道阻塞（羊水或胎粪吸入）等。

【病理生理】

1. 窒息使胎儿向新生儿呼吸、循环的转变受阻　窒息时新生儿呼吸停止或抑制，致使肺泡不能扩张，肺液不能清除；缺氧、酸中毒引起表面活性物质产生减少、活性降低以及肺血管阻力增加，胎儿循环重新开放、持续性肺动脉高压。后者可进一步造成组织严重缺氧、缺血、酸中毒，最后导致不可逆器官损伤。

2. 窒息时各器官缺血缺氧改变　窒息开始时，缺氧和酸中毒引起机体血液重新分布，肺、肠、肾、肌肉和皮肤等非生命器官血管收缩，血流量减少，以保证脑、心和肾上腺等生命器官的血流量。同时心肌收缩力增强，心率增快，心排出量增加以及外周血压轻度上升，心、脑血流灌注得以维持。如低氧血症持续存在，无氧代谢使代谢性酸中毒进一步加重，体内储存糖原耗尽，脑、心肌和肾上腺的血流量也减少，心肌功能受损，心率和动脉血压下降，生命器官供血减少，脑损伤发生。非生命器官血流量则进一步减少而导致各脏器受损。

3. 呼吸改变

（1）原发性呼吸暂停：胎儿或新生儿窒息缺氧时，初起1～2min呼吸深快，如缺氧未及时纠正，随即转为呼吸抑制、心率减慢，即原发性呼吸暂停。此时患儿肌张力存在，循环系统功能尚正常，可有轻度发绀，如及时给氧或给予适当的刺激可恢复自主呼吸。

（2）继发性呼吸暂停：若缺氧持续存在，则出现喘息样呼吸，继而出现呼吸抑制，即继发性呼吸暂停。此时肌张力消失，面色苍白，血压下降，呼吸运动减弱，如无外界正压通气，则无法恢复自主呼吸而死亡。

4. 血液生化和代谢改变

（1）血糖异常：在窒息应激状态下，儿茶酚胺及胰高血糖素释放增加，使早期血糖正常或增高；当缺氧持续存在，无氧糖酵解使糖原消耗增加、糖原储存减少，出现低血糖。

（2）低钠血症和低钙血症：由于心钠素和抗利尿激素分泌异常，发生稀释性低钠血症；钙通道开放、钙泵失灵、钙内流引起低钙血症。

（3）高胆红素血症：窒息酸中毒抑制了血清胆红素与清蛋白的结合，降低肝酶的活性而使间接胆红素升高。

【护理评估】

（一）临床表现

1. 胎儿宫内窒息　早期有胎动增加，胎心率≥160次/分；晚期则胎动减少，甚至消失，胎心率<100次/分；胎儿肛门括约肌松弛，胎粪排出，羊水被污染。

2. 新生儿窒息　新生儿窒息时根据其皮肤颜色、呼吸、心率、肌张力和对刺激的反应来判断严重程度，目前广泛采用 Apgar 评分法。Apgar 评分法 1953 年由麻醉科医生 Apgar 博士提出，是一种临床上评价刚出生婴儿有无窒息和复苏是否有效的简易方法（表 7-3）。内容包括皮肤颜色、心率、对刺激的反应、肌张力和呼吸 5 项指标，每项 0～2 分，总共 10 分，8～10 分为正常，4～7 分为轻度（青紫）窒息，0～3 分为重度（苍白）窒息。生后 1min 评分是窒息诊断和分度的依据，5min 及 10min 评分有助于判断复苏效果和预后。

表7-3 新生儿Apgar评分表

体征	评分标准			出生后评分	
	0	1	2	1min	5min
皮肤颜色	青紫或苍白	身体红、四肢青紫	全身红		
心率（次/分）	无	<100	>100		
对外界刺激反应	无反应	有些动作	哭，喷嚏		
肌张力	松弛	四肢略屈	四肢活动		
呼吸	无	慢、不规则	正常、哭声响		

新生儿窒息诊断与分度标准建议

近年来，国内外许多学者认为，单独的 Apgar 评分不应作为评估低氧或产时窒息以及神经系统预后的唯一指标，尤其是早产儿或新生儿存在其他严重疾病时。2013 年中国医师协会新生儿专业委员会结合国内外最新研究进展和我国国情，特制定了新生儿窒息诊断与分度标准，供临床参照应用。

1. 诊断标准 ①有导致窒息的高危因素；②出生时有严重的呼吸抑制，至生后 1min 仍不能建立有效自主呼吸且阿氏评分 ≤7 分；包括持续至出生后 5min 仍未建立有效自主呼吸且阿氏评分 ≤7 分或出生时阿氏评分不低，但至出生后 5min 降至 ≤7 分者；③脐动脉血气分析 pH <7.15；④除外其他引起低阿氏评分的病因：如呼吸、循环、中枢神经系统先天性畸形，神经肌肉疾患，胎儿失血性休克，胎儿水肿，产妇产程中使用大剂量麻醉镇静剂，硫酸镁引起的胎儿被动药物中毒；以上第 2～4 条为必备指标，第 1 条为参考指标。

2. 分度标准 ①轻度窒息：无缺氧缺血性脏器损伤；②有缺氧缺血性脏器损伤。

3. 多脏器受损表现 少数患儿病情继续发展累及重要脏器而进入危重状态。
(1) 中枢神经系统：缺血缺氧性脑病和颅内出血。
(2) 呼吸系统：胎粪吸入综合征、肺透明膜病、肺出血等。
(3) 循环系统：缺血缺氧性心肌损害、心源性休克和心力衰竭。
(4) 泌尿系统：肾功能不全或肾衰竭及肾静脉血栓形成等。
(5) 消化系统：应激性溃疡和小肠结肠炎等。
(6) 代谢方面：低血糖、低血钙、低血钠及酸中毒。

（二）辅助检查

血气分析可显示呼吸性酸中毒或代谢性酸中毒；胎儿头皮血 pH ≤7.25 时显示胎儿有严重缺氧，应准备抢救措施；血清电解质测定有钾、钠、氯、钙、磷、镁和血糖降低；头颅 B 超

或 CT 可发现颅内出血的部位和范围。

（三）与疾病相关的健康史

凡影响母体和胎儿间血液循环和气体交换的任何因素均可引起新生儿窒息。详细询问妊娠期孕母身体状况，产前的胎心和胎动以及破膜时间、胎盘脐带情况、胎位、产程长短、羊水情况等。

（四）心理-社会状况

新生儿窒息抢救后大多能恢复，但严重窒息者仍可遗留较严重的后遗症。应了解家长对患儿的担忧和焦虑，评估家长对并发后遗症患儿的康复护理知识与方法的了解程度。

（五）治疗要点

1. 积极治疗孕母疾病，评估患儿娩出后可能有窒息危险时，娩出前应做好相应抢救准备，提倡新生儿科和产科医护人员共同参与处理。

2. 出生时窒息者要及时复苏　采用国际公认的 ABCDE 复苏方案。A（airway）清理呼吸道，B（breathing）建立呼吸，C（circulation）维持正常循环，D（drugs）药物治疗，E（evaluation）评估。前三项最重要，其中 A 是根本，B 是关键，评估贯穿于整个复苏过程中。呼吸、心率和皮肤颜色是窒息复苏评估的三大指标，并遵循：评估→决策→措施程序，如此循环往复，直到完成复苏。具体复苏流程参照 2010 美国新生儿复苏指南流程图（图 7-1）。

3. 复苏后处理　进一步评价新生儿状况。继续对重要脏器复苏，如治疗脑水肿、保护心脏、纠正酸中毒等。

【主要护理诊断/合作性问题】

1. 自主呼吸受损　与窒息导致低氧血症、高碳酸血症有关。
2. 体温过低　与缺氧、体温调节功能低下有关。
3. 有感染的危险　与免疫功能低下、污染的羊水吸入有关。
4. 潜在并发症　多脏器受损。
5. 焦虑（家长）　与病情危重、预后不良有关。

【护理措施】

（一）维持自主呼吸

1. 复苏　复苏是新生儿窒息治疗的关键。积极配合医生按 A、B、C、D、E 步骤进行复苏。

A 畅通气道（要求在生后 15～20s 内完成）。①保暖：置新生儿于远红外线辐射床上，用湿热毛巾擦干头部和全身；②摆好体位：取仰卧位，肩部垫高 2～3cm；③清除口腔、鼻、咽及气道内分泌物和黏液，多采用负压吸引，负压≤13.3kPa（10mmHg），先吸口腔，再吸鼻腔，每次吸引时间不超过 10～15s。

B 建立呼吸。①触觉刺激：经上述处理仍无呼吸，可拍打足底 1～2 次或按摩婴儿背部来促使呼吸出现；②经触觉刺激后，如出现正常呼吸，心率＞100 次/分，肤色红润或仅手足青紫者可给予观察；③如触觉刺激后仍无自主呼吸或心率＜100 次/分，应立即用复苏气囊进行面罩加压通气，通气频率为 40～60 次/分，吸呼之比为 1:2，压力以出现胸廓运动和听诊呼吸音正常为宜；④15～30s 后再进行评估，如心率＞100 次/分，出现自主呼吸可予以观察，如呼吸无规律，或心率＜100 次/分，应进行气管插管正压通气。

C 恢复循环。气管插管正压通气 30s 后，如心率＜60 次/分或稳定心率在 60～80 次/分之间，应同时进行胸外心脏按压，按压频率为 90 次/分（每按压 3 次，正压通气 1 次），按压有效时可摸到颈动脉和股动脉搏动。按压 30s 后评估心率恢复情况。

D 药物治疗。建立有效的静脉通路，保证药物及时、准确应用；胸外心脏按压不能恢复正常循环时，遵医嘱给予 1:10000 肾上腺素 0.1～0.3ml/kg，静脉或气管内注入；如心率仍

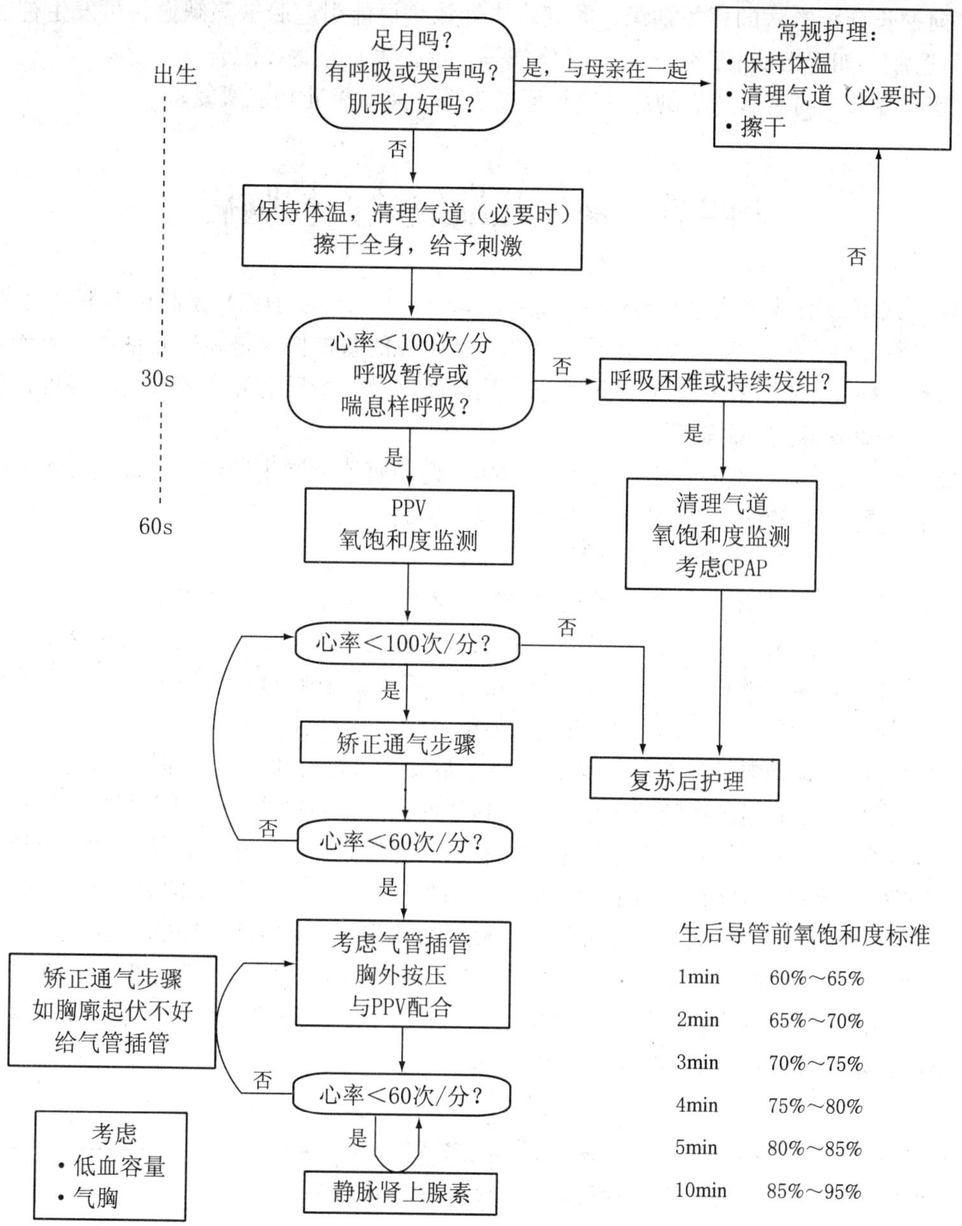

第七章 新生儿及新生儿疾病患儿的护理

图 7-1 新生儿复苏流程图

＜100次/分，可根据病情酌情用纠正酸中毒或扩容剂等。

E 评价。在复苏过程中，每一步均要评价新生儿情况，再决定下一步操作，直到完成复苏。

2. 复苏后监护　除了观察常规的生命体征外，要注意窒息所导致的神经系统症状以及酸碱失衡、水与电解质紊乱、大小便异常、感染与喂养等问题，并逐项做好记录。

（二）保暖

整个治疗护理过程中应注意患儿的体温情况，可将病儿置于远红外辐射床上，待病情稳定后再放置于暖箱中保暖，维持患儿肛温 36.5～37℃。

（三）预防感染

同早产儿护理。

（四）健康教育

1. 加强孕期保健、提高助产技术、避免发生宫内窘迫或产后窒息，降低本病的发生率。

2. 向家长介绍本病的相关知识，尤其应告知该病可能引起脑缺氧缺血，可发生神经系统严重的后遗症，如智力低下、听力下降、瘫痪等，取得家长理解、配合。

3. 定期复查，对有后遗症的患儿进行康复训练，刺激患儿功能康复。

第四节　新生儿缺氧缺血性脑病

新生儿缺氧缺血性脑病（hypoxic-ischemic encephalopathy，HIE）是指因各种围生期高危因素引起缺氧和脑血流减少或暂停而导致胎儿和新生儿的脑损伤，是新生儿窒息后的严重并发症，病情重，病死率高。临床上有意识状态、肌肉张力及原始反射异常等脑病的表现，严重者可有脑瘫、认知障碍、癫痫等后遗症。

凡能引起新生儿窒息的因素均可以导致本病，宫内窘迫、围生期窒息是最主要的原因。此外，出生后严重心肺疾病、严重失血或贫血等也可引起。

缺氧缺血性脑病的发病机制与下列因素有关：

1. 脑血流改变　当窒息缺氧为不完全性时，体内出现器官间血液重新分布，以保证脑组织血液供应；如缺氧继续存在，这种代偿机制失败，脑血流灌注下降，遂出现第2次血流重新分布，即供应大脑半球的血流减少，以保证丘脑、脑干和小脑的血灌注量（脑内血液分流），此时大脑皮质矢状旁区和其下面的白质（大脑前、中、后动脉灌注的边缘带）最易受损。缺氧及酸中毒还可导致脑血管自主调节功能障碍，形成"压力被动性脑血流"，当血压升高过大时，可造成脑室周围毛细血管破裂出血；而低血压时脑血流量减少，又可引起缺血性损伤。

2. 脑组织生化代谢改变　脑所需的能量来源于葡萄糖的氧化过程，缺氧时无氧糖酵解增加、乳酸堆积，导致低血糖和代谢性酸中毒；ATP产生减少，细胞膜钠泵、钙泵功能不足，使钠钙离子进入细胞内，激活某些受其调节的酶，从而进一步破坏脑细胞膜的完整性。

3. 神经病理学改变　足月儿常见的神经病理学改变是皮质梗死及深部灰质核坏死；早产儿则脑室周围出血和脑室内出血多见，其次是白质病变、白质脂类沉着、星形细胞反应性增生和脑室周围白质营养不良，后者发展为囊性改变。

案例7-1A

患儿，女，出生后第2天，因嗜睡2天，抽搐4次入院。患儿系第2胎第2产，胎龄40周，胎儿脐带绕颈2周，分娩前3h胎儿宫内窘迫，产钳助产娩出，羊水Ⅲ度污染，出生时Apgar评分3分，出生后给予清理呼吸道、吸氧、胸外心脏按压等处理，5min评分4分，10min评分9分，留院观察。母乳喂养，吃奶差，反应迟钝、嗜睡，哭声低，抽搐4次，表现为双眼上翻，凝视，头后仰，四肢抖动，持续数秒至数分钟后自行缓解。

体格检查：T 36.2℃，P 120次/分，R 46次/分。体重3.7kg。嗜睡，反应差、哭声无力，呼吸不规则，前囟紧张饱满，双瞳孔等大，直径约2mm，呼吸不均匀，口周青紫。无三凹征，双肺呼吸音粗，无啰音。心音有力，节律规整，心率120次/分。腹软，肠鸣音无异常，脊柱四肢无异常，四肢肌张力减低，拥抱反射、吸吮反射减弱，Babinski征（+）。头颅CT检查脑实质内见广泛片状低密度影。

问题与思考：

1. 该患儿的初步临床诊断是什么？
2. 该患儿护理评估内容有哪些？

【护理评估】

（一）临床表现

主要表现为意识及肌张力变化、脑干功能受损等状况。根据意识、肌张力、原始反射改变、有无惊厥、病程及预后等，临床表现可分为轻、中、重三度（表7-4）。

表7-4 新生儿缺氧缺血性脑病的临床分度

	轻度	中度	重度
意识	兴奋、易激惹	嗜睡	昏迷
肌张力	正常	减低	松弛
拥抱反射	活跃	减弱	消失
吸吮反射	正常	减弱	消失
惊厥	无	常有	多见，频繁发作
前囟张力	正常	正常或稍饱满	饱满、紧张
中枢性呼吸衰竭	无	有	明显
瞳孔改变	正常或扩大	缩小、对光反射迟钝	不等大、对光反射迟钝
病程	<3天	<14天	数周
预后	预后好	可能有后遗症	病死率高，多有后遗症

（二）辅助检查

1. 血生化检查

（1）血气分析：出生时取脐血行血气分析，了解患儿宫内缺氧状况。

（2）磷酸血清肌酸激酶同工酶（CPK-BB）：脑组织受损时，血清肌酸磷酸激酶同工酶升高（正常值<10U/L），该项检查有助于确定脑组织损伤的程度和判断预后。

2. 脑影像学检查 头颅B超、CT、磁共振检查可确定病变部位、范围及性质等情况，脑电图有助于确定脑病变的程度、判断预后及对惊厥的鉴别。

（三）与疾病相关的健康史

评估患儿有无胎儿宫内窘迫史、围生儿期窒息史，评估患儿意识障碍、惊厥、肌张力改变等症状。

（四）心理-社会状况

本病病死率高，存活者可留有严重后遗症，家长会产生焦虑和恐惧心理，应重点评估家长对本病的认知态度及心理、经济承受能力。

（五）治疗要点

1. 对症支持疗法

（1）给氧、纠正酸中毒：维持良好的通气功能是支持疗法的中心，改善通气以纠正呼吸性酸中毒，在此基础上应用碳酸氢钠以纠正代谢性酸中毒。

（2）维持血压：维持脑和全身良好的血流灌注是支持疗法的关键措施，避免脑灌注过低或过高。低血压可用多巴胺2~5μg/（kg·min），也可同时加用等剂量的多巴酚丁胺。

（3）维持血糖：维持血糖在正常高值（4.16~5.55mmol/L），以提供神经细胞代谢所需的能量；但应注意防止高血糖，因为缺氧脑组织血糖过高造成的组织酸中毒的危害比低血糖更为严重。

(4) 补液：每日补液量控制在 60～80ml/kg。

2. **控制惊厥** 首选苯巴比妥钠静脉滴注，顽固性抽搐者可加用地西泮静脉滴注，或加用水合氯醛灌肠。

3. **治疗脑水肿** 出现颅内高压症状可首先用呋塞米 0.5～1mg/kg 静脉推注，或用 20% 甘露醇静脉注射。

4. **亚低温疗法** 采用人工诱导方法使体温下降 2～4℃，以减少脑组织耗氧，保护脑细胞。降温方式以选择性头部降温为好，但此法仅适用于足月儿。

案例 7-1 B

该患儿明确诊断为新生儿缺氧缺血性脑病，给予支持疗法、控制惊厥、降低颅内压、治疗脑水肿等治疗，情况好转。

问题与思考：

1. 请列出该患儿主要护理问题，为患儿制订护理措施。
2. 患儿可能发生什么并发症，如何预防？

【主要护理诊断 / 合作性问题】

1. **自主呼吸障碍** 与缺氧引起的呼吸中枢抑制有关。
2. **有废用综合征的危险** 与缺氧导致的脑功能受损有关。
3. **潜在并发症** 呼吸衰竭。
4. **焦虑（家长）** 与病情危重、预后不良有关。

【护理措施】

1. 改善通气，维持有效呼吸

(1) 及时清除患儿呼吸道分泌物，保持呼吸道通畅，将患儿头偏向一侧，防止窒息。

(2) 保持输氧管道通畅，保证有效给氧。根据血气分析缺氧和呼吸困难的程度给予不同方式的氧疗，如严重缺氧，可给予气管插管或机械辅助通气。注意维持 PaO_2 在 60～80mmHg，$PaCO_2$ 和 pH 在正常范围。

2. 严密监护，预防并发症

(1) 密切监护患儿的呼吸、心率、血压和血氧饱和度等情况，注意观察患儿的神志、瞳孔、前囟张力及抽搐等症状。观察药物反应。

(2) 保持安静，减少刺激，有计划地完成各种护理操作。抽搐时按医嘱给予注射苯巴比妥钠和（或）安定（地西泮），如需两药合用时应密切观察呼吸，避免出现呼吸抑制。

(3) 按医嘱给予脱水剂，静脉推注呋塞米或快速滴注 20% 甘露醇，应用甘露醇时应特别注意避免液体外渗，以免导致皮下组织坏死。

(4) 一旦发生呼吸暂停，立即给予弹足底、托背或轻轻摇动身体等刺激，如果上述方法无效则用复苏囊面罩加压给氧。

3. 亚低温治疗的护理

(1) 降温：采用循环水冷却法进行选择性头部降温，使体温降至 35.5℃ 开启体部保温，脑温降至 34℃ 的时间应控制在 30～90min。

(2) 维持：亚低温治疗使头颅温度维持在34～35℃，由于头部的降温，体温亦会相应的下降，所以必须注意保暖，患儿给予持续的肛温监测，维持体温在35.5℃。

(3) 复温：亚低温治疗结束后，必须给予复温。复温宜缓慢，时间＞5h，保证体温上升速度不高于每小时0.5℃。避免快速复温引起的低血压，因此，复温过程仍需肛温监测。

(4) 监测：给予患儿持续动态心电监测、肛温监测、SaO_2、呼吸、血压，观察面色、反应、末梢循环情况，记录24h的出入液量。

4. 早期康复干预　对疑有功能障碍者，将其肢体固定于功能位。病情稳定后尽早给予患儿动作训练和感知刺激的干预，促进脑功能的恢复，指导家长掌握家庭康复的方法和技巧，坚持定时随访。

第五节　新生儿颅内出血

新生儿颅内出血（intracranial hemorrhage of the newborn）是新生儿常见疾病，也是严重脑损伤的常见形式，以早产儿多见，病死率高，严重者常留有神经系统后遗症。常由窒息和产伤所致，但随着围产监护和分娩技术水平的提高，新生儿重症监护中心（NICU）的广泛建立使得产伤所致颅内出血明显减少。

新生儿颅内出血，其主要病因与围产期缺氧缺血及产伤密切相关。①早产：尤其是胎龄32周以下的早产儿；②围产窒息史：如宫内窘迫、反复呼吸暂停；③产伤：如胎头过大、头盆不称、急产、臀位产、胎头吸引或产钳助产；④其他：快速输入高渗溶液，机械通气不当，新生儿肝功能不成熟，凝血因子不足等。血管发育不完善或畸形、操作时对头部按压过重均可引起颅内出血。

新生儿尤其是早产儿凝血功能不完善，血管壁脆弱，缺少弹力纤维以及脑组织发育不成熟，脑血管自主调节功能差。缺氧及酸中毒直接损伤毛细血管内皮细胞，使其通透性增高或破裂出血。当缺血缺氧窒息时低氧血症、高碳酸血症还可损伤脑血管自主调节功能，形成压力被动性脑血流。脑血流量增加或减少都可引起毛细血管破裂出血或静脉淤滞、血栓形成，脑静脉血管破裂出血。近年由于产伤而致硬脑膜下出血的发病率有所下降，但由窒息所致脑室周围-脑室内出血、蛛网膜下隙出血等的发病率较高，成为主要病理类型。

患儿，女，1天，反复抽搐4h。患儿系第1胎、第1产，胎龄40周，行胎头吸引助产，出生体重4500g，生后Apgar评分6分，5min评分8分，10min评分10分，留院观察。患儿自出生后哭声发直，未进奶，饮水后呕吐，为胃内容物。患儿反复抽搐4次，表现为双眼有时向右外上方凝视，伴有水平震颤，四肢抖动，持续数秒至数分钟。

体格检查：T 36.2℃，P 130/次分，R 50次/分。嗜睡，反应差、哭声无力，呼吸不规则，面色苍白，皮肤轻度黄疸，未见出血点及皮疹，前囟紧张饱满，右顶部有3cm×3cm囊性肿物。颈部略抵抗，双眼凝视，双瞳孔等大，直径约2mm，口唇无发绀，双肺呼吸音粗，无啰音。心音有力，律齐，心率130次/分。腹软，脐带无渗血，肝脾无肿大。四肢肌张力高，拥抱反射、吸吮及握持反射均未引出。

头颅CT检查显示右顶部头皮血肿，硬膜下出血。

问题与思考：该患儿护理评估内容有哪些？

【护理评估】

（一）临床表现

临床表现主要与出血部位和出血量有关，轻者可无症状，大量出血者可在短期内病情恶化而死亡。

1. 常见的症状与体征有

（1）神志改变：激惹、烦躁不安或反应低下、嗜睡、昏迷等。

（2）呼吸改变：呼吸增快或减慢，不规则或暂停。

（3）颅内压力增高：前囟隆起、血压增高、抽搐、角弓反张、脑性尖叫等。

（4）眼部症状：凝视、斜视、眼球震颤及转动困难。

（5）瞳孔：瞳孔对光反应迟钝或消失、大小不等或散大。

（6）肌张力：增高、减弱或消失。

（7）其他：不明原因的皮肤苍白、贫血和黄疸。

（8）后遗症：常有脑性瘫痪、脑积水、癫痫、智能低下、视力或听力障碍等。

2. 分型　根据颅内出血部位不同，出血主要分为以下5种临床类型。

（1）脑室周围-脑室内出血：是新生儿颅内出血中常见的一种类型。多见于胎龄＜32周，体重＜1500g的早产儿，是引起早产儿死亡的主要原因之一。大多发生在出生后72h内，常表现为呼吸暂停、嗜睡和拥抱反射消失。

（2）硬膜下出血：是产伤颅内出血最常见的类型，多见于足月巨大儿，或臀位异常难产、高位产钳助产儿。出血量少者无症状，出血明显者一般在出生24h后出现惊厥、偏瘫和斜视等神经系统症状。大量出血者可在短时间内死亡。

（3）原发性蛛网膜下隙出血：多见于早产儿，与缺氧、酸中毒、产伤有关。大多数出血量少，无临床症状，预后良好。典型表现是出生后第2天抽搐，但发作间歇表现正常，极少数大量出血病例可在短期内死亡。

（4）脑实质出血：常见于足月儿，多因小静脉栓塞后使毛细血管压力增高、破裂而出血。如出血部位在脑干，早期可发生瞳孔变化、呼吸不规则和心动过缓。主要后遗症为脑性瘫痪、癫痫和智力或运动功能发育迟缓。

（5）小脑出血：多见于胎龄＜32周，体重＜1500g的早产儿。神经系统症状主要为脑干症状，如频繁呼吸暂停、心动过缓、角弓反张等，可在短时间内死亡，预后较差。

（二）辅助检查

1. 影像学诊断　头颅B超、CT和MRI几乎对所有类型的出血均可做出诊断和判断预后，发现颅内出血的部位和范围。

2. 脑脊液　腰穿脑脊液检查为均匀血性，镜下有皱缩红细胞，有助于脑室内及蛛网膜下隙出血的诊断，但病情重者不宜行腰穿检查。

（三）与疾病相关的健康史

评估母亲孕期健康状况、胎动情况；患儿有无窒息缺氧及产伤史；患儿意识异常及出现的时间，有无肌张力下降、反射消失等症状，出生后有无输入高渗性液体和机械通气病史。

（四）心理社会状况

多数家长对本病的严重性、预后缺乏认识，因担心孩子残疾，家长会出现焦虑、恐惧、内疚、悲伤等反应。应重点评估家长对本病的认知态度及心理、经济承受能力。

（五）治疗要点

1. 止血　可选用维生素K_1、酚磺乙胺（止血敏）、卡巴克络（安络血）、巴曲酶（立止血），酌情使用新鲜冰冻血浆。

2. 镇静、止痉　用药首选苯巴比妥，肝功能不良者改用苯妥英钠，顽固性抽搐者加用安

定静脉点滴或加用水合氯醛灌肠。

3. 降低颅内压 避免输液过量是预防和治疗脑水肿的基础。颅内压增高时首选利尿剂呋塞米 0.5～1mg/kg，每日 2～3 次静脉注射，中枢性呼吸衰竭者可用小剂量的 20% 甘露醇，每次 0.25～0.5g/kg，每 6～8h 1 次静脉注射。一般不主张使用糖皮质激素。

4. 应用脑代谢激活剂 出血停止后，可给予胞二磷胆碱、脑活素静脉滴注，10～14 天为 1 个疗程，恢复期可给吡拉西坦（脑复康）。

5. 治疗脑积水 乙酰唑胺可减少脑脊液的产生，每日 10～30mg/（kg·d），分 2～3 次口服，疗程不超过 2 周，脑积水早期有症状者可行侧脑室穿刺引流，进行性加重者行脑室-腹腔引流术。

案例 7-2 B

该患儿明确诊断为新生儿颅内出血，给予止血、镇静、止痉，降低颅内压，使用恢复脑细胞功能药物，情况好转。

问题与思考：
1. 请列出该患儿主要护理问题。
2. 为患儿制订护理措施。

【主要护理诊断/合作性问题】

1. 自主呼吸障碍 与呼吸中枢受抑制有关。
2. 有窒息的危险 与惊厥有关。
3. 潜在并发症 脑疝。
4. 焦虑（家长） 与患儿病情危重、预后不良有关。

【护理措施】

（一）减少刺激，保持安静

1. 保持绝对静卧，尽量减少对患儿的移动和刺激，抬高患儿头肩部 15°～30°，有计划地集中进行各种护理操作，应做到轻、稳、准。

2. 静脉穿刺最好用留置针，减少反复穿刺，防止加重颅内出血。

（二）严密观察病情，防治并发症

1. 观察患儿生命体征的变化、神志、瞳孔、呼吸、肌张力及囟门张力等改变，当出现两侧瞳孔大小不等、对光反射迟钝或消失、呼吸节律不规则等应考虑脑疝。定时测量头围，及时记录阳性体征并与医生取得联系。维持血压在稳定范围，特别是早产儿应防止血压有较大波动。

2. 抽搐时按医嘱给予注射苯巴比妥钠和（或）安定（地西泮），如需两药合用时应密切观察呼吸，避免出现呼吸抑制。

3. 按医嘱给予脱水剂，严格掌握输液量、速度等。应用脑代谢激活剂，观察药物反应。

4. 头偏向一侧卧位时，整个身体也应取同向侧位，保持头正中位，避免颈动脉受压。

（三）保持呼吸道通畅，合理用氧

1. 及时清除呼吸道分泌物，保持呼吸道通畅，防止窒息。

2. 根据缺氧程度给予用氧，注意用氧的方式和浓度，维持 PaO_2 在 60～80mmHg，血氧饱和度在 85%～95% 即可，防止用氧浓度过高或用氧时间过长导致的氧中毒症状。呼吸衰竭或严重呼吸暂停者需气管插管，机械通气。

（四）保持体温稳定

应用物理方法或使用药物，使患儿体温波动在正常范围，避免体温波动过大。

（五）健康教育

1．加强孕期保健、提高助产技术、减少异常分娩所致的产伤和窒息。

2．对于早产儿要注意出生后注射维生素K，防止出血的发生。

3．向家长解答病情，并给予支持和安慰，减轻其紧张和恐惧心理。对有后遗症者，鼓励指导家长做好患儿智力开发、肢体功能训练。

第六节 新生儿呼吸窘迫综合征

新生儿呼吸窘迫综合征（respiratory distress syndrome，RDS）又称新生儿肺透明膜病（hyaline membrane disease of the newborn，HMD），是由于缺乏肺表面活性物质（pulmonary surfactant，PS）所致，指新生儿出生后不久即出现进行性加重的呼吸窘迫和呼吸衰竭等症状，以早产儿多见，是与早产相关的常见致病与致死原因之一。本病发病率及发病程度随胎龄降低而增加，且男婴病情较重。

PS是由肺泡Ⅱ型上皮细胞合成并分泌的一种磷脂蛋白复合物。在胎龄18～20周开始产生，继之缓慢上升，35～36周迅速增加达肺成熟水平，故本病在胎龄小于35周的早产儿更为多见。主要诱因有：出生窒息、低体温、酸中毒、母亲糖尿病、产前出血、多胎中较晚出生者等。

表面活性物质能降低肺泡壁与肺泡内气体交界处的表面张力，保持呼气时肺泡张开。缺乏时，肺泡表面张力增高，肺顺应性降低，呼气时功能残气量明显降低，肺泡逐渐萎陷，吸气时肺泡难以充分扩张，潮气量和肺泡通气量减少，导致缺氧和CO_2潴留，缺氧、酸中毒引起肺血管痉挛，阻力增加，导致动脉导管及卵圆孔开放，形成右向左分流。同时可导致肺动脉高压。低氧血症等又抑制表面活性物质的合成，缺氧及混合性酸中毒使肺毛细血管通透性增高，肺间质水肿和纤维蛋白沉着于肺泡内表面形成嗜伊红透明膜，使气体弥散障碍，加重缺氧和酸中毒，进而抑制PS合成，形成恶性循环。

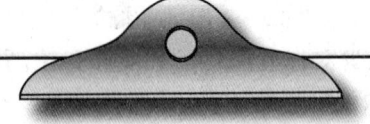

案例7-3 A

患儿，男，出生后8h，因发绀、进行性呼吸困难入院，患儿系第2胎，第1产，孕31周因"胎盘早剥"剖宫产娩出，羊水清，胎盘无异常，出生后1min Apgar评分6分，5min评分8分，10min评分9分，出生体重1500g。出生后给予清理呼吸道分泌物，面罩加压给氧约6min，出生后2h出现呼吸急促，呈进行性加重，伴呼气呻吟，口周发绀，给予吸氧后无缓解。立即送入新生儿科。

体格检查：T 35.3℃，P 150次/分，R 68次/分。早产儿貌，急性病容，前囟平软，口唇发绀，反应差，呼吸表浅，伴有鼻翼扇动和呼气性呻吟，可见三凹征，双肺呼吸音粗，未闻及明显干湿啰音。心率150次/分，律齐，心音低钝，未闻及杂音。腹软，脐带无渗血，肝脾无肿大。四肢肌张力低，生理反射弱。动脉血气分析pH 7.28，PaO_2 6.1kPa，HCO_3^- 20mmol/L，BE -9.0mmol/L。入院后床旁X线胸片显示：双肺透过度降低，可见弥漫性均匀网状颗粒阴影和"毛玻璃"样改变及支气管充气征，肋膈角及叶间线无异常。

问题与思考：

1．该患儿的初步临床诊断是什么？

2．该患儿护理评估内容有哪些？

【护理评估】

（一）临床表现

本病多见于早产儿，尤其是胎龄32周以下的极低体重儿。多数出生时情况尚可，生后6h内出现呼吸窘迫，主要表现为呼吸急促（≥60次/分），青紫，胸廓吸气性凹陷和呼气性呻吟，双肺呼吸音减弱，早期听诊无啰音，以后可闻及细湿啰音，心音减弱。严重时呼吸浅表，呼吸节律不整、呼吸暂停及四肢松弛。呼吸窘迫呈进行性加重是本病特点。对未使用PS的早产儿，如出生12h后出现呼吸窘迫，一般不考虑本病。

（二）辅助检查

1. 实验室检查

（1）泡沫试验：将患儿胃液（代表羊水）1ml加95%乙醇1ml，振荡15s，静置15min，如果沿管壁有多层泡沫为阳性。阳性者可排除本病。

（2）羊水或患儿气管吸引物中卵磷脂/鞘磷脂（L/S）<2∶1，提示肺发育不成熟。

（3）血气分析：动脉血氧分压（PaO_2）下降，动脉血二氧化碳分压（$PaCO_2$）升高，碳酸氢根（HCO_3^-）减少，pH降低。

2. X线检查

本病的X线检查具有特征性表现，是目前确诊RDS的最佳手段，动态拍摄X线胸片有助于诊断及治疗效果的评估。

（1）毛玻璃样改变：早期双肺呈普遍性透过度降低，可见弥漫性均匀一致的细颗粒（肺泡不张）网状影。

（2）支气管充气征：在普遍性肺泡不张（白色）的背景下，呈树枝状充气的支气管（黑色）清晰显示。

（3）白肺（white lung）：严重时双肺野均呈白色，肺肝界及肺心界均消失。

3. 超声波检查　彩色多普勒超声有助于动脉导管开放的确定。

（三）与疾病相关的健康史

了解母亲孕期健康史，有无糖尿病，收集患儿的出生史，如围生期及分娩过程中有无导致胎儿血容量减少的因素，了解出生1min和5min的Apgar评分及分娩过程是否顺利，患儿是否接受任何药物和治疗，分娩时母亲有无应用药物或麻醉剂等；了解患儿是否足月；询问出生后患儿何时出现呼吸窘迫症状。

（四）心理-社会状况

了解患儿家长的心理状况，对本病的病因、性质、治疗和护理、预后等疾病相关知识的了解程度，评估患儿家庭居住环境和经济状况等。

（五）治疗要点

目的是保证通换气功能正常，待PS产生增加，RDS得以恢复，机械通气和应用PS是治疗的重要手段。

1. 一般治疗　保温，保证液体和营养供应，纠正酸中毒，关闭动脉导管及应用抗生素。

2. 氧疗和辅助通气　根据缺氧情况给予头罩吸氧、持续气道正压通气（CPAP）、气管插管机械通气。

3. PS替代疗法　可明显降低RDS的病死率及气胸的发生率，同时可以改善肺顺应性和通换气功能，降低呼吸机参数。一旦确诊RDS，力争24h内注入肺内，临床应用PS包括天然型、改进天然型、合成及重组PS四种，常规用于预防或治疗RDS。

案例 7-3 B

该患儿明确诊断为新生儿呼吸窘迫综合征,给予纠正缺氧、维持酸碱平衡、防治感染、PS替代疗法等治疗,患儿情况好转。

问题与思考:
1. 请列出该患儿主要护理问题。
2. 为患儿制订护理措施。

【主要护理诊断/合作性问题】

1. 低效性呼吸型态　与PS缺乏导致肺不张、呼吸困难有关。
2. 气体交换受损　与PS缺乏及肺透明膜形成有关。
3. 营养失调:低于机体需要量　与摄入量不足有关。
4. 有感染的危险　与机体免疫力低下有关。
5. 体温过低　与早产儿体温调节功能差、产热少有关。

【护理措施】

(一)严密观察病情

监测体温、呼吸、心率、血氧饱和度等,并随时进行再评估,认真记录。

(二)保暖

将患儿安置在辐射式抢救台上或自控式暖箱内,使患儿皮肤温度保持在36～37℃之间,环境温度维持在22～24℃,室内相对湿度在55%～65%之间,婴儿在适当环境温度中,可减少氧耗及不必要干扰,防止低氧血症。

(三)保持呼吸道通畅,维持自主呼吸

1. 维持有效呼吸　及时清除口、鼻、咽部分泌物,必要时于雾化吸入后及时吸痰,保持呼吸道通畅。
2. 供氧及辅助呼吸　维持PaO_2 50～80mmHg(6.7～10.6kPa)和经皮血氧饱和度($TcSO_2$)90%～95%为宜。根据患儿病情选择合适的给氧方式。

(1)头罩给氧:应选择大小适宜的头罩型号,头罩过小不利于CO_2排出,头罩过大,易引起氧气外溢,头罩给氧氧流量必须＞5L/min,以免呼出气体在头罩内被重复吸入,导致CO_2蓄积。

(2)CPAP:多适用于轻中度RDS患儿,对于已经确诊的RDS,越早使用CPAP,越能避免后续经气管插管呼吸机的应用。①指征:吸氧分数(FiO_2)＞30%,PaO_2＜50mmHg,或$TcSO_2$＜90%。②目的:使有自主呼吸的患儿在整个呼吸周期中都接受高于大气压的气体,以增加功能残气量,防止呼吸时肺泡萎陷,以改善肺氧合及减少肺内分流。③操作方法:鼻塞最常用,也可经鼻咽管和气管内插管进行,压力一般为4～6cm H_2O,很少超过8～10cm H_2O,当患儿病情稳定、PaO_2 50～80mmHg(6.7～10.6kPa)时即可撤离CPAP。

(3)气管插管机械通气:若使用CPAP后病情无好转,应采用间歇正压通气(IPPV)及呼气末正压呼吸(PEEP)。

(四)PS替代疗法的护理

因表面活性物质黏滞,可发生气道阻塞,应协助医生将PS经气管直接滴入肺内。滴入前彻底吸净气道内分泌物,将患儿头稍后仰,使气道伸直,在患儿吸气时滴入并转动患儿体位,从仰卧位转至右侧位再至左侧位,使药物较均匀进入各肺叶;也可在滴入后,在PS从呼吸道

扩散到肺泡之前，应用复苏气囊加压通气或适当增加机械通气的压力，以助药液扩散。

（五）保证营养及水分的供给

准确记录患儿24h出入量。严重者应禁食，应由静脉补充热量，静脉补液量为第1天5%或10%葡萄糖液65～75ml/（kg·d），以后逐渐增加，输液时注意避免液体量过多、速度过快发生动脉导管开放和肺水肿。病情好转后由消化道喂养，如不能经口喂养，可给予鼻饲喂养或十二指肠喂养。

（六）预防感染

做好各项消毒隔离工作，严格执行无菌操作，遵医嘱给予抗生素预防肺内感染。

（七）健康教育

加强高危妊娠和分娩的监护及治疗，预防早产；重视患儿的触觉、视觉及听觉的需要；安慰家长，减轻压力；让家长了解病情及治疗过程，增强治疗信心，同时做好育儿知识宣传工作。

第七节　新生儿黄疸

新生儿黄疸（neonatal jaundice）又称新生儿高胆红素血症，是新生儿期最常见的临床问题，新生儿血中胆红素浓度超过85μmol/L（5mg/dl）（成人超过34μmol/L）可见肉眼黄疸。非结合胆红素增高是新生儿黄疸最常见的表现形式，重者可引起胆红素脑病（又称核黄疸）（详见本章第八节），造成神经系统的永久性损害，甚至死亡。

【新生儿胆红素代谢特点】

新生儿期胆红素的代谢不同于成人，主要如下：

1. 胆红素生成过多　新生儿每日生成胆红素约为8.8mg/kg，超过成人（3.8mg/kg）的2倍，其原因是①红细胞数量过多：胎儿血氧分压低，红细胞数量代偿性增加，出生后血氧分压升高，红细胞大量破坏；②红细胞寿命相对短：一般早产儿低于70天，足月儿约80天，成人120天，且血红蛋白分解速度是成人的2倍；③新生儿肝和其他组织中的血红素及骨髓中红细胞前体较多；④血红素加氧酶含量高。

2. 运转胆红素的能力不足　刚娩出的新生儿常有不同程度的酸中毒，影响血中胆红素与白蛋白的联结，早产儿白蛋白的数量较足月儿低，均使得运送胆红素的能力不足。

3. 肝功能不成熟　①新生儿肝内摄取胆红素的Y、Z蛋白含量低，肝细胞摄取胆红素的能力差；②新生儿肝细胞内尿苷二磷酸葡萄糖醛酸基转移酶（UDPGT）含量低，且活性不足，形成结合胆红素的功能差；③出生时，肝细胞将结合胆红素排泄到肠道的能力暂时低下，可出现暂时性肝内胆汁淤积。

4. 肠肝循环增加　新生儿肠道内β-葡萄糖醛酸苷酶活性较高，可将结合胆红素转化成未结合胆红素，加之肠道内缺乏正常菌群，导致未结合胆红素又被肠壁重吸收入血循环回到肝。

此外，当饥饿、缺氧、脱水、酸中毒、头颅血肿或颅内出血时，更易出现黄疸或使原有黄疸增加。

【新生儿黄疸分类】

（一）生理性黄疸

由于新生儿胆红素代谢特点，50%～60%的足月儿和超过80%的早产儿可出现生理性黄疸，其特点为：①一般状况良好，肝功能正常。②足月儿一般在生后2～3天出现，4～5天最明显，5～7天消退，最迟不超过2周，早产儿多于生后3～5天出现，5～7天最明显，7～9天消退，最长可延迟至3～4周。③患儿一般情况好，肝功能正常，仅表现为血清未结合胆红素增多，血清总胆红素足月儿＜222μmol/L（13mg/dl），早产儿＜257μmol/L（15mg/dl）。目前关于生理性黄疸的正常值尚有争议，尤其早产儿血-脑屏障功能差，即使胆红素＜171μmol/L（10mg/dl）也可能发生胆红素脑病。国外已规定足月儿血清胆红素＜220.59μmol/L（12.9mg/dl）为生理性黄疸的界限。故临床生理性黄疸始终是排除性诊断，必须排除病理性黄疸的各种原因后方可确定，治疗和护理亦可以根据患儿胎龄、日龄、一般状况及胆红素值综合考虑，不能机械地只以胆红素值决定临床处置。

（二）病理性黄疸

特点①出现早：生后24h出现黄疸；②黄疸程度重、发展快：血清总胆红素浓度足月儿＞222μmol/L（13mg/dl），早产儿＞257μmol/L（15mg/dl），血清总胆红素每日上升＞85μmol/L（5mg/dl）；③黄疸持续时间长：黄疸消退延长，足月儿＞2周，早产儿＞4周；④黄疸退而复现：新生儿生理性黄疸消退后在新生儿后期或出生1个月后又再次出现，部分呈进行性加重；⑤血清结合胆红素＞34μmol/L（2mg/dl）。具备其中任何一项者即可诊断为病理性黄疸。

生理性黄疸主要与胆红素代谢特点有关，引起病理性黄疸的原因包括感染和非感染两类因素。

1. 感染性

（1）新生儿肝炎：大多为病毒通过胎盘传给胎儿或产程中被感染，以巨细胞病毒、乙型肝炎病毒为常见；以结合胆红素增高为主，伴厌食、呕吐、肝大及肝功能异常。

（2）新生儿败血症、尿路感染、感染性肺炎等：因细胞素侵入加速红细胞破坏、损伤肝细胞所致；早期以未结合胆红素增高为主或两者均高，晚期以结合胆红素增高为主，除黄疸外伴有全身中毒症状等表现。

2. 非感染性

（1）新生儿溶血病：ABO血型不合最常见（其中以母亲为O型、子女为A型或B型多见），其次是Rh血型不合，多于生后24h内出现黄疸，以未结合胆红素增高为主。

（2）先天性胆道闭锁：多于生后2周开始出现黄疸并呈进行性加重，以结合胆红素增高为主，粪便呈灰白色（白陶土色），肝进行性增大，3个月后可逐渐发展为肝硬化。

（3）母乳性黄疸：指母乳喂养的新生儿在生后3个月内仍有黄疸，为非溶血性未结合胆红素增高，一般状态良好，停喂母乳24～48h，黄疸可明显减轻。

（4）其他：遗传性疾病如葡萄糖-6-磷酸脱氢酶（G-6-PD）缺陷、红细胞丙酮酸激酶缺陷病等，药物性黄疸如维生素K_3、维生素K_4、新生霉素、磺胺类药物、头孢菌素等引起。

【治疗要点】

1. 去除引起病理性黄疸的病因，积极治疗原发病。
2. 给予蓝光治疗，降低血清胆红素；提早喂养以诱导肠道建立正常菌群，减少胆红素肝肠循环；保持大便通畅，减少肠壁对胆红素的重吸收。
3. 保护肝，避免应用对肝有损害及可能引起黄疸、溶血的药物。
4. 降低游离胆红素，适当应用酶诱导剂，输血浆和白蛋白。
5. 控制感染、保暖、营养支持，及时纠正酸中毒和缺氧。

第八节　新生儿溶血病

新生儿溶血病（hemolytic disease of newborn，HDN）是指由于母儿血型不合发生同种免疫反应，而引起的胎儿、新生儿的免疫性溶血，仅发生在胎儿和早期新生儿。其母子血型不合主要指ABO血型系统和Rh血型系统。其中ABO溶血病最常见，约占85.3%。

胎儿的血型是由父母双方决定的。如果胎儿从父亲遗传来的血型抗原是母亲所不具有的，胎儿红细胞进入母体后使母亲产生相应的抗体IgG，这些抗体再通过胎盘进入到胎儿体内，导致抗原抗体的免疫反应，发生溶血。

1. ABO血型不合　以母亲O型，胎儿为A型或B型多见。如果母亲为AB型血或婴儿为O型血，则不发生ABO溶血病。

（1）50%的ABO溶血病发生在第一胎。其原因为：O型血母亲在第一胎妊娠前可受到自然界A或B血型物质（某些植物、寄生虫、伤寒菌苗、破伤风及白喉类菌素等）的刺激产生抗A和抗B抗体IgG，在妊娠时这两类抗体通过胎盘进入胎儿血液循环引起溶血。

（2）在母子ABO血型不合中，仅有1/5发生ABO溶血病，其原因为：①胎儿红细胞抗原性的强弱不同，导致抗体产生量的多少各异；②除红细胞外，A或B抗原存在于许多其他组织，只有少量通过胎盘的抗体与胎儿红细胞结合，其余的被组织或血浆中可溶性的A或B物质吸收。

2. Rh血型不合　Rh血型系统有6种抗原，即D、E、C、d、e、c，其中RhD溶血病最常见，其次为RhE溶血病，Rh溶血病多发生于Rh阴性孕妇和Rh阳性胎儿之间。由于自然界无Rh血型物质，Rh溶血病一般不发生于第1胎儿。

【护理评估】

（一）临床表现

本病的临床症状是由溶血所致，症状的轻重和母亲产生的IgG抗体量、抗体与胎儿红细胞的结合程度及胎儿代偿能力有关，ABO溶血病多为轻症，主要表现为黄疸、贫血；Rh溶血病较重，严重者甚至死胎。主要表现为黄疸、贫血、水肿、心力衰竭、肝脾大，严重者导致胆红素脑病。

案例7-4 A

患儿，女，出生后2天，因皮肤黄染8h入院，患儿系第1胎，第1产，孕39周经阴道自然分娩，羊水清，胎盘无异常，胎儿无窒息。生后10h出现面色黄染，渐遍全身，无发热、抽搐。

体格检查：T 36.1℃，P 136次/分，R 42次/分。足月儿貌，反应差，巩膜、躯干、四肢等处皮肤中度黄染，结膜、甲床等苍白、无出血点及瘀斑。心率130次/分，律齐，未闻及杂音。腹软，肝肋下1.0cm，脾肋下1.0cm，质软。脐带未脱，无渗血。脊柱及四肢无畸形，肌张力不高。

辅助检查：

血常规　Hb 110g/L，RBC $3.2×10^{12}$，WBC $20.0×10^9$/L，N 0.57，L 0.40，M 0.08，有核红细胞0.12，网织红细胞0.10，血小板$180×10^9$/L。

肝功能　血清总胆红素226μmol/L，直接胆红素22μmol/L。

血型　患儿为A型RhD（+），患儿母亲为O型RhD（+），抗人球蛋白试验（+）。

问题与思考：

1. 该患儿最可能的临床诊断是什么？
2. 该患儿护理评估内容有哪些？

1. 黄疸　大多数Rh溶血病患儿出生后24h内出现黄疸并迅速加重，而多数ABO溶血病的患儿黄疸在生后2～3天出现。血清胆红素以非结合型为主，但如溶血严重，造成胆汁淤积，结合胆红素也可升高。

2. 贫血　ABO 溶血病者较少出现贫血，多在新生儿后期才出现，且症状较轻。重症 Rh 溶血，生后即可有严重贫血或伴有心力衰竭。

3. 肝脾大　ABO 溶血病者不明显，Rh 溶血病者多有不同程度的肝脾大。

4. 胆红素脑病（bilirubin encephalopathy）又称核黄疸，为新生儿溶血病最严重的并发症，多于生后 4～7 天出现症状。新生儿尤其是早产儿血-脑脊液屏障不够完善，通透性大，高水平的未结合胆红素透过血-脑屏障进入脑组织，可造成中枢神经系统功能障碍，当足月儿血清总胆红素超过 342μmol/L（20mg/dl）或早产儿血清总胆红素浓度为 257μmol/L（15mg/dl）时即可出现核黄疸。临床可分为 4 期。

（1）警告期：初期表现为嗜睡、吸吮无力、肌张力下降、拥抱反射减弱等，偶有尖叫和呕吐，持续 12～24h。

（2）痉挛期：出现抽搐、角弓反张和发热（多与抽搐同时发生）。轻者仅有双眼凝视，重者出现肌张力增高、双手紧握、双臂伸直内旋，可出现角弓反张，甚至呼吸暂停。此期持续 12～48h。

（3）恢复期：吃奶及反应好转，抽搐次数减少，角弓反张逐渐消失，肌张力逐渐恢复，此期持续 2 周。

（4）后遗症期：患儿常遗留不同程度后遗症，如手足徐动症、听力下降、眼球运动障碍、牙釉质发育不良、智能落后、脑瘫、抽搐、抬头无力和流涎等。

（二）辅助检查

1. 母、婴血型测定　检查母、婴 ABO 和 Rh 血型，证实有无血型不合。

2. 检查有无溶血　溶血时红细胞、血红蛋白下降，网织红细胞和有核红细胞增高，血清总胆红素和未结合胆红素明显增加。

3. 致敏红细胞和血型抗体测定

（1）改良直接抗人球蛋白试验：即改良 Coombs' 试验，试验阳性即可确诊 Rh 溶血病。

（2）抗体释放试验：亦为诊断溶血病的可靠方法。

（3）患儿血清游离抗体检查：可证实血清中有游离的 ABO 或 Rh 血型抗体存在，并可能与红细胞结合引起溶血。此项试验有助于估计是否继续溶血、换血后的效果，但不是确诊试验。

（三）与疾病相关的健康史

了解母亲血型、有无不明原因的流产、死胎等病史，询问患儿的胎次、血型、有无胎粪排出延迟、喂养情况、有无家族遗传病、代谢性疾病病史；有无应用磺胺、水杨酸盐、维生素 K 等药物病史；评估患儿黄疸出现的时间、部位、程度、进展情况及大小便颜色，有无贫血、水肿、心力衰竭、肝脾大、嗜睡、反应力低下、双眼凝视、肌张力增高、尖叫等表现。

（四）心理-社会状况

了解患儿家长对本病的病因、并发症、治疗和护理、预后等疾病相关知识的了解程度，家长的紧张、焦虑等心理反应。

（五）治疗要点

1. 积极治疗原发性疾病。

2. 降低血清胆红素，防止胆红素脑病。

（1）光照疗法：是降低血清未结合胆红素简单而有效的方法。通过光照使新生儿血中的未结合胆红素氧化分解为水溶性胆红素，随胆汁、尿液排出体外。

（2）换血疗法：适用于出生后胆红素上升速度快的严重溶血症患儿。对 Rh 不合溶血症，应选用 Rh 系统与母亲同型、ABO 系统与新生儿同型的血液；ABO 不合溶血症则用 AB 型血浆和 O 型红细胞混合血，或用抗 A、抗 B 效价不高的 O 型血，所用血液应与母亲血清无凝集反应。换血量为 150～180ml/kg（约为婴儿全血量的 2 倍）。一般选用脐静脉或其他较大静脉进行换血，最好选用动、静脉同步换血。

3．药物治疗

（1）供给白蛋白：可输血浆每次 25ml 或白蛋白 1g/kg，以增加胆红素与白蛋白的联结，减少胆红素脑病的发生。

（2）纠正酸中毒：应用 5% 碳酸氢钠 3～5ml/kg，有利于胆红素与白蛋白结合。

（3）肝酶诱导剂：常用苯巴比妥每日 5mg/kg，分 2 次口服，共 4～5 日，或尼可刹米每日 100mg/kg。

案例 7-4 B

该患儿明确诊断为新生儿溶血症（ABO 血型不合），给予光照疗法和换血疗法，及时纠正酸中毒和缺氧，输入白蛋白、血浆，应用肝酶诱导剂等治疗，患儿情况好转。

问题与思考：

1．请列出该患儿主要护理问题。

2．为患儿制订护理措施。

【主要护理诊断／合作性问题】

1．潜在并发症　胆红素脑病、心力衰竭。

2．知识缺乏（家长）患儿家长缺乏对溶血病的护理知识。

【护理措施】

（一）病情观察

1．评估黄疸程度　注意皮肤、巩膜黄染的程度，根据患儿皮肤黄染的部位和范围，判断黄疸程度及进展速度，也可对新生儿进行经皮胆红素监测。一般溶血性黄疸为阳黄、杏黄、橙黄色，观察大小便的次数、量及色泽变化。

2．严密监测病情变化　监测患儿的生命体征，特别注意患儿有无神经系统的异常表现，如患儿出现拒乳、嗜睡、肌张力减低等胆红素脑病的早期表现，注意观察患儿呼吸、心率改变，及时发现心力衰竭表现，出现上述情况应立即通知医生，给予及时处理。

（二）一般护理

1．保暖及输液　注意保暖，保持皮肤、口腔清洁，按医嘱输注葡萄糖及碱性液体，维持水、电解质平衡，避免低温、低血糖和酸中毒。

2．喂养　出生后及早喂养，可刺激肠蠕动，促进胎粪排出，同时有利于肠道正常菌群的建立。如果无胎粪排出或延迟，应给予灌肠，以促进粪便及胆红素排出。黄疸期间患儿常表现为吸吮无力、食欲缺乏，应耐心喂养，按需调整喂养方式，采取少量多次、间歇喂养的方法，同时保证奶量摄入。

（三）实施光照疗法的护理

1．用黑色眼罩保护患儿双眼，勿固定过紧或加压，每日更换眼罩一次。

2．除会阴、肛门部用尿布外，其余均裸露。

3．每日测四次体温，维持体温恒定。

4．适量补充水和液体，每天测体重一次，确定水分丢失情况。

5．观察有无发热、腹胀、绿色稀便、皮疹、深色尿液、脱水、皮肤青铜症等副作用。

6．保持灯管及反射板清洁，灯管使用 1000h 必须更换。

（四）实施换血疗法的护理

1．换血后，应每 15min 观察生命体征一次直至稳定后，可 4h 观察一次。
2．观察注意伤口有无渗血、皮肤颜色，活动能力及体温变化。
3．保持脐部清洁干燥，脐导管留置不可超过 48h，否则需重换一条，一般可在术后 4～5 天拆线。
4．遵医嘱换血后 6h 测血清胆红素浓度，每 8h 检查一次直到稳定下降，每 24h 检查一次直到安全范围。
5．禁食至确定不需要再换血时，维持静脉滴注通畅，一般情况良好，术后 2～4h 可试喂糖水，无不良反应可喂奶。
6．经常改变婴儿体位，防止肺扩张不全。

（五）健康教育

1．使家长了解病情，取得家长配合；对于新生儿溶血病，做好产前咨询及孕妇预防性服药；Rh 阴性妇女在流产或分娩 Rh 阳性胎儿后，应尽早注射相应的抗 Rh 免疫球蛋白，以中和进入母体血中的 Rh 抗原。
2．若为母乳性黄疸，可继续母乳喂养，如吃母乳后仍出现黄疸，可改为隔次母乳喂养并逐步过渡到正常母乳喂养。若黄疸加重，患儿一般情况差，可考虑暂停母乳喂养，黄疸消退后再恢复母乳喂养。
3．若为葡萄糖-6-磷酸脱氢酶（G-6-PD）缺陷者，母亲哺乳期间需忌食蚕豆及其制品，避免使用磺胺、阿司匹林等诱发溶血的药物；患儿衣物保管时勿放樟脑丸，以免诱发溶血。
4．黄疸较重尤其发生胆红素脑病者，建议家长尽早带孩子到有条件的医院进行新生儿行为神经测定，注意后遗症的出现，给予早期康复治疗和训练。

第九节　新生儿败血症

新生儿败血症（neonatal septicemia）是指病原菌侵入新生儿血液循环并在其中生长繁殖、产生毒素而造成的全身性感染，是新生儿期常见的严重感染性疾病，有时在体内产生多发感染性病灶，形成严重病症。其发病率和死亡率较高。常见的病原体为细菌，也可为真菌、病毒或原虫等。本节主要阐述细菌性败血症。

1．病原菌　我国以葡萄球菌最常见，其次是大肠杆菌等 G⁻杆菌；近年因极低出生体重儿的存活率提高和血管导管、气管插管的普遍使用，使表皮葡萄球菌、铜绿假单胞菌等条件致病菌败血症增多。

2．感染途径

（1）产前（宫内）感染：孕母有菌血症，细菌通过胎盘进入血循环而感染胎儿。羊膜囊穿刺，经宫颈取绒毛标本或宫内输血消毒不严等亦可致胎儿感染。

（2）产时（产道）感染：胎膜早破，产程延长时，阴道细菌上行导致炎症。产时经皮取脐带血标本，或经阴道采胎儿头皮血、放置电极、产钳助产损伤等都可造成细菌进入血液。

（3）产后感染：为最主要的感染途径，细菌可经皮肤、黏膜、脐部或呼吸、消化道侵入血液，以脐部最多见；也可通过雾化器、吸痰器和各种导管造成医源性感染。

3．自身因素　新生儿免疫系统功能不完善，屏障功能差，淋巴结发育不全，缺乏吞噬细菌的过滤作用，血中补体含量低，白细胞在应激状态下杀菌下降，T 细胞处于初始状态，对特异抗原反应差，细菌一旦侵入易致全身感染。

【护理评估】

（一）临床表现

早期症状、体征常不典型，常累及多个系统，主要以全身中毒症状为主；全身中毒症状的早期表现为"三少"，即"少吃、少哭、少动"，随着病情进展表现为"七不"，即不吃、不哭、不动、体温不升（或发热）、体重不增、精神不好（萎靡、嗜睡）、面色不好（苍白或灰暗）。少数严重者很快发展为循环衰竭、呼吸衰竭、DIC、中毒性肠麻痹、酸碱紊乱和胆红素脑病，常并发化脓性脑膜炎。根据发病时间分早发型和迟发型。

1. 早发型　①出生7天内起病；②感染发生在出生前或出生时，常由母亲垂直传播引起，病原菌以大肠杆菌等G⁻杆菌为主；③常呈暴发性多器官受累。

2. 迟发型　①出生7天后起病；②感染发生在出生时或出生后，由水平传播引起，病原菌以葡萄球菌、机会致病菌为主；③常有脐炎、肺炎或脑膜炎等局灶性感染。

（二）辅助检查

1. 外周血象　白细胞总数 $< 5 \times 10^9/L$ 或 $> 20 \times 10^9/L$，中性粒细胞杆状核细胞≥总数的20%、出现中毒颗粒或空泡、血小板计数 $< 100 \times 10^9/L$ 有诊断价值。

2. 细菌培养　①血培养；②脑脊液、尿培养：脑脊液应送常规、涂片、生化、培养；③其他：皮肤感染灶、脐部和外耳道分泌物、咽拭子培养可证实细菌感染定位，但不能确诊。

3. 病原菌抗原检查　①采用对流免疫电泳、酶联免疫吸附试验和乳胶颗粒凝集试验，用已知抗体检测体液相应抗原。②基因诊断方法：细菌质粒DNA分析技术，DNA探针，聚合酶链反应是分子水平上的鉴定技术，可避免普通培养漏诊。

4. C反应蛋白（CRP）　CRP反应最灵敏，在感染6～8h内即上升，8～60h达高峰；感染控制后可迅速下降。

5. 鲎试验　用于检测体液中细菌内毒素，阳性提示有革兰阴性细菌感染。

（三）与疾病相关的健康史

了解母亲有无生殖系统、呼吸系统感染史，有无宫内窘迫、产时窒息、胎膜早破等，患儿出生时有无羊水吸入、羊水有无胎粪污染、有无感染接触史，脐部和皮肤有无破损和化脓等感染灶，患儿有无少吃、少哭、少动等异常表现。

（四）心理-社会状况

了解患儿家长对本病的病因、并发症、治疗和护理、预后等疾病相关知识的了解程度，家长的紧张、焦虑等心理反应。

（五）治疗要点

1. 抗生素治疗　用药原则①早期用药；②静脉、联合给药；③疗程足：血培养阴性，经抗生素治疗好转时继续治疗5～7天；血培养阳性，疗程需10～14天，有并发症者应治疗3周以上。④注意药物毒副作用：1周以内的新生儿，尤其是早产儿，肝肾功能不成熟，给药次数需相应减少；头孢三嗪和头孢他啶易影响凝血机制，使用时要警惕出血发生。（抗生素使用详见表7-5）

表7-5　新生儿期抗生素的应用

抗菌药物	每次剂量(mg/kg)	每日次数 <7天	每日次数 >7天	主要病原体
青霉素G	5～10万U	2	3	肺炎链球菌，链球菌，对青霉素敏感的葡萄球菌，G⁻杆菌
氨苄西林	50	2	3	嗜血流感杆菌，G⁻杆菌，G⁺球菌
苯唑西林	25～50	2	3～4	耐青霉素葡萄球菌
羧苄西林	100	2	3～4	绿脓杆菌，变形杆菌，多数大肠杆菌，沙门菌

续表

抗菌药物	每次剂量(mg/kg)	每日次数 <7天	每日次数 >7天	主要病原体
哌拉西林	50	2	3	绿脓杆菌，变形杆菌，大肠杆菌，肺炎链球菌
头孢拉定	50~100	2	3	金葡菌，链球菌，大肠杆菌
头孢呋新（西力欣）	50	2	3	G^-杆菌，G^+球菌
头孢噻肟（凯福隆）	50	2	3	G^-菌，G^+菌，需氧菌，厌氧菌
头孢三嗪（菌必治）	50~100	1	1	G^-菌，耐青霉素葡萄球菌
头孢他啶（复达欣）	50	2	2	绿脓杆菌，脑膜炎球菌，G^-杆菌，G^+厌氧球菌
红霉素	10~15	2	3	G^+菌，衣原体，支原体，螺旋体，立克次体
万古霉素（稳可信）	10~15	2	3	金葡菌，链球菌
亚胺培南/西司他丁（泰能）	20~30	2	2	对绝大多数G^-、G^+需氧和厌氧菌有强大杀菌作用
甲硝唑（灭滴灵）	7.5	2	2	厌氧菌

2. 处理严重并发症　休克时输新鲜血浆，每次10ml/kg，或白蛋白，多巴胺或多巴酚丁胺；清除感染灶；纠正酸中毒及低氧血症；减轻脑水肿。

3. 支持治疗　保暖、给氧，供给足够的热量和液体，维持血糖和电解质在正常水平。

4. 免疫疗法　输入新鲜血浆或全血以增强机体抵抗力，重症患儿可考虑交换输血或静脉注射免疫球蛋白，中性粒细胞明显减少者可输粒细胞，血小板减少者可输注血小板。

【主要护理诊断/合作性问题】

1. 有体温改变的危险　与感染、环境变化有关。
2. 皮肤完整性受损　与脐炎、脓疱疮等感染灶有关。
3. 营养失调：低于机体需要量　与吸吮无力、食欲缺乏及摄入量不足有关。
4. 潜在并发症　化脓性脑膜炎、感染性休克、DIC等。

【护理措施】

1. 维持体温稳定　密切观察体温变化，患儿体温易波动，除感染因素外，还易受环境因素影响，当体温低或体温不升时，及时给予保暖措施；当体温过高时以物理降温为主，新生儿一般不予药物降温，可采取调节室温、散开包被、多喂温开水等措施。

2. 保证抗生素有效进入体内　使用抗生素时，一定要现配现用，保持静脉输液通畅，同时注意药物的配伍禁忌及毒副反应，如应用青霉素类药物，一定要现配现用，确保疗效；用氨基苷类药物，注意药物稀释浓度及对肾、听力的影响，按时检查尿液。

3. 处理局部感染病灶　保持皮肤干燥、清洁，做好口腔、脐部、臀部护理；对脐炎、脓疱病等病灶加强护理，促进皮肤早日愈合，防止感染蔓延扩散。脐炎时先用3%过氧化氢清洗，再用2%碘酊涂抹直至愈合；皮肤小脓疱可用无菌针头刺破（刺破前后用0.5%络合碘消毒）。

4. 密切观察病情　加强巡视，及时记录病情变化，如患儿出现面色青灰、呕吐、脑性尖叫、前囟饱满、两眼凝视提示有脑膜炎的可能；如出现口渴、皮肤弹性降低、尿量减少等症状表明患儿有水电解质紊乱，如患儿面色苍白、皮肤发花、四肢厥冷、脉搏细弱、皮下有出血点等应考虑感染性休克或DIC，应立即与医生联系，及时抢救。

5. 保证营养供给，增加机体抵抗力　可经口喂养，必要时采取静脉营养或鼻饲喂养。

6. 严格执行消毒隔离制度　由于消毒不严的雾化器、吸痰器、呼吸机及各种管道可造成医源性感染，因而室内物品应定期更换、每日消毒，防止交叉感染。

7. 健康教育　指导家长正确喂养及护理患儿，讲解相关疾病知识，保持患儿皮肤、黏膜的清洁卫生。

第十节　新生儿寒冷损伤综合征

新生儿寒冷损伤综合征（neonatal cold injure syndrome）简称新生儿冷伤，亦称新生儿硬肿症，系指新生儿时期由多种原因引起的皮肤和皮下脂肪变硬及水肿，常伴有低体温及多器官功能低下，严重患儿常并发肺出血而死亡。

主要与寒冷、早产、窒息与重症感染有关。

1. 寒冷和保温不足　新生儿尤其是早产儿，发生低体温和皮肤硬肿的原因是：①体温调节中枢发育不成熟；②皮肤表面积相对较大，皮下脂肪少，皮肤薄，血流丰富，易于失热；③躯体小，总液体含量少，体内储存热量少，对失热的耐受能力差，寒冷时即使少量热量丢失，体温就可降低，尤以早产儿和低出生体重儿明显；④以棕色脂肪组织的化学产热方式为主，缺乏寒战等物理产热方式；⑤皮下脂肪中饱和脂肪酸含量比不饱和脂肪酸多，前者熔点高，当受寒或其他原因引起体温降低时，皮脂容易发生凝固硬化，出现皮肤硬肿。

2. 某些疾病　严重感染、缺氧、心力衰竭和休克等使能源物质消耗增加造成低体温和皮肤硬肿，严重的颅脑疾病也可抑制尚未成熟的体温调节中枢使散热大于产热，出现低体温和皮肤硬肿。

3. 多器官功能损害　低体温和皮肤硬肿，可引起微循环障碍，导致皮肤毛细血管通透性增加，出现水肿。低体温持续存在和（或）硬肿面积扩大，缺氧和代谢性酸中毒加重，引起多器官功能受损。

案例 7-5 A

患儿，女，出生后3天，因哭声低弱、拒奶、全身凉1天入院，患儿系第1胎，第1产，孕36周经阴道自然分娩，羊水清，胎盘无异常，胎儿无窒息。出生后给予配方奶喂养，吃奶较少。1天前出现拒奶、哭声低弱、反应差、全身发凉、小便量减少。

体格检查：T 33℃，P 90次/分，R 60次/分，BP 50/30mmHg。体重2.0kg，早产儿貌，反应差，哭声弱，呼吸略表浅，口周青紫，双下肢、大腿外侧、臀部及面颊皮肤硬肿，呈暗紫色，四肢末端青紫，发凉，双肺呼吸音粗，可闻及少许细湿啰音。心音低钝，腹软，肝脾未触及。脊柱及四肢无畸形，四肢活动少。血常规：Hb 160g/L，RBC $4.5×10^{12}$/L，WBC $13.0×10^9$/L，PLT $180×10^9$/L，N 0.38，L 0.56。

胸片：双肺纹理增粗，有小点片状阴影

问题与思考：
1. 该患儿最可能的临床诊断是什么？
2. 该患儿护理评估内容有哪些？

【护理评估】

（一）临床表现

主要发生在寒冷季节或重症感染时，多于出生后1周内发病，早产儿多见。低体温和皮肤硬肿是本病的主要表现。

1. 一般表现　患儿反应低下，吮乳无力或拒乳，哭声低弱，活动减少，可出现呼吸暂停现象，严重者出现"三不"，即不吃、不哭、不动。

2. 低体温　新生儿体核温度（肛门内5cm处温度）< 35℃，轻症为30～35℃，重症

<30℃，新生儿由于腋窝含较多棕色脂肪，寒冷时氧化产热使局部温度升高，腋温－肛温差（T_{A-R}）由正值变为负值，临床上可以根据腋温－肛温差值（T_{A-R}）判断棕色脂肪产热状态的指标，正常状态下，棕色脂肪不产热，$T_{A-R}<0℃$；重症硬肿症时，棕色脂肪耗尽，则$T_{A-R}<0℃$；新生儿硬肿症初期，棕色脂肪代偿产热增加，则$T_{A-R}\geq 0℃$。

3. 皮肤硬肿　皮肤硬、肿、冷，紧贴皮下组织，不易移动如硬橡皮样，局部颜色呈暗红色或发绀。硬肿常呈对称性，发生顺序依次为：小腿→大腿外侧→整个下肢→臀部→面颊→上肢→躯干至全身。硬肿范围可按：头颈部20%，双上肢18%，前胸及腹部14%，背及腰骶部14%，臀部8%，双下肢26%计算。严重者可妨碍关节活动，胸部受累可致呼吸困难。

4. 多器官功能损害　早期心率减慢，微循环障碍，严重时休克、心力衰竭、DIC、肺出血、肾衰竭等，肺出血是较常见的并发症。

5. 病情分度　临床根据体温及皮肤硬肿范围分为轻度：体温$\geq 35℃$、皮肤硬肿范围$<20\%$，$T_{A-R}>0℃$，全身一般情况尚可；中度：体温$<35℃$、$T_{A-R}\geq 0℃$，皮肤硬肿范围20%～50%，患儿精神反应差、器官功能低下；重度：体温$<30℃$、$T_{A-R}<0℃$，皮肤硬肿范围$>50\%$，常伴有休克、DIC、肺出血、急性肾衰竭等器官功能障碍。

（二）辅助检查

根据病情需要，监测血常规、动脉血气和血电解质、血糖、尿素氮、肌酐、DIC筛查试验。必要时可行ECG及X线胸片等。

（三）与疾病相关的健康史

收集患儿的出生史、喂养情况、居住环境温度；有无早产、窒息、胎膜早破、脐部感染及保暖不当史；评估患儿体温、皮肤硬肿出现的时间、部位、程度、颜色及进展情况，有无少吃、少哭、少动、反应低下、全身冰凉等症状。

（四）心理－社会状况

了解患儿家长对本病的病因、并发症、治疗和护理、预后等疾病相关知识的了解程度，家长的紧张、焦虑等心理反应。

（五）治疗要点

1. 复温　是低体温患儿治疗的关键。复温原则是逐步复温，循序渐进。
2. 保证热量和液体均衡供给　供给充足的热量有助于复温和维持正常体温，但有明显心肾损害者，注意严格控制输液速度和液体入量。
3. 控制感染　根据血培养和药敏结果应用抗生素。
4. 纠正器官功能紊乱　对心力衰竭、休克、凝血障碍、弥散性血管内凝血、肾衰竭和肺出血等，应给予相应治疗。

案例7-5 B

该患儿明确诊断为新生儿寒冷损伤综合征，给予复温，补充热量和液体、控制感染及时纠正器官功能紊乱等治疗，患儿情况好转。

问题与思考：
1. 请列出该患儿主要护理问题。
2. 为患儿制订护理措施。

【主要护理诊断/合作性问题】

1. 体温过低　与新生儿体温调节中枢发育不完全、寒冷、早产、感染、缺氧等因素有关。

2. 有皮肤完整性受损的危险　与皮肤硬肿、水肿，局部血液供应不良有关。
3. 有感染的危险　与新生儿免疫功能低下、皮肤黏膜屏障功能低下有关。
4. 营养失调：低于机体需要量　与吸吮无力，热能摄入不足有关。
5. 潜在并发症　肺出血、DIC 等。
6. 知识缺乏　患儿家长缺乏正确保暖及育儿知识。

【护理措施】

（一）积极复温

1. 密切观察病情　监测生命体征，包括体温、血压、心率、呼吸等；监测摄入或输入热量、液量及尿量。

2. 复温方法　①若肛温 > 30℃、$T_{A-R} \geq 0$℃的患儿，提示体温虽低，但棕色脂肪产热较好，此时可通过减少散热使体温回升。足月儿一般可包裹并加用热水袋保暖，置于 25～26℃ 的室温环境下，使体温升至正常；早产儿置于已预热至中性温度的温箱中，一般在 6～12h 内恢复正常体温。②若肛温 < 30℃、$T_{A-R} < 0$℃的患儿，其体温很低，棕色脂肪被耗尽，自身产热不足，需依靠外部加热来恢复体温，应将患儿置于比体温高 1～2℃的温箱中开始复温，监测肛温、腋温，并每小时提高箱温 1℃，亦可酌情采用辐射式新生儿抢救台或恒温水浴法复温，一般在 12～24h 内可使体温恢复正常。

如无上述条件，亦可用热水袋、热炕、电热毯包裹或母怀取暖等方法，但要注意防烫伤和窒息。

（二）保证热量和液体供给

热量开始按每天 210kJ/kg（50kcal/kg），并逐渐增至 419～502kJ/kg（100～120kcal/kg），早产儿或伴产热衰竭患儿适当增加热量。有吸吮能力者可经口喂养，吸吮无力者可用滴管、鼻饲或静脉营养来保证能量供给。液体量按 0.24ml/kJ（1ml/kcal）给予，重症伴有尿少、无尿或明显心肾损害者，应严格限制输液速度和液量。

（三）密切观察病情

密切观察体温、脉搏、呼吸、硬肿范围及程度、尿量、有无出血症状等，详细记录出入水量，备好抢救药物、氧气、吸引器、复苏气囊和呼吸机等抢救用物，一旦发生病情变化，立即通知医生，及时抢救。如发现患儿呼吸困难、面色突然青紫、肺部湿啰音、鼻腔流出或喷出粉红色泡沫样液体，提示患儿可能已经发生肺出血，应立即将患儿头偏向一侧，及时吸出呼吸道分泌物，保持呼吸道通畅，立即通知医生及时抢救，在抢救过程中避免挤压患儿胸部，以免加重出血。

（四）控制感染

根据血培养和药敏结果应用抗生素，做好消毒隔离，加强皮肤护理。

（五）健康教育

介绍疾病相关知识及保暖、喂养等育儿知识，鼓励母乳喂养，保证足够热量。

第十一节　新生儿低血糖

新生儿出生后血糖浓度有一自然下降继而上升的过程，并且许多低血糖的新生儿并无任何临床症状和体征，因此，长期以来新生儿低血糖的定义一直未完全统一。目前多数学者认为，全血葡萄糖水平 < 2.2mmol/L（40mg/dl）应诊断为新生儿低血糖（neonatal hypoglycemia）。多见于早产儿及小于胎龄儿。葡萄糖是新生儿脑细胞的基本能量来源，若不及时纠正低血糖将会造成永久性的脑损伤。

新生儿低血糖的发生主要与以下因素有关：

1. **肝糖原储存不足** 早产儿、小于胎龄儿和双胎中体重轻者肝糖原贮存少，出生后若延迟喂奶或摄入不足就容易发生低血糖。

2. **葡萄糖消耗增加** 应激及严重疾病，如创伤、严重感染、低体温、先天性心脏病等，由于热量摄入不足，葡萄糖利用增加，可致低血糖。

3. **胰岛素水平过高** 主要见于糖尿病母亲婴儿、Rh溶血病、Beckwith综合征、婴儿胰岛细胞增生症等。

4. **先天性内分泌和代谢性缺陷疾病** 如半乳糖血症、先天性果糖不耐受症、枫糖尿病、先天性垂体功能低下等，常出现持续顽固的低血糖。

【护理评估】

（一）临床表现

低血糖多出现于生后24～72h内，糖尿病母亲的婴儿生后数小时即可出现症状。大多数患儿并无临床症状，即使出现症状也多为非特异性的。多表现为：反应差或烦躁、喂养困难、震颤、惊厥、阵发性青紫、呼吸暂停或呼吸增快、哭声减弱或音调变高等，也可出现面色苍白、多汗、体温不升、心动过速等。经静脉注射葡萄糖后上述症状消失，血糖恢复正常。

（二）辅助检查

常用微量纸片法测定血糖，异常者采静脉血测定血糖以明确诊断。对可能发生低血糖者可在生后进行持续血糖测定。对持续顽固性低血糖者，进一步做血胰岛素、胰高糖素、T_4、TSH、生长激素及皮质醇等检查，以排除先天性内分泌疾病或代谢性缺陷病。

（三）与疾病相关的健康史

评估患儿的出生史，有无早产、窒息缺氧等；评估母亲孕期有无糖尿病、妊娠高血压综合征等，家族中有无内分泌疾病、遗传代谢性疾病患者；评估患儿低血糖出现的时间、程度，有无多汗、嗜睡、反应力低下、震颤、惊厥等表现。

（四）心理-社会状况

了解患儿家长对本病相关知识及患儿病情的了解程度，家长的紧张、焦虑等心理反应。

（五）治疗要点

无症状低血糖可给予进食葡萄糖，如无效改为静脉输注葡萄糖。对有症状患儿都应静脉输注葡萄糖。对持续或者反复低血糖者除静脉输注葡萄糖外，结合病情予氢化可的松静脉点滴、胰高血糖素肌内注射或泼尼松口服。

【主要护理诊断/合作性问题】

1. 营养失调：低于机体需要量 与热能摄入不足、消耗增加有关。
2. 潜在并发症 呼吸暂停。
3. 知识缺乏 患儿家长缺乏正确喂养知识。

【护理措施】

1. **积极纠正低血糖** 出生后能进食者尽早喂养，对有可能发生低血糖的患儿于生后1h给10%葡萄糖10ml/kg，每小时1次，连用3～4次；无法进食的早产儿或窒息儿尽快建立静脉通路，保证葡萄糖的输入。

2. **病情监测** 密切监测生命体征，观察病情变化，注意有无震颤、惊厥、多汗、呼吸暂停等，有呼吸暂停时应立即进行皮肤刺激、吸氧等处理并立即通知医生。定期监测血糖，遵医嘱给药，静脉输注葡萄糖时及时调整输入量及速度。

3. **健康教育** 介绍疾病相关知识及喂养等育儿知识，避免可导致低血糖的高危因素（寒冷损伤等）。

小结

一、新生儿总论

新生儿是指从脐带结扎到生后28天内的婴儿,可分别根据胎龄、出生体重及出生后周龄进行分类。足月儿和早产儿不仅外观不同,其生理功能也各有特点。早产儿存在体温过低、自主呼吸受损、营养失调的护理问题,护理重点为保暖、维持有效呼吸和合理喂养。

二、新生儿窒息

新生儿窒息的本质是缺氧,凡能影响母体和胎儿血液循环和气体交换的因素都会引起窒息。生后1min Apgar评分是评价窒息的主要依据,一旦发生窒息,按顺序实施ABCDE复苏方案是抢救的关键,以避免或减轻缺氧缺血性脑病。

三、新生儿缺氧缺血性脑病

新生儿缺氧缺血性脑病最主要的病因是宫内窘迫、围生期窒息,主要临床表现为意识障碍、肌张力低下和原始反射异常。常有神经系统后遗症,治疗要点为支持疗法、控制惊厥、治疗脑水肿、亚低温治疗。主要护理措施为给氧、病情观察、用药护理和早期康复干预等。

四、新生儿颅内出血

新生儿颅内出血是新生儿最严重的脑损伤,主要因缺氧和产伤引起,主要表现为神志改变、呼吸及双瞳孔异常改变,治疗要点为止血、镇静、止痉、降颅压、应用脑代谢激活剂、外科处理脑积水等,主要的护理措施是绝对卧床休息、病情观察、合理用氧、维持体温稳定、用药护理和健康指导等。

五、新生儿呼吸窘迫综合征

新生儿呼吸窘迫综合征(RDS)多见于早产儿,缺乏肺表面活性物质(PS)所致,生后不久出现呼吸性呻吟是RDS的主要特点,RDS的主要护理问题为自主呼吸受损、气体交换受损和体温过低,治疗要点为纠正缺氧、PS替代治疗、维持酸碱平衡、支持治疗。主要的护理措施为维持有效呼吸、给氧、保暖、合理喂养与预防感染。对胎龄较小的早产儿,出生后立即应用PS,可预防RDS的发生。

六、新生儿黄疸和溶血病

新生儿黄疸是新生儿期最常见的症状之一,可分为生理性黄疸和病理性黄疸,病理性黄疸有黄疸出现早、程度重、消退延迟和退而复现等特点。新生儿溶血病多见于ABO血型不合的母子,胆红素脑病是其严重并发症,其护理措施为合理喂养、保暖、做好蓝光治疗和换血疗法的护理。

七、新生儿败血症

新生儿败血症可发生在产前、产时和产后,以产后感染多见。常有黄疸、肝脾大等症状,主要护理问题为体温调节无效和感染性潜在并发症等,应采取维持正常体温、及时处理感染病灶控制感染等护理措施。

八、新生儿寒冷损伤综合征

新生儿寒冷损伤综合征主要表现为低体温、皮肤硬肿和多器官损伤。硬肿常呈对称性表现,硬肿部位按顺序依次发生。复温、营养支持是其护理重点。新生儿低血糖的症状不特异,对有发生可能的高危儿及时监测血糖,出生后早喂养,保证葡萄糖的输入。

自测题

一、单项选择题

1. 张女士之子，胎龄290天，出生体重3.6kg，查其体重位于同胎龄体重的第80百分位。正确而全面的诊断是
   - A．过期产儿，巨大儿
   - B．过期产儿，大于胎龄儿
   - C．足月儿，适于胎龄儿
   - D．足月儿，大于胎龄儿
   - E．足月儿，小于胎龄儿

2. 下列选项，**不符合**足月儿外观特点的是
   - A．皮肤红润，胎毛少
   - B．足底光滑、纹理少
   - C．耳郭软骨发育好
   - D．指（趾）甲超过指（趾）尖
   - E．男婴睾丸已降至阴囊内，女婴大阴唇可覆盖小阴唇

3. 新生儿，女，3天，洗澡时发现两侧乳腺均有蚕豆大小肿块，轻挤后有白色液体流出，下列处理正确的是
   - A．用手挤压
   - B．挑割肿块
   - C．手术切除
   - D．应用抗生素
   - E．无需处理

4. 早产儿晨间护理时的室内温度应保持在
   - A．20～22℃
   - B．22～24℃
   - C．24～26℃
   - D．27～28℃
   - E．29～30℃

5. 新生儿窒息复苏抢救时通气有效的主要指标是
   - A．出现自主呼吸
   - B．瞳孔出现对光反射
   - C．摸到大动脉搏动
   - D．口唇和面色转红
   - E．可见胸廓起伏

6. 新生儿窒息进行胸外心脏按压的频率为（次/分）
   - A．60
   - B．80
   - C．90
   - D．100
   - E．120

7. 新生儿缺氧缺血性脑病最常见的原因
   - A．一氧化碳中毒
   - B．围产期窒息
   - C．产伤
   - D．脑血管栓塞
   - E．贫血

8. 新生儿寒冷损伤综合征首先发生的部位为
   - A．面颊部
   - B．肩部
   - C．小腿及大腿外侧
   - D．上肢
   - E．臀部

9. 患儿，男，33周早产，小于胎龄儿，出生后出现哭声异常，阵发性青紫，肢体抖动。查血糖1.65mmol/L，诊断：新生儿低血糖。该患儿出现低血糖最可能的原因是
   - A．早产
   - B．感染
   - C．摄入不足
   - D．代谢异常
   - E．母亲低血糖

10. 患儿，女，出生后第4天，拒食、反应差，皮肤黄染并加深8h。面部、颈部散在小脓疱，脐部潮湿，心肺无异常，肝右肋下2cm。该患儿最可能的医疗诊断是
    - A．新生儿溶血症
    - B．新生儿肝炎
    - C．母乳性黄疸
    - D．新生儿败血症
    - E．新生儿低血糖

11. 下列哪项**不属于**新生儿颅内出血的临床表现
    A. 激惹、过度兴奋
    B. 黄疸
    C. 呼吸暂停
    D. 贫血
    E. 腹泻
12. 男婴，足月顺产，出生后第3天，面部皮肤发黄，精神尚佳，食欲好，体温36.8℃。血白细胞$12×10^9$/L，中性粒细胞55%，血清胆红素145μmol/L。该新生儿最可能的诊断是
    A. 新生儿溶血症
    B. 新生儿肝炎
    C. 新生儿胆红素脑病
    D. 新生儿败血症
    E. 新生儿生理性黄疸

二、案例题

患儿，女，产后6h，由于母亲患有妊娠高血压综合征、前置胎盘，患儿提前2周分娩，体格检查：身长45cm，体重2100g，面色苍白灰暗，肌张力低，反应迟钝，呼吸浅表且不规则，指端及口唇有不同程度的发绀，Apgar评分：1min 5分，血气分析结果：pH 7.14，$PaCO_2$ 70mmHg，PaO_2 36mmHg。

问题：
1. 患儿是否存在窒息，是何种程度的窒息？
2. 引起窒息的主要原因是什么？
3. 简述该病儿的护理要点。

（王 茜 王小燕）

第八章 消化系统疾病患儿的护理

通过本章内容的学习,学生应能:
◇ 识记
1. 复述小儿消化系统解剖生理特点。
2. 说出鹅口疮及疱疹性口炎的病原体。
3. 说出腹泻病、急性腹泻、迁延性腹泻、慢性腹泻、生理性腹泻的定义。
◇ 理解
1. 比较鹅口疮及疱疹性口炎临床异同点。
2. 说明小儿腹泻的病因和发病机制。
3. 比较轻型腹泻与重型腹泻的临床特点。
◇ 运用
1. 评估口炎患儿并为其制订护理计划。
2. 评估腹泻患儿并为其制订护理计划。
3. 能对腹泻患儿的液体疗法进行正确护理。

小儿由于消化功能尚不完善,易发生消化紊乱、水电解质和酸碱平衡失调,从而造成慢性营养障碍甚至影响小儿的生长发育,同时也会造成小儿机体抵抗力降低而导致感染,因此,应全面评估消化系统疾病对消化系统功能以及小儿身心的影响。

第一节 小儿消化系统解剖生理特点

一、口腔

足月新生儿在出生时已具有较好的吸吮和吞咽功能,早产儿则较差。婴幼儿口腔黏膜薄嫩,血管丰富,唾液腺发育不完善,因此容易受损和发生局部感染;3个月以下婴儿因唾液中淀粉酶含量低,故不宜喂淀粉类食物;3~4个月婴儿唾液分泌开始增加,5~6个月时明显增多,但由于口底浅,不能及时吞咽所分泌的全部唾液,常可发生生理性流涎。

二、食管

食管长度在新生儿为8~10cm,1岁时为12cm,5岁时为16cm,学龄小儿为20~25cm,成人为25~30cm。婴儿的食管呈漏斗状,黏膜薄嫩,腺体缺乏、弹力组织和肌层不发达,食管下端贲门括约肌发育不成熟,控制能力差,常发生胃食管反流,一般在8~10个月时症状消失。

三、胃

胃容量新生儿为30～60ml，1～3个月90～150ml，1岁时250～300ml，5岁时700～850ml，成人约为2000ml。由于哺乳后不久幽门即开放，胃内容物逐渐进入十二指肠，故实际哺乳量常超过上述胃容量。婴儿胃呈水平位，当开始行走后渐变为垂直位。贲门和胃底部肌张力低，幽门括约肌发育较好，故易发生幽门痉挛而出现呕吐。胃排空时间因食物种类不同而异，水1.5～2h，母乳2～3h，牛乳3～4h。早产儿胃排空慢，易发生胃潴留。

四、肠

小儿肠管相对比成人长，新生儿约为身长的8倍，婴儿为身长的5～7倍，黏膜血管丰富，小肠绒毛发育较好，有利于消化吸收。但肠黏膜肌层发育差，肠系膜柔软而长，固定差，易发生肠扭转和肠套叠。食物通过肠道的时间个体差异较大，母乳喂养儿奶液通过肠道的时间较快，人工喂养儿则较慢，可延长到48h，所以人工喂养儿大便较干结。小儿肠壁薄，通透性高，屏障功能差，故肠内毒素、消化不全产物等易通过肠黏膜吸收进入体内，引起全身性感染和变态反应性疾病。

五、肝

年龄越小，肝相对越大。婴儿肝下缘一般在右锁骨中线肋下2cm可扪及，剑突下更易扪及，4岁以后肝下缘上升，6岁以内仍可在肋下1～2cm处扪及，6～7岁后则不能扪及。婴儿肝结缔组织发育较差，肝细胞再生能力强，但肝功能不成熟，解毒能力差，故在感染、缺氧、中毒等情况下易发生肝大和变性。婴儿期胆汁分泌较少，故对脂肪的消化和吸收较差。

六、胰腺

出生时胰液分泌量少，3～4个月时随着胰腺的发育而随之增多，但6个月以内胰淀粉酶活性较低，1岁后才接近成人。婴儿胰脂肪酶和胰蛋白酶的活性均较低，故对脂肪和蛋白质的消化和吸收不够完善，易发生消化不良。

七、肠道细菌

在母体内，胎儿肠道是无菌的，出生后数小时细菌即从口、鼻、肛门侵入肠道，主要分布在结肠及直肠。肠道菌群受食物成分影响，母乳喂养儿以双歧杆菌占绝对优势；人工喂养儿和混合喂养儿肠道内的大肠埃希菌、嗜酸杆菌、双歧杆菌及肠球菌所占比例几乎相等。正常肠道菌群对侵入肠道的致病菌有一定的拮抗作用，而婴幼儿肠道正常菌群脆弱，易受许多内外因素的影响而致菌群失调，导致消化道功能紊乱。

八、健康小儿粪便

食物进入消化道至成为粪便排出时间因年龄及喂养方式而异，母乳喂养儿平均为13h，人工喂养儿平均为15h，成人平均为18～24h。新生儿出生24h内即会排出胎粪，3～4日内排完，胎粪色黑绿或深绿，黏稠，无臭，是由脱落的上皮细胞、浓缩消化液及胎儿时期吞入的羊水所组成。若喂乳充分，2～3日后即转为正常婴儿粪便。

1. 母乳喂养儿粪便　呈黄色或金黄色，糊状，偶有细小乳凝块，或较稀薄，绿色，不臭，呈酸性反应（pH4.7～5.1），每日排便2～4次，一般在添加辅食后次数减少。

2. 人工喂养儿粪便　呈淡黄色或灰黄色，较干稠，呈中性或碱性反应（pH6～8），每日排便1～2次，易发生便秘。

3. 混合喂养儿粪便　与人工喂养儿粪便相似，但较软、黄。添加谷类、蛋、肉、蔬菜、水果等辅食后，粪便性状逐渐接近成人，每日排便1次。

第二节　口　炎

口炎（stomatitis）是指口腔黏膜的炎症，若病变仅局限于舌、齿龈、口角亦可称为舌炎、齿龈炎或口角炎。本病常由病毒、真菌、细菌引起，多见于婴幼儿，可单独发生，亦可继发于全身性疾病如感染、腹泻、营养不良、久病体弱和维生素B、C缺乏等。食具消毒不严、口腔卫生不良或各种疾病导致机体抵抗力下降均可导致口炎发生。目前细菌感染性口炎已经很少见，但病毒及真菌感染引起的口炎仍较常见。

一、鹅口疮

鹅口疮（thrush，oral candidiasis）又名雪口病，为白色念珠菌感染所致，多见于新生儿、营养不良、腹泻、长期应用广谱抗生素或激素的患儿，新生儿多由产道感染，或因哺乳时奶头不洁或使用污染的奶具而感染。

【临床表现】

本病特征是在口腔黏膜表面覆盖白色或灰白色乳凝块样小点或小片状物，可逐渐融合成大片，不易拭去，若强行擦拭剥离后，局部黏膜潮红、粗糙、可有溢血。患处不痛、不流涎，一般不影响吃奶，无全身症状。以颊黏膜最常见，其次是舌、齿龈及上腭，重者全部口腔均被白色斑膜覆盖，甚至可蔓延至咽、喉、食管、气管等，而出现呕吐、吞咽困难、声音嘶哑或呼吸困难。取白膜化验检查，在显微镜下可见真菌的菌丝和孢子。

【治疗要点】

1. 保持口腔清洁　可用2%碳酸氢钠溶液于哺乳前后清洁口腔。
2. 药物治疗　局部涂抹10万～20万 U/ml制霉菌素鱼肝油混悬溶液，每日2～3次。严重者可同时口服制霉菌素，40万～80万 U/d，分3次服用，效果较好。

二、疱疹性口炎

疱疹性口炎（herpetic stomatitis）由单纯疱疹病毒Ⅰ型感染所致，多见于婴幼儿。全年均可发病，冬春季多见，传染性强，可在集体托幼机构引起小流行。

【临床表现】

起病时发热，体温可达38～40℃，齿龈红肿，触之易出血，1～2天后口腔黏膜出现单个或成簇的小疱疹，直径约2mm，周围有红晕，迅速破溃后形成浅表溃疡，有黄白色纤维素性分泌物覆盖。疱疹常见于齿龈、口唇、舌和颊黏膜，有时累及软腭及咽部。由于疼痛明显，患儿可表现拒食、流涎、烦躁，常有颌下淋巴结肿大。体温在3～5天后恢复正常，病程1～2周，局部淋巴结肿大可持续2～3周。

【治疗要点】

1. 保持口腔清洁　多饮水，可用3%过氧化氢溶液清洗口腔，避免刺激性食物。
2. 局部用药　局部可喷洒西瓜霜、锡类散等。为预防继发感染可涂2.5%～5%金霉素鱼肝油，疼痛严重者可在进食前用2%利多卡因涂抹局部。
3. 对症处理　发热者按医嘱给予物理或药物降温，补充足够的营养和水分；有继发感染时按医嘱使用抗生素治疗。

三、溃疡性口炎

溃疡性口炎（ulcerative stomatitis）主要由链球菌、金黄色葡萄球菌、肺炎链球菌、绿脓杆菌或大肠杆菌等引起，多见于婴幼儿，常发生于感染、长期腹泻等机体抵抗力下降时，口腔不洁更有利于细菌繁殖而致病。

【临床表现】

口腔各部位均可发生，常见于舌、唇内及颊黏膜处，可蔓延到唇及咽喉部。开始时口腔黏膜充血水肿，随后形成大小不等的糜烂或溃疡，上有纤维素性炎性分泌物形成的假膜，呈灰白色或黄色，边界清楚，易拭去，露出溢血的创面，但不久又被假膜覆盖，涂片染色可见大量细菌。局部疼痛、流涎、拒食、烦躁，常有发热，体温可达 39～40℃，局部淋巴结肿大，白细胞总数和中性粒细胞增多。全身症状轻者约 1 周体温恢复正常，溃疡逐渐愈合；严重者可出现脱水和酸中毒。

【治疗要点】

1. 控制感染　选用有效抗生素。
2. 保持口腔清洁　可用 3% 过氧化氢溶液或 0.1% 利凡诺溶液清洁口腔。
3. 局部处理　溃疡面涂 5% 金霉素鱼肝油、锡类散等。
4. 补充水分和营养。

四、口炎护理

【主要护理诊断/合作性问题】

1. 口腔黏膜改变　与口腔感染有关。
2. 体温过高　与口腔炎症有关。
3. 疼痛　与口腔黏膜糜烂、溃疡有关。
4. 营养失调：低于机体需要量　与疼痛引起拒食有关。
5. 知识缺乏　患儿及家长缺乏本病的预防及护理知识。

【护理措施】

1. 口腔护理　根据不同病因选择不同溶液清洁口腔，每日 2～3 次，以餐后 1h 左右为宜；年长儿可用含漱剂。鼓励患儿多饮水，进食后漱口，以保持口腔黏膜湿润和清洁。对流涎者，及时清除分泌物，保持皮肤干燥、清洁，避免引起皮肤湿疹及糜烂。

2. 正确涂药　涂药前先清洗口腔，然后将无菌纱布或干棉球放在颊黏膜腮腺管口处或舌系带两侧，以隔断唾液，防止药物被冲掉；然后再用干棉球将病变部位黏膜表面吸干后再涂药；涂药后嘱患儿闭口 10min 后取出纱布或棉球，并叮嘱患儿或家长，不可让患儿马上漱口、饮水或进食。

3. 饮食护理　供给高热量、高蛋白（发热患儿除外）、富含维生素的温凉流质或半流质食物，食物宜甜、不宜咸，避免摄入酸辣或粗硬食物。对因口腔黏膜糜烂、溃疡引起疼痛影响进食者，可在进食前局部涂 2% 利多卡因；对不能进食者，可静脉补充或给予肠道外营养，以确保能量与液体的供给。

4. 发热护理　密切监测患儿体温变化，若体温超过 38.5℃时，给予松解衣服、置冷水袋、冰袋等物理降温，必要时给予药物降温。

5. 健康教育　教育孩子养成良好的卫生习惯，纠正吮指、不刷牙等不良习惯；年长儿应教导其进食后漱口，避免用力或粗暴擦伤口腔黏膜。培养良好的饮食习惯，避免偏食、挑食。指导家长食具专用，患儿使用过的食具应煮沸消毒或高压灭菌消毒。

第三节 小儿腹泻病

小儿腹泻病（childhood diarrhea）是指由多种病原、多种因素引起的，以大便次数增多和大便性状改变为特点的消化道综合征，严重者可引起水、电解质和酸碱平衡紊乱。发病年龄以6个月～2岁多见，其中1岁以内者约占半数。一年四季均可发病，但夏秋季发病率最高。

发病原因有易感因素、感染因素和非感染因素。易感因素包括：消化系统发育不成熟、生长发育快、机体防御功能较差及肠道菌群失调；感染因素包括肠道内感染和肠道外感染；非感染性因素包括饮食因素和气候因素。导致腹泻发生的机制包括肠腔内存在大量不能吸收的具有渗透活性的物质（渗透性腹泻）、肠腔内电解质分泌过多（分泌性腹泻）、炎症所致的液体大量渗出（渗出性腹泻）及肠道运动功能异常（肠道功能异常性腹泻）等。但临床上不少腹泻并非由某种单一机制引起，而是多种机制共同作用的结果。

> **案例 8-1 A**
>
> 患儿，女，12个月。因"腹泻、呕吐3天，加重1天"入院。患儿于入院前3天开始腹泻，呈黄色稀水样便，每日5～6次，量中等。有时呕吐，为胃内容物，呈非喷射状，量少。伴轻咳、流涕。1天前大便次数增多，每日10余次。发病后患儿食欲减退，精神萎靡，尿量稍少。患儿系第1胎，第1产，足月顺产，混合喂养，6个月开始添加蛋黄、水果、粥等食物。
>
> 体格检查：T 38℃，P 130次/分，R 32次/分，体重8.0kg，精神萎靡，皮肤稍干，弹性稍差，前囟和眼眶稍凹陷，口腔黏膜稍干，咽红，出牙6枚，双肺（-），心音有力，腹稍胀，肠鸣音4次/分，四肢温暖，膝腱反射正常，肛周皮肤发红。
>
> 辅助检查：血钠 138mmol/L，血钾 3.2mmol/L，血 HCO_3^- 16mmol/L。
>
> **问题与思考**：该患儿护理评估内容有哪些？

【护理评估】

（一）临床表现

不同病因引起的腹泻常具有不同临床过程。病程在2周以内的腹泻为急性腹泻，病程在2周至2个月之间的腹泻为迁延性腹泻，病程超过2个月的腹泻为慢性腹泻。

1. 急性腹泻

不同病因引起的腹泻常具相似的临床表现，同时各有其特点。

(1) 腹泻的共同临床表现

1) 轻型腹泻：多由饮食因素或肠道外感染引起。起病可急可缓，以胃肠道症状为主，主要表现为食欲缺乏，偶有溢奶或呕吐。大便次数增多，一般每日在十次以内，每次大便量不多，稀薄或带水，呈黄色或黄绿色，有酸味，常见白色或黄白色奶瓣和泡沫。无脱水及全身中毒症状，多在数日内痊愈。

2) 重型腹泻：多由肠道内感染引起，起病常较急；也可由轻型逐渐加重而致。除有较重的胃肠道症状外，还有明显的脱水、电解质紊乱及全身中毒症状。①胃肠道症状：腹泻频繁，每日大便从十余次到数十次；除了腹泻外，常伴有呕吐（严重者可吐咖啡样物）、腹胀、腹痛、食欲缺乏等。大便呈黄绿色水样或蛋花汤样、量多，含水分多，可有少量黏液，少数患儿可有少量血便。②水、电解质和酸碱平衡紊乱症状：有脱水、代谢性酸中毒、低钾及低钙、低镁血症等（参见本章附录）。③全身中毒症状：如发热，体温可达40℃，烦躁不安，精神萎靡或嗜睡，进而意识模糊，甚至昏迷、休克等。

（2）几种常见类型肠炎的临床特点

1）轮状病毒肠炎：好发于秋、冬季，以秋季流行为主，故又称秋季腹泻。多见于6个月～2岁的婴幼儿，起病急，常伴有发热和上呼吸道感染症状，多无明显感染中毒症状。病初1～2天常出现呕吐，随后出现腹泻。大便次数及水分多，呈黄色或淡黄色，水样或蛋花汤样，无腥臭味，大便镜检偶有少量白细胞。常并发脱水、酸中毒及电解质紊乱。本病为自限性疾病，自然病程3～8天。近年报道，轮状病毒感染也可侵犯多个脏器，如神经系统、心脏等。

2）大肠埃希菌肠炎：多发生在5～8月气温较高的季节。①产毒性大肠埃希菌肠炎。起病较急，轻症仅大便次数稍增，性状轻微改变。重症腹泻频繁，量多，呈蛋花汤样或水样，混有黏液，常伴呕吐，严重者伴有发热、脱水、电解质及酸碱平衡紊乱，大便镜检无白细胞。本病为自限性疾病，自然病程3～7天或更长。②侵袭性大肠埃希菌肠炎。起病急，高热，腹泻频繁，大便呈黏液样，带脓血，有腥臭味，常伴恶心、呕吐、腹痛和里急后重，可出现严重的全身感染中毒症状甚至休克，大便镜检有大量白细胞及数量不等的红细胞，粪便细菌培养可找到相应的致病菌。③出血性大肠埃希菌肠炎。大便开始呈黄色水样便，后转为血水便，有特殊臭味，常伴腹痛，大便镜检有大量红细胞，一般无白细胞。

3）抗生素诱发性肠炎：①金黄色葡萄球菌肠炎。多继发于使用大量抗生素后，与菌群失调有关。表现为发热、呕吐、腹泻，不同程度中毒症状、脱水和电解质紊乱，甚至发生休克。典型大便暗绿色，量多，带黏液，少数为血便。大便镜检有大量脓细胞和成簇的G^+球菌，培养有葡萄球菌生长。②假膜性小肠结肠炎。由难辨梭状芽孢杆菌引起，主要症状为腹泻，轻者每日数次，停用抗生素后很快痊愈；重者腹泻频繁，呈黄绿色水样便，可有毒素致肠黏膜坏死所形成的伪膜排出，大便厌氧菌培养、组织培养法检测细胞毒素可协助诊断。③真菌性肠炎。多为白色念珠菌感染所致，常并发于其他感染如鹅口疮，大便次数增多，黄色稀便，泡沫较多带黏液，有时可见豆腐渣样细块（菌落）。大便镜检有真菌孢子和菌丝。

2．迁延性和慢性腹泻

迁延性腹泻和慢性腹泻多与营养不良和急性期治疗不彻底有关，以人工喂养儿、营养不良儿多见。表现为腹泻迁延不愈，病情反复，大便次数和性质不稳定，严重时可出现水、电解质紊乱。由于营养不良儿腹泻时易迁延不愈，持续腹泻又加重了营养不良，两者可互为因果，形成恶性循环，最终引起免疫功能低下，继发感染，导致多脏器功能异常。

3．非病理性腹泻

（1）生理性腹泻：多见于出生6个月以内的婴儿。患儿外观虚胖，常伴湿疹，生后不久即出现腹泻。一般无其他症状，食欲好，生长发育正常，添加换乳期食品后，大便即逐渐转为正常。近年研究发现，此类腹泻可能为乳糖不耐受的一种特殊类型。

（2）饥饿性腹泻：发生于急性腹泻恢复期，因控制饮食使患儿大便缺少食物残渣而呈黏冻状，而被误认为腹泻未愈，仍继续限食。患儿因有饥饿感而哭闹，粪便水分不多、量少为特点，只要逐渐增加饮食，粪便即可转为正常。

（二）辅助检查

1．血常规　细菌感染时白细胞总数及中性粒细胞增多，寄生虫感染和过敏性腹泻时嗜酸性粒细胞增多。

2．大便常规　肉眼检查大便的性状如外观、颜色、是否有黏液脓血等；大便镜检有无脂肪球、白细胞、红细胞等。

3．病原学检查　细菌性肠炎大便培养可检出致病菌，真菌性肠炎大便镜检可见真菌孢子和菌丝，病毒性肠炎可做病毒分离等检查。

4. 血液生化 血钠测定可了解脱水的性质，血钾测定可了解有无低钾血症，碳酸氢盐测定可了解体内酸碱平衡失调的性质及程度。

（三）与疾病相关的健康史

评估喂养史，如喂养方式、喂何种乳品、冲调浓度、喂哺次数及每次量、添加辅食及断奶情况；注意有无不洁饮食史、食物过敏、腹部受凉或体温过高致饮水过多；了解是否有上呼吸道感染、肺炎等肠道外感染病史；既往有无腹泻史，有无其他疾病及长期使用抗生素病史。

（四）心理-社会状况

评估患儿及家长对疾病的心理反应及认识程度、文化程度、喂养及护理知识等；评估患儿家庭的居住环境、经济状况、卫生习惯等。

（五）治疗要点

腹泻的治疗原则为调整饮食，预防和纠正脱水；合理用药，控制感染，预防并发症的发生。

1. 调整饮食（见饮食护理部分）强调继续进食，根据疾病的特殊病理生理状况、个体消化吸收功能和平时的饮食习惯进行合理调整，以满足生理需要，补充疾病消耗，缩短腹泻后的康复时间。

2. 纠正水电解质及酸碱平衡紊乱（参见本章附录）口服补液盐（ORS）可用于预防脱水及纠正轻、中度脱水，中、重度脱水伴周围循环衰竭者需静脉补液。重度酸中毒或经补液后仍有酸中毒症状者，给予5%碳酸氢钠纠正酸中毒；有低钾血症者遵循"见尿补钾"的原则，可口服或静脉补充，但静脉补钾浓度不超过0.3%，且不可推注。

3. 药物治疗

（1）控制感染：病毒性肠炎以饮食疗法和支持疗法为主，一般不用抗生素。其他肠炎应对因选药，如大肠杆菌肠炎可选用抗G⁻杆菌抗生素；抗生素诱发性肠炎应停用原使用的抗生素，可选用万古霉素、新青霉素、抗真菌药物等；寄生虫性肠炎可选用甲硝唑、大蒜素等。

（2）肠道微生态疗法：有助于恢复肠道正常菌群的生态平衡，抵制病原菌的侵袭，控制腹泻，常用双歧杆菌、嗜酸乳杆菌等制剂。

（3）肠黏膜保护剂：腹泻与肠黏膜屏障功能破坏有密切关系，因此维护和修复肠黏膜屏障功能是治疗腹泻的方法之一，常用蒙脱石散（思密达）。

（4）补锌治疗：世界卫生组织（WHO）/联合国小儿基金会最近建议，对于急性腹泻患儿，年龄大于6个月者，应每日给予元素锌20mg；年龄小于6个月者，应每日给予元素锌10mg，疗程10～14天。

（5）对症治疗：腹泻一般不宜用止泻剂，因止泻会增加毒素的吸收；腹胀明显者可肌内注射新斯的明或肛管排气；呕吐严重者可肌内注射氯丙嗪或针刺足三里等。

4. 预防并发症：迁延性、慢性腹泻常伴营养不良或其他并发症，病情复杂，必须采取综合治疗措施。

案例8-1 B

该患儿明确诊断为腹泻病，给予抗感染、对症、补液等治疗，腹泻好转。

问题与思考：

1. 该患儿在补液过程如何观察病情？
2. 如何护理该患儿？

【主要护理诊断/合作性问题】
1. 腹泻　与感染、喂养不当、肠道功能紊乱等有关。
2. 营养失调：低于机体需要量　与腹泻、呕吐丢失过多和摄入不足有关。
3. 体温过高　与肠道感染有关。
4. 体液不足　与腹泻、呕吐致体液丢失过多和摄入不足有关。
5. 有皮肤完整性受损的危险　与大便次数增多刺激臀部皮肤有关。
6. 知识缺乏　家长缺乏喂养知识及相关的护理知识。

【护理措施】

（一）腹泻的护理

按医嘱选用针对病原菌的抗生素以控制感染，严格执行消毒隔离，感染性腹泻与非感染性腹泻患儿应分室居住，护理患儿前后要认真洗手，腹泻患儿用过的尿布、便盆应分类消毒，以防交叉感染。

（二）饮食护理

强调继续喂养，但必须调整和限制饮食，停喂不消化和脂肪类食物。母乳喂养儿可继续哺乳，减少哺乳次数，缩短每次哺乳时间，暂停辅食；人工喂养儿可喂给米汤、酸奶、脱脂奶等，待腹泻次数减少后给予流质或半流质饮食如粥、面条，少量多餐，随着病情稳定和好转，逐步过渡到正常饮食。呕吐严重者，可暂时禁食4～6h（不禁水），待好转后继续喂食，由少到多，由稀到稠。病毒性肠炎多有双糖酶缺乏，不宜用蔗糖，并暂停乳类喂养，改用酸奶、豆浆等。腹泻停止后逐渐恢复营养丰富的饮食，并每日加餐1次，共2周。对少数严重病例口服营养物质不能耐受者，应加强支持疗法，必要时全静脉营养。

（三）发热护理

密切观察体温变化，体温过高时应给患儿多饮水、擦干汗液、及时更换汗湿的衣服、头枕冰袋等。

（四）体液不足的护理

1. 口服补液　用于腹泻时预防脱水及纠正轻、中度脱水。轻度脱水需50～80ml/kg，中度脱水需80～100ml/kg，于8～12h内将累积损失量补足；脱水纠正后，可将ORS用等量水稀释按病情需要随时口服。有明显腹胀、休克、心功能不全或其他严重并发症者及新生儿不宜口服补液。

2. 静脉补液　用于中、重度脱水或吐泻严重或腹胀的患儿。根据不同的脱水程度和性质，结合患儿年龄、营养状况、自身调节功能，决定补给溶液的总量、种类和输液速度。

（1）第1天补液：①输液总量。包括累积损失量、继续损失量和生理需要量。对于营养不良以及心、肺、肾功能不全的患儿应根据具体病情分别进行精确计算。②输液种类。根据脱水性质而定，若临床判断脱水性质有困难时，可先按等渗性脱水处理。③输液速度。主要取决于累积损失量（脱水程度）和继续损失量，遵循"先快后慢"的原则，若呕吐、腹泻缓解，可酌情减少补液量或改为口服补液。

（2）第2天及以后补液：此时脱水和电解质紊乱已基本纠正，一般只补给继续损失量和生理需要量，于12～24h内均匀输入，能口服者应尽量口服。

（五）维持皮肤完整性（尿布皮炎的护理）

选用吸水性强的、柔软布质或纸质尿布，勤更换，避免使用不透气塑料布或橡皮布；尿布湿了及时更换，每次便后用温水清洗臀部并擦干，以保持皮肤清洁、干燥；局部皮肤发红处涂以5%鞣酸软膏或40%氧化锌油并按摩片刻，促进局部血液循环；局部皮肤糜烂或溃疡者，可采用暴露法，臀下仅垫尿布，不加包扎，使臀部皮肤暴露于空气中或阳光下；也可用灯光照射，每次照射20～30min，每日1～2次，使局部皮肤蒸发干燥，照射时护士必须坚持守护患儿，避免烫伤，照射后局部涂以油膏。女婴尿道口接近肛门，应注意会阴部的清洁，预防上行性尿路感染。

尿布皮炎

尿布皮炎是指婴儿皮肤长期受尿液、粪便及漂洗不干净的湿尿布刺激、摩擦或局部湿热如用塑料膜、橡胶布等引起皮肤潮红、溃破甚至糜烂及表皮剥脱，多发生于肛门附近、臀部、会阴部等处，有散在斑丘疹或疱疹，俗称臀红。轻度尿布皮炎主要表现为皮肤的血管充血，发红；重度尿布皮炎根据其皮肤损害程度再分为三度：Ⅰ度主要表现为局部皮疹并伴有少量皮疹；Ⅱ度主要表现为皮疹破溃并伴有脱皮；Ⅲ度主要表现为皮肤局部发生较大面积糜烂或表皮部分脱落，皮疹的面积也会增加，严重时会扩展到大腿及腹壁等部位。皮肤糜烂和表皮脱落部位容易使细菌繁殖，引起感染，甚至会导致败血症。

（六）密切观察病情

1. 监测生命体征　如神志、体温、脉搏、呼吸、血压等。
2. 观察排便情况　观察并记录大便次数、颜色、气味、性状、量，做好动态比较，为输液方案和治疗提供可靠依据。
3. 观察全身中毒症状　如发热、精神萎靡、嗜睡、烦躁等。
4. 观察水、电解质和酸碱平衡紊乱症状　如脱水情况及其程度、代谢性酸中毒表现、低钾血症表现。

（七）健康教育

1. 指导合理喂养　宣传母乳喂养的优点，避免在夏季断奶。按时逐步添加其他食物，防止过食、偏食及饮食结构突然变动。
2. 培养良好的卫生习惯　注意饮食卫生，食物要新鲜，食具要定时消毒。教育小儿饭前便后洗手，勤剪指甲。
3. 增强体质　加强体格锻炼，适当户外活动，预防腹泻。
4. 注意气候变化　防止受凉或过热。
5. 避免长期滥用广谱抗生素。

附：小儿体液平衡特点及液体疗法

体液是人体的重要组成部分，体液平衡是维持生命的重要条件。体液平衡包括维持水、电解质、酸碱度和渗透压的正常，主要依赖于神经系统、内分泌系统、肺、肾等器官的正常调节功能。小儿由于这些器官系统发育不成熟，易受疾病和外界环境的影响而致体液平衡失调。

一、小儿体液平衡特点

（一）体液的总量和分布

体液包括细胞内液和细胞外液，细胞外液由血浆和间质液组成。体液的总量和分布与年龄有关，年龄越小，体液总量相对越多，这主要是由于间质液的比例较高，而血浆和细胞内液的

比例基本稳定，与成人相近（表8-1）。

表8-1 不同年龄小儿的体液分布（占体重的%）

年龄	细胞内液	细胞外液		体液总量
		血浆	间质液	
足月新生儿	35	6	37	78
~1岁	40	5	25	70
~14岁	40	5	20	65
成人	40~45	5	10~15	55~60

（二）体液的电解质组成

小儿体液的电解质组成与成人相似，唯有生后数日的新生儿血钾、氯、磷和乳酸偏高，血钠、钙和碳酸氢盐偏低。但细胞内液与细胞外液的电解质组成差别较大，细胞内液以K^+、Ca^{2+}、Mg^{2+}、HPO_4^{2-}和蛋白质为主；细胞外液以Na^+、Cl^-和HCO_3^-为主，其中Na^+含量占阳离子总量的90%以上，对维持细胞外液的渗透压起主要作用，临床上常可通过测定血钠来估算血浆渗透压，即血浆渗透压（mmol/L）=（血钠+10）×2。

（三）水代谢的特点

1. **需要量大** 体内水的出入量与体液保持动态平衡，即水的摄入量大致等于排出量。小儿由于新陈代谢旺盛，水的排出速度也较成人快，年龄越小，出入水量相对越多。

2. **交换率快** 婴儿每日水的交换量为细胞外液量的1/2，而成人仅为1/7，故婴儿体内水的交换率比成人快3~4倍。

3. **不显性失水多** 小儿体表面积相对较大，呼吸频率较快，所以不显性失水较多，约为成人的2倍（表8-2、表8-3）。因此对缺水的耐受能力差，在病理情况如呕吐、腹泻时则容易出现脱水。

表8-2 正常小儿每日失水量（ml/kg）

失水途径	失水量
不显性失水	42
肺	14
皮肤	28
皮肤显性出汗	20
大便	8
小便	50~80
合计	120~150

表8-3 不同年龄小儿每日的不显性失水量

不同年龄或体重	不显性失水量
早产儿或足月新生儿	
750~1000g	82
1001~1250g	56
1251~1500g	46
>1500g	26
婴儿	19~24
幼儿	14~17
年长儿	12~14

4. **体液平衡调节功能不成熟** 正常情况下，水分排出的多少主要靠肾浓缩和稀释功能调节，由于小儿肾功能不成熟，体液调节功能较差，因此易出现水、电解质代谢紊乱。小儿肾浓缩功能差，排出同量溶质所需水量较成人多，当入水量不足或失水量增加时，易发生代谢产物滞留和高渗性脱水；小儿肾稀释功能相对较好，但由于肾小球滤过率低，当摄水量过多时易致水肿和低钠血症。

二、水、电解质和酸碱平衡失调

（一）脱水

脱水是指水分摄入不足或丢失过多所引起的体液总量尤其是细胞外液量的减少，除失水外，尚有钠、钾等电解质的丢失。

1. **脱水程度** 指患病后累积的体液损失量。脱水程度除常以丢失液体量占体重的百分比来表示外，还可根据病史和临床表现综合估计，将脱水分为轻、中、重三度（表8-4）。

表8-4 不同程度脱水的临床特点

	轻度	中度	重度
精神	稍差	萎靡或烦躁不安	昏睡或昏迷
皮肤	稍干、弹性稍差	干、弹性差	发灰干燥、弹性极差
黏膜	稍干燥	明显干燥	极干燥或干裂
前囟和眼窝	稍凹陷	明显凹陷	深凹陷或眼闭不合
眼泪	有	少	无
尿量	稍少	明显减少	极少或无尿
周围循环衰竭	无	不明显	明显
失水占体重比例	<5%	5%～10%	>10%
（ml/kg）	（<50）	（50～100）	（100～120）

营养不良儿因皮下脂肪少，皮肤弹性较差，容易把脱水程度估计过高；而肥胖儿皮下脂肪多，脱水程度常易估计过低，临床上应予注意，不能单凭皮肤弹性来判断，应综合考虑。

2. **脱水性质** 指体液渗透压的改变。由于腹泻时水和电解质丢失的比例不同，因而导致体液渗透压发生不同的改变，据此可分为等渗、低渗、高渗性脱水（表8-5）。临床以等渗性脱水最常见，其次为低渗性脱水，高渗性脱水少见。

表8-5 不同性质脱水的临床特点

	等渗性	低渗性	高渗性
主要原因	呕吐、腹泻	营养不良伴腹泻	腹泻时补含钠液过多
水、电丢失比例	水、电解质成比例丢失	电解质丢失多于水	水丢失多于电解质
血钠（mmol/L）	130～150	<130	>150
渗透压（mmol/L）	280～320	<280	>320
主要丧失液区	细胞外液	细胞外液	细胞内脱水
临床表现	一般脱水征（表8-4）	脱水征和循环衰竭	口渴、烦躁、高热、惊厥

（1）等渗性脱水：水和电解质成比例丢失，血清钠浓度130～150mmol/L，血浆渗透压正常。脱水后的体液仍呈等渗状态，主要是细胞外液减少，细胞内液量无明显变化，临床表现为一般脱水症状。呕吐、腹泻所致的脱水属于此类。

（2）低渗性脱水：电解质丢失比例大于水的丢失，血清钠浓度<130mmol/L，血浆渗透压低于正常。由于细胞外液呈低渗状态，水从细胞外转移至细胞内，使细胞外液量进一步减少，所以在失水量相同的情况下，其脱水症状较其他两种类型脱水严重。初期无口渴症状，除一般脱水体征如皮肤弹性降低、眼窝和前囟凹陷外，因循环血容量明显减少，多有四肢厥冷、皮肤发花、血压下降、尿量减少等休克症状；低钠严重者可发生脑水肿，而出现嗜睡、惊厥和昏迷等。多见于营养不良伴慢性腹泻、腹泻时补充非电解质溶液过多时。

(3) 高渗性脱水：水丢失比例大于电解质的丢失，血清钠浓度 > 150mmol/L，血浆渗透压高于正常。由于细胞外液呈高渗状态，水从细胞内转移至细胞外，使细胞内液减少，所以在失水量相同的情况下，其脱水症状较其他两种类型脱水轻。因细胞内缺水，表现为剧烈口渴、高热、烦躁不安、肌张力增高等，甚至发生惊厥。严重高渗性脱水可致神经细胞脱水、脑血管破裂出血等，引起脑部损伤。多见于腹泻伴高热，不显性失水增多而补水不足（昏迷、发热、呼吸增快、光疗或红外线辐射保暖、早产儿等），口服或静脉输入含盐过高液体。

（二）酸碱平衡紊乱

正常体液 pH 为 7.35～7.45，主要通过体液的缓冲系统及肺、肾的调节作用，维持酸碱平衡，保证机体的生理功能。HCO_3^- 与 H_2CO_3 是血液中最重要的一对缓冲物质，两者比值为 20:1，它们在维持细胞外液 pH 中起决定作用。如果某种因素使两者的比值发生变化，pH 也随之改变，即出现酸碱平衡紊乱的情况。此时机体若能通过调节使血 pH 保持在正常范围内，称为代偿性酸中毒或碱中毒，反之称为失代偿性酸中毒或碱中毒。由代谢因素引起者称为代谢性酸中毒或碱中毒，由肺部排出 CO_2 减少或过多引起者称为呼吸性酸中毒或碱中毒。

1. **代谢性酸中毒** 是小儿最常见的酸碱平衡紊乱类型，主要是由于细胞外液中 H^+ 增加或 HCO_3^- 减少所致。

(1) 常见原因：①碱性物质大量丢失如呕吐、腹泻；②摄入热量不足引起体内脂肪分解增加，产生大量酮体；③血容量减少，血液浓缩，血流缓慢，使组织灌注不良、缺氧和乳酸堆积；④肾血流量不足，尿量减少，引起酸性代谢产物堆积体内等；⑤酸性物质如氯化钙、氯化镁等摄入过多。

(2) 临床表现：根据血 HCO_3^- 的测定结果，将酸中毒分为轻度（13～18mmol/L）、中度（9～13mmol/L）和重度（< 9mmol/L）。轻度酸中毒症状、体征不明显；中度酸中毒即可出现精神萎靡、嗜睡或烦躁不安，呼吸深长，口唇呈樱桃红色等典型症状；重度酸中毒症状、体征进一步加重，恶心呕吐，呼气有酮味，心率加快，昏睡或昏迷。新生儿及小婴儿因呼吸代偿功能差，常表现为面色苍白、拒食、精神萎靡等，而呼吸改变并不典型。

(3) 治疗要点：主要治疗原发病。中、重度酸中毒或经补液后仍有酸中毒症状者，应补充碱性药物。一般主张 pH < 7.3 时使用碱性药物，首选 5% 碳酸氢钠，临床应用时一般应加 5% 或 10% 葡萄糖液稀释 3.5 倍成等张液体（1.4% 碳酸氢钠），在抢救重度酸中毒时可不稀释而直接静脉注射，但不宜过多使用。所需 5% 碳酸氢钠的 ml 数 = -BE（剩余碱）×0.5× 体重（kg），或 (22-HCO_3^-) × 体重（kg），一般先给予计算量的 1/2，复查血气后调整剂量。如病情危重先给予 5% 碳酸氢钠 5ml/kg，可提高 HCO_3^- 4.5mmol/L。纠正酸中毒后，钾离子进入细胞内而使血清钾降低，游离钙也减少，故应注意补充。

2. **代谢性碱中毒** 是由于体内 H^+ 减少或 HCO_3^- 增加所致。

(1) 常见原因：严重呕吐、低血钾、使用过量的碱性药物等。

(2) 临床表现：典型表现为呼吸慢而浅，头痛、烦躁、手足麻木、低钾血症，血清游离钙降低而导致手足抽搐。

(3) 治疗要点：去除病因，停用碱性药物，纠正水、电解质平衡失调，严重者可给予氯化铵治疗。若给予 0.9% 氯化铵 3ml/kg，可降低 HCO_3^- 1mmol/L，肝肾功能不全和合并呼吸性酸中毒时禁用。

3. **呼吸性酸中毒** 因通气障碍致体内 CO_2 潴留和 H_2CO_3 增高所致。

(1) 常见原因：支气管阻塞、肺部和胸腔疾病、呼吸中枢抑制、呼吸肌麻痹或痉挛、呼吸机使用不当等。

(2) 临床表现：常伴有低氧血症和呼吸困难。高碳酸血症可引起血管扩张，颅内出血、颅内血流增加，导致头痛及颅内压增高。

(3) 治疗要点：主要治疗原发病，改善通气和换气功能，解除呼吸道阻塞，重症患儿行气管插管或气管切开、人工辅助通气、低流量氧气吸入。有呼吸中枢抑制者酌情使用呼吸兴奋剂。镇静剂可抑制呼吸，一般禁用。

4. 呼吸性碱中毒　因通气过度致体内 CO_2 排出过多，H_2CO_3 下降而引起。

(1) 常见原因：剧烈啼哭、高热、中枢神经系统疾病、水杨酸制剂中毒及肺炎等所致的通气过度，均可使血中 CO_2 排出过多。

(2) 临床表现：典型表现为呼吸深快，其他症状与代谢性碱中毒相似。

(3) 治疗要点：去除病因，碱中毒可随呼吸改善而逐渐恢复。对伴有其他电解质紊乱者应采取相应措施，予以纠正。

5. 混合性酸碱平衡紊乱　当有两种或以上的酸碱平衡紊乱分别作用于呼吸或代谢系统时称为混合性酸碱平衡紊乱。呼吸性酸中毒合并代谢性酸中毒是混合性酸碱平衡紊乱中较常见者，此时既有 HCO_3^- 降低，又有 CO_2 潴留，血 pH 明显下降。治疗应积极去除病因，同时保持呼吸道通畅，必要时使用呼吸机加速潴留 CO_2 的排出。

（三）钾代谢异常

人体内钾主要存在于细胞内，正常血清钾浓度为 3.5～5.5mmol/L。当血清钾低于 3.5mmol/L 时，称为低钾血症；当血清钾高于 5.5mmol/L 时，称为高钾血症。

1. 低钾血症　临床上较为多见。

(1) 常见原因

1) 摄入不足：长期禁食或进食量小，液体疗法时补钾不足。

2) 丢失增加：经消化道和肾失钾，如呕吐、腹泻、长期应用排钾利尿剂等；原发性失钾性肾病（先天性肾上腺皮质增生症、醛固酮增多症等）。

3) 钾分布异常：碱中毒、胰岛素治疗等钾向细胞内转移，其他还见于家族性周期性麻痹等，均可使血钾过低。

(2) 临床表现

1) 神经、肌肉兴奋性降低：如精神萎靡、反应低下、全身无力、腱反射减弱或消失、腹胀、肠鸣音减弱或消失。

2) 心脏损害：如心率增快、心肌收缩无力、心音低钝、血压降低、心脏扩大、心律失常等，心电图显示 ST 段下降、T 波低平、双向或倒置、出现 U 波等。

3) 肾损害：多尿、夜尿、口渴、多饮等。

(3) 治疗要点：主要治疗原发病和补充钾盐。氯化钾一般每日 3～4mmol/kg（220～300mg/kg），重者每日 4～6mmol/kg（300～450mg/kg）。补钾常以静脉输入，但如患儿情况许可，口服缓慢补钾更安全；静脉点滴时液体中钾的浓度不能超过 0.3%（40mmol/L），静滴时间不应短于 8h，切忌静脉推注，以免发生心肌抑制而导致死亡。原则为见尿补钾，一般补钾需持续 4～6 天，能经口进食时，应将静脉补钾改为口服补钾。补钾时应监测血清钾水平，有条件时给予心电监护。

2. 高钾血症

(1) 常见原因

1) 摄入过多：如静脉输液注入钾过多过快，静脉输入大量青霉素钾盐或库存过久的全血。

2) 排钾减少：如肾衰竭、长期使用潴钾利尿剂。

3) 钾分布异常：钾由细胞内转移到细胞外，如严重溶血、缺氧、休克、代谢性酸中毒和严重组织创伤等。

(2) 临床表现

1) 神经、肌肉兴奋性降低：如精神萎靡、嗜睡、反应低下、全身无力、腱反射减弱或消失，严重者呈迟缓性瘫痪，但脑神经支配的肌肉和呼吸肌一般不受累。

2）心脏损害：如心率缓慢、心肌收缩无力、心音低钝、心律失常，早期血压偏高，晚期常降低，心电图显示 T 波高尖等。

3）消化系统症状：常有恶心、呕吐、腹痛等。

（3）治疗要点：积极治疗原发病，停用含钾药物和食物，供应足够的能量以防止内源性蛋白质分解释放钾，同时应用 10% 葡萄糖酸钙、5% 碳酸氢钠、胰岛素、呋塞米等拮抗高钾，碱化细胞外液，促进蛋白质和糖原合成加速排钾，在用药过程中应注意监测心电图。病情严重者可采用阳离子交换树脂、腹膜或血液透析。

（四）低钙、低镁血症

腹泻、营养不良或有活动性佝偻病的患儿，当脱水和酸中毒被纠正时，大多有钙缺乏，少数可有镁缺乏。低血钙或低血镁时表现为手足抽搐、惊厥，若经静脉缓注 10% 葡萄糖酸钙后症状仍不见好转时，应考虑有低镁血症，应深部肌内注射 25% 硫酸镁。

三、液体疗法

（一）常用溶液

1. 非电解质溶液　常用 5% 和 10% 葡萄糖液，5% 葡萄糖液为等渗液，10% 葡萄糖液为高渗液。但葡萄糖输入体内后很快被氧化成二氧化碳和水，失去其渗透压的作用，主要用以补充水分和部分热量，故视为无张力溶液。

2. 电解质溶液　主要用于补充损失的液体和所需的电解质，纠正体液的渗透压和酸碱平衡紊乱。

（1）生理盐水（0.9% 氯化钠溶液）：为等渗溶液，含 Na^+ 和 Cl^- 均为 154mmol/L，Na^+ 接近于血浆浓度（142mmol/L），而 Cl^- 比血浆浓度（103mmol/L）高，故输入过多可使血氯过高，有造成高氯性酸中毒的危险。因此，临床常以 2 份生理盐水和 1 份 1.4% 碳酸氢钠混合，使其钠与氯之比为 3 : 2，与血浆中钠氯之比相近。

（2）碱性溶液：用于快速纠正酸中毒。①碳酸氢钠溶液：1.4% 碳酸氢钠为等渗液；5% 碳酸氢钠为高渗，可用 5% 或 10% 葡萄糖稀释 3.5 倍即为等渗液。在抢救重度酸中毒时，可不稀释而直接静脉注射，但不宜过多使用。②乳酸钠溶液：需在有氧条件下，经肝代谢产生 HCO_3^- 而起作用，且显效缓慢，因此在肝功能不全、缺氧、休克、新生儿期以及乳酸潴留性酸中毒时不宜使用。1.87% 乳酸钠为等渗液，11.2% 乳酸钠为高渗液，稀释 6 倍即为等渗液。

（3）氯化钾溶液：用于纠正低钾血症，常用 10% 氯化钾溶液，静脉滴注时需稀释成 0.2%～0.3% 浓度，切不可直接静脉推注，以免发生心肌抑制而导致死亡。

3. 混合溶液　临床应用液体疗法时，常将几种溶液按一定比例配成不同的混合液，以满足患儿不同病情时输液的需要。以下是常用混合液的组成（表 8-6）和简易配制（表 8-7）。

表8-6　几种常用混合液的组成

溶液种类	0.9%氯化钠	5%或10%葡萄糖	1.4%碳酸氢钠（或1.87%乳酸钠）
2 : 1液	2份	—	1份
1 : 1液	1份	1份	—
1 : 2液	1份	2份	—
*1 : 4液	1份	4份	—
2 : 3 : 1液	2份	3份	1份
4 : 3 : 2液	4份	3份	2份

*注：1 : 4液1000ml+10%氯化钾15ml配成的液体即生理维持液

表8-7 几种常用混合液的简易配制（ml）

溶液种类	5%或10%葡萄糖	10%氯化钠	5%碳酸氢钠（11.2%乳酸钠）	渗透压或张力
2：1液	加至100	6	10（6）	1张
1：1液	加至100	4	—	1/2张
1：2液	加至100	3	—	1/3张
1：4液	加至100	2	—	1/5张
2：3：1液	加至100	3	5（3）	1/2张
4：3：2液	加至100	4	6（4）	2/3张

注：为方便配制，加入液体量均为整数，配成的是近似的溶液

4. 口服补液盐（oral rehydration salts，ORS） 是世界卫生组织（WHO）推荐用以治疗急性腹泻合并脱水的一种溶液，经临床应用已取得良好效果。目前有多种ORS配方，传统的配方是氯化钠3.5g，碳酸氢钠2.5g，氯化钾1.5g，葡萄糖20.0g，加水1000ml配成。2002年WHO推荐的配方是氯化钠2.6g，枸橼酸钠2.9g，氯化钾1.5g，葡萄糖13.5g，临用前以温开水1000ml溶解，总渗透压为245mmol/L，其中电解质渗透压为1/2张，总钾浓度为0.15%。ORS一般适用于轻度或中度脱水无严重呕吐者，在用于补充继续损失量和生理需要量时需适当稀释。

（二）液体疗法

液体疗法是儿科护理的重要组成部分，其目的是纠正水、电解质和酸碱平衡紊乱，以恢复机体的正常生理功能。补液时应确定补液的总量、性质和速度，同时应遵循"先盐后糖、先浓后淡（指电解质浓度）、先快后慢、见尿补钾、抽搐补钙"的补液原则。第一天补液总量应包括累积损失量、继续损失量及生理需要量三个部分（表8-8）。

表8-8 液体疗法"三定"

		累积损失量	继续损失量	生理需要量
定量	轻度脱水 中度脱水 *重度脱水	30～50ml/kg 50～100ml/kg 100～120ml/kg	10～40ml/kg （30ml/kg）	60～80ml/kg
定性	低渗性脱水 等渗性脱水 高渗性脱水	2/3张 1/2张 1/3～1/5张	1/3～1/2张	1/4～1/5张
定时		在8～12h内输入 [8～10ml/（kg·h）]	在补完累积损失量后的12～16h内输入 [5ml/（kg·h）]	

*注：重度脱水时应先扩容

1. 第1天补液

（1）累积损失量：指患病后至补液时所损失的水和电解质总量。

1）补液量：根据脱水程度而定，即轻度脱水30～50ml/kg，中度脱水50～100ml/kg，重度脱水100～120ml/kg。

2）补液种类：根据脱水性质而定，一般低渗性脱水补2/3张液体，等渗性脱水补1/2张液体，高渗性脱水补1/3～1/5张液体。若临床判断脱水性质有困难，可先按等渗性脱水处理。

3）补液速度：取决于脱水程度，原则上应先快后慢。对伴有周围循环不良和休克的重度脱水患儿，应迅速输入等渗含钠液（2∶1液），按每千克体重20ml补给，总量不超过300ml，于30～60min内静脉推注或快速滴入。其余累积损失量常在8～12h内完成，每小时8～10ml/kg。在循环改善出现排尿后应及时补钾。

（2）继续损失量：指补液开始后，因呕吐、腹泻、胃肠引流等继续损失的液体量。此部分应按实际损失量补充，但腹泻患儿的大便量较难准确计算，一般按每天10～40ml/kg估计，适当增减。常用1/3张～1/2张液体，此部分损失量连同生理需要量于补完累积损失量后12～16h内均匀滴入，约每小时5ml/kg。

（3）生理需要量：指补充基础代谢所需的液体量，每天60～80ml/kg。这部分液体应尽量口服补充，口服有困难者，补给1/4～1/5张液体，补液速度同继续损失量。

综合以上三部分，第1天的补液总量为：轻度脱水90～120ml/kg，中度脱水120～150ml/kg，重度脱水150～180ml/kg。

2. 第2天以后的补液　根据病情决定，一般只补给继续损失量和生理需要量，于12～24h内均匀输入，能口服者应尽量口服。

（三）补液护理

1. 补液前的准备阶段

（1）全面评估病情：应全面了解患儿的病史、病情、输液目的及其临床意义；应以高度责任心、迅速认真地做好补液的各项准备工作。

（2）解释治疗目的：向家长解释输液目的，以取得配合；向年长儿解释并给予鼓励，以消除其恐惧心理；对不合作患儿加以适当约束或给予镇静剂。

2. 补液阶段

（1）按医嘱要求全面安排24h的液体总量，并遵循"补液原则"分期分批输入。

（2）严格掌握输液速度，明确每小时输入量，计算出每分钟输液滴数，防止输液速度过快或过缓。有条件者最好使用输液泵控制输液量，以便更精确地控制输液速度。

（3）密切观察病情变化

1）观察生命体征及一般情况，警惕心力衰竭和急性肺水肿的发生。

2）观察有无输液反应，若发现应及时与医生联系，并寻找原因和采取措施。

3）观察静脉点滴是否通畅，有无堵塞、水肿及漏出血管外等。

4）观察脱水表现，了解脱水是否改善及尿量情况，比较输液前后的变化，判断输液效果。

5）观察酸中毒表现，注意酸中毒纠正后，有无出现低钙惊厥。补充碱性液体时勿漏出血管外，以免引起局部组织坏死。

6）观察低血钾表现，并按照"见尿补钾"的原则，严格掌握补钾的浓度和速度，切不可直接静脉推注。

（4）记录24h出入量：液体入量包括口服液体量、静脉输液量和食物中所含水量。液体出量包括尿量、呕吐和大便丢失的水量、不显性失水量。婴幼儿大小便不易收集，可用"秤尿布法"计算液体排出量。

小 结

一、小儿消化系统解剖生理特点

1. 婴幼儿因口腔黏膜薄嫩、血管丰富等特点，易患口炎；3个月以下婴儿不宜喂淀粉类食物；5～6个月婴儿常可发生生理性流涎。

2. 胃容量在新生儿为30～60ml，1～3个月90～150ml，1岁时250～300ml，5岁时700～850ml，成人约为2000ml。

3. 胃排空时间因食物种类不同而异，水1.5～2h，母乳2～3h，牛乳3～4h。

二、口炎

1. 鹅口疮的病原体是白色念珠菌，临床特征是在口腔黏膜表面出现白色或灰白色乳凝块样小点或小片状物，治疗除保持口腔清洁外，局部可涂抹制霉菌素鱼肝油混悬溶液。

2. 疱疹性口炎病原体是单纯疱疹病毒Ⅰ型，临床特征是起病时发热，1～2天后出现疱疹，疱疹破溃形成溃疡，由于溃疡患儿疼痛剧烈，治疗除保持口腔清洁外，局部可喷洒西瓜霜、锡类散等。

三、小儿腹泻病

1. 病因　有易感因素、感染因素和非感染因素。易感因素包括：消化系统发育不成熟、生长发育快、机体防御功能较差及肠道菌群失调；感染因素包括肠道内感染和肠道外感染；非感染性因素包括饮食因素和气候因素。

2. 临床表现　不同病因引起的腹泻常具有不同临床过程，根据病程分为急性腹泻、迁延性腹泻和慢性腹泻；不同病因引起的腹泻常具相似的临床表现，同时各有其特点，根据病情分为轻型腹泻和重型腹泻。

3. 治疗原则　调整饮食，预防和纠正脱水；合理用药，控制感染，预防并发症的发生。

4. 护理　包括饮食护理、维持体温稳定、补液护理、维持皮肤完整性、密切观察病情以及健康教育等。

四、小儿体液平衡特点及液体疗法

1. 补液五原则：先快后慢、先浓后淡、先盐后糖、见尿补钾、抽搐补钙。

2. 补液三定：定量、定性、定时。

3. 补液总量：包括累积损失量、继续损失量和生理需要量。第1天补液总量：轻度脱水90～120ml/kg，中度120～150ml/kg，重度150～180ml/kg。

4. 补液种类：低渗性脱水补2/3张含钠液；等渗性脱水补1/2张含钠液；高渗性脱水补1/3～1/5张含钠液。

自测题

一、单项选择题

1. 小儿生理性流涎多发生在
   A．5～6个月
   B．7～8个月
   C．9～10个月

D. 11~12个月

E. 13~18个月

2. 下列哪项**不是**引起婴儿溢乳的原因

   A. 胃呈水平位

   B. 胃酸分泌少

   C. 喂奶时吞咽较多空气

   D. 贲门括约肌较松弛

   E. 幽门括约肌发育好

3. 关于口炎的护理,下列哪项**不正确**

   A. 保持口腔清洁

   B. 饮食以微温或凉的流质为宜

   C. 清洗口腔应在饭后立即进行

   D. 清洗口腔时动作应轻、快、准

   E. 局部涂药后勿立即饮水或进食

4. 轮状病毒肠炎的临床特点是

   A. 好发于夏秋季

   B. 多发于6个月~2岁

   C. 全身中毒症状重

   D. 病程多迁延不愈

   E. 不易并发脱水和酸中毒

5. 等渗性脱水血清钠的浓度为

   A. <130mmol/L

   B. 300mmol/L

   C. >150mmol/L

   D. 320mmol/L

   E. 130~150mmol/L

6. 下列哪项**不是**ORS溶液的组成成分

   A. 氯化钠

   B. 氯化钾

   C. 氯化钙

   D. 葡萄糖

   E. 碳酸氢钠

7. 为补充累积损失量,低渗性脱水患儿需要补充的液体是

   A. 生理盐水

   B. 等张溶液

   C. 1/2张溶液

   D. 2/3张溶液

   E. 1/3张溶液

8. 女婴,4个月。出生后不久开始腹泻,大便每天5~6次,神志清楚,营养中等,面部见湿疹,大便常规正常。考虑

   A. 婴儿腹泻

   B. 生理性腹泻

   C. 病毒性肠炎

   D. 迁延性肠炎

   E. 真菌性肠炎

9. 患儿,女,9个月,诊断"婴儿腹泻",补液过程中,出现尿量增多,腹胀,心音低钝,肠鸣音减弱,首先应考虑

   A. 低钾血症

   B. 低钙血症

   C. 低钠血症

   D. 低镁血症

   E. 中毒性肠麻痹

10. 患儿,男,7个月,诊断"婴儿腹泻",在脱水酸中毒纠正后,出现手足抽搐,应给予

    A. 生理盐水

    B. 地塞米松

    C. 10%氯化钾

    D. 静脉给安定

    E. 10%葡萄糖酸钙

二、案例题

1. 患儿,女,4个月,间歇发热、咳嗽20天,同期按"支气管炎"给予口服"头孢拉定"治疗,近3天发现口腔有白色点片状凝乳块样物。体格检查:T 37.2℃,精神尚可,口腔黏膜表面见白色凝乳块样小点和小片状物,不易拭去,局部无潮红、无溢血。心双肺(-),肛周皮肤潮红。

   问题:

   (1) 患儿最可能的临床诊断是什么?

   (2) 根据患儿目前的身心状况,列出主要护理诊断。

   (3) 口腔护理时宜选择哪种溶液清洁口腔?

2. 患儿,女,8个月,体重8kg。腹泻3天,无尿6h,大便每天10余次,精神极度萎靡,

呼吸深快，皮肤弹性极差，口腔黏膜干燥，前囟眼窝深陷，口唇樱桃红。血生化检查：血钾 3.0mmol/L，血钠 126mmol/L，HCO_3^- 14mmol/L。

问题：

(1) 判断该患儿脱水程度和性质。

(2) 估计该患儿丢失累积损失量多少？

(3) 判断水电解质紊乱的情况。

(4) 判断该患儿酸碱平衡紊乱的类型和程度。

3．患儿，男，10个月，因"腹泻伴发热2天"入院，2天前无明显诱因出现腹泻，呈蛋花汤样便，每日10余次，伴发热、呕吐、咳嗽、流涕。入院前4h排尿1次，量少。体格检查：T 39℃，精神萎靡，皮肤干，弹性差，前囟和眼眶明显凹陷，口腔黏膜干燥，口唇呈樱桃红色，咽红，双肺（-），心音低钝，腹稍胀，肠鸣音2次/分，四肢稍凉，肛周皮肤发红。生化检查：血钠 138mmol/L，血钾 3.3mmol/L，血 HCO_3^- 16mmol/L。

临床诊断为感染性腹泻。

问题：

(1) 该患儿脱水程度和性质？

(2) 该患儿酸碱平衡紊乱的类型及程度？

(3) 根据患儿目前身心状况，列出其主要护理诊断。

(4) 患儿在输液过程中护理应注意哪些问题？

（林晓云）

第九章 呼吸系统疾病患儿的护理

通过本章内容的学习，学生应能：
◆ 识记
1．列举肺炎、支气管哮喘病因和辅助检查方法。
2．描述肺炎、支气管哮喘的临床表现和治疗原则。
3．说出哮喘持续状态的定义。
◆ 理解
1．解释小儿易患呼吸系统感染性疾病的原因。
2．比较几种特殊病原体所致肺炎的特点。
◆ 运用
1．应用护理程序对支气管肺炎、支气管哮喘患儿实施护理。
2．对长期吸入治疗的支气管哮喘患儿进行用药指导。

小儿呼吸系统疾病包括上、下呼吸道急慢性感染性疾病、呼吸道变态反应疾病、呼吸道异物、胸膜疾病、先天畸形和肺部肿瘤等。其中以急性呼吸道感染最为常见，占儿科门诊的60%以上。据世界卫生组织统计，每年5岁以下小儿死亡数1400万左右，其中死于各类呼吸道疾病就有320万～400万，绝大多数为肺炎，2/3为婴儿。

第一节　小儿呼吸系统解剖生理特点

小儿容易发生呼吸道疾病，尤其是呼吸道感染，与其呼吸道解剖生理特点和机体免疫特点密切相关。呼吸系统以环状软骨为界分为上、下呼吸道。上呼吸道包括鼻、鼻窦、咽、咽鼓管、会厌及喉；下呼吸道包括气管、支气管、毛细支气管、呼吸性毛细支气管、肺泡管及肺泡。

一、解剖特点

（一）上呼吸道

1．**鼻**　婴幼儿鼻腔相对短小，鼻道狭窄，无鼻毛，鼻黏膜柔嫩，血管丰富，易发生感染。感染时，鼻黏膜易充血、肿胀而发生鼻塞，出现呼吸及吃奶困难。婴儿期鼻黏膜下层缺乏海绵组织，以后逐渐发育，所以在婴幼儿期很少发生鼻出血。

2．**鼻窦**　由于鼻窦黏膜与鼻黏膜相连续，且鼻窦口相对大，故急性鼻炎常累及鼻窦，易发生鼻窦炎。但小婴儿因鼻窦发育差，很少发生鼻窦炎。

3．**鼻泪管和咽鼓管**　婴幼儿鼻泪管短，开口接近于内眦部，且瓣膜发育不全，故鼻腔感染常易侵入结膜引起炎症。婴幼儿咽鼓管相对宽、短、直，呈水平位，故鼻咽炎时易侵及中

耳，引起中耳炎。

4. 咽部　婴幼儿咽部相对狭小且方向垂直，富于集结的淋巴组织。扁桃体包括咽扁桃体及腭扁桃体，咽扁桃体又称腺样体，6个月已发育，位于鼻咽顶部与后壁交界处，严重的腺样体肥大是小儿阻塞性睡眠呼吸暂停综合征的重要原因。腭扁桃体1岁末才逐渐增大，4～10岁时发育达高峰，14～15岁时又逐渐退化，故扁桃体炎常见于学龄小儿，1岁以内很少见。

5. 喉　婴幼儿喉腔相对较狭长，呈漏斗形，声门裂狭小，软骨柔软，黏膜柔嫩且富含血管及淋巴组织，故轻微炎症即可引起喉头水肿、喉腔狭窄而致声音嘶哑和吸气性呼吸困难。

（二）下呼吸道

1. 气管、支气管　婴幼儿气管、支气管较成人狭窄，黏膜柔嫩，血管丰富，软骨柔软，缺乏弹力组织，支撑作用薄弱；黏液腺分泌不足，气道较干燥，纤毛运动差，不能有效清除吸入的微生物。故婴幼儿容易发生呼吸道感染，一旦感染则易于发生充血、水肿导致呼吸道不畅。左支气管细长，由气管向侧方伸出，而右支气管短粗，为气管直接延伸，故异物易进入右支气管，引起右侧肺段不张或肺气肿。婴幼儿细支气管平滑肌较稀疏，3岁以后才明显发育，故小婴儿呼吸道梗阻并非完全由支气管痉挛所致，多由黏膜肿胀和分泌物阻塞引起。

2. 肺　小儿肺泡数量少且面积小，弹力组织发育较差，血管丰富，间质发育旺盛，致肺含血量多而含气量少，易于感染，并易引起间质性肺炎、肺气肿或肺不张等。

3. 胸廓　婴幼儿胸廓较短，前后径相对较长，与横径相近，呈桶状；肋骨呈水平位，膈肌位置较高，倾斜度较小，几乎呈横位，因而使心脏呈水平位，故胸腔较小；而肺相对较大，呼吸肌不发达，呼吸时胸廓活动范围小，肺不能充分地扩张，影响通气和换气，易引起缺氧和二氧化碳潴留。小儿纵隔相对较大，占胸腔的体积较大；纵隔周围组织松软、富于弹性，故在胸腔积液或气胸时易致纵隔移位。随着小儿开始站立行走后，腹腔脏器下移，横隔下降，肋骨逐渐向下倾斜，形成椭圆形胸廓而接近成人。

二、生理特点

（一）呼吸频率与节律

小儿因代谢旺盛，需氧量高，但因解剖特点使呼吸量受到一定限制，只能增加呼吸频率来满足机体代谢的需要。年龄越小，频率越快。新生儿40～45次/分，1岁以内30次/分，1～3岁24次/分，3～7岁22次/分，7～14岁20次/分，14～18岁16～18次/分。呼吸中枢发育不完善，调节能力差，呼吸极不稳定，可出现深、浅呼吸交替，或呼吸节律不整、间歇、暂停等现象，尤以早产儿、新生儿最显著。

（二）呼吸型

婴幼儿呼吸肌发育不全，膈肌相对较发达，呼吸时胸廓活动范围小而膈肌活动明显，呈腹式呼吸。随年龄增长，呼吸肌逐渐发育成熟，小儿开始行走时，膈肌和腹腔脏器逐渐下降，肋骨由水平位逐渐倾斜，于是出现胸腹式呼吸。

（三）呼吸功能特点

1. 肺活量　最大吸气后能呼出的最大气量，小儿为50～70ml/kg。安静时年长儿仅用肺活量的12.5%来呼吸，婴幼儿则需用30%左右，说明婴幼儿呼吸潜在能力差，其发生呼吸障碍时代偿呼吸量不超过正常的2.5倍，而成人可达10倍，因此易发生呼吸衰竭。

2. 潮气量　平静呼吸时每次吸入或呼出的气量，小儿为6～10ml/kg。年龄越小，潮气量越小。

3. 每分通气量　即潮气量乘以呼吸频率。正常婴幼儿由于呼吸频率较快，每分通气量按体表面积计算与成人相近。

4. 气体弥散量　二氧化碳的排出主要靠弥散作用，其弥散速率较氧气大，故比氧气易于弥散。小儿肺小，肺泡毛细血管总面积与总容量均比成人小，故气体弥散量小。但以单位肺容量计算则与成人相近。

5. 气道阻力　气道阻力的大小取决于管径大小和气体流速等，管道气流阻力与管腔半径的4次方成反比。由于小儿气道管径细小，故气道阻力大于成人，因此小儿发生喘息的机会较多。随年龄增大气道管径逐渐增大，阻力递减。

（三）血气分析

血气分析反映气体交换和血液的酸碱平衡状态，为诊断和治疗提供依据。小儿血气分析正常值见表9-1。

表9-1　小儿血液气体分析正常值

项目	新生儿	<2岁	>2岁
pH	7.30~7.40	7.30~7.40	7.35~7.45
PaO_2（kPa）	60~90	80~100	80~100
$PaCO_2$（kPa）	30~35	30~35	35~45
HCO_3^-（mmol/L）	20~22	20~22	22~24
BE（mmol/L）	-6~2	-6~2	-4~2
SaO_2（%）	90.0~96.5	95.0~97.7	95.0~97.7

以上呼吸功能特点显示，小儿各项呼吸功能的储备能力均较低。当患呼吸系统疾病时，较易发生呼吸衰竭。

三、呼吸道免疫特点

小儿呼吸道的非特异性和特异性免疫功能均较差。如咳嗽反射、气道平滑肌收缩能力及纤毛运动功能均差，难以有效清除吸入的尘埃和异物颗粒。肺泡吞噬功能不足。婴幼儿辅助性T细胞功能暂时性低下，使SIgA、IgA、IgG含量均低，尤其是IgG亚类低微。此外，乳铁蛋白、溶菌酶、干扰素、补体等的数量和活性不足，故易患呼吸道感染。

四、呼吸系统检查时的重要体征

（一）呼吸频率

呼吸增快是婴儿呼吸困难的第一征象，年龄越小越明显。呼吸频率减慢或节律不规则也是危险征象，需特别引起注意。

（二）发绀

发绀为血氧不足的重要表现，是毛细血管床还原血红蛋白增加所致。肢端发绀为末梢性发绀，舌、黏膜的发绀为中心性发绀。中心性发绀较末梢性发绀发生晚，但更有意义。因发绀与还原血红蛋白量有关，严重贫血时虽血氧饱和度下降也不一定出现发绀，需注意。

（三）吸气时胸廓软组织凹陷

上呼吸道梗阻或肺实变时，吸气时胸骨上窝，锁骨上窝及肋间隙软组织凹陷，称为"三凹征"，其结果是吸气时胸廓不但不能扩张，反而下陷，形成矛盾呼吸，在增加呼吸肌能量消耗的同时，并不能增加通气量。

（四）吸气喘鸣

吸气喘鸣是上呼吸道梗阻的表现，由喉和大气道吸气时变窄所致。

（五）呼气呻吟

呼气呻吟是小婴儿下呼吸道梗阻和肺扩张不良的表现，特别见于新生儿呼吸窘迫综合征时。其作用是在声门半关闭情况下，声门远端呼气时压力增加，有利于已萎陷的肺泡扩张。

（六）杵状指

杵状指是指（趾）骨末端背侧组织增生，使甲床抬高所致。常见于支气管扩张，亦可见于迁延性肺炎、长期哮喘等慢性肺疾患，此外，尚可见于青紫型先天性心脏病、慢性消化道疾患等肺外疾患。在除外肺外原因后，杵状指可反映肺病变的进展情况。

第二节　急性上呼吸道感染

急性上呼吸道感染（acute upper respiratory infections，AURI）简称上感，俗称"感冒"，是小儿最常见的疾病。是指喉部以上，上部呼吸道的鼻和咽部的急性感染，统称为上呼吸道感染。当某一部位炎症突出时，亦常用"急性鼻咽炎"、"急性咽炎"、"急性扁桃体炎"等名词诊断。

上感绝大多数由病毒引起，约占90%，支原体和细菌较少见。常见的病毒有鼻病毒、冠状病毒、流感病毒、副流感病毒、呼吸道合胞病毒、柯萨奇病毒、腺病毒、EB病毒等。病毒感染后，上呼吸道黏膜失去抵抗力，细菌可乘虚而入，并发混合感染。最常见的细菌为B族溶血性链球菌，其次为肺炎链球菌、流感嗜血杆菌等。肺炎支原体不仅可引起肺炎，也可引起上呼吸道感染，近年来的感染并不少见。

婴幼儿时期由于上呼吸道的解剖生理特点和免疫特点易患本病。营养性疾病，如营养不良、贫血、维生素A或锌缺乏症等；先天性疾病，如先天性心脏病、食管裂孔疝等；或免疫缺陷、被动吸烟、护理不当、气候改变和环境不良等因素，易致反复呼吸道感染或使病程迁延。

【护理评估】

（一）临床表现

本病症状轻重不一。与年龄、病原体、感染部位和机体抵抗力不同有关。年长儿症状较轻，而婴幼儿较重。

1. 一般类型急性上呼吸道感染

（1）症状：①局部症状。流涕、鼻塞、喷嚏、轻咳、咽部不适或咽痛等，可在3～4天内自然痊愈。②全身症状。发热、头痛、全身不适、乏力、烦躁不安等。部分患儿有食欲缺乏、呕吐、腹泻、腹痛等消化道症状。腹痛多为脐周阵发性疼痛，无压痛，可能与肠蠕动亢进有关；也可持续存在，多因并发急性肠系膜淋巴结炎所致。

婴幼儿多骤然起病，以全身症状为主，常有消化道症状，局部症状较轻。多有发热，体温可39～40℃，热程2～3天至1周，但较重者高热可1～2周，偶有长期低热达数周者，多与病灶未清除有关。起病1～2天内可因高热引起惊厥，很少反复发生。

（2）体征：体格检查可见咽部充血，扁桃体肿大，咽部可见淋巴滤泡或扁桃体有脓性分泌物。有时可见颌下和颈部淋巴结肿大、触痛。婴儿可因鼻塞致张口呼吸。肺部呼吸音正常。肠道病毒感染者可见不同形态的皮疹。

2. 两种特殊类型的急性上呼吸道感染

（1）疱疹性咽峡炎（herpangina）：病原体为柯萨奇A组病毒。好发于夏秋季节，呈散发或小流行。起病急骤，临床表现为高热、咽痛、流涎、厌食、呕吐等。体检除咽部充血外，特征性的体征是在咽腭弓、悬雍垂、软腭等处的黏膜上可见数个至数十个2～4mm大小灰白色疱疹，周围有红晕，1～2日后破溃形成小溃疡。疱疹也可发生于口腔的其他部位。病程为1

周左右。

(2) 咽-结合膜热（pharyngo-conjunctival fever）：病原体为腺病毒 3、7 型。好发于春夏季节，呈散发或在小儿集体机构中流行。临床表现以发热、咽炎、结合膜炎为特征；多呈高热，咽痛，眼部刺痛，有时伴有呕吐、腹泻、腹痛等消化道症状。体检发现咽部充血、可见白色点块状分泌物，周围有红晕，易于剥离；一侧或两侧滤泡性眼结合膜炎；颈部、耳后淋巴结肿大。病程 1～2 周。

（二）辅助检查

病毒感染者外周血白细胞计数正常或偏低，中性粒细胞减少，淋巴细胞计数相对增高。病毒分离和血清学检查可明确病原。近年来免疫荧光、免疫酶及分子学技术可做出早期诊断。

细菌感染者外周血白细胞计数可增高，中性粒细胞增高。在使用抗菌药物前行咽拭子培养可发现致病菌。

（三）与疾病相关的健康史

询问患儿发病时间，既往健康状况，有无反复发作以及过敏史。是否有特异性体质，有无免疫功能失调、营养不良、佝偻病、鼻窦炎等。

（四）心理-社会状况

评估家长对疾病的心理反应及认识程度、文化程度、对疾病的应对措施等；评估患儿家庭的居住环境、经济状况、卫生习惯及对疾病的认知程度、防治态度等。

（五）治疗要点

以充分休息、预防并发症为主，并重视一般护理和支持治疗。

1. 一般治疗　多休息、多饮水，保持居住环境适宜的湿度、温度，注意呼吸道隔离，加强呼吸道管理，减少继发细菌感染的机会。

2. 抗感染治疗

（1）抗病毒药物：大多数上呼吸道感染由病毒引起，可试用的药物为利巴韦林，具有广谱抗病毒作用。

（2）抗生素：细菌性上呼吸道感染或病毒性上呼吸道感染继发细菌感染者可选用抗生素治疗，咽拭子培养阳性结果有助于抗菌治疗。常选用青霉素类、头孢类及大环内酯类抗生素，疗程 3～5 天。若证实为链球菌感染，或既往有风湿热、肾炎病史者，青霉素疗程应为 10～14 天。

3. 对症治疗

（1）高热：可口服对乙酰氨基酚或布洛芬，肌内注射或静脉注射解热镇痛药，如阿司匹林类，亦可用冷敷、温湿敷或乙醇擦浴降温。

（2）热性惊厥者可予以镇静、止惊处理。

（3）鼻塞：先清除鼻腔分泌物，用 0.5% 麻黄碱合剂于睡前或喂奶前 10～15min 滴鼻，1～2 滴/次。

（4）咽痛：大部分可自行缓解。多饮水，亦可含服咽喉片。

【主要护理诊断/合作性问题】

1. 疼痛　头痛或咽痛，与发热及咽部炎症有关。
2. 体温过高　与上呼吸道感染有关。
3. 潜在并发症　惊厥。

【护理措施】

（一）一般护理

1. 环境　保持室内空气清新，维持室温在 18～22℃，相对湿度 50%～60%，以减少空气对呼吸道黏膜的刺激。

2. 饮食护理　保证患儿摄入充分的水分，给予营养丰富、易消化和富含维生素的清淡饮食，必要时静脉补充营养和水分。

3. 及时更换汗湿的衣服并适度保暖，避免因受凉而使症状加重或反复；保持口腔及皮肤清洁。

（二）症状护理

1. 发热的护理　卧床休息，保持室内安静，温、湿度适宜、通风良好。衣被不可过厚，以免影响机体散热，引起体温进一步升高。每4h测体温1次，并准确记录，如为超高热或有高热惊厥史者需1～2h测量1次。给予退热处理后1h复测体温，并随时观察有无新的症状和体征出现，以防惊厥发生或体温骤降。体温超过38.5℃时遵医嘱给予退热剂或物理降温。

2. 鼻塞的护理　及时清除鼻腔及咽喉部分泌物和干痂，保证呼吸道通畅。鼻塞严重时可在清除鼻腔分泌物后用0.5%的麻黄碱液滴鼻，每次1～2滴，对因鼻塞而妨碍吸吮的婴幼儿，宜在哺乳前10～15min滴鼻使鼻腔通畅，保证吸吮。

3. 咽痛的护理　可给予润喉含片或行雾化吸入。

（三）病情观察

密切观察病情变化，注意咳嗽的性质、神经系统症状、口腔黏膜改变及皮肤有无皮疹等，以便早期发现麻疹、猩红热、百日咳、流行性脑脊髓膜炎等急性传染病。有可能发生惊厥的患儿应加强巡视，密切观察体温，床边设置床档，以免患儿坠床，备好急救物品和药品。如患儿病情加重，体温持续不退，应考虑并发症的可能，及时报告和处理。

（四）用药护理

使用退热剂后应注意多饮水，以防大量出汗引起虚脱，如有虚脱现象，应给予保暖、饮热水，严重者给予静脉输液。高热惊厥的患儿使用镇静剂时，应注意观察止惊的效果及药物的不良反应。使用青霉素等抗生素时，应注意观察有无过敏反应发生。

（五）健康教育

指导家长掌握上呼吸道感染的预防知识和护理要点，懂得相应的应对方法，如加强体格锻炼，多进行户外活动，多晒太阳以增强机体抵抗力。气候变化时及时添减衣物，避免过热或过凉。在呼吸道感染的高发季节，避免带小儿去人多拥挤的公共场所。如有流行趋势，可用食醋熏蒸法消毒居室空气。提倡母乳喂养，及时添加辅食，要营养均衡，纠正偏食。

反复呼吸道感染

反复呼吸道感染是指1年内发生呼吸道感染次数过于频繁，超过一定范围。根据感染的部位可分为反复上呼吸道感染和反复下呼吸道感染（支气管炎和肺炎），目前国外文献未见明确标准，我国修订的标准为

年龄（岁）	反复上呼吸道感染（次/年）	反复下呼吸道感染（次/年）	
		反复气管支气管炎	反复肺炎
0～2	7	3	2
3～5	6	2	2
6～14	5	2	2

第三节 急性支气管炎

急性支气管炎（acute bronchitis）是指由各种病原体引起的支气管黏膜的炎症，由于气管常同时受累，故又称为急性气管支气管炎（acute tracheo-bronchitis）。常继发于急性上呼吸道感染，或为某些急性传染病临床表现的一部分。婴幼儿多见，且症状较重。

主要为感染，病原是病毒、细菌或肺炎支原体或为其混合感染，而以病毒为主要病原体。能引起上呼吸道感染的病原体均可引起支气管炎。环境污染、空气污浊或接触有毒气体亦可刺激支气管黏膜引起炎症。免疫功能低下或特异性素质，如营养不良、佝偻病、变态反应以及慢性鼻炎皆可为本病的诱因。

【护理评估】

（一）临床表现

大多先有上呼吸道感染症状，之后以咳嗽为主要症状，开始为干咳，以后渐有支气管分泌物而为有痰的咳嗽。婴幼儿症状较重，常有发热及呕吐、腹泻、腹痛等消化道症状，不会咳痰，多经咽部咽下。年长儿一般全身症状不明显，发热可有可无，可诉头痛及胸痛。肺部听诊双肺呼吸音粗，可闻及不固定的散在的干湿啰音和大、中水泡音。急性症状一般持续7～10天，有时迁延2～3周，或反复发作。如不经适当治疗可引起肺炎。

（二）辅助检查

胸片X线检查显示正常或肺纹理增粗，肺门阴影加深。

（三）与疾病相关的健康史

询问患儿发病时间，既往健康状况，有无反复发作以及过敏史。是否有特异性体质，有无免疫功能失调、营养不良、佝偻病、鼻窦炎等。

（四）心理-社会状况

评估家长对疾病的心理反应及认识程度、文化程度、对疾病的应对措施等；评估患儿家庭的居住环境、经济状况、卫生习惯及对疾病的认知程度、防治态度等。

（五）治疗要点

1. 一般治疗　多休息、多饮水，经常变换体位，使呼吸道分泌物易于咳出。

2. 控制感染　由于病原体多为病毒，一般不用抗生素。怀疑有细菌感染者可加用适当抗生素。如为支原体感染，则应予以大环内酯类抗生素。

3. 对症治疗　一般不用镇咳剂或镇静药，以免抑制咳嗽反射，影响黏痰咳出。

（1）化痰止咳：刺激性咳嗽可用复方甘草合剂等，痰多、黏稠者可口服、静脉点滴或雾化吸入盐酸氨溴索。

（2）止喘：对喘憋严重者，可使用支气管扩张剂，可雾化吸入布地奈德、沙丁胺醇等，也可口服或静脉点滴氨茶碱，亦可短期使用糖皮质激素，如泼尼松、琥珀酸氢化可的松等。

【主要护理诊断/合作性问题】

1. 体温过高　与病毒或细菌感染有关。

2. 清理呼吸道无效　与痰液黏稠不易咳出、气道分泌物堆积有关。

【护理措施】

（一）一般护理

1. 休息　患儿应注意休息，减少活动，避免咳嗽加重。卧床时需经常更换体位，以利呼吸道分泌物的排出。

2. 保证充足的水分及营养供给　鼓励患儿多饮水，使痰液稀释易于咳出。给予营养丰富、易消化的饮食，鼓励患儿进食，但应少量多餐，避免因咳嗽导致呕吐。

3. 保持口腔清洁　由于患儿发热、咳嗽、痰多且黏稠，剧烈咳嗽时常引起呕吐等，故需保持口腔清洁，以增加舒适感，增进食欲。婴幼儿可在进食后喂适量开水，以清洁口腔；年长儿应在晨起、餐后、睡前漱口。

（二）保持呼吸道通畅

1. 保持室内空气清新，维持室温在 18～22℃，相对湿度 50%～60%，以减少空气对呼吸道黏膜的刺激，利于排痰。

2. 经常更换患儿体位，拍击背部，指导并鼓励患儿有效咳嗽，以利于痰液排出，促进炎症消散。

3. 痰液黏稠时可给予雾化吸入，以湿化气道，消除炎症，促进排痰。必要时用吸引器及时清除痰液，保持呼吸道通畅。

（三）病情观察

注意观察呼吸变化，若有呼吸困难、发绀，应给予吸氧，并协助医生积极处理。

（四）用药护理

注意观察药物疗效及不良反应。口服止咳糖浆后不要立即喝水以使药物更好地发挥作用。如静滴氨茶碱止喘时，速度不宜过快，并且密切观察有无心悸、烦躁甚至惊厥等。

（五）健康教育

指导患儿及家长适当开展户外活动，进行体格锻炼，增强机体对温度变化的适应能力；根据气温变化增减衣服，避免受凉或过热；在呼吸道疾病流行期，避免到人多拥挤的公共场所，以免交叉感染；积极预防营养不良、贫血、佝偻病及各种传染病；按时接种疫苗，增强机体的免疫能力。

第四节　肺　炎

肺炎（pneumonia）是由不同病原体或其他因素（吸入羊水、过敏等）所致的肺部炎症，以发热、咳嗽、气促、呼吸困难和肺部固定湿啰音为主要表现。肺炎为儿科常见病，尤其多见于婴幼儿，也是婴儿时期主要死亡原因，严重影响小儿健康，被卫计委列为小儿四病防治之一。

【分类】

肺炎分类尚无统一标准，目前常用分类方法为：

1. 按病理分类　分为大叶性肺炎、支气管肺炎和间质性肺炎。

2. 按病因分类　分为感染性肺炎如病毒性肺炎、细菌性肺炎、支原体肺炎、衣原体肺炎、真菌性肺炎、原虫性肺炎，非感染因素引起的肺炎如吸入性肺炎、坠积性肺炎、嗜酸性粒细胞肺炎等。

3. 按病程分类　分为急性肺炎（病程＜1个月）、迁延性肺炎（病程1～3个月）、慢性肺炎（病程＞3个月）。

4. 按病情分类　分为轻症肺炎（除呼吸系统受累外，仅轻微累及其他系统，无全身中毒症状或较轻）、重症肺炎（除呼吸系统受累外，其他系统亦受累，全身中毒症状重，可危及生命）。

5. 按临床表现典型与否　分为典型、非典型两类。典型肺炎系由肺炎链球菌、流感嗜血杆菌、金黄色葡萄球菌及革兰阴性杆菌及厌氧菌引起。非典型肺炎的常见病原体为肺炎支原体、衣原体、军团菌及病毒。2002年冬季和2003年春季在我国和其他一些国家的一种传染性非典型肺炎，WHO将其命名为严重急性呼吸窘迫症，简称SARS。

6. 按肺炎发生的地点 分为社区获得性、院内获得性肺炎。前者指患儿在院外或住院48h内发生的肺炎；后者指住院48h后发生的肺炎。

临床上若病原体明确，则按病因分类，以利指导治疗，否则按病理分类。本节重点讨论支气管肺炎。

一、支气管肺炎

支气管肺炎（bronchopneumonia）是小儿时期最常见的肺炎，2岁以内小儿多见。全年均发病。北方多发生于冬春寒冷季节及气候骤变时。营养不良、先天性心脏病、低出生体重儿、免疫缺陷者更易发生。

常见病原体有细菌、病毒和肺炎支原体，也可能是病毒和细菌的混合感染。衣原体、真菌、原虫等病原体也可引发。发展中国家以细菌常见，发达国家以病毒为主。近年肺炎支原体肺炎有增多趋势。病原体常由呼吸道侵入，少数经血入肺。

病理改变以肺组织充血、水肿、炎症浸润为主。肺泡内充满渗出物，经肺泡壁通道向周围肺组织蔓延，形成点片状炎症病灶。若病变融合成片，可累及多个肺小叶或更广泛范围。当小支气管、毛细支气管发生炎症时，可致管腔部分或完全阻塞，引起肺不张或肺气肿。不同病原体引起的肺炎病理改变不同，病毒性肺炎以间质受累为主，细菌性肺炎以肺实质损害为主。临床上支气管肺炎与间质性肺炎常同时并存。

病理生理表现为：病原体侵入肺部后，引起支气管黏膜水肿，管腔狭窄；肺泡壁充血、水肿，肺泡腔内充满炎性渗出物，从而影响肺通气和肺换气。通气不足引起PaO_2和SaO_2下降（低氧血症）及$PaCO_2$升高（高碳酸血症），换气功能障碍则主要引起低氧血症。缺氧、二氧化碳潴留及病原体毒素和炎症产物吸收产生的毒血症，是引起机体酸碱平衡失调和电解质紊乱以及呼吸系统、循环系统、神经系统和消化系统等功能障碍的主要原因。

1. 呼吸功能不全 肺炎早期以通气功能障碍为主，仅有缺氧，而无明显二氧化碳潴留。为代偿缺氧，患儿呼吸和心率增快；为增加呼吸深度，辅助呼吸肌也参与呼吸，出现鼻翼翕动和三凹征。随着病情进展，换气功能严重障碍，在缺氧的基础上出现二氧化碳潴留。此时，PaO_2和SaO_2下降，$PaCO_2$升高。当$PaO_2 < 50mmHg$和（或）$PaCO_2 > 50mmHg$时即为呼吸衰竭。

2. 循环系统 病原体和毒素作用于心肌可引起中毒性心肌炎。缺氧和二氧化碳潴留，可引起肺小动脉反射性收缩，使肺循环的阻力增高，形成肺动脉高压，右心的负担加重。肺动脉高压和中毒性心肌炎是诱发心力衰竭的主要原因。重症患儿可出现微循环障碍、休克、弥散性血管内凝血。

3. 神经系统 缺氧和二氧化碳潴留可使毛细血管扩张，血流缓慢，血管壁的通透性增加而致脑水肿。严重缺氧使脑细胞无氧代谢增强，乳酸堆积，ATP生成减少，Na^+-K^+-ATP酶的活性降低，引起脑细胞内钠、水潴留，形成脑细胞水肿。

4. 消化系统 低氧血症和病原体毒素的作用，使胃肠道黏膜出现糜烂、出血、上皮细胞坏死脱落等，导致黏膜屏障功能破坏，胃肠功能紊乱，出现腹泻、呕吐，严重者出现中毒性肠麻痹和消化道出血。

5. 水、电解质和酸碱平衡失调 重症肺炎可出现混合性酸中毒，因为严重缺氧时体内有氧代谢障碍、酸性代谢产物堆积，常可引起代谢性酸中毒；而CO_2潴留、H_2CO_3增加又可导致呼吸型酸中毒。缺氧改变了细胞膜的通透性，钠泵功能失调，使Na^+进入细胞内增加；同时缺氧导致抗利尿激素（ADH）分泌增加；另外，进食差、呕吐等引起钠摄入不足，排出增多。这些均可引起低钠血症。

案例 9-1 A

患儿，女，2岁，因咳嗽4天，发热3天伴喘息2天入院。患儿4天前无明显诱因出现咳嗽，为声声样，初为干咳，渐有痰不易咳出，次日出现发热，体温高达38.7℃，家长给予口服药物，效果不佳，2天前出现喘息，为进一步诊治入院。患儿发病以来精神、食欲略差，无恶心、呕吐，腹泻3~4次/日，为黄色稀水样便，偶有烦躁哭闹，无惊厥，小便正常。查体：T 36.8℃，P 128/次分，R 36次/分。神清，咽部充血，双肺呼吸音粗，可闻及中小水泡音及少许喘鸣音，心率128次/分，律齐，心音有力，未及病理性杂音，腹软，肝脾未及肿大，神经系统无异常。辅助检查：胸片 双肺纹理增粗，双肺内可见点片状阴影。

问题与思考：
1. 写出该病的临床诊断依据。
2. 病史中还应询问家长什么资料？

【护理评估】

（一）临床表现

2岁以下的婴幼儿多见。多起病较急，发病前数日多有上呼吸道感染，主要临床表现为发热、咳嗽、气促和肺部中细湿啰音。

1. 呼吸系统症状和体征

（1）发热：热型不一，多数为不规则热，也可为弛张热或稽留热，新生儿或重度营养不良儿可不发热或体温不升。

（2）咳嗽：较频，早期为刺激性干咳，以后有痰，新生儿、早产儿则表现为口吐泡沫。

（3）气促：多发生于发热、咳嗽之后，呼吸加快，可达40~80次/分，重者可有鼻翼煽动、点头呼吸、三凹征、口周发绀。

（4）肺部啰音：早期不明显或仅呼吸音增粗，以后可闻及固定的中细湿啰音，以背部双肺下方脊柱旁较多，吸气末更为明显。新生儿、小婴儿常不易闻及湿啰音。

除上述症状外，患儿常有精神不振、食欲减退、烦躁不安、轻度腹泻或呕吐等全身症状。重症除全身症状及呼吸系统的症状加重外，常出现循环、神经、消化等系统的功能障碍，出现相应的临床表现。

2. 循环系统表现 常有心力衰竭、心肌炎、还可有微循环障碍和DIC。心肌炎表现为面色苍白、心音低钝、心律不齐、心电图ST段和T波改变及心肌酶升高等。肺炎合并心力衰竭的表现：①呼吸突然加快＞60次/分；②心率突然加快＞180次/分；③突然极度烦躁不安，明显发绀，面色苍白或发灰，指（趾）甲微血管充盈时间延长，前3项不能用发热、肺炎本身或其他并发症解释；④心音低钝、奔马律、颈动脉怒张；⑤肝迅速增大；⑥尿少或无尿，眼睑或双下肢水肿。具备5项即可诊断肺炎合并心力衰竭。出现微循环障碍，休克时可有血压下降、手足及四肢凉、毛细血管充盈时间延长和脉速且弱等症状，还可出现皮肤、黏膜和胃肠道等广泛弥漫出血的DIC症状。

3. 神经系统表现 常见烦躁或嗜睡，可两者交替出现。脑水肿、颅内压增高和病原体毒素引起的中毒性脑病，可有高热不退、意识不清、昏睡、昏迷、惊厥、前囟隆起、眼球运动不灵活、凝视、瞳孔对光反射迟钝或消失、呼吸节律不整、脑膜刺激征等表现。

4. 消化系统表现　中毒性肠麻痹表现为严重腹胀、膈肌抬高，呼吸困难加剧，肠鸣音减弱或消失。还可出现呕吐咖啡样物、大便隐血阳性或柏油样变等消化道出血的表现。

5. 抗利尿激素异常分泌综合征　呈现低钠血症的表现，重症出现惊厥。临床症状的轻重不仅取决于血钠浓度，还取决于丢失钠的速度。可有全身水肿，肾功能和肾上腺皮质功能正常，肾排钠增多。血钠 < 130mmol/L，尿钠 ≥ 20mmol/L，ADH 升高。

6. 并发症　若延误诊治或病原体致病力强者，可并发脓胸、脓气胸和肺大泡等，常见病原体为金黄色葡萄球菌或某些革兰阴性杆菌，多表现为体温持续不退，或退而复升，中毒症状或呼吸困难突然加重。

（二）辅助检查

1. 外周血检查

（1）白细胞检查：细菌性肺炎白细胞总数和中性粒细胞多增高，并可有核左移。病毒性肺炎白细胞总数多正常或降低，分类以淋巴细胞为主，可见异型淋巴细胞。

（2）C 反应蛋白：细菌感染时血清 CRP 多明显上升。

（3）前降钙素：细菌感染时多升高。感染早期出现且不受应用皮质激素与否的影响，是鉴别有无细菌感染的较敏感的指标。

2. 病原学检查

小儿下呼吸道感染的标本采集较困难，采集方法有痰标本、鼻导管或气管内导管法取声门下部位的分泌物检查，纤维支气管镜取支气管肺泡灌洗液培养，经皮肺穿刺活组织检查培养。标本采集后可行病原学早期快速诊断，包括聚合酶链反应及相关技术、免疫酶标技术、细菌培养和病毒分离等。应尽可能在抗生素饮用前采集标本。但血培养等阳性率低，痰的合格标本难以采集。

3. X 线检查

早期肺纹理增粗，以后出现肺内小斑片状阴影，以双肺下野中内带及心膈区居多，可伴有肺不张或肺气肿。斑片状影可融合成大片，甚至波及节段。

（三）与疾病相关的健康史

评估发病情况，患儿食欲情况及生长发育史，既往有无反复呼吸道感染史，家族中有无呼吸道感染病史，病前有无呼吸道传染病如麻疹、百日咳等。

（四）心理 – 社会状况

评估患儿及家长对疾病的心理反应，对疾病的病因和防护知识的了解程度，居住环境及经济状况如何，了解患儿既往有无住院经历，家长对患儿有无照顾能力等。

（五）治疗要点

采用综合治疗措施。原则是积极控制感染、改善肺通气功能、加强护理和对症治疗、积极防治并发症。

1. 一般治疗

居室或病室室温以 18～20℃、相对湿度 60% 为宜，注意防止交叉感染；保持呼吸道通畅；保持呼吸道湿润，注意变换体位、拍背，以利痰液排出；给予易消化且富含蛋白质和维生素的饮食。

2. 病原治疗

（1）抗生素：明确为细菌感染或其他病原体感染的基础上合并细菌感染，选择使用抗生素。使用原则：①根据病原菌选用敏感药物；②早期治疗；③联合治疗；④选用渗入下呼吸道浓度高的药物；⑤足量、足疗程。重症宜经静脉途径给药。

根据不同病原体选择抗生素。①肺炎链球菌：青霉素敏感者首选青霉素或阿莫西林，青霉素过敏者选用大环内酯类抗生素；②金黄色葡萄球菌：甲氧西林敏感者首选苯唑西林钠或氯唑

西林钠，耐药者选用万古霉素或联合利福平；③流感嗜血杆菌：首选阿莫西林加克拉维酸（或加舒巴坦）；④大肠埃希菌和肺炎杆菌：首选头孢曲松或头孢噻肟，铜绿假单胞菌首选替卡西林加克拉维酸；⑤肺炎支原体和衣原体：首选大环内酯类抗生素如红霉素、罗红霉素或阿奇霉素；⑥真菌性肺炎：可选用两性霉素B、氟康唑、伏立康唑等。

疗程：一般用至体温正常后的5～7天，临床症状、体征消失3天。葡萄球菌肺炎易复发及产生并发症，体温正常后继续用药2周，总疗程6周。支原体肺炎用药2～3周。

（2）抗病毒治疗：支持疗法、对症疗法和加强护理等居重要地位，有肯定疗效的抗病毒药物减少。奥司他韦是神经氨酸酶抑制剂，对甲、乙型流感病毒均有效。利巴韦林肌内注射、静脉应用效果难以肯定。干扰素肌内注射对部分病毒可能有效。

3. 对症治疗 有缺氧症状时应及时吸氧；发热、咳嗽、咳痰者，给予退热、祛痰、止咳，保持呼吸道通畅；喘憋明显者可用支气管解痉剂；腹胀低钾者及时补钾，中毒性肠麻痹给予禁食、胃肠减压，电解质和酸碱失衡者给予纠正水、电解质、酸碱平衡紊乱。

4. 糖皮质激素 无需常规使用。应用指征：喘憋明显伴呼吸道分泌物增多者；中毒症状明显的重症肺炎，如合并中毒性脑病、休克、脓毒症者；有急性肺损伤或全身炎症反应综合征者；短期内胸腔有大量渗出者。

5. 其他

（1）肺炎合并心力衰竭：治疗原则为镇静、吸氧、强心、利尿和应用血管活性药物。可用水合氯醛直肠给药镇静；选用具有正性肌力、负性频率作用的快速洋地黄制剂，如毛花苷C或毒毛花苷K；尿少伴水肿者可用呋塞米利尿；血管活性药物选酚妥拉明等。

（2）中毒性脑病：纠正缺氧和减轻脑水肿。用20%甘露醇静脉注射，辅以地塞米松和呋塞米降颅压。

（3）生物制剂：重症患儿可静脉注射人血丙种球蛋白400mg/（kg·d），连用3～5天。

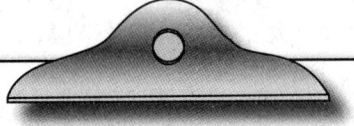

案例9-1 B

患儿入院后体温39～40℃，口服退热药效果不佳，精神萎靡，烦躁哭闹与嗜睡交替出现，次日出现惊厥，表现为意识丧失，双眼凝视，面部发绀，四肢抽动，无大小便失禁。

问题与思考：

1. 该患儿目前存在的主要护理诊断是什么？
2. 制订该患儿的护理措施。

【主要护理诊断/合作性问题】

1. 清理呼吸道无效 与呼吸道分泌过多、痰液黏稠、咳嗽无力有关。
2. 气体交换受损 与肺部炎症致通气、换气功能障碍有关。
3. 体温过高 与肺部感染有关。
4. 潜在并发症 心力衰竭、中毒性脑病、中毒性肠麻痹等。
5. 营养失调：低于机体需要量 与摄入不足、消耗增加有关。

【护理措施】

（一）保持呼吸道通畅

1. 保持室内空气新保鲜，定时开窗通风，避免直吹或对流风。保持适宜的温湿度，室温维持在 18～22℃，湿度以 60% 为宜。

2．饮食宜给予易消化、营养丰富的流质、半流质饮食，多喂水。少量多餐，避免过饱影响呼吸，喂哺时应耐心，哺母乳者应抱起喂，防止呛咳。重症不能进食时，给予静脉输液，输液时应严格控制输液量及滴注速度，最好使用输液泵，保持均匀滴入。

3．及时清除口鼻分泌物，分泌物黏稠者应用超声雾化或蒸汽吸入；分泌物过多影响呼吸时，应用吸引器吸痰。

4．帮助患儿取合适的体位并经常更换，翻身拍背，帮助痰液排出，防止坠积性肺炎。方法是五指并拢，稍向内合掌，由下向上、由外向内地轻拍背部。

5．指导和鼓励患儿进行有效地咳嗽。

6．根据病情或病变部位进行体位引流。

7．按医嘱给予祛痰剂。

（二）改善呼吸功能

1．凡有缺氧症状，如呼吸困难、口唇发绀、烦躁、面色灰白等情况时应立即给氧。一般采用鼻前庭给氧，氧流量 0.5～1L/min，氧浓度不超过 40%，氧气应湿化，以免损伤呼吸道黏膜。缺氧明显者可用面罩给氧，氧流量 2～4L/min，氧浓度为 50%～60%。若出现呼吸衰竭，则使用人工呼吸器。

2．病室环境安静、空气新鲜、温湿度适宜。做好呼吸道隔离，为防止交叉感染，不同病因引起的肺炎应分类收治。

3．护理操作应集中完成，以减少刺激，避免哭闹。

4．按医嘱使用抗生素治疗肺部炎症、改善通气，并注意观察药物的疗效及不良反应。

（三）维持体温正常

发热者应注意体温的监测，警惕热性惊厥的发生，并采取相应的降温措施。

（四）密切观察病情

1．若患儿出现烦躁不安、面色苍白、呼吸加快、心率增快、出现心音低钝或奔马律、肝短期内迅速增大时，考虑肺炎合并心力衰竭，应及时报告医生，立即给予吸氧并减慢输液速度。若患儿突然口吐粉红色泡沫痰，应考虑肺水肿，可给患儿吸入经 20%～30% 乙醇湿化的氧气，间歇吸入，每次吸入不宜超过 20min。

2．若患儿出现烦躁、嗜睡、惊厥、昏迷、呼吸不规则等，应考虑脑水肿、中毒性脑病的可能，应立即报告医生并配合抢救。

3．若患儿病情突然加重，体温持续不降或退而复升，咳嗽和呼吸困难加重，面色青紫，应考虑脓胸或脓气胸的可能，及时报告医生，配合进行胸穿或胸腔闭式引流，并做好术后护理。

（五）健康教育

向患儿或家长解释疾病的相关知识和防护知识。指导家长合理喂养，婴儿期提倡母乳喂养；多进行户外活动；注意气候变化，及时增减衣服，避免着凉，一旦上感，及时治疗，以免继发肺炎；让家长了解所用药物名称、剂量、用法及副作用；指导患儿不随地吐痰，咳嗽时应用手帕或纸巾捂住嘴，尽量使痰飞沫不向周围喷射。定期健康检查，按时预防接种。

二、几种不同病原体所致小儿肺炎的特点

（一）呼吸道合胞病毒肺炎

呼吸道合胞病毒肺炎（respiratory syncytial virus pneumonia）是由呼吸道合胞病毒（RSV）感染所致，是最常见的病毒性肺炎。多见于婴幼儿，尤其以 1 岁以内的婴幼儿多见。轻者发热及呼吸困难等症状不重，重者有明显呼吸困难、喘憋、口周发绀、鼻翼翕动、三凹征及不同程

度的发热。肺部听诊多有中细湿啰音。X线表现为两肺小点片状、斑片状阴影，部分患儿有不同程度的肺气肿。白细胞总数大多正常。

（二）腺病毒肺炎

腺病毒肺炎（adenovirus pneumonia）是由腺病毒（ADV）感染引起。多见于6个月～2岁小儿，冬春季高发。起病急、病情重、呈重症肺炎表现、病程迁延。临床表现为急起稽留热，萎靡、嗜睡与烦躁交替出现，咳嗽剧烈，喘憋，呼吸困难及皮肤发绀、发灰；肺部细湿啰音出现晚，常在发热3～5天后才可闻及，可有肺实变体征。胸部X线常在肺部体征不明显时即有改变，表现为大小不等的斑片样影或融合成大病灶，病灶吸收慢，可持续数周至数月。

（三）金黄色葡萄球菌肺炎

金黄色葡萄球菌肺炎（staphylococcal pneumonia）是由金黄色葡萄球菌感染所致。本病多见于新生儿和婴幼儿，免疫功能低下或滥用抗生素易引发。起病急、病情重、发展快；中毒症状重，可有弛张热、咳嗽、呼吸困难；皮肤常见猩红热样或荨麻疹样皮疹；肺部细湿啰音出现早，常伴有循环、神经、消化系统症状，呈重症肺炎的表现。外周血象示白细胞总数和中性粒细胞明显增高，常有核左移，并可见中毒颗粒。胸部X线有炎症浸润、多发性肺脓肿、肺大泡及脓胸、脓气胸等，影像易变性是其X线表现的特点。

（四）流感嗜血杆菌肺炎

流感嗜血杆菌肺炎（hemophilus influenza pneumonia）是由流感嗜血杆菌感染所致。本病多见于4岁以下小儿，常并发于流感病毒或葡萄球菌感染的患儿。年长儿主要见于免疫功能低下、院内感染等。病变多为肺段、大叶性炎症，也有小叶性（支气管肺炎）。起病较缓，病程呈亚急性。婴幼儿病情重。表现为高热、痉挛性咳嗽、呼吸急促、发绀及鼻翼煽动、三凹征等，肺部有细湿啰音或实变体征。可并发脓胸、脑膜炎、败血症、心包炎、化脓性关节炎和中耳炎等。外周血象示白细胞增高，甚至达（20～70）×10^9/L，可有淋巴细胞增多。痰涂片可见革兰阴性短小杆菌。胸片改变呈多样性，可表现为肺段或大叶性改变；或弥漫性支气管炎的改变，多在下叶；或双肺呈点片状阴影的支气管炎影像；可伴有胸腔积液征。

（五）肺炎支原体肺炎

肺炎支原体肺炎（mycoplasma pneumoniae pneumonia）是由肺炎支原体（MP）感染所致。过去认为本病主要见于年长儿，近年发现婴幼儿亦不少见。临床起病较缓，症状轻重不一，病程较长，一般2～4周，体征少而X线表现多。病初有全身不适、头痛、乏力等。以持久的阵发性剧咳为特征，有的酷似百日咳咳嗽，但无回声；可有发热，热型不定，高热者并不少见，热程1～3周；可伴咽痛、胸痛等症状；肺部体征常不明显，尤其是早期，发病数天后可闻及湿啰音。外周血白细胞数正常或稍增高。X线示肺部阴影呈薄片状、云雾状、网状、粟粒状等，常有肺门影增宽或肺门淋巴结增大，有时伴胸腔积液。另外，MP感染可出现心肌炎、心包炎、溶血性贫血、血小板减少、脑膜脑炎、神经根炎、肝脾大、皮疹、肾炎等肺外的多系统病变，也可直接以肺外表现起病。

（六）衣原体肺炎

衣原体肺炎（chlamydial pneumonia）是由衣原体感染所致。衣原体主要有沙眼衣原体、肺炎衣原体和鹦鹉热衣原体。鹦鹉热衣原体肺炎表现为非典型肺炎的经过，我国少有报告。沙眼衣原体是引起婴儿（多为1～3月龄）肺炎的重要病原，起病缓慢，多无发热，先出现鼻塞、流涕，而后有呼吸增快和咳嗽，咳嗽反复发生，可出现体重增长不良，半数伴结膜炎；肺部可闻及呼气性喘鸣或细湿啰音；胸部X线呈间质性浸润和肺气肿，或双侧索条状片阴影。肺炎衣原体肺炎常见于5岁以上小儿，起病缓慢、隐匿，一般症状较轻，常无发热，多伴咽炎、喉炎及鼻窦炎，咳嗽可持续1～2个月，肺部可闻及干湿啰音或哮鸣音；X线显示单侧肺下叶或双侧肺浸润病灶；肺外表现有红斑结节、甲状腺炎和神经根炎等。

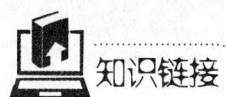

胸部物理治疗

胸部物理治疗（chest physiontherapy，CPT）是指用物理和机械干预来帮助治疗急性和慢性呼吸道疾病的方法，是一种安全和有效的治疗方法。主要是通过拍打、震荡，压迫胸腔和诱导咳嗽或通过吸引达到减轻气管内分泌物聚集，从而达到改善通气和换气功能的目的。主要方法有：体位引流、胸部扩张运动、胸部叩击法、吸引、胸部摇动等。但是这些措施应根据病情、患者个体差异选择应用。对肺脓肿、支气管扩张、肺囊肿、严重感染及呼吸功能不全等患者，均可采用体位引流和胸部排击等CPT方法来进行。但如病情严重、中毒症状重、肺大疱或脓胸、支气管瘘等患者，应禁用此类CPT，或在有效气管内插管，机械通气后采用气管内吸引方法为佳。随着现代科技的发展，许多新的物理治疗方法如超短波治疗、激光疗法、电磁波治疗、紫外线疗法等出现，这些属于康复科范围，采用前要详细了解每一种疗法的适应证和禁忌证，有时要请康复科医师会诊。

第五节 支气管哮喘

支气管哮喘（bronchial asthma）简称哮喘，是小儿期最常见的慢性呼吸道疾病。是由多种细胞（嗜酸粒细胞、肥大细胞、中性粒细胞等）和细胞组分共同参与的气道慢性炎症性疾病，这种慢性炎症导致气道高反应性增加，通常出现广泛多变的可逆性气流受限，并引起反复发作性喘息、气促、胸闷或咳嗽等症状，常在夜间和（或）清晨发作或加剧，多数患儿可经治疗缓解或自行缓解。如若诊治不及时，随病程的延长可产生气道不可逆狭窄和气道重塑。因此，早期防治至关重要。

病因较为复杂，尚未完全清楚，与遗传和环境因素有关，为一种多基因遗传病。多数患儿有特异性体质如湿疹、过敏性鼻炎和（或）食物过敏史，不少患儿有家族史。

诱发因素有①呼吸道感染：尤其是病毒和支原体感染。②过敏原接触：包括吸入过敏原和食入过敏原。常见吸入过敏原有尘螨、蟑螂、花粉、真菌等；食入过敏原常为异体蛋白的摄入，如鱼、虾、蛋、奶及花生等，全牛乳及豆奶喂养的哮喘发病率高于母乳喂养；常见药物为阿司匹林和非甾体类药物。③强烈的情绪变化：如大哭、大笑、愤怒和恐惧等。④运动：是哮喘最常见的触发因素。⑤吸烟：包括主动与被动吸烟。

发病机制极为复杂，尚未完全清楚，与免疫因素，神经、精神和内分泌因素，遗传背景和神经信号通路密切相关。

气道炎症是哮喘的最主要病理改变。气道炎症主要表现为支气管黏膜的肿胀、充血，气道上皮脱落，上皮层杯状细胞和黏膜下腺体增生，管腔中有大量分泌物，上皮基底膜增厚，平滑肌增生肥厚，新的血管形成。气道的慢性炎症持续存在，反复多次的急性发作使慢性炎症不断加重；基底膜增厚、平滑肌增生等造成支气管管壁增厚，引起气道重塑。

气流受限是哮喘病理生理改变的核心，支气管痉挛、管壁炎症性肿胀、黏液栓形成和气道重塑均是造成患儿气道受阻的原因。气道高反应性是哮喘的基本特征之一，指气道对多种刺激因素，如过敏原、理化因素、运动和药物等呈现高度过敏状态，在一定程度上反映了气道炎症的严重性。气道炎症通过气道上皮损伤、细胞因子和炎症介质的作用引起气道高反应性。

【分类和分期】

（一）分类

1. 小儿哮喘　诊断标准如下：

（1）反复发作喘息、咳嗽、气促、胸闷，多与接触变应原、冷空气、物理或化学刺激、呼吸道感染及运动等有关，常在夜间和（或）清晨发作或加剧。

（2）发作时在双肺可闻及散在或弥漫性，以呼气相为主的哮鸣音，呼气相延长。

（3）上述症状和体征经抗哮喘治疗有效或自行缓解。

（4）除外其他疾病所引起的喘息、咳嗽、气促和胸闷。

（5）临床表现不典型者（无明显喘息或哮鸣音），应至少具备以下1项：①支气管激发试验或运动激发试验阳性；②证实存在可逆性气流受限，a.支气管舒张实验阳性即吸入速效$β_2$受体激动剂后15minFEV_1增加≥12%；b.抗哮喘治疗有效即使用支气管舒张剂和口服（或吸入）糖皮质激素治疗1～2周后FEV_1增加≥12%；③PEF每日变异率（连续监测1～2周）≥20%。

符合第（1）～（4）条或第（4）、（5）条者，可以诊断为哮喘。

2. 咳嗽变异性哮喘（cough variant asthma，CVA）　诊断标准如下：

（1）咳嗽持续＞4周，常在夜间和（或）清晨发作或加剧，以干咳为主。

（2）临床上无感染征象，或经较长时间抗生素治疗无效。

（3）抗哮喘药物诊断性治疗有效。

（4）排除其他原因引起的慢性咳嗽。

（5）支气管激发试验阳性和（或）PEF每日变异率（连续监测1～2周）≥20%。

（6）个人或一级、二级亲属有特异性疾病史，或变应原测试阳性。

以上（1）～（4）项为诊断的基本条件。

（二）分期

哮喘可分为急性发作期、慢性持续期和临床缓解期。

案例9-2A

患儿，男，6岁，因咳嗽1天，加重伴喘息半天入院。患儿入院前1天无明显诱因咳嗽，伴流涕、鼻塞、打喷嚏现象，家长未予重视，半天前咳嗽加重，且出现喘息，今为进步诊治入院。患儿幼时有湿疹，既往数次喘息史，母亲为过敏性鼻炎患者。查体：T 36.6℃，P 140次/分，R 42次/分。烦躁哭闹，端坐呼吸，口周及鼻根部发绀，三凹征（+），双肺呼吸音粗，可闻及大量喘鸣音，呼气相延长。辅助检查：WBC $7.8×10^9$/L，N 70%，E 8%。X线胸片：双肺透亮度增加。

问题与思考：

1. 写出该病的临床诊断依据。
2. 病史中还应询问家长什么资料？

【护理评估】

（一）临床表现

以咳嗽、胸闷、喘息和呼吸困难为典型症状，呈阵发性发作，以夜间和清晨为重。多由过敏原、冷空气、运动、过度情绪变化等因素诱发。大多急性起病，一般无发热。症状呈易变性，可有突发突止，也可呈持续性或间歇性发作。发作前可有流涕、打喷嚏和胸闷等先兆症状，随后出现咳嗽、喘息，接着咳大量白色黏痰，伴有呼气性呼吸困难和喘鸣音。严重病例呈端坐呼吸、恐惧不安、大汗淋漓、面色青灰。

体格检查可见桶状胸、三凹征、肺部满布哮鸣音，严重者气道广泛堵塞，哮鸣音反可消失，称"闭锁肺（silent lung）"，是哮喘最危险的体征。发作间歇多数患儿可无任何症状和体征。病程长的持续性哮喘可有桶状胸及杵状指。

哮喘发作在合理应用常规缓解药物治疗后，仍有严重或进行性呼吸困难者，称为哮喘危重状态（支气管哮喘持续状态）。表现为哮喘急性发作，出现咳嗽、喘息、呼吸困难、大汗淋漓和烦躁不安，甚至表现出端坐呼吸、语言不连贯、严重发绀、意识障碍及心肺功能不全的征象。

（二）辅助检查

1. 肺功能检查　主要用于 5 岁以上患儿。常用的指标有第一秒呼气容积（FEV1）、FEV1/FEV1 预计值%、用力肺活量（FVC）、FEV1/FVC% 及呼气峰流速（PEF）。支气管舒张试验反映了可逆性气道阻塞，是哮喘诊断依据之一。

2. 胸部 X 线检查　急性发作期可有过度通气及肺纹理增重，病史长者可有肺气肿。明确诊断者一般无需常规检查，检查主要是排除其他疾病及可能的并发症。

3. 过敏原测试　常用的包括皮肤点刺试验、体外血清特异性 IgE 检测和血清总 IgE 检测。对了解哮喘个体的病因和危险因素，以及是否是特异性体质有重要意义。

4. AHR 检测　肺功能正常时，可用醋甲胆碱、组胺等药物以及运动或支气管激发试验。试验阳性可诊断存在 AHR，是哮喘诊断依据之一。

5. 其他　呼出气一氧化氮浓度测定和诱导痰技术在小儿哮喘诊断和病情监测中发挥一定作用。

（三）与疾病相关的健康史

评估患儿的年龄、发病时间，了解患儿完整的发病过程及哮喘发作的各种因素。在急性发作后询问父母或患儿有无对花粉、粉尘、化学气体、鱼虾类食物等过敏史，有无药物过敏史，了解其居住环境情况，如是否饲养宠物，患儿房间的摆设、屋外活动场所等有无易诱发哮喘的因素，是否有哮喘家族史。

（四）心理-社会状况

观察患儿及家长可能出现的焦虑、恐惧表现，患儿是否因呼吸空难、医院环境陌生和大量的医疗护理操作而哭闹不安，家长是否了解疾病的原因、一般护理和预防知识，了解家庭的经济状况、社会支持水平和文化背景等。

（五）治疗要点

治疗原则：坚持长期、持续、规范和个体化的治疗。急性发作期治疗重点为抗炎、平喘，以便快速缓解症状；慢性持续期应坚持长期抗炎，降低气道反应性，防止气道重塑，避免危险因素和自我保健。

治疗目标：①有效控制急性发作症状，并维持最轻的症状，甚至无症状；②防止症状加重或反复；③尽可能将肺功能维持在正常或接近正常水平；④防止发生不可逆的气流受限；⑤保持正常活动（包括运动）能力；⑥避免药物不良反应；⑦防止因哮喘而死亡。

1. 去除病因　避免接触过敏源，去除各种诱发因素，积极治疗和清除感染病灶，是最简单、最有效的治疗和预防支气管哮喘发作的方法。

2. 急性发作期治疗　主要是解痉和抗炎治疗。用药物缓解支气管痉挛，减轻气道黏膜水肿和炎症，减少黏液分泌。

（1）肾上腺糖皮质激素：是目前治疗哮喘最有效的药物，其作用是抑制气道变应性炎症，降低气道高反应性。首选吸入治疗法，如吸入布地奈德、丙酸倍氯米松等；口服及静脉用药一般只用于重症或持续发作者。

(2) 支气管扩张剂：根据病情单用或联合应用以下药物。

1) $β_2$ 受体激动剂：是治疗哮喘急性发作和预防性治疗运动诱发哮喘的首选药物。可舒张支气管平滑肌，增加黏液纤毛清除功能，调节肥大细胞、嗜碱性粒细胞介质的释放。常用的有沙丁胺醇、特布他林等。

2) 茶碱类药物：可舒张支气管平滑肌，并可强心、利尿、扩张冠状动脉。常用口服氨茶碱，必要时稀释后静脉注入或滴注，主要不良反应有恶心、呕吐、腹泻。

3) 抗胆碱药：抑制迷走神经释放乙酰胆碱，使呼吸道平滑肌松弛。可与 $β_2$ 受体激动剂联合用药。主要药物有溴化异丙托品，常以雾化吸入为主。

(3) 抗生素：疑伴呼吸道细菌感染时，同时选用适当的抗生素。

3. 哮喘慢性持续期治疗

(1) 吸入型糖皮质激素：局部吸入糖皮质激素是目前控制哮喘最有效的首选药，局部抗炎作用强，不良反应少。通常需长期规范吸入 1～3 年。常用的有布地奈德、丙酸倍氯米松、丙酸氟替卡松等。

(2) 白三烯调节剂：是非糖皮质激素抗炎药，包括半胱酰白三烯受体拮抗剂（孟鲁司特等）。能缓解症状，改善肺功能，减少哮喘急性发作；可部分预防运动诱发的支气管痉挛；与吸入性糖皮质激素（ICS）联合治疗，可改善低剂量 ICS 控制不佳的症状。

(3) 长效 $β_2$ 受体激动剂：常用的是吸入及口服剂型。不推荐单独使用，与适量 ICS 联合使用疗效更佳。

(4) 茶碱：小剂量有一定抗炎作用，作为控制药物疗效有限，可作为单独应用 ICS 未达到控制时的附加治疗。

(5) 全身性糖皮质激素：用于未控制的重度哮喘患儿，需长期口服，但须注意全身副作用。

4. 哮喘急性发作加重的处理　在原有急性发作治疗的基础上，应注意氧疗、补液、纠正酸中毒，慎用镇静剂，评估对治疗的反应性和既往哮喘急性发作的状态，早期静脉使用全身性糖皮质激素，亦可静点氨茶碱，必要时行机械通气。

5. 预防复发　应避免接触过敏源，积极治疗和清除感染灶，去除各种诱发因素。吸入维持量糖皮质激素，控制气道反应性炎症，是预防复发的关键。此外，特异性免疫治疗，可使机体对过敏原产生耐受。

患儿入院诊断为支气管哮喘（急性发作），给予抗炎、支气管扩张剂等治疗。

问题与思考：

1. 列出主要的护理问题。
2. 制订该患儿的护理措施。

【主要护理诊断/合作性问题】

1. 低效型呼吸型态　与支气管痉挛、黏膜水肿及支气管分泌物增加有关。
2. 清理呼吸道无效　与呼吸道分泌物黏稠、体弱无力、排痰有关。
3. 潜在并发症　呼吸衰竭、心力衰竭等。
4. 焦虑　与呼吸困难、环境改变、哮喘反复发作有关。
5. 知识缺乏　患儿及家长缺乏有关哮喘的防护知识。

【护理措施】

慢性持续期主要是教育患儿及家长掌握哮喘的基本防治知识,提高用药的依存性,避免各种诱发因素,巩固治疗效果。急性期的护理措施如下:

(一)一般护理

保持室内空气清新,温、湿度适宜,避免有害气体及强光的刺激,给患儿提供一个安静、舒适的环境。护理操作应尽可能集中。协助患儿安排好日常生活,指导患儿活动,根据病情,逐渐增加活动量,尽可能避免情绪激动。保证患儿摄入足够的水分,以降低分泌物的黏稠度,防止痰栓形成。给予营养丰富、易于消化的饮食,不要食用刺激性食物和冷饮等,以免诱发哮喘。

(二)维持气道通畅,缓解呼吸困难

1. 置患儿于舒适坐位、半卧位或抬高头肩,指导和鼓励患儿做深而慢的呼吸运动,改善呼吸困难。

2. 鼻导管或面罩吸氧,以 0.5~1L/min 的流量持续吸氧,并注意湿化氧气,定时进行动脉血气分析,及时调整氧流量,使 PaO_2 保持在 70~90mmHg。

3. 给予雾化吸入、胸部叩击,以促进分泌物的排出,也可采用体位引流以协助患儿排痰,必要时吸痰。

4. 遵医嘱给予支气管扩张剂和肾上腺皮质激素,注意观察疗效和副作用。

(三)病情观察

监测患儿生命体征,注意呼吸困难的表现及病情变化,若出现意识障碍、呼吸衰竭等及时给予机械通气;当患儿出现焦虑烦躁、大汗淋漓、面色苍白或青紫、气喘加剧、心率加快等变化时及时报告医生并积极配合抢救。

(四)心理护理

了解患儿及家长情感需求,给予关心照顾,允许其表达自己的感受;在患儿哮喘发作时,应多陪伴并安慰患儿及家长,尽量满足患儿的合理要求;向患儿及家长解释有关哮喘发作的原因、先兆表现(咳嗽、打喷嚏、流泪等)、一般症状及适当的处理方法,指导他们以正确的态度对待患儿,并发挥患儿的主观能动性,使其学会自我护理,预防复发;采取措施缓解患儿的恐惧心理。

(五)健康教育

1. 指导患儿及家长识别并避免诱发哮喘的因素,如花粉、粉尘、鱼虾、寒冷刺激等。

2. 增强体质,预防呼吸道感染。

3. 指导正确用药 如在使用吸入药物时,嘱患儿按压喷药于咽喉部的同时吸气,然后口屏气 10s 再呼气,吸药后用清水漱口减轻局部不良反应。同时,用以药物吸入的喷雾器应保持清洁,减少感染的机会。

4. 指导并鼓励做呼吸功能锻炼。

(1)腹部呼吸运动法:平躺,双手平放两侧,双膝弯曲,脚平放;用鼻连续吸气,放松上腹部,但胸部不扩张;缩紧双唇,慢慢吐气至吐完;重复以上动作 10 次。

(2)向前弯曲运动:坐在椅上,背伸直,头向下向前低至膝部,使腹肌收缩;慢慢上升躯干并由鼻吸气,扩张上腹部;胸部保持直立不动,将气由嘴慢慢吹出。

(3)胸部扩张运动:坐在椅上,将手掌下压肋骨,可将肺底部的空气排出;重复以上动作 10 次。

5. 提供出院时需要使用的药物资料,如服药方法、注意事项、不良反应等,强调坚持门诊随访的重要性。

小结

一、急性上呼吸道感染

急性上呼吸道感染是小儿最常见的疾病，90%以上由病毒感染引起，也可继发细菌感染。年长儿以局部症状为主，年幼儿以发热等全身症状为主，且病情较重。体检可见咽部充血。可继发高热惊厥、中耳炎、支气管炎、肺炎等并发症。年长儿可因链球菌所致上感而引起急性肾炎、风湿热等疾病。应重点评估体温情况，护理措施以降低体温，防止高热惊厥为主。

二、急性支气管炎

急性支气管炎是支气管的急性炎症，病原是病毒、细菌或肺炎支原体、或为其混合感染，以病毒为主要病原体。临床表现以发热、咳嗽、双肺呼吸音粗或不固定啰音为主要表现。胸部X线检查可见肺纹理增粗。治疗以控制感染和对症治疗为主。护理重点是维持正常体温和保持呼吸道通畅。

三、支气管肺炎

肺炎是由不同病因所致的肺部炎症。以发热、咳嗽、气促和肺部固定细湿啰音为主要临床表现。胸部X线片检查可见点片状阴影。以使用抗生素控制感染和对症治疗为主。主要护理措施为：保持呼吸道通畅、改善呼吸功能、维持正常体温、密切观察病情和健康指导。及时发现并处理急性心力衰竭、中毒性脑病等。

四、支气管哮喘

支气管哮喘是由多种炎性细胞参与的慢性气道炎症，具有气道高反应性特征。临床表现为反复发作的喘息、呼吸困难、胸闷或咳嗽等症状，常在夜间或清晨发作、加剧，可自行缓解或治疗后缓解。应重点注意评估患儿有无湿疹、有无食物或药物过敏史，既往有无类似发作史，家族中有无类似疾病。护理重点为注意休息、加强病情观察、给氧、遵医嘱使用糖皮质激素及支气管扩张剂以改善呼吸功能，减轻患儿和家长的焦虑、恐惧心理。

自测题

一、单项选择题

1. 婴幼儿上呼吸道感染的临床特点是
   A. 以消化道症状为主
   B. 以呼吸道症状为主
   C. 以鼻咽部症状为主
   D. 全身症状重
   E. 全身症状轻

2. 婴幼儿肺炎给氧的主要条件为
   A. 发热、咳嗽
   B. 呼吸困难
   C. 合并脓胸
   D. 烦躁不安，口周发绀
   E. 双肺密集中小水泡音

3. 腺病毒性肺炎易发生
   A. 脓气胸
   B. 肺大疱
   C. 胸腔积液
   D. 肺出血
   E. 肺实变

4. 小儿细菌性肺炎最主要的病原体是
   A. 链球菌

B. 肺炎双球菌
C. 葡萄球菌
D. 流感杆菌
E. 大肠杆菌

5. 护理1岁、患金黄色葡萄球菌肺炎患儿时，发现他突然出现呼吸困难加重，经吸痰和给予氧气吸入后无明显缓解，应考虑
   A. 呼吸性酸中毒
   B. 合并心力衰竭
   C. 高热所致
   D. 并发脓气胸
   E. 肺部炎症加重

6. 11个月患儿，发热、咳嗽2天，以肺炎收入院。入院第2天，突然烦躁不安、呼吸急促，发绀。查体：体温38℃，呼吸70次/分，心率186次/分，心音低钝，两肺细湿啰音增多，肝肋下3.5cm。该患儿此时的护理措施最关键的是
   A. 大剂量使用镇静剂
   B. 间断吸氧
   C. 使用利尿剂
   D. 遵医嘱使用快速洋地黄制剂
   E. 吸痰清理呼吸道

7. 改善呼吸功能的措施**不包括**
   A. 加强气道管理
   B. 给氧
   C. 应用呼吸兴奋药
   D. 机械通气
   E. 使用强心剂

8. 患儿，3岁，3天前因感冒、流鼻涕、轻微咳嗽诊断为上感。近3天咳嗽加重，发热，体温高达39.8℃，烦躁不安，常出现呕吐，诊断为小儿肺炎。护理小儿肺炎尤应注意
   A. 保温，多饮水
   B. 适当休息
   C. 保持呼吸道通畅
   D. 给予易消化食物
   E. 加强皮肤护理

9. 婴幼儿易患呼吸道感染的主要原因是
   A. 呼吸浅表
   B. 呼吸频率快
   C. 呈腹式呼吸
   D. 呼吸道黏膜缺少SIgA
   E. 鼻腔短小，狭窄，黏膜血管少

10. 小儿呼吸道感染的主要病原是
    A. 呼吸道合胞病毒
    B. 肺炎链球菌
    C. 肺炎支原体
    D. 衣原体
    E. 轮状病毒

11. 5岁男孩，咳嗽4个月，凌晨及活动后加剧，服用多种抗生素无效，雾化吸入特布他林后缓解。查体：无发热，面及颈部散在湿疹。两肺呼吸音粗，该患儿最可能的诊断是
    A. 毛细支气管炎
    B. 支气管异物
    C. 咳嗽变异性哮喘
    D. 支气管淋巴结核
    E. 小儿哮喘

12. 患儿，10个月，以发热、咳嗽、气促就诊。体检：体温39.5℃，脉搏150次/分，心率50次/分，口周发绀，两肺有细湿啰音，诊断为肺炎。应对该患儿立即采取的护理措施是
    A. 调节病室的温、湿度
    B. 取舒适的平卧位
    C. 进行雾化吸入
    D. 进行物理降温
    E. 翻身、拍背、吸痰

13. 肺炎患儿宜采取的体位是
    A. 平卧位
    B. 去枕仰卧位
    C. 半卧位
    D. 头部抬高20～30cm，下肢抬高10～20cm
    E. 左侧卧位

二、案例题

患儿,女,2岁。因咳嗽、气喘9天、加重3天入院,体格检查:T 39℃,P 165次/分,R 40次/分,患者呼吸急促、面色苍白、口周青紫、精神萎靡、鼻翼翕动。两肺背侧下部可闻及湿啰音。心率165次/分,心音钝,心律齐,腹软,肝于右肋下2.5cm可及,质软,边钝。实验室检查:血常规白细胞 $24\times10^9/L$,嗜中性粒细胞0.83,淋巴细胞0.17。X线胸片:左右肺下叶可见灶状阴影。

问题:

1. 该患儿目前主要的护理诊断/合作性问题是什么?
2. 该患儿目前的主要护理措施?
3. 如何对家长进行健康教育?

(王继春)

第十章 循环系统疾病患儿的护理

学习目标

通过本章内容的学习，学生应能：

◇ 识记
1. 复述小儿循环系统的解剖特点和一些重要的生理常数。
2. 说出法洛四联症、差异性发绀、缺氧发作、蹲踞、杵状指（趾）、周围血管征的概念。
3. 描述心力衰竭的症状、体征。

◇ 理解
1. 解释小儿出生前、后循环系统特点及本系统疾病的关系。
2. 说明室间隔缺损、房间隔缺损、动脉导管未闭、法洛四联症的血液动力学改变。
3. 解释小儿病毒性心肌炎的发病机制及病理生理。

◇ 运用
1. 制订先天性心脏病患儿的护理计划。
2. 结合病例，提出病毒性心肌炎患儿常见的护理诊断，并能按照护理程序对病毒性心肌炎患儿实施整体护理。

小儿循环系统疾病主要是指心脏和与其相连的大血管的病变。其中，以先天性心脏病占多数，是我国婴幼儿死亡的主要原因之一。另外，病毒性心肌炎的发病率呈现逐年增多的趋势。

第一节 小儿循环系统解剖生理特点

小儿循环系统疾病的病理生理改变要追溯到心脏的胚胎发育，胎儿出生后的循环与胎儿期有所不同，在生理和解剖上会发生很大的变化。

一、心脏的胚胎发育

原始心脏在胚胎第2周开始形成。

原始心脏是一个纵直管道，又被称为原始心管（图10-1）。心管逐渐扭曲生长，从上到下构成静脉窦（以后发育成上、下腔静脉及冠状窦）、共同心房、共同心室、心球（以后形成心室的流出道）和动脉总干（以后被分隔为肺动脉和主动脉）。心室的扩展和伸张速度较快，逐渐向腹面突出，使静脉窦、动脉总干和心球都位于心脏的前端，心脏流入和流出孔道并列在一端，四组瓣膜环也连在一起，从而组成纤维支架。心脏的旋转生长是正常心脏结构形成的关键。

图10-1 原始心管

心房和心室在胚胎第4周时是共腔的，其划分是先在房室交界处的背、腹面各长出一心内膜垫相接后将心脏分为心房和心室。心房的左右之分起始于胚胎第3周末，先是心房腔的前背部向心内膜垫长出第一房间隔，这时左右心房仍保持相通。至胚胎第5、6周，第一房间隔右侧长出第二房间隔，此隔游离缘有一个孔道，即卵圆孔。随后，两个房间隔逐渐黏合，第一房间隔成为卵圆孔的帘膜，从而血流可通过卵圆孔由右心房流向左心房而不能反流。在心脏生长过程中，若第一房间隔上部吸收过多或第二房间隔发育不良，就形成第二孔缺损（即继发孔缺损），临床上比较多见。

左右心室间隔由下部分的室间隔肌部和上部分的室间隔膜部构成。胚胎发育过程中，若肌部发育不良，会形成室间隔的低位缺损，临床较少见；若膜部发育不完善，则形成室间隔的高位缺损。胚胎第8周房室间隔完全长成，即成为四腔心脏。

原始心脏的出口是一根动脉总干，它以后被一纵隔分开，形成主动脉和肺动脉，主动脉向左、向后旋转与左心室相连，肺动脉向右、向前旋转与右心室相连。胚胎发育过程中，若该纵隔发育障碍、分隔不均或扭转不全，则可造成主动脉骑跨、肺动脉狭窄或大血管错位等畸形。

综上所述，胚胎第2～8周是心脏发育的关键时期，在此期间母体若受到某些化学、物理和生物因素的不良影响，易导致小儿先天性心血管畸形的发生。

二、胎儿血液循环和出生后的改变

（一）正常胎儿血液循环

胎儿时期的营养代谢和气体交换通过脐血管和胎盘与母体之间以弥散的方式进行。正常胎儿的循环过程如下（图10-2）：

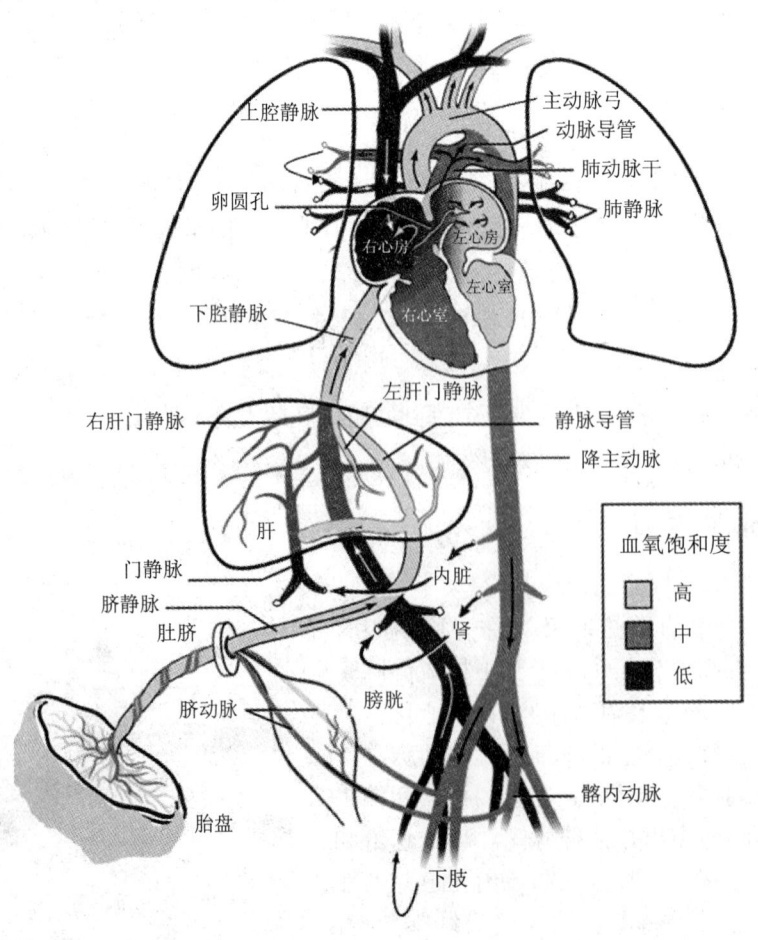

图10-2 正常胎儿的血液循环

(二)出生后血液循环的改变

1. **肺循环阻力下降,左心房压力增高** 胎儿娩出后脐血管被阻断,呼吸建立,肺泡扩张,肺小动脉管壁变薄并扩张,肺循环阻力下降;随着流入肺的血液增多,经肺静脉流入左心房的血量也增多,因而左心房压力增高。脐血管在血流停止后6~8周完全闭锁,形成韧带。

2. **卵圆孔闭合** 当左心房压力超过右心房时,卵圆孔的瓣膜则发生功能上的关闭,到生后5~7个月,解剖上大多闭合。有15%~20%的人仍保留卵圆孔,但无左向右分流。

3. **动脉导管闭合** 由于肺循环压力降低,体循环压力增高,使流经动脉导管内的血流逐渐减少,直到血流停止,动脉导管形成功能上的关闭。同时,自主呼吸使动脉血氧含量增高,使动脉导管壁平滑肌受到刺激后收缩,再加上出生后体内前列腺素E浓度降低,故导管逐渐收缩、闭塞,最后成为动脉韧带。约80%婴儿生后3~4个月、95%婴儿1岁时形成解剖上的闭合。

(三)正常小儿心脏、心率、血压的特点

1. **心脏大小和位置** 小儿心脏体积相对较成人大,随着年龄的增长,心脏重量占体重的比例下降。左、右心室增长不均衡,左心室壁较右心室壁增厚更快。小儿心脏在胸腔的位置随年龄增长也在发生着变化。新生儿和小于2岁婴幼儿的心脏多呈横位,心尖冲动位于胸腔左侧第4肋间、锁骨中线外侧,心尖部主要为右心室;以后心脏逐渐转为斜位,3~7岁心尖冲动位于胸腔左侧第5肋间、锁骨中线处,左心室成为心尖部;7岁以后心尖冲动逐渐转移到锁骨中线以内0.5~1cm。

2. **心率** 由于小儿新陈代谢旺盛和交感神经兴奋性较高,小儿心率较快。随着年龄的增长,逐渐减慢而接近正常成人(表10-1)。进食、活动、哭闹和发热等均可使小儿心率发生变化,因此,测量心率和脉搏应在小儿安静或睡眠时进行;一般体温每升高1℃,心率增加10~15次/分。

表10-1 不同年龄正常小儿的心率、血压参考值

年龄	心率(次/分)	收缩压(mmHg)	舒张压(mmHg)
新生儿	120~140	60~70	40左右
<1岁	110~130	70~80	50左右
2~3岁	100~120	80~90	50
4~7岁	80~100	85~95	50~60
8~14岁	70~90	90~130	60~90

知识链接

国内小儿高血压参考标准

新生儿 > 90/60mmHg(11.97/7.98kPa);

婴幼儿 > 100/60mmHg(13.33/7.98kPa);

学龄前儿 > 110/70mmHg(14.66/9.73kPa);

学龄儿 > 120/80mmHg(15.96/10.64kPa);

13岁以上小儿 > 140/90mmHg(18.66/12.00kPa);

所有年龄小儿血压 > 150/100mmHg(19.95/13.33kPa)为重症高血压。

3. 血压　小儿血压偏低，但随着年龄的增加而逐渐升高（表10-1）。2岁以后收缩压可按公式计算，收缩压=（年龄×2+80）mmHg，或收缩压=（年龄×0.26+10.7）kPa，舒张压为收缩压的2/3。收缩压高于此标准20mmHg（2.6kPa）为高血压，低于此标准20mmHg（2.6kPa）为低血压。正常情况下，下肢的血压比上肢约高20mmHg（2.6kPa）。

第二节　先天性心脏病

一、概　述

先天性心脏病（congenital heart disease，CHD）简称先心病，是胎儿时期心脏及大血管发育异常导致的先天性心血管畸形，是小儿最常见的心脏病。估计中国每年新增先天性心脏病患儿有15万，约1/3的患儿在生后1年内可因病情严重和复杂畸形未经治疗而死亡。

随着心导管检查、超声心动图和心血管造影术等辅助诊疗技术的应用，介入性导管术、在低温麻醉和体外循环下心脏直视手术等医疗技术的进步以及术后监护技术的提高，先天性心脏病的诊治已取得跨越式发展。多数先心病患儿获得彻底根治，其预后也已大为改观，病死率明显下降。

先天性心脏病患儿症状轻重不一，轻者可无症状，重者可有乏力、活动后呼吸困难、发绀、晕厥等。各类先心病中以室间隔缺损最多，其次为房间隔缺损、动脉导管未闭和肺动脉狭窄。

【病因】

先天性心脏病的病因尚未完全明确，相关因素很多，是内因和外因相互作用的结果。目前认为其发病主要受遗传和环境因素的影响。

1. 遗传因素　主要由染色体异常，单一基因突变，多基因病变引起。如特纳综合征常合并有主动脉狭窄、唐氏综合征常合并有心内膜垫缺损、房间隔缺损、室间隔缺损、动脉导管未闭。5%的先天性心脏病患儿出生于同一家族，并且病种相同或相近。

2. 环境因素　主要是宫内感染，如孕妇怀孕早期患风疹、流行性腮腺炎、流行性感冒和柯萨奇病毒感染等；其他如孕妇缺乏叶酸、接触大量的放射线，服用抗癫痫、抗癌等药物，患糖尿病、高钙血症、苯丙酮尿症等代谢紊乱性疾病，妊娠早期大量饮酒、吸毒、食用锂盐等均可能与发病有关。另外，居住在高山等海拔高的低氧浓度地区，易发生动脉导管未闭。

【分类】

先天性心脏病的种类很多，且可以两种或两种以上的畸形并存，常用的分类方法是根据左、右两侧心腔及大血管之间有无直接分流和临床有无青紫，分为以下三大类。

1. 左向右分流型（left-to-right shunt lesions）（潜伏青紫型）　在左、右心腔之间或主动脉与肺动脉之间存在异常通路。正常情况下，由于体循环压力高于肺循环，血液从左向右分流而不出现青紫。当剧烈哭闹、屏气或任何病理情况下致肺动脉或右心室压力增高并超过左心压力时，可使含氧低的血液自右向左分流而出现暂时性青紫，故此型又称潜伏青紫型，如房间隔缺损、室间隔缺损、动脉导管未闭等。

2. 右向左分流型（right-to-left shunt lesions）（青紫型）　某些畸形（右心室流出道狭窄等）的存在，致使右心压力增高并超过左心，使血液经常从右向左分流，或大动脉起源异常时，导致大量回心静脉血进入体循环，均可引起持续性青紫，故此型又称青紫型，为先天性心脏病中最严重的一组，如法洛四联症、大动脉错位等。

3. 无分流型（non-shunt lesions）（无青紫型）　在左、右心腔之间或动、静脉之间没有异常通路或分流存在，故无青紫现象，此型又称无青紫型，如主动脉缩窄、肺动脉狭窄等。

先天性心脏病患儿相关危险因素

1. **母亲、父亲文化程度** 父母文化程度低，经济收入低，保健知识知晓程度差，保健意识薄弱，使他们没有意识和条件在孕前、孕期避免各种危险因素，在营养和膳食搭配等方面不懂得、不重视，优生优育知识贫乏，是导致 CHD 的危险因素。

2. **母亲孕期被动吸烟** 主动或被动吸烟可使碳氧血红蛋白升高，影响血液输氧能力，引起胎儿缺氧，增加 CHD 的发生风险；烟气中还含有很多种化学物质，如苯并芘、烟碱、尼古丁、焦油、CO 及重金属镉、铅等，这些物质是危害胎儿发育的不利因素，具有急慢性毒性及致突变、致畸作用。

3. **母孕早期居住地** 离最近交通主干道距离 < 50m 使 CHD 患病风险增加，交通运输排放废气，通过母亲的呼吸、消化系统吸收入血影响胎儿生长发育，导致先天畸形的发生。

4. 母孕 12 周前补充复合维生素及叶酸者可降低 CHD 患病风险。

摘自：白明辉，高晓宇，亢杨等.先天性心脏病患儿相关危险因素的研究.中国妇幼保健.2014，29：1862-1863.

二、临床常见的先天性心脏病

（一）室间隔缺损

室间隔缺损（ventricular septal defect，VSD）是心脏胚胎室间隔发育不全形成的左、右心室间的异常通道，是小儿最常见的先天性心脏病，约占我国先天性心脏病的 50%。约 25% 单独存在，其余常合并其他复杂先心病。

【分型】

室间隔缺损的分类方法很多，主要介绍两种。

1. 与外科手术切口结合，按缺损解剖位置不同，可分为膜周部缺损（占 60%～70%）和肌部缺损（占 20%～30%）两大类型和若干亚型，缺损可单独存在，也可多个并存。此分类方法更具有实用性和直观性。

2. 按缺损大小分类，大致可分为 3 种类型（表 10-2）。

表10-2 室间隔缺损的分类

	小型室缺损 （Roger病）	中型室缺损	大型室缺损
缺损直径（mm）	<5	5～15	>15
缺损面积（cm²）	<0.5	0.5～1.5	>1.0
分流量*	少	中等	大
症状	无或轻微	有	明显
肺血管	可无影响	有影响	肺高压艾森门格综合征

*注：从肺动脉瓣（二尖瓣）血流量中减去主动脉瓣（三尖瓣）血流量即所谓的分流量

【病理生理】

正常情况下左心室的压力高于右心室,体循环阻力大于肺循环。缺损较小时,心室水平左向右分流量少,血流动力学变化不大,可无症状(表10-2);大型缺损,血液在两心室间自由交通,大量左向右分流量使肺循环血流量增加,产生容量性肺动脉高压,疾病晚期可导致肺小动脉中层及内膜层发生改变,管腔壁变厚,管腔变窄,渐变为不可逆的阻力性肺动脉高压。右心压力增加超过左心时,左向右分流逆转为双向分流或右向左分流,患儿出现发绀,右心衰竭征象,如颈静脉怒张、周围组织水肿等,即艾森门格综合征(Eisenmenger syndrome)。这一阶段的患儿已失去手术的机会,还容易并发感染性心内膜炎。

【临床表现】

临床表现取决于缺损大小及心室间压差。小型缺损多无临床症状,生长发育不受影响,一般活动不受限制。缺损较大时,患儿多生长迟缓,体重不增,面色苍白,喂养困难,活动后乏力,气短,多汗,易发生反复呼吸道感染及心力衰竭等。疾病晚期分流量大的室间隔缺损患儿可出现艾森门格综合征。体格检查发现心界向左下扩大,心尖波动增强并向左下移位等,典型心脏杂音为胸骨左缘第3、4肋间可闻及Ⅲ~Ⅳ级粗糙的全收缩期杂音,可扪及收缩期震颤。明显肺动脉高压者,出现青紫,心脏杂音较轻而肺动脉第二音显著亢进。

室间隔缺损常见的并发症有感染性心内膜炎、支气管炎、支气管肺炎、肺水肿及充血性心力衰竭等。

【辅助检查】

1. 心电图检查 小型室间隔缺损可正常或表现为轻度左心室肥大,中型室缺以左心室肥厚为主,大型室缺为双心室或右心室肥厚。

2. 胸部X线检查 小型室缺无明显改变,或肺动脉段延长或轻微突出,肺野轻度充血。中型以上缺损心影轻度至中度扩大,左、右心室增大,以左心室大为主,肺纹理增粗,主动脉弓影缩小,肺动脉段凸出(图10-3)。出现艾森门格综合征时,心影可基本正常或轻度增大,肺动脉主枝增粗,而肺外周血管影很少,形似枯萎的秃枝。

3. 超声心动图检查 二维超声可从多个切面显示缺损的直接征象(图10-4);彩色多普勒超声可显示分流束的起源、部位、数目、大小及方向;频谱多普勒超声可测量分流速度,估测肺动脉压,还可间接测量肺循环血流量(Qp)和体循环血流量(Qs)。此项检查是诊断先天性心血管畸形的主要手段。

4. 心导管检查 了解心脏及大血管不同部位的血氧含量和压力变化,明确有无分流及分流的部位。导管术示右心室的含氧浓度增高,表示左心室的动脉血流向右心室,而且肺动脉的

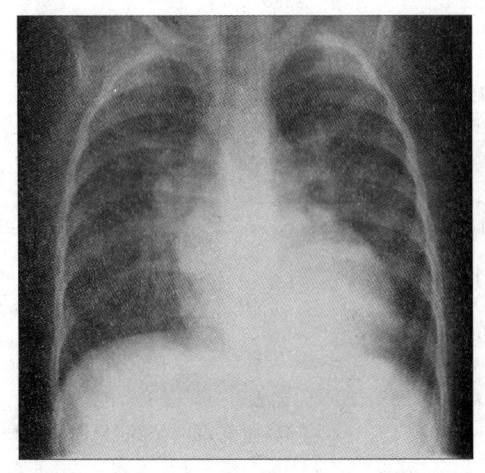

图10-3 室间隔缺损的X线表现

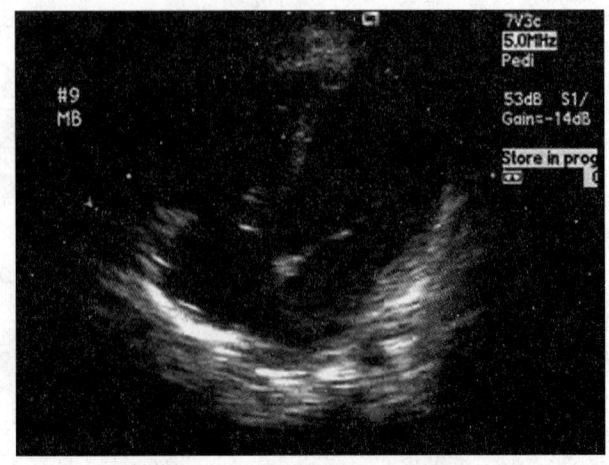

图10-4 室间隔缺损的超声心动图(二维)

压力增高。

5. 心血管造影　适用于心导管检查仍不能明确诊断而又考虑手术治疗的病人。可显示心脏形态、大小及心室水平分流束的起源、部位、时相、数目与大小，除外其他并发畸形等。

【治疗要点】

1. 内科治疗

（1）中小型室缺可门诊随访至学龄前期，膜周部和肌部小梁部缺损有自然闭合可能，有反复呼吸道感染和充血性心力衰竭时进行抗感染、强心、利尿、扩血管等内科对症处理，直到手术。大中型室缺和有难以控制的充血性心力衰竭者，密切观察肺动脉压力和肺循环量，及时处理。

（2）心导管封堵：可应用蘑菇伞等装置经心导管堵塞进行非开胸的介入治疗，初步应用表明该方法对关闭肌部、部分膜部室缺是安全有效的。

2. 外科治疗

在体外循环下直视行缝合术或补片关闭。对于肺水肿严重、年幼、手术危险性高的患儿可用姑息法，将一段缩窄带环绕在肺动脉的周围，减少肺血流，控制心力衰竭。

（二）房间隔缺损

房间隔缺损（atrial septal defect，ASD）是在胚胎发育过程中房间隔发育不良所致，是一种常见的先天性心脏病，占先天性心脏病发病总数的5%～10%。男女比例为1∶2。小儿时期症状较轻，不少患者到成年后才被发现。

【分型】

根据胚胎发育缺陷，可分为原发孔型房间隔缺损（也称部分性心内膜垫型房间隔缺损，约占15%），继发孔型房间隔缺损（也称中央型，约占75%），静脉窦型房间隔缺损（分上腔型和下腔型，约占5%），冠状静脉窦型房间隔缺损（约占2%）。

【病理生理】

患儿出生后，左心房压力高于右心房，分流自左向右，分流的大小取决于缺损的大小、左右心房的压差及右心室舒张期顺应性。随着年龄的增长，肺血管阻力及右心室压力下降，加之右心室壁较左心室壁薄，使得右心室充盈阻力也较左心室低，故分流量增加，造成右心房和右心室负荷过重而导致右心房和右心室增大。疾病晚期，随着肺动脉压力的升高，当右心房压力大于左心房时，则出现右向左分流，出现持续性青紫。

【临床表现】

根据缺损大小而不同。缺损小者，可无症状。缺损大者，可有易感乏力、面色苍白、活动后心悸、气短，反复呼吸道感染，生长发育延迟等，还可出现暂时性青紫。肺动脉高压出现右向左分流者，表现为发绀，常见于口唇、鼻尖及指（趾）甲床。

体格检查可见心前区隆起，心尖冲动弥散，心浊音界扩大。典型心脏杂音可在胸骨左缘2、3肋间闻及收缩中期Ⅱ～Ⅲ级喷射样杂音（肺动脉瓣相对狭窄）；第一心音正常或分裂。肺动脉瓣区第二心音增强或亢进，呈固定分裂（肺动脉瓣延迟关闭所致）。

常见并发症为肺炎，至青、中年期可合并心律失常、肺动脉高压和心力衰竭。

【辅助检查】

1. 心电图检查　典型病例可见电轴右偏，右心房、右心室肥大，不完全性右束支传导阻滞。原发孔型房缺常见电轴左偏和左心室肥大。

2. 胸部X线检查　心影轻至中度增大，以右心房、右心室增大为主，肺动脉段凸出，肺野充血，主动脉影缩小（图10-5），透视下可见"肺门舞蹈"征，心影略呈梨形。

3. 超声心动图检查　右心房和右心室内径增大。二维超声心动图可见房间隔回声中断，

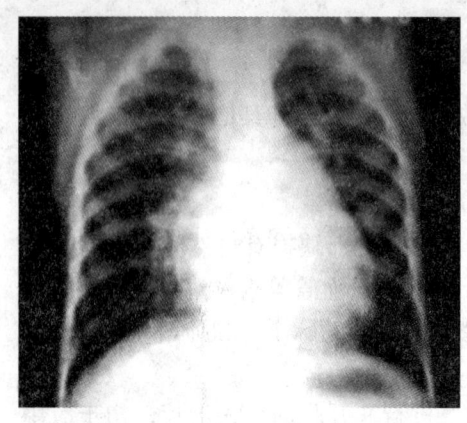
图 10-5 房间隔缺损的 X 线表现

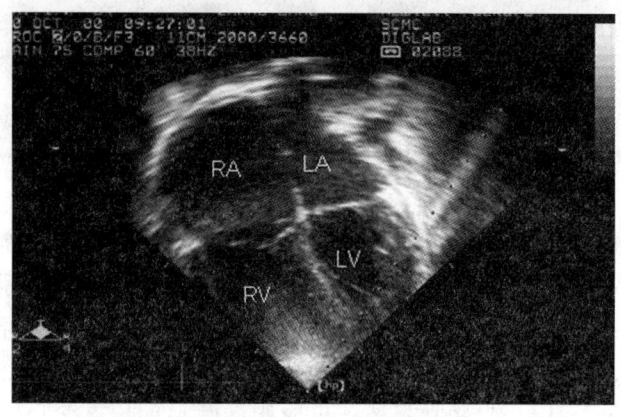
图 10-6 房间隔缺损的超声心动图（二维）

并可显示缺损的位置和大小（图 10-6）。多普勒彩色血流显像可观察到分流的位置、方向并能估测分流的大小。

4. 心导管检查 可发现右心房血氧含量高于上、下腔静脉平均血氧含量。心导管可经缺损由右心房进入左心房。

【治疗要点】

1. 内科治疗

（1）小于 3mm 的缺损多在 3 个月内自然闭合，大于 8mm 的一般不会自然闭合，需对症抗感染、抗心力衰竭治疗。

（2）心导管封堵：应用双面蘑菇伞等关闭缺损。

2. 外科治疗 缺损较大影响生长发育者宜 3～5 岁时在体外循环下做房间隔缺损修补术。

（三）动脉导管未闭

动脉导管未闭（patent ductus arteriosus，PDA）指动脉导管异常持续开放导致的病理生理改变，占先天性心脏病的 15%。大都单独存在，只有 10% 的病例合并其他心脏畸形。

【分型】

根据未闭的动脉导管的大小、长短和形态，分为管型、漏斗型、窗型。

【病理生理】

病理生理改变主要是通过导管引起的分流。分流量大小与导管的粗细和主、肺动脉之间的压差有关。由于主动脉压力高于肺动脉压力，主动脉血流持续分流入肺动脉，肺循环血量增加，左心负荷加重，左心房、左心室扩大，心室壁肥厚。长期大量分流，可使肺动脉收缩，压力增高，导致肺动脉高压。当肺动脉压力超过主动脉时，肺动脉血液流入主动脉，产生右向左分流，患儿表现为差异性发绀，下半身青紫，左上肢轻度青紫，而右上肢正常，称为差异性发绀（differential cyanosis）。

【临床表现】

临床症状轻重取决于动脉导管的粗细。导管口径较细者，分流量小，临床常无症状，仅在体检时发现心脏杂音；导管粗者分流量大，患儿生长发育落后、疲乏无力、咳嗽、气急、多汗，易合并呼吸道感染。

体格检查可见患儿多消瘦，轻度胸廓畸形，心前区隆起，心尖冲动增强，典型心脏杂音为整个收缩期和舒张期在胸骨左缘第 2～3 肋间可闻及粗糙响亮的连续性机器样杂音，可伴有震颤，肺动脉瓣区第二心音增强或亢进。婴幼儿期及合并肺动脉高压或心力衰竭时，主动脉与肺动脉舒张期压力差很小，往往仅能听到收缩期杂音。由于肺动脉分流使动脉舒张压降低，收缩压多正常，脉压增宽，可有周围血管征，如水冲脉、毛细血管搏动和股动脉枪击音等。

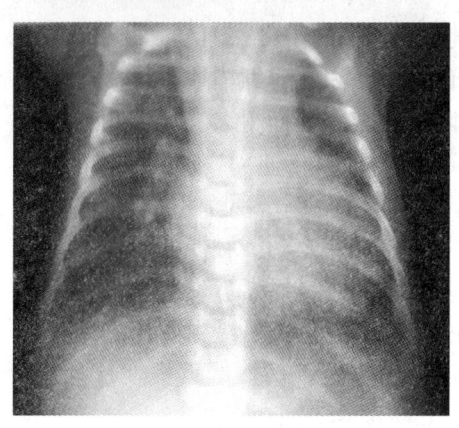

图 10-7 动脉导管未闭 X 线表现

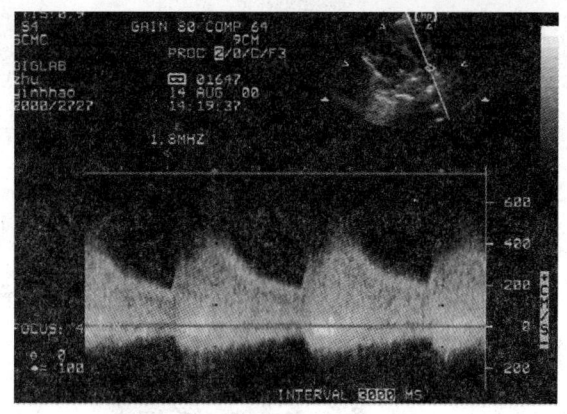

图 10-8 动脉导管未闭湍流频谱图

常见并发症为感染性动脉炎、充血性心力衰竭、心内膜炎等。

【辅助检查】

1. 心电图检查　分流量大者，可有不同程度的左心室增大，偶有左心房肥大。显著肺动脉高压者，左、右心室肥厚，严重者甚至仅有右心室肥厚。

2. 胸部 X 线检查　小分流量者，心血管影可正常。大分流量者，心胸比率增大，左心室增大，心尖向下扩张，左心房轻度增大。肺血增多，肺动脉段突出，肺门血管影增粗（图10-7）。肺动脉高压时，有右心室扩大肥厚征象。主动脉结正常或凸出。

3. 超声心动图　二维超声心动图能直接显示未闭合的导管；脉冲多普勒可探测到收缩期及舒张期的连续湍流（图10-8），对诊断极有帮助。

4. 心导管检查　可发现肺动脉血氧含量高于右心室。有时心导管可以通过未闭导管从肺动脉进入降主动脉。

5. 心血管造影　对复杂病例的诊断有重要价值。逆行主动脉造影，未闭的动脉导管能显影。

【治疗要点】

1. 对早产儿可应用吲哚美辛（消炎痛）等前列腺素合成酶抑制剂，诱导导管自然闭合。

2. 任何年龄、不同大小的动脉导管均应及时行内科心导管封堵或外科导管结扎术。先天性甲状腺功能不足者，一般于手术前给予甲状腺激素治疗。

案例 10-1A

患儿，男，1岁，生后口唇青紫，之后青紫渐明显，喂养困难。体格检查：T 36.5℃，P 120次/分，R 30次/分，BP 70/50mmHg，生长发育明显落后，口唇、鼻尖、耳垂、指趾青紫明显，伴杵状指（趾），双肺呼吸音清，胸骨左缘第3肋间闻及Ⅲ级收缩期杂音，肺动脉第二音减弱。辅助检查：血常规示血红蛋白200g/L；胸部X线显示心影呈"靴形"，双肺纹理减少；心电图提示右心室肥大。

问题与思考：

1. 该患儿诊断为法洛四联症的依据是什么？
2. 病史中还应询问家长什么资料？

（四）法洛四联症

法洛四联症（tetrology of fallot，TOF）是婴儿期后最常见的一种青紫型先天性心脏病，先

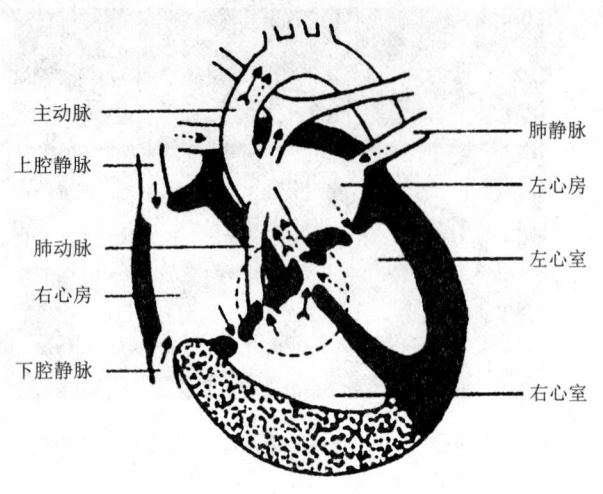

图10-9 法洛四联症示意图

天性心脏病的10%～15%。1888年法国Etienne Fallot详细描述了该病的病理变化和临床表现而得名。主要由4种畸形组成（图10-9）：①右心室流出道狭窄，以漏斗部狭窄多见；②室间隔缺损；③主动脉骑跨，主动脉根部骑跨在室间隔缺损上；④右心室肥厚。其中，右心室流出道狭窄是最主要的病理生理变化，它决定着病情严重程度及预后。

【病理生理】

由于右心室流出道狭窄，血液进入肺循环受阻，右心室后负荷增加，右心室代偿性肥厚，右心压力不同程度地增加；同时存在室间隔缺损，可出现左向右、双向甚至右向左分流，当右心室流出道明显狭窄，右心室压力超过左心室时，出现血液从室间隔缺损处右向左分流，临床表现为青紫。主动脉骑跨于左右心室之上，同时接收来自左心室和右心室的血液，来自右心室的静脉血被输送到全身各处及肺动脉狭窄，肺循环进行气体交换的血流量减少，增粗的支气管动脉与肺血管之间形成侧支循环均加重青紫程度。

案例10-1B

患儿喜竖抱时将双膝屈曲，大腿贴腹部。吃奶时突然阵发性呼吸困难、烦燥和青紫加重，出现晕厥。

问题与思考：

1. 该患儿吃奶时发生了什么？如何处理？
2. 为什么竖抱患儿时其常将双膝屈曲？

【临床表现】

1. 青紫 为主要临床表现。多见于毛细血管丰富的浅表部位，如口唇、指（趾）甲床、球结合膜等。其出现的早晚和程度与右心室流出道的狭窄程度有关。因血氧含量下降，活动耐力下降，活动时如啼哭、情绪激动、寒冷等即可出现青紫加重。

2. 阵发性缺氧发作 多见于2岁以下小儿，常在晨起、吃奶时、哭闹后、大便时或大便后出现阵发性呼吸困难、烦躁、青紫加重，重者可突然晕厥、抽搐或脑血管意外，甚至死亡。其原因在于狭窄的肺动脉漏斗部的肌部突然发生痉挛，发生一时性肺动脉梗阻，导致脑缺氧加重。年长儿常诉头晕、头痛。

3. 蹲踞现象 患儿常于行走、游戏时，主动蹲下休息片刻。蹲踞时，下肢屈曲，使静脉回心血量减少，从而减轻心脏负担；同时，下肢屈曲血管受压，体循环阻力增加，使右向左分流减少，肺血流量增加，从而暂时缓解缺氧症状。对于小婴儿，常喜欢大人抱起，双下肢屈曲状。

4. 杵状指（趾） 长期缺氧状态（发绀持续6个月以上），可使指（趾）端毛细血管扩张增生，局部软组织和骨组织也增生肥大，表现为指（趾）端膨大如杵状。

5. 常见并发症　由于长期缺氧,机体代偿机制使红细胞增加,血液黏稠度增高,可引起脑血栓;若为细菌性血栓,易形成脑脓肿;还有亚急性细菌性心内膜炎等并发症。

体格检查时,患儿生长发育较迟缓,智能发育亦可能稍落后。心前区稍隆起,典型心脏杂音为胸骨左缘第2~4肋间可闻及Ⅱ~Ⅲ级收缩期喷射性杂音,以第3肋间最响。一般无震颤。肺动脉第二心音减弱或消失。

【辅助检查】

1. 心电图检查　典型病例示心电轴右偏,右心室肥大。严重者也可见右心房肥大。

2. 胸部X线检查　典型者为"靴形心",由右心室肥大使心尖圆钝上翘、漏斗部狭窄使肺动脉段凹陷所致。肺门血管影缩小,肺纹理减少(图10-10)。

3. 超声心动图检查　二维超声心动图显示主动脉内径增宽并且向右移位,左心室内径缩小,右心室内径增大,流出道狭窄。彩色多普勒血流显像可见右心室将血液直接注入骑跨的主动脉内。

4. 血液检查　周围血红细胞计数,血红蛋白浓度和血细胞比容明显增高。血小板降低,凝血酶原时间延长。

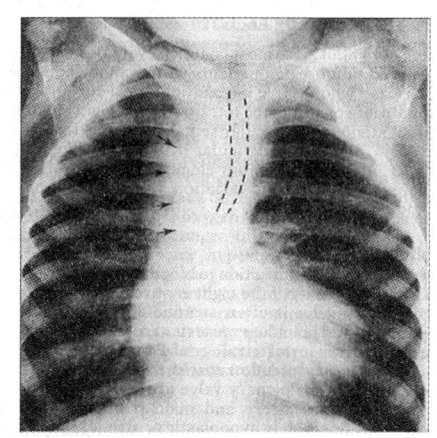

图10-10　法洛四联症X线表现

5. 心导管检查　导管容易从右心室进入主动脉,还有时能从右心室进入左心室。测量肺动脉和右心室之间的压力差,根据压力曲线可辨别肺动脉狭窄的类型。股动脉血氧饱和度降低可证实右向左分流的存在。

6. 心血管造影　可发现有无伴随的畸形,对制订手术方案至关重要。造影剂注入右心室,可见主动脉和肺动脉几乎同时显影。还能看到主动脉影增粗,位置偏前、稍偏右,室间隔缺损的位置以及肺动脉狭窄部位、程度和肺血管的情况。

【治疗要点】

1. 内科治疗　及时治疗呼吸道感染,有效防治感染性心内膜炎,经常饮水,及时补液,预防并发症的发生。

2. 缺氧发作的处理　①立即置于膝胸屈曲位,轻症者可立即缓解;②及时吸氧;③重者给予静注去氧肾上腺素(新福林)每次0.05mg/kg,或普萘洛尔(心得安)每次0.1mg/kg;④必要时皮下注射吗啡0.1~0.2mg/kg;⑤可给予静脉注射5%碳酸氢钠1.5~5.0ml/kg以纠正代谢性酸中毒。经上述处理仍不能控制发作者,可考虑急诊外科手术修补。

3. 外科治疗　以根治手术治疗为主。对年龄过小的婴幼儿及重症患儿宜先行姑息手术,待年长后肺血管发育良好,一般情况改善,再做根治手术。

(五)肺动脉瓣狭窄

肺动脉瓣狭窄(pulmonary stenosis,PS)是一种常见的先天性心脏病,约占先天性心脏病10%,约20%的先心病合并此畸形。

【分型】

根据病变累积的部位不同可分为:典型肺动脉狭窄(肺动脉瓣叶结构完整)和发育不良型肺动脉瓣狭窄(肺动脉瓣叶不规则畸形)。

【病理生理】

肺动脉狭窄是由于妊娠中晚期瓣叶融合而致。由于瓣口狭窄,右心室向肺动脉射血受阻,因室间隔完整,导致右室后负荷增加,右心室肥厚。狭窄严重者,右室壁极度增厚使心肌供血不足,可发生右心衰竭。

【临床表现】

轻度狭窄可完全无症状；中度狭窄在年长后体力劳动时气促、易疲乏；严重狭窄者，中度体力劳动可引起乏力、心悸、呼吸困难，甚至突有晕厥、猝死。也有时有胸痛或上腹痛。半数患儿面容硕圆，大多无青紫，面颊和指（趾）端可能暗红。生长发育多正常。

体格检查心前区可较饱满，在左侧胸骨旁可摸到右心室的抬举搏动。典型心脏杂音在胸骨左缘第2肋间有洪亮的Ⅳ/Ⅵ级以上喷射性收缩期杂音。第一心音正常，第二心音分裂并减弱。

【辅助检查】

1. 心电图检查　显示右心房扩大，P波高耸。还可见右心室肥大，电轴右偏。严重狭窄时，T波倒置，ST段压低。
2. 胸部X线检查　轻中度狭窄时，心脏大小正常；重度狭窄时，心脏可轻度增大，若有心衰，则右心室和右心房扩大，心脏明显增大。
3. 超声心动图检查　多普勒超声可较可靠地评估肺动脉瓣狭窄的程度。
4. 心导管检查　右室压力明显增高，肺动脉压力明显降低，连续压力曲线显示明显的无过渡区的压力阶差。
5. 心血管造影　右心室造影可见明显"射流征"（图10-11）。

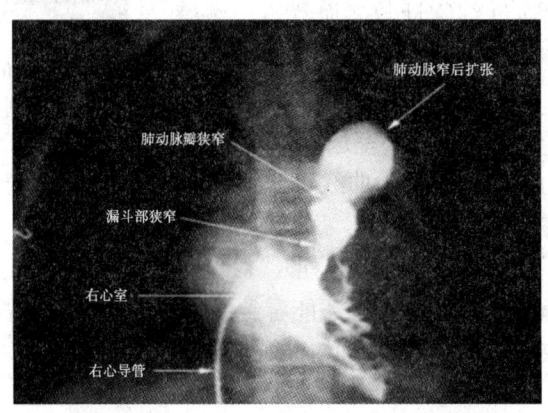

图10-11　肺动脉瓣狭窄的心血管造影

【治疗要点】

球囊瓣膜成形术是大多患儿的首选治疗方案。如无该术适应证，则应接受外科瓣膜切开术。轻度肺动脉瓣狭窄可行狭窄解除手术。

三、先天性心脏病患儿的护理

【护理评估】

（一）健康史

详细询问母亲妊娠史，在孕期最初3个月有无病毒感染、接触放射线和服用过影响胎儿发育的药物，孕母是否有代谢性疾病。患儿出生时有无缺氧、心脏杂音，出生后各阶段的生长发育状况以及是否有下列表现：喂养困难、哭声嘶哑、易气促、咳嗽、潜伏性青紫或持续性青紫，青紫的程度及与活动的关系，有无蹲踞现象或阵发性缺氧发作，是否常有呼吸道感染或出现心力衰竭等。

（二）身体状况

检查患儿是否有体格发育落后、皮肤发绀、杵状指（趾），脉搏增快，呼吸急促，鼻翼煽动和三凹征等。了解并初步分析X线、心电图、超声心动图、心导管、血液等检查结果的临床意义。

(三)心理 - 社会状况

为了确立诊断及治疗,大多数先天性心脏病患儿均需要接受心导管检查等辅助检查及心脏手术或介入治疗,检查治疗过程以及高额的医疗费用对家庭经济造成的压力,都可能使患儿及其家长感到焦虑甚至恐慌。还要注意评估家长(尤其是母亲)是否有内疚感及其程度,患儿的智能发育、情绪和行为问题、自我意识及社会适应能力,尤其是亲子关系。

先天性心脏病患儿家长常见心理问题

1. 依赖心理 疾病知识的缺乏,患儿家长对小儿日常生活照顾缺乏知识和经验,患儿家长独立能力和社会适应能力差,病态模式强化。

2. 多疑心理 受社会上负面医疗报道的影响;对医护人员的年龄、言语、着装等外在条件表现的不信任;医护人员治疗护理中解释不全面;对医疗技术水平的不信任;患儿对治疗的恐惧产生错误信息反馈;治疗费用高,担心多收费;患儿术后住监护病房无家人陪护。

3. 紧张、恐惧心理 对医院事物及周围环境感到陌生;患儿病情复杂多变,家长救治心切生怕医护人员遗漏小儿病情变化而延误治疗;患儿家长易受病区其他患儿病情加重特别是死亡等不良后果的影响;左向右分流型先天性心脏病患儿易反复发生肺内感染,病情加重,延迟手术;患儿手术前知情同意书风险告知。

4. 悲观无助心理 怀疑疾病的预后;低收入家庭,没能力支付医疗费;偏远农村,知识缺乏,认为是不治之症;其他支援少,孤军奋战;患儿为独生子女,父母无生育能力;因为先天性心脏病患儿的出生导致家庭破裂,单方独自承担;部分心脏病患儿较同龄儿生长发育迟缓,易合并其他先天畸形。

摘自:关洪娜,陈朝晖,杨文. 先天性心脏病患儿家长常见心理问题原因分析与干预对策. 全科护理. 2014,12(25):2324-2325.

【主要护理诊断/合作性问题】

1. 活动无耐力 与体循环血量减少或血氧饱和度下降有关。
2. 生长发育迟缓 与体循环血量减少或血氧下降影响生长发育有关。
3. 营养失调:低于机体需要量 与喂养困难及体循环血量减少、组织缺氧有关。
4. 有感染的危险 与肺血流量增多及心内缺损易致心内膜损伤有关。
5. 潜在并发症 心力衰竭、感染性心内膜炎、脑血栓等。
6. 焦虑 与疾病的威胁和对手术担忧有关。

【护理措施】

(一)活动无耐力的护理

动静适度,减轻耗氧。轻型无症状者应与正常小儿一样活动;有症状患儿应限制活动,避免情绪激动和剧烈哭闹,以免加重心脏负担;病情严重的患儿应卧床休息,给予妥善的生活照顾。若患儿活动时出现面色苍白、精神恍惚、发绀、眩晕、心悸等,要立即停止活动,卧床休息,抬高床头。护理操作相对集中,避免引起情绪激动和大哭大闹。介入治疗患儿治疗当天术肢要制动,动脉穿刺患儿应卧床休息24h以上,静脉穿刺患儿应至少卧床休息12h,术后3天

可进行适宜的床旁活动，术后3个月内应避免剧烈运动。

（二）饮食护理

供给营养所需的足量高蛋白、高热量、高维生素饮食，以增强体质。适当限制食盐摄入，还要给予适量的蔬菜类粗纤维食品，以保证大便通畅。重型患儿喂养困难，可先吸氧再喂食，斜抱位间歇喂乳，应特别细心、耐心，少食多餐，必要时从静脉补充营养。

（三）预防感染

向患儿及家长介绍自我保护、防止感染的知识，应避免与感染性疾病患者接触，不去公共场所。病室分室居住，空气新鲜，温湿度适宜。穿着衣服薄厚要适中，防止受凉。拔牙等术前给予足量抗生素，一旦发生感染应积极治疗。及时预防接种。

（四）观察病情变化，防止并发症发生

1．注意心率、心律、脉搏、呼吸、血压及心脏杂音的变化，必要时使用监护仪监测。

2．法洛四联症患儿一旦发生缺氧发作，可立即置于膝胸屈曲位，吸氧，通知医师，并做好普萘洛尔、吗啡应用和纠正酸中毒等准备。

3．青紫型先天性心脏病患儿，由于血液黏稠度高，暑天、发热、多汗、吐泻时体液量减少，加重血液浓缩，易形成血栓，造成重要器官栓塞的危险，因此应注意多饮水、必要时静脉输液。

4．合并贫血者，可加重缺氧，易导致心力衰竭，须及时纠正，饮食中宜补充含铁丰富的食物。

5．合并心力衰竭者请参阅心力衰竭的护理。

（五）心理护理

关心患儿，建立良好护患关系。充分理解家长及患儿对检查、治疗、预后的心情，介绍疾病的有关知识、诊疗计划、检查过程、病室环境，消除恐惧心理，说服家长和患儿主动配合各项检查和治疗，使诊疗工作顺利进行。帮助家长正视患儿的智能发育、情绪和行为问题，促进健康、良好的亲子关系的建立。

（六）健康教育

指导患儿及家长根据病情建立合理的生活制度，安排合适的活动量，给予足够的营养支持，增强抵抗力，防止各种感染，掌握观察病情变化的知识。定期到医院复查，使患儿能安全达到适合手术的年龄。虽然引起先天性心脏病的病因尚未完全明确，但对适龄妇女加强孕前和孕期的保健工作非常重要，同时可以在怀孕早、中期通过超声心动图及染色体、基因诊断等手段对先天性心脏病进行早期诊断和早期干预。

第三节 病毒性心肌炎

病毒性心肌炎（viral myocarditis）是病毒侵犯心脏所致，引起心肌细胞变性、坏死为主要病理特征的疾病，病变也可累及心包或心内膜。本病临床表现轻重不一，轻者大多预后良好，少数重症患儿可发生心力衰竭、心源性休克，甚至猝死。近年来，小儿病毒性心肌炎的发病率呈逐年上升趋势。

引起小儿心肌炎的病毒主要是肠道和呼吸道病毒，如柯萨奇病毒（B组和A组）、埃可病毒、腺病毒、脊髓灰质炎病毒、流感和副流感病毒、单纯疱疹病毒、腮腺炎病毒等；另外，轮状病毒也可引起心肌的损伤。本病发病机制尚不完全清楚，一般认为与病毒及其毒素早期经血液循环直接损害心肌细胞有关，另外病毒感染后的变态反应和自身免疫也与发病有关。

病变多以心肌间质组织和附近血管周围单核细胞、淋巴细胞和中性粒细胞浸润为主，心肌

变性（肿胀、断裂、溶解和坏死等）者为少数，病灶可呈局灶性、散在性或弥漫性。慢性心肌炎多有心肌间质炎症浸润和瘢痕组织（心肌纤维化形成）、心脏扩大。心包可有浆液渗出，个别会发生粘连。病变还可波及传导系统，甚至导致终身心律失常。

【护理评估】

（一）临床表现

本病临床表现轻重不一。轻症患儿可无自觉症状，仅表现为心电图的异常；部分病例起病隐匿，有乏力、心悸、胸痛等自觉症状；少数重症患者则会因暴发心源性休克、急性心力衰竭而在数小时或数天内死亡。典型病例在起病前 1~3 周内多有前驱病毒感染史，如上呼吸道或肠道感染等。常伴有发热、周身不适、胸痛、咽痛、肌痛、腹泻和皮疹等症状；心肌受累时患儿常诉疲乏无力、气促、心悸和心前区不适或腹痛。会有烦躁不安、面色苍白、血压下降等体征。预后大多良好。部分病例可发展为扩张性心肌病。

体格检查发现心脏扩大、心搏异常，心尖区第一心音低钝或奔马律，心动过速，肺部出现湿啰音，肝脾大，伴心包炎者还可听到心包摩擦音。严重时会有晕厥、心力衰竭及心源性休克体征。

（二）辅助检查

1. 心电图检查　可见心律失常，持续性心动过速，Ⅱ度或Ⅲ度房室传导阻滞，多导联 ST-T 段下移和 T 波低平、双向或倒置，QT 间期延长，QRS 波群低电压。心电图缺乏特异性，需动态观察。

2. 辅助检查

（1）血清心肌酶谱测定：病程早期血清肌酸激酶（CK）及其同工酶（CK-MB）、乳酸脱氢酶（LDH）及其同工酶（LDH1）、血清谷草转氨酶（SGOT）均增高。

（2）心肌肌钙蛋白 T（cTnT）：升高，具有高度的特异性。

（3）血象及血沉：急性期白细胞总数轻度增高，以中性粒细胞为主；部分病例血沉轻度或中度增快。

（4）病毒学检查：咽拭子、粪便、血液、心包液或心肌中分离出病毒，对诊断具有辅助意义。

（5）PCR：在疾病早期可通过 PCR 技术检测出病毒核酸。

3. X 线检查　透视下心搏动减弱，胸片示心影正常或增大。心功能不全时两肺呈淤血表现。

4. 心肌活检。

（三）与疾病相关的健康史

评估患儿发病前有无呼吸道或消化道感染病史、起病情况、用药情况、生长发育史、接种史、过敏史等。

（四）心理－社会状况

评估患儿及家长对该病的了解程度，患儿有无住院经历，家庭经济状况，家长对患儿的照顾能力，家长和患儿有无焦虑、恐惧等不良心理反应；患儿居住环境及社区医疗条件。

（五）治疗要点

本病为自限性疾病，目前尚无特效治疗。

1. 休息　可以减轻心脏负荷，急性期需卧床休息。

2. 保护心肌和清除自由基的药物

（1）1,6- 二磷酸果糖（FDP）：静脉滴注，可改善心肌细胞代谢。

（2）大剂量维生素 C：维生素 C 有清除自由基的作用，可改善心肌代谢及促进心肌恢复，对心肌炎有一定疗效。能量合剂有一定的作用。

（3）能量合剂：加强心肌营养、改善心肌功能。

（4）辅酶 Q_{10}：有保护心肌和清除自由基的作用。

（5）中药：在常规治疗的基础上加用中药生脉饮、丹参或黄芪等。

3. 应用大剂量丙种球蛋白　用于重症病例，2g/kg，单剂 24h 静脉缓慢滴注。

4. 应用肾上腺皮质激素　有改善心肌功能、减轻心肌炎性反应和抗休克作用，一般病程早期和轻症者不用，多用于急重病例。

5. 控制心力衰竭　常用的强心药有地高辛、毛花苷 C。重症患儿加用利尿剂时，尤应注意电解质平衡，以免引起心律失常。

6. 心源性休克的救治　一般应用肾上腺皮质激素静脉大剂量滴注或大剂量维生素 C 静脉推注可取得较好的效果，如效果不满意可应用调节血管紧张度的药物如多巴胺、异丙肾上腺素和间羟胺等。

7. 其他治疗　可根据病情联合应用强心剂、利尿剂和血管活性药物等。

【主要护理诊断/合作性问题】

1. 活动无耐力　与心肌收缩力下降，组织供氧不足有关。
2. 潜在并发症　心律失常、心力衰竭、心源性休克、药物中毒等。
3. 焦虑　与病程长，活动受限制和休学后落课有关。

【护理措施】

（一）合理休息

休息能减轻心脏负担，很好地促进心肌的恢复。急性期完全卧床至少 8 周；一般需 3 个月后，X 线心影恢复正常，可轻微活动；恢复期每天至少半日卧床 6 个月；半年至一年后，可恢复全日学习；心脏增大及心力衰竭者，需卧床半年以上至心脏缩小，待心力衰竭控制、心脏情况好转后再逐渐开始活动。

（二）严密观察病情，及时发现并处理并发症

1. 密切观察和记录心律，有明显心律失常者应连续心电监护，一旦发现异常（多源性期前收缩、高度或完全性房室传导阻滞、频发室性期前收缩、心动过速、心动过缓等）应立即报告医生，协助采取紧急处理措施。

2. 密切观察和记录患儿的精神状态、心率和呼吸频率。有胸闷、心悸、气促时应立即休息，必要时可给予吸氧。烦躁不安者可遵医嘱给予镇静剂。发生心力衰竭时应置患儿于半卧位，尽量保持其安静，遵医嘱静脉给药时速度不宜过快。

3. 密切观察和记录患儿面色、心率、呼吸、体温及血压的变化。心源性休克使用血管活性药物和扩张血管药时，为避免血压波动过大，要准确控制滴速，最好能使用输液泵。

4. 使用洋地黄时严格掌握剂量，注意观察有无心率过慢，有无新的心律失常、恶心、呕吐等消化系统症状，熟悉洋地黄中毒的征象，如有上述异常应暂停用药并与医生联系处理。

（三）心理支持与健康教育

1. 倾听患儿及家长的倾诉，给他们提供表达的机会并耐心解答疑问。
2. 对患儿及家长介绍本病的病因、治疗过程和预后，减少患儿和家长的焦虑、恐惧心理；让患儿和家长了解药物的名称、剂量、用药方法及其副作用。
3. 强调休息对本病恢复的重要性，使其能自觉配合治疗和护理。
4. 告知预防呼吸道感染、消化道感染的常识，疾病流行期间尽量避免去公共场所。
5. 指导患儿进食高蛋白、高维生素（尤其是维生素 C）及易消化的食物，忌食油炸食品，少量多餐，适当限盐、限脂肪。
6. 教会家长测量脉率、心律，发现异常要及时复诊。
7. 嘱其出院后定期到门诊复查，复查时间分别在出院后 1 个月、3 个月、6 个月及 1 年。

第四节 心力衰竭

充血性心力衰竭（congestive heart failure）是指心肌收缩或扩张功能下降，心排血量绝对或相对不足，不能满足身体组织代谢。可继发于先心病、病毒性心肌炎、川崎病、心内膜弹力纤维增生症等。1岁以内小儿以先心病引起者最多见，小儿时期以风湿性心脏病和急性肾炎引起者多见。诱因有：感染、过度劳累及情绪激动、贫血、心律失常、钠摄入过多、使用洋地黄停药过早或过量。

【护理评估】

（一）临床表现

1. 症状 ①呼吸困难突然加重，安静时呼吸达60次/分以上；②突然烦躁不安，面色苍白或发灰，不能用原疾病解释；③食欲下降，厌食；④乏力，活动后气急；⑤多汗，尤其在头部；⑥尿少；⑦发绀加重；⑧生长发育迟缓。

2. 体征 ①安静时心率增快，婴儿＞180次/分，幼儿＞160次/分，不能用发热或缺氧解释；②肝短时间内迅速增大；③心音明显低钝，出现奔马律；④尿少、水肿；⑤颈静脉怒张。

（二）治疗要点

病因治疗是关键，积极治疗原发疾病，内科治疗主要从以下几方面入手：

1. 一般治疗 保证患儿充分休息和睡眠，保持安静，必要时给予镇静剂，10%水合氯醛、苯巴比妥等。增进心功能，去除过量潴留的钠和水分以及降低氧的消耗和纠正代谢紊乱。

2. 洋地黄制剂 由于地高辛的吸收和排泄迅速，作用可靠，给药途径方便，可静脉滴注或口服，故儿科应用最广。若病情较重或不能口服者，可选用地高辛或毛花苷C静注。可采用洋地黄化，即将总量的1/2、1/4、1/4每间隔4~6h1次；在完成洋地黄化量后12h，可开始给予口服地高辛维持量。将每日平均维持量分2次，隔12h分服。对于轻度慢性心力衰竭者，也可连续用地高辛维持量5~7天，进行缓慢洋地黄化。洋地黄使用注意事项：①用药前了解患儿2~3周内的洋地黄使用情况。②仔细核对剂量。③每次使用前测脉率，必要时测心率，婴儿心率＜90次/分，年长儿＜70次/分需暂停用药。④用药期间慎用钙剂。⑤缓慢单独静推或滴注。⑥低血钾可引起洋地黄中毒，应予注意。小儿洋地黄中毒最常见表现为心律失常，其次为恶心、呕吐等消化道症状。

3. 利尿剂 合理应用利尿剂为治疗心力衰竭的一项重要措施。常用药物有呋塞米、氢氯噻嗪、螺内酯等。

4. 血管扩张剂 常用药物有肼屈嗪（肼苯达嗪）、卡托普利（疏甲丙脯酸）、硝普钠及酚妥拉明（苄胺唑啉）。

【主要护理诊断/合作性问题】

1. 心输出量减少 与心肌收缩力降低有关。
2. 体液过多 与心功能下降、微循环淤血、肾灌注不足，排尿减少有关。
3. 气体交换受损 与肺循环淤血有关。
4. 潜在并发症 肺水肿、洋地黄中毒。
5. 焦虑、恐惧 与疾病的危险程度及环境改变有关。

【护理措施】

（一）休息

休息病室应安静舒适，避免各种精神刺激。保持大便通畅，必要时用开塞露通便。体位取

半坐卧位（小婴儿取 15°～30°斜坡卧位）。

（二）吸氧

有呼吸困难、发绀、低氧血症者给予供氧。有急性肺水肿患儿吸氧时，湿化瓶可改盛 20%～30% 乙醇，间歇吸入，每次 10～20min，间隔 15～30min，重复 1～2 次。

（三）控制水盐摄入

轻者可给少盐饮食，指每日饮食中钠盐不超过 0.5～1g；重者无盐饮食。尽量减少静脉输液或输血的量，每日总量宜控制在 75ml/kg 以下，输入速度宜慢，以 <5ml/（kg·h）的速度为宜。

（四）严密观察病情

1．观察患儿神志、末梢循环、生命体征、尿量，每半小时观察、记录 1 次，必要时进行心电监护，及时了解病情变化，及时与医师联系。

2．正确记录 24h 出入量，"量出为入"，定时测量体重。

（五）药物治疗的护理要点

1．洋地黄制剂　严格遵医嘱给药，牢记使用洋地黄的注意事项，观察有无中毒反应。

2．利尿剂　①掌握用药时间，根据利尿剂的利尿作用时间安排给药，并尽量在早晨及上午给药，避免夜间排尿过多而影响休息。②详细观察水肿的体征变化，定时称体重及记录尿量。③密切观察电解质失衡，长期应用利尿剂时应注意有无精神萎靡、乏力、腹胀、心音低钝、心律失常等低血钾的临床表现，必要时可查心电图和血钾，以便确诊，用药期间应补充含钾丰富的食物，如香蕉、桔类、绿叶蔬菜等。

3．血管扩张剂　①按时准确给药，并密切观察病情变化，以指导用药。②注意药物的副作用，主要是血压下降，其次是心悸、头痛、恶心。在用药前应测量血压、心率、用药过程中应监测复查，酌情调节滴速，发现不良反应，应及时通知医师做好处理。③应用硝普钠治疗时要严格掌握剂量，使用监护仪专人监测血压改变。同时输液瓶、管要用黑布包裹避光。

（六）做好心理护理

根据患儿的心理特点采用相应的对策，主动与患儿沟通，给予安慰鼓励，取得合作，避免患儿抗拒哭闹，加重心脏负担，同时最好能有家长陪伴，减少离开亲人的创伤，使患儿情绪稳定。

一、小儿循环系统解剖生理特点

心脏胚胎发育的关键时期是胚胎 2～8 周。出生后小儿血液循环的改变有：①胎盘血液循环终止；②循环肺阻力下降；③卵圆孔闭合；④动脉导管闭合。小儿心脏在胸腔的位置随年龄增长而发生变化。小儿心率较快，血压偏低。

二、先天性心脏病

先天性心脏病简称先心病，是胎儿时期心脏及大血管发育异常导致的先天性心血管畸形，是小儿最常见的心脏病。其发病主要受遗传和环境因素的影响。根据左、右心腔及大血管间有无直接分流和临床有无青紫，可分为三大类：左向右分流型（无青紫型)、右向左分流型(青紫型)、无分流型(潜伏青紫型)。临床常见的先天性心脏病有室间隔缺损、房间隔缺损、动脉导管未闭、法洛四联症、肺动脉狭窄等。护理措施有：①活动无耐力的护理；②饮食护理；③预防感染；④观察病情变化，防止并发症发生；⑤心理护理；⑥健康教育。

三、病毒性心肌炎

病毒性心肌炎是病毒侵犯心脏所致，引起心肌细胞变性、坏死为主要病理特征的疾病，病变也可累及心包或心内膜。引起小儿心肌炎的病毒主要是肠道和呼吸道病毒。临床表现轻重不一。本病为自限性疾病，目前尚无特效治疗，主要是休息，对症治疗。护理措施有：①合理休息；②严密观察病情，及时发现并处理并发症；③心理支持与健康教育。

四、心力衰竭

充血性心力衰竭是指心肌收缩或扩张功能下降，心排血量绝对或相对不足，不能满足身体组织代谢。可继发于先心病、病毒性心肌炎、川崎病、心内膜弹力纤维增生症等。主要症状、体征为：安静时心率增快，婴儿＞180次/分，幼儿＞160次/分，不能用发热或缺氧解释；呼吸困难突然加重，安静时呼吸达60次/分以上；突然烦躁不安，面色苍白或发灰，不能用原疾病解释。治疗原则重要的是病因治疗，积极治疗原发疾病，常用药物有镇静剂、洋地黄制剂、利尿剂、血管扩张剂等。护理措施有：①休息；②吸氧；③控制水盐摄入；④严密观察病情；⑤药物治疗的护理；⑥心理护理。

自测题

一、单项选择题

1. 新生儿心尖冲动在
 A. 第一肋间
 B. 第二肋间
 C. 第三肋间
 D. 第四肋间
 E. 第五肋间

2. 5岁小儿，按公式计算其血压应该为
 A. 60/40mmHg
 B. 80/60mmHg
 C. 90/60mmHg
 D. 110/90mmHg
 E. 120/80mmHg

3. 法洛四联症患儿病理生理改变与临床表现主要取决于
 A. 肺动脉狭窄程度
 B. 右心室肥厚程度
 C. 主动脉骑跨程度
 D. 血液黏稠度
 E. 病程长短

4. 应用血管扩张剂后，最重要的是观察
 A. 脉搏
 B. 呼吸
 C. 血压
 D. 意识状态
 E. 瞳孔变化

5. 关于先天性心脏病的临床表现，说法不正确的是
 A. 肺动脉狭窄时右室造影可见明显"射流征"
 B. 室间隔缺损透视下可见"肺门舞蹈"征
 C. 房间隔缺损有收缩中期Ⅱ～Ⅲ级

喷射样杂音

D. 法洛四联症X线典型者为"靴形心"

E. 动脉导管未闭患儿可出现差异性发绀

6. 法洛四联症患儿一旦发生缺氧发作,应将其置于何种体位

A. 端坐位

B. 膝胸卧位

C. 半卧位

D. 侧卧位

E. 头高足低位

7. 引起病毒性心肌炎最常见的病毒为

A. 腺病毒

B. 轮状病毒

C. 流感病毒

D. 柯萨奇病毒

E. 单纯疱疹病毒

8. 病毒性心肌炎实验室检查其升高具有高度特异性的是

A. CK

B. LDH

C. SGOT

D. ALP

E. cTnT

9. 病毒性心肌炎患儿休息时间应不少于

A. 1个月

B. 2个月

C. 3个月

D. 6个月

E. 1年

10. 法洛四联症的组成**不包括**

A. 肺动脉狭窄

B. 右心室肥厚

C. 主动脉骑跨

D. 室间隔缺损

E. 房间隔缺损

二、案例题

患儿男,8岁,发热、咳嗽3天,伴胸闷、气促、乏力。既往无先心病病史。查体:T 38.6℃,R 32次/分,HR 158次/分,精神萎靡,两肺呼吸音粗、有湿啰音,第一心音明显低钝,肝肋下3.0cm。X线示右心室扩大。

问题:

1. 该患儿初步的临床诊断是什么?

2. 目前主要的护理诊断/合作性问题是什么?

3. 该患儿目前的主要护理措施有哪些?

(吴心琦)

第十一章 泌尿系统疾病患儿的护理

通过本章内容的学习,学生应能:
◆ 识记
1. 复述小儿泌尿系统解剖生理特点。
2. 说出泌尿道感染的病原体、急性肾衰竭的原因。
3. 说出急性肾小球肾炎、肾病综合征的定义。
◆ 理解
1. 说明肾小球肾炎的病因和发病机制。
2. 比较肾小球肾炎和肾病综合征临床异同点。
3. 比较肾炎性肾病与单纯性肾病的临床特点。
◆ 运用
1. 评估肾小球肾炎患儿并为其制订护理计划。
2. 评估肾病综合征患儿并为其制订护理计划。
3. 能对急性肾衰竭患儿进行正确护理。

第一节 小儿泌尿系统解剖生理特点

一、解剖特点

(一)肾

肾位于腹膜后脊柱两侧,左右各一。小儿年龄越小,肾相对越大,新生儿两肾重量约为体重的1/125(成人两肾重量约为体重的1/220)。婴儿期肾位置较低,其下极可至髂嵴以下,平第4腰椎水平,2岁以后始达髂嵴以上。2岁以内健康小儿腹部触诊时,可扪及肾。此外,婴儿肾表面呈分叶状,至2~4岁时,分叶可完全消失。

(二)输尿管

婴幼儿输尿管相对长而弯曲,管壁肌肉和弹力纤维发育不良,容易受压而扭曲导致梗阻,发生尿潴留或诱发感染。

(三)膀胱

婴儿膀胱位置比年长儿高,尿液充盈时,膀胱顶部常达耻骨联合以上,腹腔触诊可扪及。随年龄增长,逐渐下降至盆腔内。

(四)尿道

女婴尿道较短,新生女婴尿道长仅有1cm(性成熟期3~5cm),外口暴露而又接近肛门,易受粪便污染,发生逆行感染。男婴尿道虽较长(5~6cm),但常有包皮过长或包茎,尿垢

积聚时,也易引起上行性细菌感染。

二、生理特点

肾具有排泄功能(排出体内代谢终末产物),调节水、电解质、酸碱平衡功能和内分泌功能(产生激素和生物活性物质)。

(一)肾小球滤过率

新生儿出生时肾小球滤过率(glomerular filtration rate,GFR)较低,仅有 $20ml/(min \cdot 1.73m^2)$。出生后1周为成人的1/4,3~6个月时为成人1/2,6~12个月时为成人的3/4,因此不能有效地排出过多的水分和溶质。2岁时可达成人水平。

(二)肾排泄功能

新生儿葡萄糖、氨基酸和磷的肾阈较成人低,易出现糖尿和氨基酸尿。新生儿排钠能力较差,如输入过多钠,容易发生钠潴留。出生10日内的新生儿,钾排泄能力较差,故血钾偏高。

(三)肾的浓缩和稀释功能

小儿肾小管的浓缩功能较低。婴儿每由尿中排出1mmol溶质时需水分1.4~2.4ml(成人仅需0.7ml)。脱水时幼婴尿渗透压最高不超过700mmol/L(成人可达1400mmol/L),故入量不足时易发生脱水,甚至诱发急性肾功能不全。新生儿及幼婴尿稀释功能接近成人,但因GFR较低,大量水负荷或输液过快,易出现水肿。

(四)小儿排尿及尿液特点

胎儿9~12周以后开始有尿液形成,并排入羊膜腔,为羊水来源之一。约97%的新生儿在出生后24h内排尿,99%在48h内排尿。

1. **排尿次数** 小儿新陈代谢旺盛,进水量较多而膀胱容量小,故排尿次数较多。生后头几天内,因摄入量少,每日排尿仅4~5次;1周后,小儿新陈代谢旺盛,因进水量较多而膀胱容量小,排尿突增至每日20~25次;1岁时每日排尿15~16次,至学龄前期和学龄期每日6~7次。

2. **尿量** 小儿尿量个体差异较大,不同年龄小儿每日尿量情况见表11-1。

表11-1 不同年龄小儿每日尿量情况

尿量	新生儿 [ml/(kg·h)]	婴幼儿(ml/d)	学龄前(ml/d)	学龄期(ml/d)
正常	1~3	400~600	600~800	800~1400
少尿	<1.0	<200	<300	<400
无尿	0.5	<50	<50	<50

3. **尿液性质**

(1)尿色:正常婴幼儿尿液淡黄透明,出生后头2~3天尿色深,稍混浊,放置后有红褐色沉淀,为尿酸盐结晶,数日后尿色变淡。正常尿液在寒冷季节放置后可有盐类结晶析出而变混,呈乳白色。

(2)尿液特点:正常小儿尿中仅含微量蛋白,定性为阴性,定量 $\leq 100mg/(m^2 \cdot 24h)$。随意尿的尿蛋白(mg/dl)/尿肌酐(mg/dl) ≤ 0.2。出生后几天中尿内含尿酸盐多而呈强酸性,以后接近中性或弱酸性,pH多为5~7。正常新鲜尿液离心后沉渣镜检,红细胞<3/HP,白细胞<5/HP,偶见透明管型。12h尿细胞计数(Addis count):红细胞<50万,白细胞<100万,管型<5000个为正常。新生尿渗透压240mmol/L,尿密度为1.006~1.008;1岁后接近成人水平,尿密度通常为1.011~1.025。

第二节 急性肾小球肾炎

急性肾小球肾炎（acute glomerulonephritis，AGN）简称急性肾炎，是一组不同病因导致的感染后免疫反应引起的急性弥漫性肾小球炎性病变，临床上表现以急性起病、血尿、水肿、蛋白尿、高血压为特点。临床上绝大多数发生于链球菌感染之后，属急性链球菌感染后肾小球肾炎（acute post-streptococcal glomerulonephritis，APSGN），本节主要介绍APSGN。

链球菌感染后的急性肾小球肾炎多由A组β-溶血性链球菌感染后引起，其发病机制一般认为是机体对链球菌的某些抗原成分或其代谢物产生抗体，引发机体免疫反应，形成免疫复合物，循环免疫复合物随血流抵达肾，并沉积于肾小球基底膜，激活补体系统，引起免疫和炎症反应，造成肾小球局部免疫病理损伤而致病。同时，细胞因子又能刺激肾小球内皮和系膜细胞肿胀、增生，使肾小球滤过率降低。近年来有人提出了链球菌中的某些阳离子抗原，植入于肾小球基底膜，通过原位复合物方式致病。

APSGN急性期肾较正常增大，病理改变为弥漫性毛细血管内增生性肾小球肾炎。肾小球系膜细胞和内皮细胞增生，急性期有较多的中性粒细胞及单核细胞浸润。免疫荧光检查可见沿毛细血管壁和系膜区有弥漫粗颗粒状免疫复合物沉积，电镜下可见上皮细胞下有"驼峰状"电子致密物沉积，为本病特征性改变。

案例11-1A

患儿，男，8岁，因"面部水肿，少尿3天，头痛1天"入院。3天前出现面部水肿，少尿，尿呈浓茶色。1天前出现头痛、视物模糊，伴呕吐3次。患儿于10天前曾出现咽喉疼痛、咳嗽、发热。既往无水肿病史。

查体：T 37℃，P 92次/分，BP 140/90mmHg。神志尚清，精神烦躁，眼睑、面部及双下肢水肿，无指压痕。心肺听诊无异常。

实验室检查：尿常规 蛋白++，红细胞大量，有颗粒管型。血ESR 80mm/h，抗"O"大于500u，总补体C3下降。

问题与思考：该患儿护理评估内容有哪些？

【护理评估】

（一）临床表现

急性肾小球肾炎多见于5～14岁小儿，尤其是6～7岁多发，2岁以下罕见，男女比例约为2：1。

APSGN发病前多有链球菌所致的上呼吸道感染，如急性化脓性扁桃体炎、咽炎、淋巴结炎、猩红热等，多于秋、冬季节发病；若是皮肤感染，如脓疱病、疖肿等，多于夏、秋季节发病。由前驱感染至发病有间歇期，呼吸道感染引起者6～12天，皮肤感染引起者为14～28天。

1. 典型表现　急性起病，可有低热、食欲减退、乏力、头晕、腰部疼痛等症状，典型表现为血尿、水肿、蛋白尿、高血压。

(1) 血尿：几乎所有病例都出现血尿，轻者出现镜下血尿，30%～70%患儿出现肉眼血尿。血尿颜色的不同和尿的酸碱度有关，可呈鲜红或洗肉水样（中性或弱酸性尿）、烟灰色或浓茶色（酸性尿）。通常肉眼血尿1～2周后即转为镜下血尿，少数持续3～4周。镜下血尿可持续数月，运动或并发感染后血尿可暂时加剧。

(2) 水肿：水肿是最常见的症状，70%病例可出现，水肿压之呈非凹陷性。主要是由于肾小球滤过率减低、水钠潴留引起。通常仅见于眼睑及颜面，晨起重，偶可波及躯干、四肢，重者遍及全身，少数可伴胸、腹腔积液。

(3) 蛋白尿：患儿会有程度不等的蛋白尿，约20%达肾病水平。

(4) 高血压：1/3～2/3患儿有中度或轻度血压增高，主要由水钠潴留、血容量增加所致。

2. 严重表现

急性期的重症主要有严重的循环充血状态、高血压脑病和急性肾衰竭。多发生于急性肾炎起病后1～2周内。

(1) 严重循环充血：因水钠潴留、血容量增加而出现循环充血。轻者出现呼吸增快和肺部湿啰音，严重者临床表现为气急、胸闷、端坐呼吸、不能平卧、咳嗽、咳泡沫痰甚至带粉红色，双肺底满布湿啰音，心率增快、有时甚至出现奔马律、肝大等。极少数重症患儿可于数小时至1～2日内迅速出现肺水肿而危及生命。

(2) 高血压脑病：血压急剧增高，造成颅内血管舒缩调节障碍，使脑组织血液灌注急剧增多，导致脑缺氧、脑水肿，而出现中枢神经症状。起病一般较急，表现为剧烈头痛、恶心呕吐，一过性视力障碍、眼花、暂时性黑蒙、复视，并有嗜睡或烦躁，严重者可出现惊厥、昏迷、少数暂时偏瘫失语，甚至发生脑疝。

(3) 急性肾衰竭：急性肾小球肾炎患儿在尿量减少时，可出现氮质血症，表现为少尿或无尿、血尿素氮和肌酐增高、电解质紊乱（高血钾、低钠血症、低钙血症、高磷血症）、代谢性酸中毒等尿毒症症状。一般持续3～5日，随着尿量增多，病情好转。并发急性肾衰竭是急性肾炎死亡的主要原因之一。

3. 非典型表现

(1) 无症状性肾炎：患儿有前驱感染病史，仅出现镜下血尿而无其他临床表现，检查血清链球菌抗体可出现增高，血清补体一过性降低。

(2) 肾外症状性肾炎：患儿有水肿和（或）高血压，严重时出现高血压脑病或严重循环充血，但是尿的改变轻微或无异常。

(3) 以肾病综合征为表现的急性肾炎：患儿以急性肾炎起病，临床表现以严重水肿和大量蛋白尿为主，类似于肾病综合征样表现，部分患儿进入慢性肾炎过程，预后不良。

(二) 辅助检查

1. 尿液检查　几乎全部患儿均出现血尿，见肉眼血尿或镜下血尿，为肾小球源性血尿。此外还可见红细胞管型、透明和颗粒管型，尿蛋白定性通常为＋～＋＋＋。

2. 血液检查

(1) 血常规和血沉：有轻度贫血，红细胞计数及血红蛋白可稍低；白细胞计数可正常或增高。血沉轻度增快。

(2) 血生化及肾功能检查：少尿患儿肾小球滤过率呈不同程度下降，临床常见一过性氮质血症，血中尿素氮、肌酐增高，内生肌酐清除率降低。此外患儿还可有高血钾、低钠血症及代谢性酸中毒。

(3) 免疫学检查：血清抗链球菌抗体（抗链球菌溶血素"O"，抗脱氧核糖核酸酶B、抗透明质酸酶等）升高。前驱期为咽炎病例，抗链球菌溶血素"O"（ASO）往往增高，通常于链球菌感染后10～14天出现，3～5周滴度达高峰，半年内恢复正常。皮肤感染后病例，

ASO升高者不多,抗脱氧核糖核酸酶B、抗透明质酸酶滴度升高。80%～90%患儿早期血清总补体及C_3均明显下降,6～8周后可恢复正常。

(三) 与疾病相关的健康史

详细询问有无上呼吸道感染或皮肤感染病史。了解患儿24h内排尿量及尿的颜色以及排尿次数。了解患儿水肿开始时间、发生部位、发展顺序、持续时间和程度。询问用药治疗情况,用药种类、剂量、次数等。既往身体、营养状况及疾病史。评估症状和体征,包括神志、血压、呼吸、脉搏、心率、体重等。注意观察有无水肿、血尿,检查水肿部位和程度,按压皮肤,有无凹陷。注意有无颈静脉怒张、肺部有无湿啰音、心音有无改变等。评估尿常规及免疫学检查结果。有无血尿、蛋白尿,有无抗链球菌溶血素"O"增高及低补体血症,有无血尿素氮和肌酐升高。

(四) 心理-社会状况

了解患儿及其家长对肾小球肾炎的认识程度,评估病儿及家长心理状况。患儿心理压力来源较多,如因疾病和治疗对活动和饮食的严格限制,或是不能上学而担心学习成绩下降,会产生紧张、焦虑、抱怨等心理。评估患儿及家长对疾病的应对方式。了解家庭和社区对小儿急性肾小球肾炎的认识程度和防治态度。

(五) 治疗要点

治疗原则:加强护理,对症治疗,预防感染。

本病为自限性疾病,无特异疗法,主要为对症治疗,清除残留感染灶,防治急性期并发症、保护肾功能,以利其自然恢复。

1. 一般治疗　急性期需卧床休息2～3周,直至水肿消失、血压降至正常、肉眼血尿消失。饮食方面,水肿、高血压患儿宜限制水钠的摄入;有氮质血症的患儿应限制蛋白质的摄入;少尿、循环充血患儿应限制水的入量。对仍有咽部、皮肤感染灶者,应给予青霉素或其他敏感药物治疗10～14天。

2. 对症治疗

(1) 水肿:经控制水、钠盐而仍尿少、水肿、血压高者均应给予利尿剂。可用氢氯噻嗪1～2mg/(kg·d),分2～3次口服。噻嗪类无效时可用强有力的髓袢利尿剂,呋塞米2～5mg/(kg·d),每日1次口服;注射剂量为呋塞米1～2mg/kg,每日1～2次。

(2) 高血压:凡经休息、限水盐、利尿而血压仍高者应给予降压药。①硝苯地平:首剂可按0.25mg/(kg·d),分3次口服,最大剂量不超过1mg/(kg·d)。②利血平:效果不满意时可并用肼苯哒嗪,每日1～2mg/kg,分3次口服。③卡托普利:为血管紧张素转移酶抑制剂,初始剂量0.3～0.5mg/(kg·d),分3次口服,最大剂量为5～6mg/(kg·d)。

(3) 严重循环充血:应严格限水、限钠,纠正水钠潴留、恢复血容量。利尿剂除使用呋塞米外,必要时加用酚妥拉明或硝普钠。硝普钠5～20mg加入5%葡萄糖溶液100ml中,1μg/(kg·min),静脉滴注。

上述治疗无效或危重者,可行血液净化或透析治疗,以及时迅速缓解循环的过度负荷。

(4) 高血压脑病:需用强有效的降压药控制血压,可选用静脉用药,如硝普钠。另外,要注意对症处理,对持续惊厥者可选用地西泮止惊;伴脑水肿者,宜采用速效有力的利尿剂或脱水剂。

(5) 肾功能不全:控制出入量,维持水电解质平衡,特别注意高钾血症和低钠血症的处理,严重病例行透析治疗。

> **案例 11-1B**
>
> 该患儿医疗诊断为小儿急性肾小球肾炎，给予休息、抗感染、对症等治疗，明显好转。
>
> **问题与思考：**
> 1. 该患儿可能出现的危重症有哪些？
> 2. 如何护理该患儿？

【主要护理诊断/合作性问题】

1. 体液过多　与肾小球滤过率下降，水、钠潴留有关。
2. 活动无耐力　与水钠潴留、血压升高有关。
3. 潜在并发症　严重循环充血、高血压脑病、急性肾衰竭。
4. 知识缺乏　患儿和家长缺乏本病的护理知识。

【护理措施】

（一）休息

起病 2～3 周内患儿应卧床休息，休息可减轻心脏负担，增加心排血量，使肾血流量增加，提高肾小球滤过率，减少潜在并发症的发生。待水肿消退、血压降至正常、肉眼血尿消失，方可下床在室内轻微活动；病后 1～2 个月内活动量应加以限制，3 个月内应避免剧烈活动；随症状好转，尿量增加，可逐渐增加活动量。尿内红细胞减少（< 10/HP）、血沉正常，可上学，但应避免体育活动。Addis 计数正常后，恢复正常的生活。

（二）饮食管理

一般情况下，予以高糖、高维生素、适量蛋白质和脂肪的低盐饮食，在尿量增加、水肿消退、血压正常后，可恢复正常饮食，以保证小儿生长发育的需要。对于水肿、血压高、尿少患儿，饮食中钠盐含量 < 1g/d，或 < 60mg/（kg·d）；如水肿消退，可改为低盐饮食（每日 3～5g）。严重水肿或高血压者，需无盐饮食。少尿、循环充血患儿，还应限制饮水量。对有氮质血症患儿限制蛋白质摄入，短期内应用优质蛋白，可给 0.5g/（kg·d）。

（三）观察病情变化

注意观察尿量、尿色，准确记录 24h 出入量，每周留尿标本，送尿常规检查。如果患儿尿量增加，肉眼血尿消失，提示病情好转。若尿量持续减少，出现头痛、恶心、呕吐等，要警惕急性肾衰竭的发生。病初 1 个月内，每周留尿标本做尿常规检查 1～2 次。观察血压变化，如果血压突然增高，出现剧烈头痛、恶心、呕吐、头晕等，提示高血压脑病，立即报告医师并配合抢救，按医嘱给药。如果应用利尿剂，应每日测体重，密切观察呼吸、心率、脉搏的变化，监测生命体征的改变，警惕严重循环充血、急性肾功能不全等的发生。若发生严重循环充血，应将患儿置于半卧位、吸氧，并按医嘱给药。

（四）用药护理

凡经水、钠盐控制仍存在水肿、明显少尿，或高血压、循环充血的患儿，为减轻体内水、钠潴留和循环充血，应遵医嘱给予利尿药和降压药，同时观察药物疗效和不良反应，如应用利血平后可有鼻塞、面红、嗜睡等副作用。应用降压药的患儿避免突然起立，以防直立性低血压的发生。应用利尿剂后，应注意体重、尿量、水肿的变化，观察有无脱水、电解质紊乱等。

（五）健康教育

1. 向家长及患儿讲解本病是一种自限性疾病，强调休息和限制患儿活动的重要性，而且也是控制疾病进展的主要措施，尤以前 2 周最为关键。告知家长饮食调整的重要性和必要性，并介绍适合的饮食食谱。

2. 告知家长急性肾小球肾炎多数病例能治愈,预后良好。但锻炼身体,增强体质,减少上呼吸道感染及皮肤感染,是预防的关键,及早和彻底治疗扁桃体炎、皮肤感染造成的疖肿等疾患是预防本病的主要措施。

3. 强调出院后定期门诊复查的重要性,定期查验尿常规,随访时间为半年,如尿常规仍不正常,应延长随访时间。

第三节 肾病综合征

肾病综合征(nephrotic syndrome,NS)是多种原因造成肾小球基底膜通透性增高,大量血浆蛋白从尿中丢失而引起的一组临床综合征,简称肾病。临床表现为大量蛋白尿、严重水肿、低蛋白血症和高脂血症。根据其病因分为原发性肾病、继发性肾病和先天性肾病三种类型。绝大多数为原发性肾病,继发性肾病多见于过敏性紫癜、系统性红斑狼疮和乙型肝炎病毒相关性肾炎等,先天性肾病较少见,多于出生后 6 个月内起病。小儿时期的肾病约 90% 是原发性肾病,本节主要介绍原发性肾病综合征。

肾病综合征的病因尚不十分清楚。近年研究多认为肾小球滤过屏障作用受损,蛋白质滤出增加,因而出现蛋白尿。尿中大量丧失蛋白质使血浆蛋白降低,血浆胶体渗透压下降,水潴留形成水肿。原发性肾病多因电荷屏障丧失或减弱,致使带负电的白蛋白从尿中丢失。引起电荷屏障改变的原因尚未明确,可能与 T 细胞免疫功能紊乱有关。原发性肾病综合征的病理改变主要在肾小球,常见的病理改变分为微小病变型和非微小病变型,小儿时期以微小病变多见。先天性肾病与遗传有关。其主要的病理生理特点有:

1. 蛋白尿 肾病时肾小球通透性增高,大量血浆蛋白漏出,形成大量蛋白尿。持续大量蛋白尿,会引发和促进肾小球系膜硬化和间质改变,导致肾功能不全。大量蛋白漏出,使血浆蛋白特别是白蛋白浓度降低,可出现白、球蛋白比例倒置。蛋白尿是本病最根本和最重要的病理生理改变。

2. 水肿 大量蛋白尿,使血浆白蛋白浓度降低,血浆胶体渗透压下降,造成液体在间质区潴留。继发有效循环血量减少,使交感神经兴奋,肾素-血管紧张素-醛固酮系统激活及抗利尿激素等分泌增加,促使肾对水、钠重吸收增加,引起水肿。

3. 低蛋白血症 与大量血浆蛋白从尿中丢失,超过肝白蛋白合成速度,体内的白蛋白分解代谢增加有关。

4. 高脂血症 由于低蛋白血症及血浆胶体渗透压低,刺激肝脂蛋白合成,其中的大分子脂蛋白难以从肾排出而蓄积于体内。持续高脂血症促使动脉粥样硬化、肾小球硬化和肾间质纤维化。高脂血症时,血流处于高凝状态。

【护理评估】

(一)临床表现

肾病综合征可见于各年龄组,单纯性肾病多为 2~7 岁,男女比例为 (2~4):1;肾炎性肾病多发生于学龄期。

1. 单纯性肾病 无明显诱因的高度水肿,呈可凹陷性。从颜面部开始,逐渐加重,渐及四肢、全身。男孩可出现阴囊显著水肿,重者出现胸水、腹水、心包积液等。水肿严重程度与预后无关。患儿常伴有营养不良,皮肤干燥、毛发干枯,常伴有精神萎靡、面色苍白、倦怠乏力、食欲减退等表现。

案例 11-2A

患儿，男，6岁，颜面水肿1周，下肢水肿2天。1周前患儿无明显诱因出现颜面水肿，2天前水肿加重，出现双下肢水肿。患儿近来尿量减少，无肉眼血尿，无尿急、尿痛。查 T 36.5℃，P 98次/分，R 28次/分，BP 95/60mmHg。患儿神志清，精神可，眼睑、颜面水肿，双肺呼吸音清，未及干湿啰音，心率98次/分，律齐。腹软，肝脾肋下未及，双下肢可凹性水肿。

辅助检查：尿常规 RBC0～1/HP，PRO++++；24h尿蛋白2.5g；血浆白蛋白20g/L；血胆固醇10.72mmol/L。

问题与思考：该患儿护理评估内容有哪些？

---

2. 肾炎性肾病　水肿不严重，病程长、反复发作。除具有蛋白尿、水肿、低蛋白血症和高胆固醇血症外，还有明显的血尿、高血压、血清补体下降和不同程度的氮质血症。

（二）并发症

1. 感染　最常见的并发症，是导致本病患者死亡的最主要原因。患儿免疫功能低下，极易发生感染，如呼吸道感染、皮肤感染、泌尿系感染、原发性腹膜炎，甚至诱发败血症。患儿病毒感染常见，尤其接受激素治疗、免疫抑制剂治疗时。

2. 电解质紊乱和低血容量　肾病常见的电解质紊乱为低钠、低钾、低钙血症。肾病患儿吐泻、感染或使用利尿剂时，均可导致电解质紊乱。低蛋白血症使血浆渗透压降低，有效循环血量不足，出现血压偏低、口渴、皮肤花纹等低血容量的表现，重者可发生休克。

3. 高凝状态和血栓形成　由于血中凝血因子的改变，第Ⅴ、Ⅷ因子、纤维蛋白原增加，蛋白和血小板水平增加，抗凝血酶Ⅲ和抗纤溶酶活力降低，血小板聚集加强等因素，导致高凝状态和血栓形成。抗生素、激素和利尿剂的应用为静脉血栓形成的加重因素。

4. 急性肾衰竭　肾病综合征因体内常处在低血容量及高凝状态，呕吐、腹泻、使用抗高血压药及大量利尿剂时，又可使肾血灌注量骤然减少，易导致急性肾衰竭。另外，肾小球滤过率下降、伴间质性肾炎、肾间质水肿等，也是诱发急性肾衰竭的因素。

（三）辅助检查

1. 蛋白尿　大量蛋白尿是肾病综合征最主要的表现，尿蛋白定性多为+++～++++，24h尿蛋白定量≥50mg/kg，尿沉渣有透明管型和少量颗粒管型。

2. 血液检查　血浆蛋白明显减少，血清白蛋白＜25g/L，白、球比例（A/G）倒置。血浆胆固醇明显增高＞5.7mmol/L，有时超过正常值的2～4倍。血沉明显增快。肾炎性肾病补体C_3下降，不同程度的尿素氮增高。

（四）与疾病相关的健康史

详细询问患儿起病过程，有无感染或其他诱因。询问病程长短，是首次发病还是复发。了解患儿水肿开始时间、发生部位、发展顺序和程度。了解患儿24h排尿次数、尿量及尿色，目前有无精神萎靡、疲乏、食欲减退、恶心呕吐等。既往检查情况，用药治疗情况，用药种类、剂量、次数等。既往身体、营养状况及疾病史。评估症状和体征，如神志、体位、呼吸、脉搏，注意血压、体重、胸腹围等。注意观察有无水肿，确定水肿部位和性质，有无凹陷痕迹。评估辅助检查结果，主要了解尿常规检查、尿蛋白的程度、有无红细胞。及时采集血标本，了解血清白蛋白、胆固醇及血液黏稠度指标等。

(五)心理 - 社会状况

对首次发病的患儿及其家长及时评估其对本病的认识程度,评估患儿及家长心理状况,对疾病的应对方式。对复发的患儿应评估其对治疗是否有信心。了解家庭及患儿对肾病治疗需长期应用激素的心理准备情况及对治疗的依从性如何。

(六)治疗要点

1. 一般治疗　保证休息,防治感染,限制盐的摄入,补充维生素及矿物质,如维生素D、钙剂等。高度水肿和(或)少尿病儿应适当限制水量。

2. 利尿　高度水肿合并皮肤感染、高血压、激素不敏感者用利尿剂。

3. 激素治疗　肾上腺糖皮质激素是肾病治疗的首选药。

(1) 初治病例治疗方案:确诊后即开始足量泼尼松治疗。国内较多采用中长程疗法:泼尼松每日 2mg/kg,分 3 次口服或晨起顿服,最大剂量不超过 60mg/d。尿蛋白转阴后至少巩固 2 周,此足量阶段不少于 4 周,最长不超过 8 周。然后进入巩固维持阶段,改为原足量阶段 2 天泼尼松药量的 2/3,隔日早餐后顿服,继用 4 周。若尿蛋白持续阴性,以后每 2~4 周减 2.5~5mg,至 0.5~1mg/kg,维持 3 个月。以后每 2~4 周减 2.5~5mg,直至停药。疗程 6 个月为中程疗法,疗程 9~12 个月为长程疗法。激素敏感者,8 周内尿蛋白转阴,水肿消退。

(2) 复发病例治疗方案:延长隔日服药的时间,即给予中长程治疗。复发 2 次以上可考虑加用免疫抑制剂。

(3) 对激素依赖病例治疗方案:对激素敏感,但停药或减量 2 周内复发;再次用药或恢复用量后尿蛋白又转阴,重复 2 次以上的为激素依赖。此类患儿的治疗应调整至能维持缓解的隔日剂量,长期维持,至少半年,以后再试减量。

(4) 对激素耐药病例治疗方案:治疗满 8 周,尿蛋白仍在 ++ 以上,治疗时延长隔日用药时间和(或)加用免疫抑制剂,部分病例可完全缓解或部分缓解,并可能延缓肾功能减退的过程。部分耐药者可于隔日巩固阶段尿蛋白转阴。也可以应用甲基强的松龙冲击治疗:剂量为 15~30mg/kg,加入 5%~10% 葡萄糖 100~200ml 中稀释后静滴 1~2h。每日或隔日 1 次,3 次为 1 疗程,可应用 1~2 个疗程。

4. 免疫抑制剂治疗　难治性肾病和(或)激素副作用严重者,可加用或换用免疫抑制剂,选用环磷酰胺、苯丁酸氮芥、环孢素A等。可减少复发、延长缓解期,激素部分敏感者加用后可诱导至完全缓解,激素耐药者应用后有时能改善患儿对激素的效应。

5. 其他治疗　抗凝剂的应用,如肝素、潘生丁、活血化瘀中药等。血管紧张素Ⅱ转换酶抑制剂,可改善肾小球血液动力学状态而使尿蛋白排出减少,用于激素辅助治疗,尤其是伴高血压的患儿。通过中医药辨证治疗水肿,并可治疗激素、免疫抑制剂引起的副作用。

该患儿诊断为小儿原发性肾病,按医嘱给予激素治疗。

问题与思考:

1. 该患儿护理问题有哪些?
2. 该患儿预防感染的护理措施是什么?

【主要护理诊断 / 合作性问题】

1. 体液过多　与低蛋白血症,胶体渗透压下降,水、钠潴留有关。

2. 营养失调：低于机体需要量　与大量蛋白从尿中丢失有关。

3. 有皮肤完整性受损的危险　与高度水肿有关。

4. 有感染的危险　与免疫力低下、激素应用有关。

5. 潜在并发症　电解质紊乱、药物的副作用、高凝状态造成血栓。

6. 焦虑　与病情反复发作、病程长有关。

【护理措施】

（一）休息

无高度水肿、低血容量、感染的患儿，一般无需严格限制活动，可根据病情适当安排文娱活动，使患儿精神愉快。严重水肿和高血压时需卧床休息，并需经常变换体位，以防止黏膜受损及血栓形成。病情缓解后可逐渐增加活动量，但不能过度劳累。

（二）饮食管理

一般患儿不需要特别限制饮食。饮食要保证热量，一般由多糖和纤维提供，如燕麦。大量蛋白尿期间，蛋白摄入控制在每日 1.2～1.8g/kg，以优质蛋白如奶、蛋、精瘦肉等为宜。尿蛋白消失后，长期应用糖皮质激素治疗期间，宜多补充蛋白质，以免出现负氮平衡。如明显水肿或高血压时短期限制盐的摄入，一般控制在每天 1～2g。病情缓解后，不必限盐。肾病患儿长期应用糖皮质激素治疗，易引起骨质疏松，常有低钙血症倾向，注意补充维生素 D 和钙等矿物质。

（三）预防感染

向家长解释预防感染的重要性，得到家长的配合。

1. 保护性隔离　与感染性疾病患儿分室收治，病房每日进行消毒，减少探视人数。

2. 皮肤护理　注意保持皮肤清洁、干燥，及时更换内衣。保持床铺清洁、整齐，被褥应松软，避免擦伤和受压，定时翻身。水肿严重的患儿，臀部及四肢可垫上橡皮气垫或棉圈，有条件者可使用气垫床。水肿的阴囊可用棉垫或吊带托起，皮肤破裂处应可外涂碘酊，以防感染。严重水肿者，应尽量避免肌内注射药物，因严重水肿常导致药物滞留，药液吸收不良或注射后针孔药液外渗，导致局部潮湿、糜烂和感染等。必须肌内注射时，要严格消毒，注射后按压时间稍长些，以防药液外渗。

3. 会阴部清洁　每日用 3% 硼酸坐浴 1～2 次，预防泌尿系统感染。

4. 监测体温和血象　及时发现感染灶，尽早应用抗生素治疗。

（四）观察药物疗效及副作用

1. 激素治疗　患儿应用激素治疗期间，应注意观察每日血压、尿量、尿蛋白及血浆蛋白的变化。注意激素副作用的观察：如高血压、消化性溃疡、库欣综合征、骨质疏松、神经精神方面的异常等。长期用药还可发生白内障、股骨头无菌坏死。遵医嘱补充维生素 D、钙剂，以免发生手足搐搦症。

2. 利尿剂　应用利尿剂治疗患儿，应注意观察尿量和血压变化，记录尿量，定期查血钾、血钠，观察生命体征。发现患儿出现精神萎靡、肌肉无力、食欲减退、腹胀、肠鸣音减弱、心音低钝等低血钾表现，要及时报告医师。尿量增多，容易出现低血容量休克、静脉血栓等。

3. 免疫抑制剂　应用免疫抑制剂，注意有白细胞减少、胃肠道反应、肝损害、脱发、骨髓抑制、出血性膀胱炎等。用药期间，鼓励患儿多饮水，每周监测血象和尿常规。

4. 抗凝和溶栓　注意监测凝血时间和凝血酶原时间。

（五）健康教育

1. 用药指导　向患儿及家长讲解激素治疗的必要性。在使用激素时，不能操之过急，避免骤然停药或改变用药方式，做好调护，以便积极密切合作，完成治疗计划。讲解免疫抑制药的主要作用和毒副作用，嘱患儿定期复查尿常规与肾功能，在医生指导下减药或停药。用利尿剂应观察用药后反应，如患儿的尿量、体重、皮肤弹性。

2. 预防感染　强调预防感染的重要性，使患儿和家长能采取有效措施避免感染，如有感染应积极治疗，防止病情复发和加重。

3. 心理护理　肾病综合征病程长，常给病儿带来精神痛苦、焦虑、恐惧及家庭经济问题。应向患儿及家长讲解肾病知识，解除患儿及家长的顾虑，使其产生安全感、信赖感及良好的心理状态。

4. 出院准备　指导家长做好出院后的家庭护理。

第四节　泌尿道感染

泌尿系感染（urinary tract infection，UTI）指由病原体直接侵及泌尿系统，在尿液中生长繁殖，并侵及尿路黏膜或组织而引起的损伤，是小儿时期常见的感染性疾病，感染可累及上、下泌尿道。小儿时期的感染局限在某一部位很少，临床难于准确定位，故统称泌尿道感染。根据有无临床症状，可分为症状性泌尿道感染和无症状性菌尿。病程上分为急性及慢性两种，前者起病急，症状较典型易于诊断。慢性及反复感染者可导致肾损害。

小儿泌尿道感染主要为细菌感染，首次发作80%以上由肠道杆菌致病，最常见的是大肠埃希菌，其次为变形杆菌、克雷伯杆菌及副大肠杆菌等。少数为粪链球菌和金黄色葡萄球菌，偶见病毒、支原体和真菌如白色念球菌。感染途径最多见的为上行感染，尤其是女孩；新生儿及小婴儿多为血行感染；少数可由淋巴通路及邻近器官或组织直接蔓延所致，尿路器械检查也可为感染途径。

由于婴幼儿输尿管较长，管壁肌层及弹力纤维发育不全，易出现扭曲，因而造成尿潴留和上行感染。婴儿使用尿布，尿道口常受粪便污染，易引起上行感染，女孩尿道短更是如此。小婴儿机体免疫功能差，易患菌血症可导致血行感染。另外，先天畸形及尿路梗阻、膀胱输尿管尿液反流、泌尿道抗感染功能低下、憋尿、不及时更换尿布、蛲虫感染，尿道器械检查，长期使用糖皮质激素或免疫抑制剂治疗者，均容易导致小儿泌尿道感染的发生。

案例 11-3A

患儿，女，2岁，发热2天就诊。患儿2天前无明显诱因出现发热，恶心、呕吐，伴有腹痛、腹泻，家长给以"腹泻药物"治疗不见好转，故前来就诊。查体：T 38.5℃，神志清，精神萎靡，面色苍黄，双肺（－），心音有力，腹软，无明显压痛、反跳痛。肛周皮肤发红。患儿既往体健，喂养良好。

辅助检查：尿常规 WBC 30/HP。

问题与思考：该患儿护理评估内容有哪些？

【护理评估】

（一）临床表现

1. 急性泌尿道感染　症状因年龄而异。年龄越小全身症状越明显，局部排尿刺激症状多较轻或易被忽视。年长儿症状与成人相似。

（1）新生儿：临床症状不典型，以全身症状为主，多由血行感染所致。症状轻重不等，如发热或体温不升，面色苍白或青紫，呼吸不规则，拒奶、吐泻、腹胀、体重不增、呆滞少动、黄疸等,而泌尿系症状罕见。多数患儿有生长发育停滞、体重增长缓慢。部分患儿可有惊厥、抽搐、烦躁、嗜睡等神经系统症状。一般局部排尿症状不明显,因此要提高对本病的警惕,对原因不明的发热应及早做尿常规检查及尿、血培养以明确诊断。

(2) 婴幼儿:婴儿期症状也不典型,仍以全身症状为主,常以发热为突出表现。拒食、反复腹泻、呕吐等全身症状也较明显,偶可出现黄疸。排尿时哭闹、尿频、尿臭、顽固性尿布疹应考虑本病。泌尿系症状随年龄增长而渐明显,如尿频、尿急、尿痛等。

(3) 年长儿:下尿路感染时多仅表现为尿频、尿急、尿痛等尿路刺激症状,有时可出现终末血尿及遗尿,而全身症状多不明显。上尿路感染时全身症状多较明显,表现为发热、寒战、腹痛、呕吐等,常伴有腰痛及肾区叩击痛,同时可伴有排尿刺激症状。部分患儿可有血尿,但蛋白尿及水肿多不明显。

2. **慢性泌尿道感染** 病情迁延或反复发作,病程达 6 个月以上者,为慢性泌尿道感染。症状轻重不等,可从无明显症状直至肾衰竭。临床表现为间歇性发热、腰酸、乏力、消瘦、发育迟缓、贫血、脓尿及菌尿等,还可有血压高和肾功能不全。局部下尿路刺激症状可无或间歇出现。患儿多合并尿反流或先天性尿路结构异常。

无症状性菌尿

无症状性菌尿又称隐匿型菌尿,是一种隐匿型尿路感染,指患儿有真性细菌尿,即清洁中段尿细菌定量培养连续 2 次大于 10^5/ml,且 2 次菌种相同,并确切排除了结果的假阳性,而无任何尿路感染的症状,但在有的病例经仔细询问可发现轻微症状。其细菌来自肾或膀胱。无症状性细菌尿比有症状者发病率要高,在 16~65 岁的女性中发病率均为 4%,男性为 0.5%,在女性患者中虽然有 1/4 菌尿可自行消失,但亦不断发生新的菌尿,故 4% 的发病率是相当恒定的。一些健康小儿存在着有意义的菌尿,而无尿路感染症状。这种现象可见于各年龄组,小儿中以学龄女孩常见。

(二) 辅助检查

1. **尿常规** 清洁中段尿离心沉渣中,白细胞 > 5/HP,应考虑可能为泌尿道感染。或见大量白细胞、脓细胞,如果白细胞聚集成堆或见白细胞管型及蛋白尿者则诊断价值更大。血尿也很常见。

2. **尿培养及菌落计数** 是明确诊断本病的主要依据。清晨中段尿培养,菌落计数 > 每毫升 10 万,可确诊为泌尿道感染。每毫升 1 万~10 万为可疑,但如果有明显症状或 2 次培养为同一种细菌仍有诊断价值。采取新鲜尿液对培养很重要,如不能即时培养,应立即放在 4℃ 冰箱内保存。

3. **尿液直接涂片找细菌** 用一滴混匀的新鲜尿,置玻片上烘干,用亚甲蓝或革兰氏染色。若在油镜下每个视野都能找到一个以上细菌,表明尿内细菌 > 每毫升 10 万,提示尿路感染。

4. **其他检查** 对反复感染、疑为尿路梗阻或先天性泌尿系统异常的,可做膀胱、输尿管、肾超声检查、肾 CT 扫描、肾核素造影等,血液常规检查。新生儿尿路感染血培养可阳性。

（三）与疾病相关的健康史

评估健康史，如患儿有无发热、腹胀、排尿哭闹等现象，男孩有无包皮过长，女孩有无蛲虫病等。既往有无泌尿道感染史，有无其他疾病史。评估辅助检查结果，主要了解尿常规检查、尿培养及菌落计数等。

（四）心理-社会状况

评估患儿及家长对疾病的认识程度、文化程度、心理状况及对疾病的应对方式。评估患儿家庭的居住环境、经济状况、卫生习惯等。

（五）治疗要点

本病治疗原则为及时积极有效地控制感染、去除诱因、防止复发、纠正先天或后天尿路结构异常，防止肾损害。

1. 一般治疗　急性感染时应卧床休息，多饮水，以增加尿量。加强营养，以提高机体抵抗力。注意外阴清洁，积极治疗蛲虫病。

2. 抗菌治疗

（1）早期积极应用抗生素：抗生素应用原则是根据尿培养及药物敏感试验结果，同时结合临床疗效选择药物；肾盂肾炎应选择血浓度高的药物；而下尿路感染则应选尿浓度高的药物，如呋喃类或磺胺；一般选择肾损害少的药物，氨苄西林（氨苄青霉素）最为常用。如果没有药敏试验结果，对上尿路感染推荐使用二代以上头孢菌素，疗程为10～14天。如治疗2～3天症状仍不见好转或菌尿持续存在，表明细菌对该药可能耐药，应及早调整，必要时可两种药物联合应用。

（2）对于反复再发者：急性症状控制后，可用有效抗菌药物中的一种小剂量（治疗量的1/4～1/3），每晚睡前服用1次，2～3周后换另一种有效药物。如此集中有效药物轮换使用，以提高疗效。疗程可持续3个月到1年。

3. 积极治疗尿路结构异常　慢性或反复再发的泌尿道感染患儿，多同时伴有尿路结构异常。必须积极查找，尽早治疗，防止肾实质损害。

案例11-3B

该患儿明确诊断为小儿泌尿道感染，给予抗感染治疗，症状缓解。

问题与思考：

1. 如何护理该患儿？
2. 如何对患儿家长进行健康教育？

【主要护理诊断/合作性问题】

1. 体温过高　与细菌感染有关。
2. 排尿异常　与膀胱、尿道炎症刺激有关。
3. 潜在并发症　药物副作用。

【护理措施】

（一）对症护理

婴幼儿常有高热、哭闹，可用物理或药物降温、镇静。急性期卧床休息，要勤换尿布，保持会阴部清洁、干燥。尿布要煮沸消毒或用开水烫洗后晒干，或高压消毒。

（二）饮食护理

要鼓励患儿多饮水，增加排尿量，起到冲洗尿道作用，并促进细菌和细菌毒素排出。饮食给予流质或半流质饮食，含有足够热量、蛋白质和丰富的维生素，以增强机体抵抗能力。

（三）观察病情变化

注意观察患儿全身症状的变化，尤其是婴幼儿，除注意体温外，还应观察神经、消化系统等症状。

（四）观察药物副作用

遵医嘱应用抗菌药物，注意药物副作用。口服抗菌药物可出现恶心、呕吐、食欲减退等现象，饭后服药可减轻胃肠道副作用。若副作用明显，必要时减量或更改其他药物。服用磺胺类药物时应多喝水，并注意有无尿少、尿闭、血尿等。

（五）标本收集

尿常规、尿沉渣找细菌、尿培养等均应留晨尿。收集尿标本时，对女孩和包皮过长男孩，应先清洁外阴部尿道口，常规清洁消毒外阴，取中段尿。各种尿标本收集后，均应立即送检。婴幼儿用无菌尿袋收集尿标本。

（六）健康教育

教育患儿家长给幼儿尽早停穿开裆裤，勤换尿布，尿布要常清洗，婴儿所用毛巾及洗浴用品与成人分开。在小儿期应加强教育，注意会阴卫生，便后清洗臀部，保持清洁，勤换内裤。女孩清洗外阴时应单独使用洁具，从前向后擦洗，防止肠道细菌污染尿道，引起上行性感染。及时处理男孩包茎，女孩处女膜伞。积极治疗蛲虫病，减少感染因素。注意饮食营养，加强身体锻炼，提高抗病能力。指导按时服药，完成治疗疗程，定期复查。

第五节　急性肾衰竭

急性肾衰竭（acute renal failure，ARF）是一种由多种病因引起的急性肾损害的一组临床综合征，肾生理功能在短期内急剧下降或丧失，属临床危重症。患儿不能排泄代谢产物，出现氮质血症、水电解质紊乱、代谢性酸中毒及急性尿毒症综合征，简称肾衰竭。

小儿急性肾衰竭的病因分为肾前性、肾性和肾后性。肾前性肾衰竭是由于全身有效血循环量急剧降低，使肾血流量不足，肾小球滤过率显著降低导致。常见的原因包括：胃肠道液体大量丢失、大面积烧伤、手术或创伤出血等造成绝对血容量不足；休克、血浆蛋白减少、败血症、弥散性血管内凝血、严重心律失常、心力衰竭等造成的相对血容量不足。肾性肾衰竭是因肾实质病变引起急性肾衰竭，或因肾前性肾衰竭未能及时去除病因，病情进一步发展导致。常见的原因包括急性肾小管坏死、急性肾小球肾炎、肾静脉栓塞、急性间质性肾炎、溶血性尿毒综合征、感染等，或使用了肾毒性药物，或慢性肾疾病在某些诱因下引起肾功能急剧衰退，而溶血性尿毒综合征是婴儿急性肾衰竭中最常见的原因。肾后性肾衰竭多由尿路梗阻后继发，这类患儿常并发泌尿系感染。输尿管梗阻时必须是双侧性才发生肾衰竭。

【护理评估】

（一）临床表现

急性肾衰竭根据临床表现和病程的共同规律，其临床过程可分为少尿期、多尿期和恢复期三个阶段：

案例 11-4A

患儿，男，6岁。8天前突然出现恶心、呕吐、腹泻，伴胸闷、气喘，尿量减少，近2天精神萎靡，24h尿量平均只有180ml。查体：T 38.5℃，P 130次/分，R 22次/分，心率110/分，血压120/90mmHg。营养发育良好，神志清楚，精神差，双眼睑水肿，双肺叩清音，呼吸音粗，心音有力，律齐，腹软，无压痛。双肾区叩击痛（+）。

辅助检查：白细胞 $10.5×10^9$/L，中性粒细胞 80.9%，血红蛋白 133g/L；尿蛋白（+），尿红细胞（++）；血肌酐 180μmol/L，血尿素氮 20mmol/L，肝功能正常，血钾 6.0 mmol/L，血钠 126 mmol/L，二氧化碳结合率 16 mmol/L，血钙、血磷正常，甲状旁腺素正常。

问题：该患儿护理评估内容有哪些？

1. 少尿期　尿量骤减或逐渐减少，每天尿量持续少于400ml者称为少尿，少于50ml者称为无尿。一般持续1~2周，长者可达4~6周，持续时间越长，则肾损害越重。持续少尿超过15天，或无尿超过10天，预后不良。少尿期的临床表现有：

（1）水、电解质和酸碱平衡紊乱

1）水钠潴留：随少尿期延长，易发生水钠潴留，表现全身水肿、体重增加、高血压、急性心力衰竭和脑水肿等。有时因水潴留可出现稀释性低钠血症，严重低钠血症可致血渗透浓度降低，导致水分向细胞内渗透，出现细胞水肿，表现为急性脑水肿症状，如疲乏、嗜睡或意识障碍、定向力消失甚至低渗昏迷等。

2）电解质紊乱：少尿期由于尿液排钾减少，或同时体内存在高分解状态，如挤压伤时肌肉坏死、血肿和感染，酸中毒时细胞内钾转移至细胞外等原因，有时可在几小时内发生严重高钾血症。高钾血症可出现恶心、呕吐、四肢麻木等感觉异常，心率减慢，严重者出现神经系统症状，如烦躁、意识淡漠，后期出现窦室或房室传导阻滞、窦性静止等严重心律失常。心电图显示高耸而基底较窄的T波，P波消失，QRS增宽，S-T段与T波融合，心律失常，心室颤动。高钾血症是少尿期患者常见的死因之一。少尿期还会出现低钙血症、高磷血症、低钠血症、低氯血症和高镁血症。

3）代谢性酸中毒：急性肾衰竭时，由于酸性代谢产物排出减少，肾小管泌酸能力和保存碳酸氢钠能力下降等，致使血浆碳酸氢根浓度有不同程度下降，出现代谢性酸中毒。主要表现为恶心、呕吐、疲乏、嗜睡、呼吸深而快、食欲缺乏，甚至昏迷。血pH降低。

（2）尿毒症

由于肾排泄障碍，多种毒性物质在体内积聚，可引起各系统中毒症状。

1）消化系统症状：常见症状为食欲缺乏、恶心、呕吐、腹胀或腹泻等。严重者出现上消化道出血或黄疸。持续、严重的消化道症状常易出现明显的电解质紊乱，加重氮质血症。

2）循环系统症状：①高血压。若持续少尿，约1/3患儿发生轻、中度高血压，有时可更高，甚至出现高血压脑病。②急性肺水肿和心力衰竭。体液潴留引起，是少尿期常见死亡原因。③心律失常。可引起窦房结暂停、窦性静止、传导阻滞、室性心动过速、心室颤动等心律失常发生。④心包炎。常表现为心包摩擦音和胸痛。

3）神经系统症状：轻型患者可无神经系统症状。严重者表现意识淡漠、嗜睡或烦躁不安、神志混乱、抽搐，甚至昏迷，还会出现自主神经功能紊乱如多汗、皮肤干燥等，也可出现意识、行为、记忆、情感、感觉等功能障碍。

4）血液系统症状：急性肾衰竭常伴有正细胞正色素性贫血，贫血随肾功能恶化而加重；出血倾向多因血小板减少、血小板功能异常和DIC导致。严重创伤、大手术后失血、溶血性贫血、严重感染等情况，贫血可较严重。

5）感染：是急性肾衰竭的最常见并发症，以呼吸道和泌尿系统感染多见，致病菌常为金黄色葡萄球菌和革兰氏阴性杆菌。

2. 利尿期　24h尿量达25ml/m²以上时为利尿期。多尿期患儿尿量逐渐增多，全身水肿减轻，持续1～2周时间，早期仍可发生高钾血症，持续多尿后可发生低钾血症、脱水和低钠血症。进行性尿量增多是肾功能开始恢复的一个标志，但多尿期的开始阶段氮质血症会持续，甚至会更严重，当尿素氮开始下降时，肾功能开始恢复，病情才逐渐好转。

3. 恢复期　利尿期后，肾功能改善，尿量逐渐恢复正常，血尿素氮和肌酐明显下降，患儿进入恢复期。肾小球滤过功能多在3～6个月内恢复正常，部分病例肾小管浓缩功能不全可持续1年以上，少数患儿遗留不可逆的肾损害。临床可表现为虚弱、乏力、消瘦、贫血、营养不良和免疫功能低下。

（二）辅助检查

1. 尿液检查

（1）尿量改变：少尿型每天尿量在250ml/m²以下，非少尿型尿量可正常或增多。

（2）尿常规：外观多混浊，尿色深，有时呈酱油色；尿蛋白多为+～++，有时达+++～++++，常以中、小分子蛋白质为主。尿沉渣检查常出现不同程度血尿，以镜下血尿较为多见。一般肾前性氮质血症往往会出现尿浓缩，尿密度相对较高，>1.020。偶见透明管型、细颗粒管型，但细胞成分很少发现。肾性肾衰竭尿密度降低，多在1.010以下，尿沉渣中可见粗颗粒管型和红细胞管型。

（3）尿渗透压：肾前性氮质血症时往往会出现尿浓缩，尿渗透压高于500mOsm/L；肾性肾衰竭因肾小管重吸收功能损害，尿液不能浓缩，尿渗透压低于350mOsm/L。

（4）其他：肾前性肾衰竭尿钠含量，多<20mmol/L，尿肌酐与血肌酐之比>40，肾衰指数（RFI）常<1，滤过钠排泄分数<1%；肾性肾衰竭尿钠含量>40mmol/L，尿肌酐与血肌酐之比降低，常低于5，肾衰指数（RFI）常>1，滤过钠排泄分数>1%。

上述（2）～（4）尿诊断指数，常作为肾前性少尿与肾性肾衰竭鉴别指标，作为辅助诊断参考。

2. 血液检查

（1）血常规：了解有无贫血及其程度，检查血小板计数有无减少及其程度。

（2）肾小球滤过功能：监测血肌酐与血尿素氮浓度，血清肌酐≥176μmol/L，血尿素氮≥15mmol/L，或每日血肌酐增加≥44μmol/L，或血尿素氮增加≥3.57μmol/L，肾小球滤过率每分钟≤30ml/1.73m²有助于诊断。

（3）血气分析：了解有无酸中毒及其程度和性质。

（4）血电解质检查：监测血钾、钠、钙、镁、氯化物及磷浓度，了解体内酸碱平衡失调的性质及程度等。

3. 影像学检查

（1）放射性核素肾扫描：通过对肾的扫描，以了解肾的灌注情况。

（2）肾超声检查：急性肾衰竭可见双肾多弥漫性肿大，肾皮质回声增强，集合系统分离。肾后性肾衰竭B超下可发现梗阻，表现为肾盂积水。借助多普勒技术，还能检测肾内不同血管的血流情况。

（3）CT和MRI检查：CT扫描可帮助发现盆腔或腹后壁肿块、肾结石，了解肾体积大小及有无肾积水。磁共振显像（MRI）能够提供和超声检查相同的信息，对解剖结构的分辨程度更高。

4. 肾活体组织检查 对原因不明的肾衰竭，肾活检诊断价值极大，可帮助诊断和评估预后。

（三）与疾病相关的健康史

详细了解患儿有无大出血、心力衰竭、休克及严重脱水等病史；有无严重创伤、急性溶血、大面积烧伤、脓毒病、肾间质或肾实质病变等疾病；有无肾结石、尿路结石及双侧肾盂积水等疾病。

（四）心理-社会状况

因本病起病急，病情危重，会使患儿及家长产生对死亡的恐惧，昂贵的医疗费用又会进一步加重患儿家长的心理负担。评估家长对疾病的心理反应及认识程度、文化程度及护理知识等；评估患儿家庭的居住环境、经济状况、卫生习惯等。

（五）治疗要点

治疗原则是纠正可逆的病因，积极治疗原发病，改善肾功能，减轻症状，防止各种并发症的发生。

1. 少尿期

（1）去除病因，治疗原发病：肾前性肾衰竭及时纠正全身血流动力学障碍，给予补液、输注血浆和白蛋白、控制感染等。避免接触肾毒性物质，密切监测尿量和肾功能变化。

（2）饮食和营养：应选择低蛋白、高糖、富含维生素的食物，选择优质蛋白，尽可能供给足够的能量。

（3）控制水、钠摄入：以"量出为入"的原则，严格限制水和钠的摄入。每日液体量控制在：尿量+显性失水+不显性失水-内生水（无发热患儿每日不显性失水为$300ml/m^2$，体温升高1℃，不显性失水增加$75ml/m^2$，内生水在非高分解代谢状态约为$100ml/m^2$）。所用液体为非电解质液。促进和维持尿量，髓袢利尿剂对少尿期肾衰竭患儿可短期使用。

（4）纠正代谢性酸中毒：当血浆HCO_3^-＜12mmol/L或动脉血pH＜7.2，可补充5%碳酸氢钠溶液。纠正酸中毒时应防治低钙性抽搐。

（5）纠正电解质紊乱：纠正高钾血症、低钠血症、低钙血症和高磷血症。高钾血症时，停用一切来源的K^+摄入，轻度血K^+升高（6～7mmol/L），用聚磺苯乙烯钠1g/kg，可降低血清K^+1mmol/L；血K^+＞7mmol/L，给葡萄糖酸钙，并同时应用碳酸氢钠；如并发高钠血症和心力衰竭，则禁用碳酸氢钠，给予葡萄糖胰岛素。

轻度低钠血症可通过限制液量，使细胞外液正常后，酸中毒逐渐会被纠正；当血Na^+＜120mmol/L，有症状时补3%氯化钠。

低钙、高磷血症时，降低磷的摄入，补充钙剂，当血Ca^{2+}＜0.8mmol/L，应给予10%葡萄糖酸钙1ml/（kg·d）静滴，同时给适量维生素D促进钙在肠道吸收。

（6）控制感染：选用敏感而对肾无毒的药物。

（7）对症处理：治疗高血压、抗心力衰竭、抗惊厥，治疗DIC等。

（8）透析治疗：保守治疗无效者，应尽早进行透析。小儿，尤其是婴幼儿以腹膜透析常用，腹膜透析适应证为：严重液体负荷，肺水肿、心力衰竭；严重代谢性酸中毒（pH＜7.1）；严重高钾血症；血BUN＞35.7mmol/L（100mg/dl），或持续加重的氮质血症，已有中枢抑制表现。

2. 利尿期 利尿期早期，肾小管功能和肾小球滤过率尚未恢复，尿素氮、血肌酐、血钾仍继续升高，酸中毒也仍在加剧，伴随着多尿，还可出现低血钾、低钠血症等电解质紊乱，应注意及时纠正水、电解质紊乱。当血肌酐接近正常时，增加饮食中蛋白质的摄入。

3. 恢复期 此期患儿可遗留营养不良、贫血和免疫力低下等问题，少数患儿遗留不可逆性肾损害。因此恢复期患儿应注意休息和加强营养，防治感染。

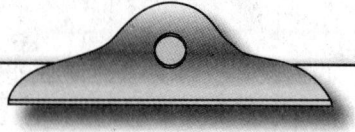

案例 11-4B

该患儿明确诊断为肾衰竭，给予去除病因及纠正水、电解质紊乱及纠正酸中毒等治疗，略有好转。

问题与思考：
1. 该患儿病情危重，在少尿期时，应该如何观察病情？
2. 如何护理该患儿？

【主要护理诊断/合作性问题】

1. 营养失调：低于机体需要量　与病人食欲减退、低蛋白质饮食及透析治疗等因素有关。
2. 有感染的危险　与机体抵抗力下降和透析治疗等有关。
3. 有皮肤完整性受损的危险　与体液过多、抵抗力下降有关。
4. 潜在并发症　高血压脑病、心力衰竭、心律失常及心包炎。
5. 恐惧　与肾功能急剧恶化、病情危重有关。
6. 知识缺乏　家长缺乏喂养知识及相关的护理知识。

【护理措施】

（一）一般护理

1. 休息与活动　少尿期患儿绝对卧床休息，保持安静，以减轻肾的负担，下肢水肿患儿抬高下肢，对意识障碍者加床护栏。对昏迷患儿按昏迷病人常规护理。当尿量增加、病情好转时，可逐渐增加活动量，以患儿不感觉劳累为度。

2. 饮食护理　对于能进食的患儿，应保证热量供给，供给热量 210～250J/（kg·d），脂肪占总热量的 30%～40%。热量供给以易消化的碳水化合物为主，可多用水果，配以面条、麦片、饼干或其他淀粉类食物。供给患儿富含维生素饮食，少尿期患儿，在计算好入液量的情况下，可适当进食一些新鲜水果或菜汁，以供给维生素和无机盐。给予优质蛋白质，可挑选含必需氨基酸丰富的食品如瘦肉、牛奶、鸡蛋等，蛋白质摄入量以 0.5g/（kg·d）为宜，并适量补充必需氨基酸。要注意钠、钾摄入量应根据水肿程度、排尿量情况及血钠测定结果，分别采用少盐、无盐或少钠饮食。高钾血症患儿限制摄入含钾高的食物，以免因外源性钾增多而加重高钾血症。不能进食的患儿，可用鼻饲或静脉补充营养物质。少尿期患儿严格记录 24h 出入液量，坚持"量出为入"的原则补充入液量。恢复期患儿应多饮水，或遵医嘱补液和补充钾、钠等，防止脱水、低钾和低钠血症的发生。

3. 皮肤及口腔护理　注意个人卫生，保持皮肤清洁，加强口腔护理。对卧床及身体虚弱患儿，应定时翻身，防止压疮和肺部感染。

（二）病情观察

密切观察患儿有无急性肾衰竭的全身并发症；有无恶心、呕吐、腹痛、烦躁、四肢麻木、极度疲乏、肢体苍白湿冷、胸闷、心律缓慢和心律不齐等高钾血症表现；有无恶心、呕吐、疲乏及嗜睡或昏迷，深而快的呼吸等酸中毒表现；有无水肿、高血压、体重增加及乏力、意识障碍、抽搐等水潴留和低钠血症表现。

监测患儿生命体征、体重、出入量、血尿素氮、血肌酐及血电解质的变化，发现异常，及时报告医师。

（三）配合治疗

高钾血症是临床危重症候，应密切监测血钾的浓度，当血钾超过 6.5mmol/L，心电图表现为 QRS 波增宽等明显变化时，应紧急协助医师处理。此外，高钾血症患儿禁用库存血，停用含钾药物，并及时纠正酸中毒。

（四）心理护理

加强与患儿的沟通，在精神上给予患儿真诚的安慰和支持，通过介绍治疗进展信息，解除患儿恐惧心理，增加患儿康复的信心，争取患儿能积极配合治疗。此外，还可通过与社会机构的联系，为患儿和家长争取社会的经济支持，解除患儿家长的经济忧患。加强心理护理，可以使患儿具有安全感、信赖感，保持良好的心理状态。

（五）健康教育

1. **疾病知识指导**　教育患儿家长给患儿积极治疗引起肾衰竭的原发病，积极预防和治疗感染。避免手术和外伤，避免接触有毒物质等。教会患儿家长监测尿量、体重。教会患儿家长识别高血压脑病、心力衰竭、高钾血症及代谢性酸中毒的表现。定期随访，监测肾功能、电解质等。尽量预防其发展为不可逆性肾衰竭。

2. **生活指导**　指导患儿合理安排活动和休息，劳逸结合，防止劳累；加强营养，严格遵守饮食计划，避免发生负氮平衡；教育患儿注意个人卫生，预防感冒。

3. **预后**　急性肾衰竭是临床重危病，病死率较高。本病预后常与原发病性质、年龄、肾损害的严重程度、早期诊断和治疗情况以及透析与否、有无多脏器功能衰竭和并发症等因素有关。肾前性肾衰竭如适当治疗多可恢复；肾性肾衰竭以急性肾小球肾炎预后最好；年龄越小预后越差，尤其合并泌尿系畸形或先天性心脏病者；学龄小儿中以急性肾炎预后最差。新生儿肾衰竭预后常较严重，先天畸形者预后更差。

小　结

一、急性肾小球肾炎

链球菌感染后的急性肾小球肾炎多由 A 组 β- 溶血性链球菌感染引起。典型表现为血尿、水肿、蛋白尿、高血压，急性期的重症表现为严重的循环充血、高血压脑病和急性肾衰竭。本病为自限性疾病，无特异疗法，主要为通过对症治疗，清除残留感染灶，防治急性期并发症、保护肾功能，以利其自然恢复。护理包括休息、饮食护理、病情观察、用药护理及健康教育等。

二、肾病综合征

肾病综合征病因尚不清楚，多认为肾小球滤过屏障作用受损，蛋白质滤出增加，因而出现蛋白尿。临床具有四大特点即大量蛋白尿、低蛋白血症、高胆固醇血症和不同程度水肿，临床表现可分为单纯性肾病和肾炎性肾病。肾上腺糖皮质激素是肾病治疗的首选药，难治性肾病和（或）激素副作用严重者，可加用免疫抑制剂，同时应用抗凝剂，以防血栓形成。护理包括饮食护理、预防感染、观察药物疗效及副作用、密切观察病情及健康教育等。

三、泌尿道感染

泌尿道感染主要为细菌感染，最常见的是大肠埃希菌，其次为变形杆菌、克雷伯杆菌及副大肠杆菌等。临床症状因年龄而异，新生儿急性感染症状不典型，以全身症状为主；婴儿期症状也不典型，常以发热为突出表现；年长儿下尿路感染时多仅表现为尿路刺激症状，上尿路感染时全身症状多较明显。治疗应积极有效地控制感染、去除诱因、防止复发、纠正先天或后天尿路结构异常，防止肾损害。护理包括对症护理、饮食护理、密切观察病情和药物副作用，标本采集及健康教育等。

四、急性肾衰竭

小儿急性肾衰竭的病因分为肾前性、肾性和肾后性。临床过程可分为少尿期、多尿期和恢复期三个阶段，其中少尿期表现为水、电解质紊乱、酸碱平衡失常和尿毒症。治疗原则为纠正可逆的病因，积极治疗原发病，改善肾功能，减轻症状，防止各种并发症的发生。护理包括一般护理、病情观察、配合治疗、心理护理及健康教育等。

自测题

一、单项选择题

1. 一个 5 岁的小儿每日尿量少于多少为少尿
   A. 100ml
   B. 200ml
   C. 300ml
   D. 400ml
   E. 500ml

2. 患儿，男，7 岁，春季发病，发病前 1 周有上呼吸道感染，逐渐出现眼睑及颜面水肿，血尿，尿量减少，血压 18/12kPa，尿常规检查：红细胞 30/HP，尿蛋白（++）。血 ASO＞500，该患儿最可能的医疗诊断为
   A. 肾病综合征
   B. 急性肾炎
   C. 慢性肾炎急性发作
   D. 急性肾小球肾炎
   E. Alport 综合征

3. 急性肾小球肾炎患儿恢复上学的主要指标是
   A. 水肿消退，尿常规转为正常
   B. 尿内红细胞减少，血沉正常
   C. 水肿消退，血压正常
   D. 尿内红细胞减少，尿量正常
   E. 水肿消退，肉眼血尿消失

4. 急性肾炎注射青霉素的目的是
   A. 控制肾炎症
   B. 预防并发症
   C. 清除先驱感染病灶
   D. 预防复发
   E. 缩短病程

5. 患儿，男，6 岁，因颜面部水肿、尿少，伴头痛、头晕就诊，尿液检查：蛋白 ++，红细胞 20/HP，诊断为急性肾小球肾炎。正确的护理是
   A. 遵医嘱给镇痛药
   B. 适当下床活动，防止血栓形成
   C. 遵医嘱给大剂量青霉素
   D. 低盐、高糖、高蛋白饮食
   E. 无盐、高糖、低蛋白饮食

6. 肾炎患儿，治疗过程中出现咳嗽、不能平卧，首先应考虑
   A. 上呼吸道感染
   B. 气管炎

C. 急性肺炎

D. 胸腔积液

E. 严重循环充血

7. 患儿，4岁，水肿3天，体格检查见全身水肿，精神不振，尿常规检查示：尿蛋白（++++），血红细胞计数正常，血沉明显增快，血白蛋白15g/L，血胆固醇6mmol/L，最可能的原因为

A. 肾炎性肾病

B. 肾病综合症

C. 急性肾炎

D. Alport综合征

E. 急性肾小球肾炎

8. 肾炎性肾病与单纯性肾病最主要区别点是

A. 大量蛋白尿

B. 水肿

C. 血尿、高血压

D. 低蛋白血症

E. 高脂血症

9. 大量蛋白尿的原因是

A. 肾小管对蛋白的重吸收障碍

B. 功能性蛋白尿

C. 组织性蛋白尿

D. 溢出性蛋白尿

E. 肾小球滤过膜改变

10. 小儿急性肾衰竭无尿是指24h尿量为

A. 完全无尿

B. ＜50ml

C. ＜100ml

D. ＜150ml

E. ＜200ml

二、案例题

患儿，女，9岁，尿痛、尿频3天。患儿3天前无明显诱因出现尿痛、尿频，每日排尿20余次，尿色淡黄，无腹痛，腰痛，无水肿。查体：T 38.2℃，P 116次/分，R 28次/分，BP 90/60mmHg，神志清，精神可，呼吸平稳，尿道口稍充血，无脓性分泌物，双肾区无叩击痛。查尿常规：WBC+++，RBC+，PR（-）。

问题：

1. 该病儿最可能的临床诊断是什么？
2. 评估患儿目前身心状况，列出主要护理诊断。

（毕桂芝）

第十二章 血液系统疾病患儿的护理

通过本章内容的学习，学生应能：

◆ **识记**
1. 复述小儿造血和血液特点。
2. 说出小儿贫血的诊断标准。
3. 说出营养性缺铁性贫血、营养性巨幼细胞性贫血的病因。
4. 复述急性白血病的临床表现、治疗原则。

◆ **理解**
1. 比较营养性缺铁性贫血、营养性巨幼细胞性贫血的临床表现及治疗原则。
2. 总结特发性血小板减少性紫癜的临床表现。

◆ **运用**
1. 评估营养性缺铁性贫血、营养性巨幼细胞性贫血患儿，并为其制订护理计划。
2. 制订特发性血小板减少性紫癜患儿的护理措施。
3. 制订急性白血病患儿的护理措施。

第一节 小儿造血和血液特点

一、造血特点

小儿造血分为胚胎期造血及生后造血。

（一）胚胎期造血

根据造血组织发育和造血部位发生的先后，可将此期分为三个阶段。

1. **中胚叶造血期** 在胚胎第 3 周开始出现卵黄囊造血，之后在中胚叶组织中出现广泛的原始造血成分，其中主要是原始的有核红细胞。在胚胎第 6 周后，中胚叶造血开始减退。

2. **肝脾造血期** 在胚胎第 6～8 周时，肝出现活动的造血组织，4～5 个月时达高峰，并成为胎儿中期的主要造血部位。至 6 个月后，肝造血逐渐减退。肝造血主要产生有核红细胞，也可产生少量粒细胞和巨核细胞。

约于胚胎第 8 周时，脾开始造血，以生成红细胞占优势，稍后粒系造血也相当活跃，至 12 周时出现淋巴细胞和单核细胞。胎儿 5 个月后，脾造红细胞和粒细胞的功能逐渐减退至消失，至出生时成为终身造血淋巴器官。

胚胎第 8～11 周开始，胸腺和淋巴结参与造淋巴细胞。

3. **骨髓造血期** 胚胎第 6 周开始出现骨髓，但至胎儿 4 个月时才开始造血活动，并迅速成为胎儿后期主要的造血器官，出生 2～5 周后成为唯一的造血场所。

（二）生后造血

1. 骨髓造血　出生后主要是骨髓造血。婴幼儿期所有骨髓均为红髓，全部参与造血，以满足生长发育的需要。5～7岁开始，长骨中的红髓逐渐被黄髓（脂肪组织）替代，年长儿和成人红髓仅限于颅骨、锁骨、肩胛骨、肋骨、胸骨、脊椎、骨盆等短骨或不规则骨及长骨近端，但黄髓仍有潜在的造血功能，造血需要增加时，它可转变为红髓而恢复造血。小儿在出生后头几年缺少黄髓，故造血代偿潜力小，如果需要增加造血，则会出现髓外造血。

2. 髓外造血（extramedullary hematopoiesis）　在正常情况下，髓外造血极少。出生后，尤其在婴儿期，当发生感染性贫血或溶血性贫血等需要增加造血时，肝、脾和淋巴结可恢复到胎儿时的造血状态，出现肝、脾、淋巴结肿大，外周血中可见有核红细胞和（或）幼稚中性粒细胞。感染及贫血纠正后即恢复正常。

二、血液特点

（一）红细胞数与血红蛋白量

胎儿期处于相对缺氧状态，红细胞生成素合成增加，故红细胞数和血红蛋白量较高，出生时红细胞数 $(5.0～7.0)×10^{12}/L$，血红蛋白量 150～220g/L。生后 6～12h 因进食较少和不显性失水，其红细胞数和血红蛋白量往往比出生时高些。生后随着自主呼吸的建立，血氧含量增加，红细胞生成素减少，骨髓造血功能暂时性降低；胎儿红细胞寿命较短，且破坏较多（生理性溶血）；加之婴儿生长发育迅速、循环血量迅速增加等因素，红细胞数和血红蛋白量逐渐降低，至 2～3 个月时（早产儿较早）红细胞数降至 $3.0×10^{12}/L$，血红蛋白量降至 100g/L 左右，出现轻度贫血，称为"生理性贫血（physiological anemia）"。"生理性贫血"呈自限性，3 个月以后，红细胞数和血红蛋白量又缓慢增加，约至 12 岁时达成人水平。

（二）白细胞数与分类

出生时白细胞总数 $(15～20)×10^9/L$，生后 6～12h 达 $(21～28)×10^9/L$，之后逐渐下降，1 周时降至 $12×10^9/L$，婴儿期白细胞数维持在 $10×10^9/L$ 左右，8 岁后接近成人水平。

白细胞分类主要是中性粒细胞与淋巴细胞比例的变化。出生时中性粒细胞约占 65%，淋巴细胞约占 30%。随着白细胞总数的下降，中性粒细胞比例也相应下降，生后 4～6 天时两者比例基本相等；之后淋巴细胞约占 60%，中性粒细胞约占 35%，至 4～6 岁时两者比例又相等；以后白细胞分类与成人相似。

（三）血小板数

与成人相似，为 $(150～300)×10^9/L$。

（四）血红蛋白种类

出生时，血红蛋白以胎儿血红蛋白（HbF）为主，占 70%，之后迅速被成人血红蛋白（HbA）代替，1 岁时 HbF 不超过 5%，至 2 岁时不超过 2%，达成人水平。

（五）血容量

小儿血容量相对较成人多，新生儿血容量约占体重的 10%，平均 300ml；小儿占体重的 8%～10%；成人血容量占体重的 6%～8%。

第二节　小儿贫血

一、概述

贫血（anemia）是指单位容积外周血中红细胞数或血红蛋白量低于正常。国内诊断标准为：新生儿期血红蛋白（Hb）<145g/L，1～4 个月时 Hb<90g/L，4～6 个月时 Hb<100g/

L者为贫血。6个月以上则按世界卫生组织（WHO）的标准：6个月~6岁 Hb < 110g/L，6~14岁 Hb < 120g/L者为贫血。海拔每升高1000m，血红蛋白上升4%。

（一）贫血的分度

根据外周血血红蛋白含量将贫血分为轻、中、重、极重4度（表12-1）。

表12-1 贫血的分度

血红蛋白量		轻度	中度	重度	极重度
血红蛋白量	小儿	正常下限~90	~60	~30	<30
(g/L)	新生儿	正常下限~120	~90	~60	<60

（二）贫血的分类

采用病因学分类和形态学分类，临床多用病因学分类，形态学分类有助于推断病因。

1. 病因学分类

（1）红细胞及血红蛋白生成不足

1）造血物质缺乏：如缺铁性贫血（铁缺乏）、巨幼细胞贫血（维生素 B_{12}、叶酸缺乏）。

2）骨髓造血功能障碍：如再生障碍性贫血、单纯红细胞再生障碍性贫血。

3）其他：感染性及炎症性贫血、慢性肾病所致贫血、铅中毒、癌性贫血。

（2）溶血性贫血

1）红细胞内在异常：①红细胞膜结构缺陷，如遗传性球形红细胞增多症、阵发性睡眠性血红蛋白尿等；②红细胞酶缺乏，如葡萄糖-6-磷酸脱氢酶（G-6-PD）缺乏、丙酮酸激酶（PK）缺乏症等；③血红蛋白合成或结构异常，如地中海贫血、血红蛋白病等。

2）红细胞外在因素：①免疫因素，体内存在破坏红细胞的抗体，如新生儿溶血症、自身免疫性溶血性贫血等；②非免疫因素，如感染、物理化学因素、毒素、脾功能亢进、弥散性血管内凝血等。

（3）失血性贫血：包括急性失血和慢性失血引起的贫血。

2. 形态学分类 根据红细胞平均容积（MCV）、红细胞平均血红蛋白量（MCH）、红细胞平均血红蛋白浓度（MCHC）可分为以下4类（表12-2）。

表12-2 贫血的细胞形态学分类

	MCV（fl）	MCH（pg）	MCHC（%）
正常值	80~94	28~32	32~38
大细胞性	>94	>32	32~38
正细胞性	80~94	28~32	32~38
单纯小细胞性	<80	<28	32~38
小细胞低色素性	<80	<28	<32

二、营养性缺铁性贫血

缺铁性贫血（iron deficiency anemia，IDA）是由于体内铁缺乏致血红蛋白合成减少引起的贫血，具有小细胞低色素性、血清铁和铁蛋白减少、铁剂治疗有效等特点。本病是小儿贫血中最常见者，发病遍及全球，以6个月~2岁发病率最高，是我国重点防治的小儿疾病之一。

铁是构成血红蛋白的必需原料，任何引起小儿体内铁缺乏的原因都可致贫血。

1. 先天储铁不足 胎儿在孕后期从母体获得铁最多，足月新生儿从母体获得铁量可维持

生后4~5个月造血之需，故早产、双胎或多胎、胎儿失血和孕母严重缺铁等均可使胎儿储铁减少。

2. 铁摄入不足　是小儿缺铁性贫血的主要原因。人乳、牛乳、谷物中含铁量均低，婴儿如不及时添加含铁较多的辅食、年长儿偏食、挑食等均可致铁摄入不足。

3. 生长发育过快　婴儿期和青春期小儿生长发育迅速，血容量增加快；早产儿生长发育更快，铁需要量相对增加。

4. 吸收减少　食物搭配不合理可影响铁的吸收，胃肠炎或消化道畸形、慢性腹泻可致铁吸收减少。

5. 丢失过多　正常婴儿每天排泄铁量相对比成人多。慢性失血是缺铁性贫血的常见原因。小儿摄入未经加热的鲜牛奶，可因对其蛋白质过敏发生小量肠出血；溃疡病、肠息肉、膈疝、钩虫病、鼻衄等慢性小量出血，初潮后少女月经量过多等均可致铁丢失过多。

铁缺乏对机体各个系统均有影响，表现在：

1. 对造血系统的影响　缺铁时血红素生成不足，进而血红蛋白合成也减少，导致新生的红细胞内血红蛋白含量不足，细胞质减少，细胞变小；而缺铁对细胞的分裂、增殖影响较小，故红细胞数量减少程度不如血红蛋白减少明显，从而形成小细胞低色素性贫血。缺铁的病理生理可分为三个阶段①铁减少期：此阶段体内储存铁已减少，但供红细胞合成血红蛋白的铁尚未减少，无贫血表现；②红细胞生成缺铁期：储存铁进一步耗竭，红细胞生成所需的铁亦不足，但循环中血红蛋白的量尚未减少；③缺铁性贫血期：此期出现小细胞低色素性贫血，还有一些非造血系统的症状。因此，缺铁性贫血是缺铁的晚期表现。

2. 对非造血系统的影响　铁缺乏使多种含铁酶（细胞色素C、单胺氧化酶、琥珀酸脱氢酶等）的活性减低，从而导致相应细胞功能紊乱出现一些非血液系统表现，如神经精神行为、胃肠道功能紊乱、免疫力下降而易感染等。

患儿，男，9个月，因"面色苍白1个月"就诊。患儿近1个月来无明显诱因出现面色苍白，逐渐加重，无发热、咳嗽，无呕吐、呕血及黑便。食欲欠佳，精神不振，体重增长缓慢。患儿系早产，出生体重2kg，母乳喂养，未添加辅食，平时常有腹泻。

体格检查：皮肤黏膜苍白，口唇及甲床苍白，双肺（－），心音有力。腹软，肝脾未触及。

辅助检查：血红蛋白70g/L，红细胞$3.5×10^{12}$/L，MCV 70fl，MCH 23pg，MCHC 30%。末梢血涂片示：红细胞大小不等，中心淡染，以小细胞为多。血清铁4.3μmol/L，总铁结合力98μmol/L。

问题与思考：该患儿护理评估内容有哪些？

【护理评估】

（一）临床表现

任何年龄均可发病，以6个月~2岁多见。发病缓慢，其临床表现随病情轻重而有不同。

1. 一般表现　皮肤逐渐苍白，以唇、口腔及甲床较明显。易疲乏，不爱活动，常有烦躁不安或精神不振。体重不增或增加缓慢。年长儿可诉头晕、眼前发黑、耳鸣等。

2. 髓外造血表现　肝、脾可轻度肿大。年龄越小、病程越长、贫血越重，肝脾大越明显。淋巴结肿大较轻。

3. 非造血系统表现

（1）消化系统：可出现食欲减退、呕吐、腹泻，少数有异食癖（嗜食泥土、墙皮、煤渣等）；可出现口腔炎、舌炎或舌乳头萎缩，重者可出现萎缩性胃炎或吸收不良综合征等。

（2）神经系统症状：表现为烦躁不安或精神萎靡、注意力不集中、记忆力减退，智力多数低于同龄儿。

（3）心血管系统症状：明显贫血时心率增快，严重者心脏扩大甚至发生心力衰竭。

（4）其他：如皮肤干燥、毛发枯黄易脱落。因细胞免疫功能降低，常合并感染。可因上皮组织异常而出现反甲。

（二）辅助检查

1. 血常规　血红蛋白降低比红细胞数减少明显，呈小细胞低色素性贫血。外周血涂片可见红细胞大小不等，以小细胞为多，中央淡染区扩大。网织细胞数正常或轻度减少。白细胞、血小板一般无改变，个别极严重者可有血小板减少。

2. 骨髓象　呈增生活跃，以中、晚幼红细胞增生为主。各期红细胞均较小，胞浆少，染色偏蓝，显示胞浆成熟程度落后于胞核。粒细胞和巨核细胞系一般无明显异常。

3. 有关铁代谢的检查

（1）血清铁蛋白（SF）：＜12μg/L 时提示缺铁，较敏感地反映体内储存铁的情况。

（2）血清铁（SI）、总铁结合力（TIBC）、转铁蛋白饱和度（TS）：这三项反映血浆中铁的含量，通常在缺铁性贫血期（IDA）才出现异常。若 SI＜10.7μmol/L、TIBC＞62.7μmol/L、TS＜15%，有诊断意义。

（3）红细胞原卟啉（FEP）：＞0.9μmol/L 时提示红细胞内缺铁。

（三）与疾病相关的健康史

评估患儿喂养史，如喂养方式、添加辅食及断奶情况，了解患儿饮食结构是否合理，有无偏食、挑食等不良饮食习惯；若是小婴儿还应评估其母孕产史，如早产、双胎、多胎，了解母亲孕期是否患有严重贫血；了解是否生长发育过快；评估是否有胃肠炎或消化道畸形、慢性腹泻、急性感染和慢性感染等导致铁吸收障碍、铁消耗增加的疾病，了解是否存在溃疡病、肠息肉、鼻出血等慢性失血；青春期少女应评估月经量是否过多。

（四）心理-社会状况

评估患儿及家长对疾病的心理反应及认知程度、喂养及护理知识、对本病病因及防护知识的了解程度等；评估患儿及家属有无因患儿记忆力减退、成绩下降或智力低于同龄儿而产生自卑、焦虑的心理；评估患儿家庭背景、经济情况等。

（五）治疗要点

以补充铁剂和去除病因为主要原则。

1. 一般治疗　加强护理，保证充足睡眠；避免感染，如伴有感染者应积极控制感染；重度贫血者注意保护心脏功能。根据患儿消化能力，适当增加含铁质丰富的食物，注意饮食的合理搭配以增加铁的吸收。

2. 去除病因　对饮食不当者应纠正不合理的饮食习惯和食物组成，有偏食习惯者应予纠正。如有慢性失血性疾病，如钩虫病、肠道畸形等，应予及时治疗。

3. 铁剂治疗

（1）口服铁剂：若无特殊原因，应采用口服法给药；二价铁盐容易吸收，故临床均选用二价铁盐制剂。常用的口服铁剂有硫酸亚铁（含元素铁20%）、富马酸亚铁（含元素铁33%）、葡萄糖酸亚铁（含元素铁12%）、琥珀酸亚铁（含元素铁35%）等，口服铁剂的剂量为元素铁每日 4～6mg/kg，分 3 次口服，一次量不应超过元素铁 1.5～2mg/kg。

（2）注射铁剂：注射铁剂较容易发生不良反应，甚至可发生过敏性反应致死，故应慎用。

常用注射铁剂有：山梨醇枸橼酸铁复合物，专供肌内注射用；右旋糖酐铁复合物，可供肌内注射或静脉注射；葡萄糖氧化铁，供静脉注射用。

4. 输红细胞　由于发病缓慢，机体代偿作用较强，一般不必输红细胞。重度贫血或合并严重感染或急需外科手术者，才是输血的适应证。Hb在30g/L以下者，应采用等量换血方法；Hb在30~60g/L者，每次可输注浓缩红细胞4~6ml/kg；Hb在60g/L以上者，不必输红细胞。

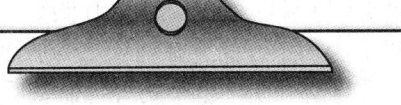

该患儿明确诊断为营养性缺铁性贫血，给予口服铁剂、调整饮食后病情好转。

问题：如何护理该患儿？

【主要护理诊断/合作性问题】

1. 活动无耐力　与贫血致组织器官缺氧有关。
2. 营养失调：低于机体需要量　与铁供应不足、吸收不良、丢失过多或消耗增加有关。
3. 有感染的危险　与机体的免疫功能下降有关。
4. 知识缺乏　家长及年长患儿缺乏营养知识及本病的防护知识。

【护理措施】

1. 合理安排休息与活动　评估患儿日常生活与活动的耐受力，合理安排患儿的休息与活动。贫血程度较轻者，一般不需要卧床休息，但应避免剧烈运动。活动时尽量自我照护，以不感到疲乏为度。严重贫血者，应根据活动耐力下降情况制订活动强度、持续时间及休息方式。保持患儿心情愉快，防止烦躁、哭闹而增加需氧量。

2. 饮食护理

(1) 告知家长及年长儿不良饮食习惯会导致本病，协助纠正不良饮食习惯。

(2) 指导家长合理搭配饮食：告知家长含铁丰富且易吸收的食物，如动物血、肝、鱼类、豆制品及干果等；维生素C、氨基酸、果糖与铁剂或含铁食物同服可促进铁吸收；茶、咖啡、牛奶、植物纤维可抑制铁的吸收，避免与铁剂或含铁食物同时进食。鲜牛奶必须加热处理后才能喂养婴儿，以减少因过敏所致肠出血。

婴幼儿牛奶蛋白过敏

牛奶蛋白过敏（CMPA）为婴儿最常见的食物过敏（FA），近年来，由于生活方式及生活环境的改变，发病率逐年提高。患病率为2%~6%，常见于2岁以下婴幼儿。常见的临床症状包括①胃肠道：频繁的胃食管反流、呕吐、腹泻、便秘、血便、缺铁性贫血；②皮肤：特应性皮炎、湿疹；③呼吸道：慢性咳嗽、气喘。CMPA临床表现多样，不具特异性，易误诊。双盲食物激发与回避实验是诊断牛奶蛋白过敏的金标准。回避牛奶制品为主要治疗手段。母乳喂养有利于避免婴儿牛奶过敏，游离氨基酸配方奶替代、深度水解配方奶治疗有效。

（3）提倡母乳喂养：母乳中含铁少，但吸收率高达50%，而牛奶中铁吸收率仅为10%。

（4）按时添加含铁丰富的辅食或补充铁强化食品。婴儿6个月后应逐渐减少奶类摄入量，以便增加含铁丰富的固体食物。

（5）早产儿和低体重儿自2个月左右给予铁剂（元素铁不超过每日2mg/kg，最大不超过15mg/d）预防。

3. 铁剂治疗的护理

（1）指导正确口服铁剂：①口服铁剂对胃肠道有刺激，可致恶心、呕吐、腹泻或便秘、厌食、胃部不适及疼痛等，可从小剂量开始并在两餐之间服用，减少刺激；②铁剂可与维生素C、果汁等同服，以利吸收；忌与茶、咖啡、牛奶等抑制铁吸收的食物同服；③液体铁剂可使牙齿染黑，可使用吸管或滴管服药，服用后即刷牙，减轻染色；④服用铁剂后，大便变黑或呈柏油样，停药后恢复，向家长说明情况，消除紧张心理。

（2）注射铁剂应深部肌内注射，精确注射剂量，抽吸药液后更换针头注射，防止皮肤染色；每次更换注射部位，注射后勿按揉注射部位，以防药液漏入皮下组织使皮肤染色或刺激；偶见过敏性休克，首次注射观察1h。

（3）观察疗效：有效者在用药2~3天网织红细胞升高，5~7天达高峰；2~3周后血红蛋白逐渐上升，临床症状随之好转。如服药3~4周仍然无效，应查找原因。

4. 预防感染　参见本章第四节急性白血病患儿防止感染的护理措施。

5. 健康教育

（1）向家长及年长患儿讲解疾病的有关知识和护理要点。

（2）指导合理喂养，提倡母乳喂养，及时正确添加含铁丰富辅食。

（3）介绍正确用药方法，强调贫血纠正后，仍要坚持合理安排小儿饮食，培养良好饮食习惯，这是防止复发及保证正常生长发育的关键。

（4）因缺铁性贫血致智力减低、成绩下降的患儿，应和其父母多沟通，使父母了解疾病导致患儿目前状况的可能性，与父母和患儿共同制订学习计划，做好心理护理。

三、营养性巨幼细胞性贫血

营养性巨幼细胞性贫血（nutritional megaloblastic anemia，NMA）是由于维生素B_{12}和（或）叶酸缺乏所致的一种大细胞性贫血。主要临床特点是贫血、神经精神症状、红细胞胞体变大、骨髓中出现巨幼红细胞、用维生素B_{12}和（或）叶酸治疗有效。

引起维生素B_{12}和叶酸缺乏的常见原因：

1. 摄入不足　人体内维生素B_{12}主要来自于动物性食物，如肝、肾、蛋等，乳类中含量少，羊乳中几乎不含，植物性食物中含量甚少。体内叶酸来源于食物，绿色新鲜蔬菜、水果、酵母和动物肝、肾等富含叶酸，但经加热易被分解破坏。胎儿可从母体获得维生素B_{12}和叶酸，并储存于肝内。如孕母缺乏维生素B_{12}和叶酸，出生后单纯母乳喂养（尤其是乳母长期素食或患有维生素吸收障碍疾病者）或奶粉、羊乳喂养而未及时添加辅食的婴儿易患维生素B_{12}和（或）叶酸缺乏。年长儿偏食、挑食者易缺乏。

2. 吸收不良　严重营养不良、慢性腹泻或吸收不良综合征可使维生素B_{12}、叶酸吸收减少。

3. 需要量增加　生长发育迅速使需要量增加，严重感染使维生素B_{12}和叶酸消耗增加。

4. 其他　肝病患儿和长期服用某些药物如新霉素等可致维生素B_{12}代谢障碍。长期或大量应用某些药物，如广谱抗生素可抑制肠道细菌合成叶酸；抗叶酸制剂（甲氨蝶呤）及某些抗癫痫药（苯妥英钠、苯巴比妥）等可致叶酸缺乏。先天性叶酸代谢障碍可致叶酸缺乏。

维生素B_{12}或叶酸缺乏都可致细胞DNA合成减少。幼稚红细胞内的DNA合成减少使其分裂和增殖时间延长，导致细胞核的发育落后于胞浆发育（血红蛋白的合成不受影响），使红细胞的胞体变大，形成巨幼红细胞，造成贫血。DNA合成不足也可致粒细胞、巨核细胞核成熟障碍，出现巨大幼稚粒细胞和中性粒细胞分叶过多、巨核细胞核分叶过多现象。

当维生素B_{12}缺乏时，还可导致中枢和外周神经髓鞘受损，出现神经精神症状；机体对结核杆菌易感性增高。叶酸缺乏症主要引起情感改变，偶见深感觉障碍。

【护理评估】

（一）临床表现

发病年龄以生后6个月～2岁多见，起病缓慢。

1. 一般表现　多呈虚胖或颜面轻度水肿，毛发纤细稀疏、黄色，严重者皮肤有出血点或瘀斑。

2. 贫血表现　皮肤常呈现蜡黄色，睑结膜、口唇、指甲等处苍白，偶有轻度黄疸；疲乏无力，常伴有肝脾大；重症者心脏扩大或心力衰竭。

3. 精神神经症状　可出现烦躁不安、易怒等症状。婴儿期发病的多有典型的神经系统表现，与贫血的程度不完全平行。维生素B_{12}缺乏者表现为表情呆滞、目光发直、对周围反应迟钝，嗜睡、不认亲人，少哭不笑，智力、动作发育落后甚至倒退。重症病例可出现不规则性震颤，手足无意识运动，甚至抽搐、感觉异常、共济失调、踝阵挛和巴宾斯基征阳性等。叶酸缺乏不发生神经系统症状，但可导致神经精神异常。

4. 消化系统症状　常出现较早，如厌食、恶心、呕吐、腹泻和舌炎等。

（二）辅助检查

1. 血常规　呈大细胞性贫血，中心淡染区不明显，可见巨幼变的有核红细胞，中性粒细胞呈分叶过多现象。网织红细胞、白细胞、血小板计数常减少。

2. 骨髓象　增生明显活跃，以红细胞系统增生为主，粒、红系统均出现巨幼变。中性粒细胞的胞浆空泡形成，核分叶过多。巨核细胞核有过度分叶现象。

3. 血清维生素B_{12}和叶酸测定　血清维生素B_{12}正常值为200～800ng/L，＜100ng/L为缺乏。血清叶酸水平正常值为5～6μg/L，＜3μg/L为缺乏。

4. 其他　血清乳酸脱氢酶（LDH）水平明显升高。维生素B_{12}缺乏者血清胆红素水平中等程度升高，尿甲基丙二酸含量增高。

（三）与疾病相关的健康史

评估患儿喂养史、饮食习惯；了解孕母、乳母是否存在维生素B_{12}和叶酸缺乏；了解是否生长发育过快；评估是否有严重营养不良、慢性腹泻或吸收不良综合征、肝病、严重感染等影响维生素B_{12}和（或）叶酸吸收、储存或消耗增加的疾病；评估患儿用药史，是否使用阻碍维生素B_{12}和叶酸代谢的药物。

（四）心理-社会状况

评估患儿及家长对疾病的心理反应及认知程度、喂养及护理知识、对本病病因及防护知识的了解程度等；评估患儿家庭背景、经济情况等。

（五）治疗要点

1. 特殊治疗　维生素B_{12}肌内注射，每次100μg，每周2～3次和（或）叶酸口服，每次5mg，每日3次。连用数周，至临床症状明显好转，血象恢复正常为止。单纯维生素B_{12}缺乏者，不宜加用叶酸，以免加重精神神经症状。

2. 调整饮食　一般患儿在药物治疗同时，即可增加辅食。对震颤严重不能吞咽的，治疗早期可采用鼻饲。添加辅食顺利者，可以缩短药物治疗时间，有偏食习惯者应予纠正。

3. 对症处理　肌肉震颤者可给予镇静剂。

4. 输血治疗　除极重的病例外，不需要输血。重症患者可输注红细胞制剂。

【主要护理诊断/合作性问题】

1. 活动无耐力　与贫血导致组织缺氧有关。

2. 营养失调：低于机体需要量　与维生素 B_{12} 和（或）叶酸摄入不足、吸收不良、代谢障碍等有关。

3. 生长发育改变　与营养不足、贫血及维生素 B_{12} 缺乏影响生长发育有关。

【护理措施】

1. 休息与活动　根据贫血严重程度及患儿的活动耐力安排其休息与活动。轻度贫血患儿一般不需卧床休息，日常活动不受影响；严重贫血者适当限制活动，协助满足其日常生活需要。烦躁、震颤、抽搐者应遵医嘱使用镇静剂，期间防止外伤。

2. 喂养指导　改善哺乳母亲的营养，及时添加辅食，注意饮食均衡，合理搭配患儿食物，年长儿防止偏食、挑食，养成良好的饮食习惯，以保证能量和营养素的摄入。

3. 监测生长发育　评估患儿的体格、智力、运动发育情况。震颤消失减慢，大多需要 1 个月以上。少数患儿在治疗过程中震颤加重。治疗晚者可影响小儿智力发育。

4. 健康宣教　解释本病的临床表现和预防措施，强调预防的重要性，提供营养指导，指导合理用药知识。积极治疗和去除影响维生素 B_{12} 和叶酸吸收的因素。

第三节　特发性血小板减少性紫癜

特发性血小板减少性紫癜（idiopathic thrombocytopenic purpura，ITP）又称自身免疫性血小板减少性紫癜，是小儿最常见的出血性疾病。主要特点为皮肤、黏膜自发性出血，血小板减少，出血时间延长和血块收缩不良。本病见于小儿各年龄时期，多见于 1~5 岁小儿，春季发病率较高。

患儿在发病前常有病毒感染史。目前认为病毒感染不是导致血小板减少的直接原因，而是由于病毒感染使机体产生相应的抗体（主要为 PAIgG，约占 95%），这类抗体可与血小板膜发生交叉反应，使血小板受到损伤而被单核 - 巨噬细胞系统所清除。血小板减少是导致出血的主要原因。附着有 PAIgG 的血小板异常及抗体损伤血管壁导致毛细血管脆性和通透性增加，是出血的促进因素。感染可加重血小板减少或使疾病复发。

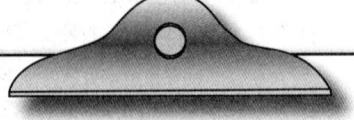

案例 12-2A

患儿，女，3 岁。因"皮肤出血点 5 天"入院。患儿 5 天前无明显诱因出现皮肤出血点，以颜面及上胸部为著，无发热、咳嗽，无鼻出血及齿龈出血，无血尿及血便，无头痛、呕吐，无抽搐。

体格检查：T 36.9℃，P 112 次/分，R 24 次/分，精神尚可，颜面及上胸部、四肢皮肤可见密集针尖大小出血点，不高出皮面，压之不褪色，心肺（-），腹软无压痛，肝脾无肿大，四肢关节无红肿。

辅助检查：血常规　Hb 124g/L，WBC $9×10^9$/L，PLT $56×10^9$/L，尿常规无异常，大便隐血阴性。出血时间延长，凝血时间正常，骨髓检查示巨核细胞增多，有成熟障碍。

问题与思考：该患儿护理评估内容有哪些？

【护理评估】

（一）临床表现

可分为急性型和慢性型

1. 急性型　70%~90% 患儿为急性型。多见于婴幼儿，7 岁以后较少发病。患儿于发病前 1～3 周常有急性病毒感染史，如上呼吸道感染、流行性腮腺炎、水痘、风疹、麻疹、传染性单核细胞增多症等，偶亦见于接种麻疹减毒活疫苗或接种结核菌素之后发生。多数患儿发疹前无任何症状，部分可有发热，以自发性皮肤和黏膜出血为突出表现，多为针尖大小的皮内或皮下出血点，或为瘀斑和紫癜，少见皮肤出血斑和血肿。皮疹分布不均，通常以四肢为多，在易于碰撞的部位更多见。常伴有鼻出血或齿龈出血，胃肠道大出血少见，偶见肉眼血尿。青春期女性患者可有月经过多。少数患者可有结膜下和视网膜出血。颅内出血少见，如一旦发生，则预后不良。出血严重者可致贫血，肝脾偶见轻度肿大，淋巴结不肿大。85%～90% 的患儿于发病后 1～6 个月内痊愈，10%～20% 的患儿呈慢性病程。病死率为 0.5%～1%，主要致死原因为颅内出血。

2. 慢性型　病程超过 6 个月，多见于学龄期小儿，男女发病数为 1:(3～4)。起病缓慢，出血症状较轻，主要为皮肤、黏膜出血，可持续或反复发作出血，出血持续期和间歇期长短不一。约 1/3 患儿可自然缓解。反复发作者脾常轻度肿大。

（二）辅助检查

1. 血常规　外周血象血小板计数 $< 100 \times 10^9/L$，出血轻重与血小板数多少有关，血小板 $< 50 \times 10^9/L$ 时可见自发性出血，$< 20 \times 10^9/L$ 时出血明显，$< 10 \times 10^9/L$ 时出血严重。慢性型者可见血小板大小不等，染色较浅。失血较多时可致贫血，白细胞数正常。出血时间延长，凝血时间正常，血块收缩不良。

2. 骨髓象　急性病例骨髓巨核细胞数增多或正常。慢性者巨核细胞显著增多；幼稚巨核细胞增多，核分叶减少，核-浆发育不平衡，产生血小板的巨核细胞明显减少，其胞浆中有空泡形成、颗粒减少和胞浆量少等现象。

3. 血小板抗体测定　PAIgG 增高。

4. 血小板寿命测定　血小板存活时间明显缩短，甚至只有数小时（正常为 8～10 天），一般不作为常规检查。

5. 其他　束臂试验阳性，慢性 ITP 患者的血小板黏附和聚集功能可异常。

（三）与疾病相关的健康史

评估患儿前驱病史。如上呼吸道感染、麻疹、风疹等以及活疫苗注射史。

（四）心理-社会状况

评估家长及患儿对疾病的心理反应及认识程度，是否存在因出血或止血措施带来的恐惧、焦虑等情绪。

（五）治疗要点

1. 一般治疗　在急性出血期间以住院治疗为宜，尽量减少活动，避免外伤，明显出血时应卧床休息。应积极预防及控制感染，避免服用影响血小板功能的药物（阿司匹林等）。

2. 糖皮质激素　作用是降低毛细血管通透性，抑制血小板抗体产生，抑制单核-巨噬细胞系统破坏有抗体吸附的血小板。常用泼尼松，剂量为每日 1.5～2mg/kg，分 3 次口服。出血严重者可用冲击疗法：地塞米松每日 1～2mg/kg，或甲基泼尼松龙每日 20～40mg/kg，静脉滴注，连用 3 天，症状缓解后改服泼尼松。用药至血小板数回升至接近正常水平即可逐渐减量，疗程一般不超过 4 周。停药后如有复发，可再用泼尼松治疗。

3. 大剂量丙种球蛋白　常用剂量为每日 0.4g/kg，连续 5 天静脉滴注；或每次 2g/kg 静脉滴注，必要时次日可再用 1 次；以后每 3～4 周 1 次；副作用少，偶有过敏反应，可与糖皮质激素合用。

4. 血小板及红细胞输注　因患儿血循环中含有大量抗血小板抗体，输入血小板很快被破坏，故通常不主张输血小板；只有在发生颅内出血或急性内脏大出血、危及生命时才输注血小板，并需同时予以大剂量肾上腺皮质激素，以减少输入血小板破坏。贫血严重者可输浓缩红细胞。

5. 脾切除 脾切除有效率约70%，适用于病程超过一年，血小板持续 $< 50 \times 10^9/L$（尤其是 $< 20 \times 10^9/L$），有较严重的出血症状，内科治疗效果不好者。手术宜在6岁以后进行，10岁以内发病的患者，其5年自然缓解机会较大，尽可能不做脾切除。

6. 其他治疗 免疫制剂、雄性激素、干扰素或脾栓塞术也可运用于部分病例的治疗。

案例12-2B

患儿被诊断为特发性血小板减少性紫癜，给予激素及丙种球蛋白治疗后，病情好转。

问题：该如何护理该患儿？

【主要护理诊断/合作性问题】

1. 潜在并发症 颅内出血。
2. 有感染的危险 与糖皮质激素和（或）免疫抑制剂应用致免疫功能下降有关。
3. 恐惧 与严重出血有关。

【护理措施】

1. 密切观察病情变化

（1）了解血常规中血小板计数的波动；观察皮肤自发性出血进展，对血小板极低者应严密观察有无进行性活动性出血。

（2）监测生命体征：观察患儿神志、面色，对活动性出血患儿记录出血的色、质、量，警惕失血性休克和颅内出血的发生；若呼吸变慢或不规则，双侧瞳孔不等大，光反射迟钝或消失提示可能合并脑疝。如有消化道出血常伴腹痛、便血，肾出血伴血尿、腰痛等。

2. 控制出血 口、鼻黏膜出血可用浸有1%麻黄碱或0.1%肾上腺素的棉球、纱条或明胶海绵局部压迫，无效者，可请耳鼻喉科医师会诊，以油纱条填塞，2~3天后更换。齿龈出血，可用冷盐水漱口，并用肾上腺素棉球或明胶海绵压迫止血。遵医嘱给予止血药物。

3. 避免损伤

（1）急性期应减少活动，避免创伤，广泛出血时应卧床休息。

（2）注意环境安全：床头、床栏及家具的尖角用软垫子包裹，限制剧烈运动，忌玩锐利玩具等，以免碰伤、刺伤或摔伤出血。

（3）尽量避免肌内注射或深静脉穿刺抽血，必要时应延长压迫时间，以免形成深部血肿。

（4）禁食坚硬、多刺的食物，防止损伤口腔黏膜及齿龈出血。

（5）保持大便通畅，防止用力大便时腹压增高而诱发颅内出血。

4. 预防感染 应与感染的患儿分室居住。保持出血部位清洁，同时注意患儿个人卫生，严格无菌技术操作。

5. 消除恐惧心理 出血及创伤性的医疗护理操作均可使患儿产生恐惧心理，表现为不合作、烦躁、哭闹等，而使出血加重，故应关心、安慰患儿，以取得合作。护理操作尽量集中进行。

6. 健康教育

（1）指导预防损伤：避免接触尖锐物品；不做剧烈运动，常剪指甲防止抓伤，选用软毛牙刷刷牙等。

（2）指导学龄前患儿学会自我保护，忌服阿司匹林或含阿司匹林的药物；服药期间不与感染患儿接触，去公共场所时戴口罩，衣着适度，尽量避免感冒，以防加重病情或复发。

（3）教会家长识别出血征象和学会压迫止血的方法，教会紧急情况下的处理原则。

(4) 脾切除的患儿易患呼吸道和皮肤化脓性感染，且易发展为败血症。在术后2年内，应定期随诊，并遵医嘱应用长效青霉素每月1次或丙种球蛋白，以增强抗感染能力。

第四节　急性白血病

白血病（leukemia）是造血系统的恶性增生性疾病。其特点为造血组织中某一血细胞系统过度增生、进入血流并浸润到各组织和器官，从而引起一系列临床表现。在我国，小儿的恶性肿瘤中以白血病的发病率最高，10岁以下小儿的白血病发生率为（3～4）/10万，男孩发病率高于女孩。任何年龄均可发病，新生儿亦不例外，但以学龄前期和学龄期小儿多见。小儿白血病中90%以上为急性白血病，慢性白血病仅占3%～5%。

白血病病因尚未明了，可能与以下因素有关。

1. 病毒感染　属于RNA病毒的反转录病毒可引起人类T淋巴细胞白血病。

2. 物理和化学因素　电离辐射能引起白血病。小儿对电离辐射较为敏感，在曾经放射治疗胸腺肥大的小儿中，白血病发生率较正常小儿高10倍；妊娠妇女照射腹部后，其新生儿的白血病发病率比未经照射者高17.4倍。苯及其衍生物、氯霉素、保泰松、细胞毒药物等均可诱发急性白血病。

3. 遗传素质　白血病不属遗传性疾病，但在家族中却可有多发性恶性肿瘤的情况；少数患儿可能患有其他遗传性疾病，如唐氏综合征、先天性睾丸发育不全症、先天性再生障碍性贫血伴有多发畸形以及严重联合免疫缺陷病等，这些疾病患儿的白血病发病率比一般小儿明显增高。此外，同卵孪生儿中一个患急性白血病，另一个患白血病的概率为20%，比双卵孪生儿的发病率高12倍。以上现象均提示白血病的发生与遗传素质有关。

急性白血病的分类与分型对于诊断、治疗和提示预后都有一定意义。根据增生白细胞种类的不同，可分为急性淋巴细胞白血病（简称急淋，ALL）和急性非淋巴细胞白血病（简称急非淋，ANLL）两大类，前者在小儿中发病率较高。目前，常采用形态学（M）、免疫学（I）、细胞遗传学（C）和分子生物学（M），即MICM综合分型，更有利于指导治疗和提示预后。急淋根据形态学分型可分为3种类型：L1、L2、L3型，以L1型最多见，占80%以上；急非淋根据形态学分型可分为粒细胞白血病未分化型（M_1）、原粒细胞白血病部分分化型（M_2）、早幼粒细胞白血病（M_3）、粒-单核细胞白血病（M_4）、单核细胞白血病（M_5）、红白血病（M_6）、巨核细胞白血病（M_7）七型。

案例12-3A

患儿，女，7岁，因"面色苍白、发热3天"入院。患儿1周前无明显诱因出现面色苍白，呈进行性加重，伴皮肤瘀点瘀斑。3天前发热，体温不详。病程中精神尚可，饮食欠佳，睡眠可，大小便正常。患儿系足月顺产，出生体重3.5kg，母乳喂养，生长发育正常。

体格检查：T 39.1℃，P 124次/分，R 26次/分，BP 100/50mmHg，体重18kg，神志清楚，精神尚可，发育正常，消瘦，面色苍白，皮肤黏膜散在瘀斑、瘀点，浅表淋巴结肿大，眼、耳、鼻正常，咽部充血，颈软，心肺（-），腹软无压痛，未及包块，肝肋下4.5cm，质中，无压痛，脾肋下4.5cm，质韧，无压痛，四肢无水肿，神经系统无异常。

辅助检查：WBC $33.2×10^9$/L，RBC $1.76×10^{12}$/L，Hb 54g/L，PLT $11×10^9$/L。

问题与思考：该患儿护理评估内容有哪些？

【护理评估】

（一）临床表现

各型急性白血病的临床表现基本相同，主要表现如下：

1. **起病大多较急，少数缓慢** 早期症状有面色苍白、精神不振、乏力、食欲低下、鼻出血或齿龈出血等；少数患儿以发热和类似风湿热的骨关节痛为首发症状。

2. **发热** 多数患儿起病时有发热，热型不定，可低热、不规则发热、持续高热或弛张热，一般不伴寒战。发热原因之一是白血病性发热，多为低热且抗生素治疗无效；另一原因是感染，多为高热。

3. **贫血** 出现较早，并随病情发展而加重，表现为苍白、虚弱无力、活动后气促等。贫血主要是由于骨髓造血干细胞受到抑制所致。

4. **出血** 以皮肤和黏膜出血多见，表现为紫癜、瘀斑、鼻出血、齿龈出血，消化道出血和血尿。偶有颅内出血，为引起死亡的主要原因之一。出血的原因是多方面的，主要原因是白血病细胞浸润骨髓，巨核细胞受抑制使血小板的生成减少和功能不足。

5. **白血病细胞浸润引起的症状和体征**

（1）肝、脾、淋巴结肿大：白血病细胞浸润而发生肝、脾大，可有压痛，急性淋巴细胞白血病尤其显著。全身浅表淋巴结轻度肿大，但多局限于颈部、颌下、腋下和腹股沟等处，其肿大程度以急性淋巴细胞白血病较为显著。有时因纵隔淋巴结肿大引起压迫症状而发生呛咳、呼吸困难和静脉回流受阻。

（2）骨和关节浸润：小儿骨髓多为红髓，易被白血病细胞侵犯，故患儿骨、关节疼痛较为常见。约25%患儿以四肢长骨、肩、膝、腕、踝等关节疼痛为首发症状，其中部分患儿呈游走性关节痛，局部红肿现象多不明显，并常伴有胸骨压痛。骨和关节痛多见于急性淋巴细胞白血病。

（3）中枢神经系统浸润：白血病细胞侵犯脑实质和（或）脑膜时即引起中枢神经系统白血病（central nervous system leukemia，CNSL）。由于近年联合化疗的进展，使患儿的寿命得以延长，但因多数化疗药物不能透过血脑屏障，故中枢神经系统便成为白血病细胞的"庇护所"，造成CNSL的发生率增高，这在急性淋巴细胞白血病尤其多见。CNSL常见症状为：颅内压增高，出现头痛、呕吐、嗜睡、视盘水肿等；浸润脑膜时，可出现脑膜刺激征；浸润脑神经核或神经根时，可引起脑神经麻痹；脊髓浸润可引起横贯性损害而致截瘫。此外，也可有惊厥、昏迷。

（4）睾丸浸润：白血病细胞侵犯睾丸时即引起睾丸白血病（testic leukemia，TL），表现为局部肿大、触痛，阴囊皮肤可呈红黑色。由于化疗药物不易进入睾丸，在病情完全缓解时，该处白血病细胞仍存在，因而常成为导致白血病复发的另一重要原因。

（5）绿色瘤：是急性粒细胞白血病的一种特殊类型，白血病细胞浸润眶骨、颅骨、胸骨、肋骨或肝、肾、肌肉等，在局部呈块状隆起而形成绿色瘤。此瘤切面呈绿色，暴露于空气中绿色迅速消退，这种绿色素的性质尚未明确，可能是光紫质或胆绿蛋白的衍生物。绿色瘤偶由急性单核细胞白血病局部浸润形成。

（6）其他器官浸润：少数患儿有皮肤浸润，表现为丘疹、斑疹、结节或肿块；心脏浸润可引起心脏扩大、传导阻滞、心包积液和心力衰竭等；消化系统浸润可引起食欲缺乏、腹痛、腹泻、出血等；肾浸润可引起肾大、蛋白尿、血尿、管型尿等；齿龈和口腔黏膜浸润可引起局部肿胀和口腔溃疡，这在急性单核细胞白血病较为常见。

（二）辅助检查

1. **血常规** 红细胞及血红蛋白均减少，大多为正细胞正血色素性贫血。网织红细胞数大多较低，少数正常，偶在外周血中见到有核红细胞。白细胞数增高者占50%以上，其余正常或减少，但在整个病程中白细胞数可有增、减变化。白细胞分类示原始细胞和幼稚细胞占多数。血小板减少。

2. 骨髓象　骨髓检查是确立诊断和评定疗效的重要依据。典型的骨髓象为该类型白血病的原始及幼稚细胞极度增生，幼红细胞和巨核细胞减少。但有少数患儿的骨髓表现为增生低下。

3. 其他检查　如组织化学染色、肝功能检查、胸部X线检查等。

（三）与疾病相关的健康史

询问病毒感染史；评估患儿和孕母放射线、辐射、重金属等理化接触史；是否使用氯霉素、保泰松、细胞毒药物等；询问患儿家族中是否有肿瘤患者，其类型、治疗及疗效等。

（四）心理-社会状况

评估患儿及家长的心理状况，对病情的认识程度和对护理的要求；评估家庭经济状况及其支持系统。

（五）治疗要点

主要是以化疗为主的综合疗法，其原则是：早期诊断、早期治疗；应严格区分白血病类型，按照类型选用不同的化疗方案；化疗药要采用联合（3～5种）、足量、间歇、交替及长期的治疗方针；同时要早期防治中枢神经系统白血病和睾丸白血病，重视支持疗法和造血干细胞移植。持续完全缓解2～3年者方可停止治疗。

1. 支持疗法　①防治感染：合理选择药物，积极防治感染；在化疗阶段，保护性环境隔离对防止外源性感染具有较好效果。②成分输血：明显贫血者可输红细胞；因血小板减少而致出血者，可输浓缩血小板。有条件时可酌情静脉输注丙种球蛋白。③集落刺激因子：化疗期间如骨髓抑制明显者，可给予集落刺激因子。④防治高尿酸血症：由于大量白血病细胞破坏分解而引起高尿酸血症，导致尿酸结石梗阻、少尿或急性肾衰竭，故应注意补充水分。为预防高尿酸血症，可口服别嘌呤醇。⑤其他：注意休息，加强营养。有发热、出血时应卧床休息。要注意口腔卫生，防止感染和黏膜糜烂。并发弥散性血管内凝血时，及时给予相应治疗。

2. 联合化疗　是白血病治疗的核心，目的是杀灭白血病细胞，解除白血病细胞浸润引起的症状，使病情缓解以至治愈，并高质量生活。

急性淋巴细胞白血病治疗：按型选方案，通常按次序、分阶段进行。①诱导缓解：联合数种化疗药物，在白血病细胞还没产生耐药前，最大限度杀灭白血病细胞，达到完全缓解；②巩固、强化治疗：在完全缓解后立即进行几个疗程的强化治疗，最大限度杀灭微小残留白血病细胞，防止早期复发；③"庇护所"预防性治疗（防治中枢神经系统白血病、睾丸白血病等）：防止骨髓复发和治疗失败，使患儿获得长期生存；④维持及加强治疗：进一步减少白血病细胞，巩固疗效，达到长期缓解或治愈。停药后仍需长期随访。

急性非淋巴细胞白血病治疗：①诱导缓解，快速杀灭白血病细胞，使之完全缓解；②巩固强化治疗，早期强化，可减少后期复发；③中枢神经系统白血病的防治；④维持治疗。

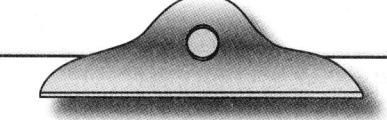

患儿被诊断为急性淋巴细胞白血病，入院后接受联合化疗同时给予支持治疗。

问题与思考：如何护理该患儿？

【主要护理诊断/合作性问题】

1. 体温过高　与大量白细胞浸润、坏死和（或）感染有关。

2. 活动无耐力　与贫血致组织缺氧有关。

3. 营养失调：低于机体需要量　与疾病过程中消耗增加，抗肿瘤治疗导致恶心、呕吐、食欲下降，摄入不足有关。

4. 疼痛　与白血病细胞浸润有关。

5. 恐惧　与病情重，侵入性治疗、护理技术操作多，预后不良等有关。

6. 预感性悲哀　与白血病久治不愈有关。

【护理措施】

1. 休息与活动　休息可减少氧的消耗。轻中度贫血患儿，其活动量以不感到疲惫、不加重症状为度，待症状缓解后逐渐增加活动量。重度贫血伴缺氧患儿应卧床休息，给予氧气吸入，保持病房温度，妥善安排治疗护理时间，使患儿能有充分的休息。

2. 出血的护理　参见本章第三节特发性血小板减少性紫癜。

3. 防治感染

（1）所有治疗及护理操作严格按无菌原则进行，保持病房环境整洁。

（2）保护性隔离：与其他病种患儿分室居住，防止交叉感染。粒细胞数极低和免疫功能明显低下者应住单间，有条件者住空气层流室或无菌单人层流床。房间每日消毒，限制探视人数，感染者禁止探视。

（3）重视并督促医务人员洗手：医务人员的手是医院感染传播的主要媒介之一，督促其接触患儿前后用液体肥皂或免水洗手液洗手。

（4）口腔和肛周护理：患儿由化疗药物所致的黏膜屏障损伤、粒细胞缺乏、骨髓抑制及广谱抗生素的使用致机体菌群失调，极易发生口腔及肛周感染。指导患儿早晚用软毛牙刷刷牙，餐后漱口，及时清除食物残渣和刺激物，多饮水以保持口腔清洁湿润，以防止黏膜溃疡、糜烂、出血。保持大便通畅，便后用温开水或盐水清洁肛周，预防肛周感染；肛周溃烂者，每日坐浴。

（5）避免预防接种：免疫功能低下者，避免使用水痘、麻疹、风疹、流行性腮腺炎等减毒活疫苗和脊髓灰质炎糖丸预防接种。

（6）观察感染早期征象：监测生命体征，观察有无齿龈肿痛、咽红、咽痛，皮肤有无破损、红肿，肛周、外阴有无异常。若发现感染征兆，及时遵医嘱处理。

4. 保持皮肤清洁　患儿易发热、出汗，皮肤抵抗力下降，应保持床单清洁干燥，并鼓励患儿做好个人卫生，勤换内衣裤，勤晒毛巾、衣服等，特别在出汗后及时换洗更换衣服，同时注意保暖，避免着凉。

5. 饮食护理　患儿平时进食宜软，尽量根据患儿喜好给予高蛋白、高热量饮食，避免坚硬、油炸及各种刺激性食物，进食速度宜慢。

6. 正确输血　白血病患儿常有贫血、出血，在治疗期间常需输血。输注时应严格执行输血制度，观察疗效及有无输血反应。

7. 应用化疗药物的护理

（1）正确给药：评估患儿年龄、活动度和药物性质以及家属支持系统等。熟悉各种化疗药物的药理作用和特性，了解化疗方案及给药途径，正确给药。①化疗药物多为静脉给药，且有较强的刺激性；药液渗漏可致局部疼痛、红肿，甚至坏死，尽量使用中心静脉导管。应用化疗药物注射前应确认静脉通畅，输液中应密切观察，发现渗漏，立即停止输液，并做局部处理。②某些药（门冬酰胺酶）可致过敏反应，用药前应询问用药史及过敏史，用药过程中要观察有无过敏反应。③光照可使某些药分解，静脉滴注时应避光。④鞘内注射时，密切观察患儿生命体征和主诉，术后应去枕平卧 4~6h。⑤化疗结束前应用生理盐水充分冲净输液管中的药液，先关开关，后除去输液管路。要防止污染环境和保证用药剂量。

（2）观察及处理药物毒性作用：①绝大多数化疗药物均可致骨髓抑制，应监测血象，预防感染；观察有无出血和贫血表现。②恶心、呕吐严重者，用药前给止吐药，建议患儿接受化疗前2h内避免进食，同时在治疗后以少量多餐方式，进食温和无刺激的食物，避免同时进食冷和热的食物，否则易刺激呕吐，呕吐严重者，给予补液，维持水、电解质平衡。③加强口腔护理，有溃疡者，宜给清淡、易消化的流质或半流质饮食；疼痛明显者，进食前可给局麻药、溃疡糊剂等。④使用可能致脱发的药物前，应告知家长及年长儿，患儿脱发后可鼓励戴假发、帽子。⑤环磷酰胺可致出血性膀胱炎，应保证液量摄入。⑥糖皮质激素应用后出现满月脸及情绪改变等，应告知家长及年长儿停药后会消失。

8. 减轻疼痛　提高诊疗技术及护理操作水平，尽量减少因治疗、护理而带来的痛苦。运用适当的非药物性止痛技术或遵医嘱用止痛药，以减轻疼痛。监测患儿生命体征，注意有无烦躁、易激惹等症状，及时发现镇痛需要并评价止痛效果。

9. 心理护理　认识到患儿的焦虑，承认患儿的感受，鼓励患儿表达自己的感受；对患儿的恐惧表示理解，经常给予可以帮助减轻恐惧状况的言语性和非言语性安慰，如握住患儿的手、抚摸患儿等；进行各项诊疗、护理操作前，应告知家长及年长儿操作的意义和过程、如何配合及可能出现的不适，以减轻或消除其恐惧心理；经常与患儿及家长一起回顾已取得的进步，增强信心；给家长和患儿提供沟通的机会，鼓励家长表示对患儿的关心和爱护；为新老患儿家长提供相互交流的机会，如定期召开家长座谈会。让患儿、家长相互交流成功的护理经验，从而提高自我护理和应对能力，增强治愈的信心。

10. 健康教育

（1）向年长儿及家长讲述相关疾病的有关知识，增强患儿及家长治疗的信心，积极配合治疗。

（2）注意休息及营养，增强机体抵抗力。

（3）严重的出血会导致死亡，血小板计数 $< 10 \times 10^9$/L 的患儿应避免可能造成受伤和出血的活动，避免使用肛表或其他肛门栓剂。

（4）出院后感染的预防仍然相当重要，当患儿中性粒细胞计数 $< 0.5 \times 10^9$/L 时，应避免去拥挤的公共场所。家庭成员应保持良好的洗手习惯，以防治病原体被带入家中。

（5）用药时指导患儿及家属按医嘱用药，不滥用药物。

（6）血液专科门诊定期随访。

小　结

一、营养性缺铁性贫血

1. 病因　包括：①先天储备不足；②铁摄入不足（主要原因）；③生长发育过快；④吸收减少；⑤丢失过多。

2. 临床表现　皮肤黏膜苍白，烦躁，头晕，耳鸣；肝、脾、淋巴结肿大；消化系统、神经系统、心血管系统等非造血系统表现。

3. 治疗要点　去除病因，补铁治疗。

4. 护理　包括休息与活动、饮食、使用铁剂的指导及护理，预防感染，健康教育。

二、特发性血小板减少性紫癜

1. 病因　目前认为是自身免疫性疾病，与病毒感染后产生抗体损伤血小板有关。

2. 临床表现　急性型占多数，主要表现为自发性皮肤和黏膜出血，其中多数半年内自愈。少数为慢性型，病程超过6个月。

3. 治疗要点　糖皮质激素、大剂量丙种球蛋白、血小板及红细胞输注、脾切除等减少血小板损伤。

4. 护理　包括病情观察、控制出血、指导避免损伤、预防感染、心理护理等。

三、急性白血病

1. 病因　尚未明了，可能与病毒感染、物理化学、遗传等因素有关。

2. 临床表现　各型白血病临床表现大致相同。主要表现为发热、贫血、出血和白血病细胞浸润所致的肝、脾、淋巴结肿大和骨关节疼痛等。

3. 治疗要点　以联合化疗为主的综合疗法。

4. 护理　包括安排休息与活动、出血的护理、防止感染、皮肤清洁、饮食护理、输血、应用化疗药物的护理、减轻疼痛、心理护理、健康教育。

一、单项选择题

1. 小儿白细胞分类中，中性粒细胞与淋巴细胞的曲线交叉时间发生于
    A．3天、3岁
    B．4～6天、4～6岁
    C．7天、3岁
    D．4～6个月、4～6岁
    E．6周、7岁

2. 生理性贫血出现在小儿出生后
    A．2个月以内
    B．2～3个月
    C．4～6个月
    D．6～8个月
    E．8个月以后

3. 婴儿缺铁性贫血的病因主要是
    A．铁利用不良
    B．铁摄入不足
    C．铁吸收不良
    D．慢性失血
    E．缺乏叶酸

4. 营养性缺铁性贫血，服用铁剂停药的时间应是
    A．血红蛋白量恢复正常
    B．血红蛋白量恢复正常后1周
    C．血红蛋白量恢复正常后2周
    D．血红蛋白量恢复正常后1个月
    E．血红蛋白量恢复正常后2个月

5. 早产儿补充铁剂的适宜时间是
    A．生后2周
    B．生后1个月
    C．生后2个月
    D．生后3个月
    E．生后4个月

6. 特发性血小板减少性紫癜**禁用**的药物是
    A．泼尼松
    B．阿司匹林
    C．红霉素
    D．阿莫西林
    E．地西泮

7. 急性白血病出血的主要原因是
    A．弥散性血管内凝血
    B．血小板减少
    C．血小板功能异常
    D．凝血因子减少
    E．感染毒素对血管的损伤

8. 小儿急性白血病的治疗原则是
    A．联合化疗
    B．输血

C. 骨髓移植
D. 放射治疗
E. 免疫治疗

9. 以下哪种进食习惯容易导致营养性巨幼细胞性贫血
   A. 爱吃动物性食物：内脏、瘦肉、蛋类
   B. 常吃新鲜瓜果、蔬菜
   C. 常吃富含维生素 C 的食物
   D. 长期用煮沸的牛奶、奶粉或羊奶喂养
   E. 母乳喂养

10. 小儿骨髓外造血时，周围血象可见
    A. 原始粒细胞增多
    B. 异型淋巴细胞
    C. 血小板减少
    D. 幼稚淋巴细胞
    E. 幼红细胞和（或）幼稚粒细胞

二、案例题

患儿，男，8 岁，半年前确诊为急性粒细胞性白血病，此次住院为巩固化疗。今日为停用化疗药第 4 天，T 36.7℃，P 80 次 / 分，体检时发现患儿全身皮肤有散在出血点。实验室检查：白细胞 1×10^9/L，红细胞 3.0×10^{12}/L，血红蛋白 110 g/L，血小板 70×10^9/L。

问题：

1. 该患儿目前主要的护理诊断是什么？
2. 该患儿的护理措施有哪些？

（杨　静）

第十三章　神经系统疾病患儿的护理

通过本章内容的学习，学生应能：

◆ 识记
1. 复述小儿神经系统解剖生理特点。
2. 说出小儿常见的生理反射和病理反射检查。
3. 列举引起小儿惊厥、注意力缺陷多动障碍的可能病因。
4. 说出引起化脓性脑膜炎、病毒性脑炎的常见病原体。
5. 描述小儿惊厥、化脓性脑膜炎、病毒性脑炎、注意力缺陷多动障碍患儿的临床表现和治疗要点。

◆ 理解
1. 解释化脓性脑膜炎、病毒性脑炎的发病机制。
2. 比较化脓性脑膜炎、病毒性脑膜炎脑脊液改变。

◆ 运用
1. 能对惊厥发作时的患儿实施急救。
2. 评估化脓性脑膜炎患儿并为其制订护理计划。
3. 评估病毒性脑炎患儿并为其制订护理计划。
4. 评估注意力缺陷多动障碍患儿并为其制订计划。

神经系统的发育是小儿神经精神心理发育的基础。随着年龄的增长，小儿神经系统不断发育完善。但众多病理改变如感染或非感染性疾病均会影响神经系统的发育，并可能发生致命性并发症。所以对于神经系统疾病患儿要密切观察，早期发现疾病特征，同时加强神经系统功能的康复训练，并提供有益于其生长和发育的环境。

第一节　小儿神经系统解剖生理特点

一、脑、脊髓

神经系统的发育开始于胎儿期，在整个小儿时期始终十分活跃。出生时的大脑外观与成人大脑外观十分相似，大脑表面有主要沟回，但脑沟较浅，脑回较宽，皮质较成人薄，灰质与白质区分不明显。脑细胞分化较差，髓鞘形成不全，对外来刺激反应缓慢且容易泛化。

出生后，由于神经细胞体积增大和树突的增多、加长，以及神经髓鞘的形成和发育，脑重迅速增加。出生时脑重量约为370g，占体重的10%~12%，6个月时脑重600~700g，1岁时达900g，2岁时达1000g，4~6岁时达到成人脑重的85%~90%。3岁时神经细胞的分化

基本完成。神经髓鞘的形成和发育在4岁左右完成。

脊髓的发育在出生时已较为成熟。脊髓的发育与运动功能的发育相平衡，随年龄的增长，脊髓加长加重。在胎儿期，脊髓下端在第2腰椎下缘，新生儿时达第3腰椎水平，4岁时上移至第1腰椎上缘，所以小儿进行腰椎穿刺时应结合年龄特点，婴幼儿时期进行腰椎穿刺时位置要低，常选择4～5腰椎间隙，4岁后与成人相同。

二、脑脊液

脑脊液的量和压力随着年龄的增长和脑室的发育逐渐增加。脑脊液的量：新生儿约为5ml，婴儿为40～60ml，幼儿为60～100ml，学龄小儿为80～120ml。

正常脑脊液内含蛋白质、糖、淋巴细胞和盐类物质，其比重为1.004～1.008。外观无色透明，压力0.69～1.96kPa，白细胞（0～10）×10^6/L，蛋白0.2～0.4g/L，糖2.8～4.5mmol/L，氯化物117～127mmol/L［正常新生儿脑脊液压力0.29～0.78kPa，蛋白0.2～1.2g/L，婴儿脑脊液白细胞（0～20）×10^6/L，糖3.9～5.0mmol/L］。

三、神经反射

（一）生理反射

1. 终身存在的反射　如角膜反射、瞳孔对光反射、吞咽反射、结膜反射、咽反射等。这些反射减弱或消失，提示神经系统有病理改变。
2. 小儿时期暂时性反射　如觅食反射、拥抱反射、吸吮反射、握持反射、颈肢反射等，于生后一段时间消失（表13-1）。这些反射在新生儿时期减弱或该消失时仍存在均为病理现象。
3. 出生时不存在，以后逐渐出现并终身存在的反射　如腹壁反射、提睾反射、腱反射等。

表13-1　正常小儿暂时性反射的出现和消失年龄

反射	出现年龄	消失年龄
握持反射	初生时	3～4个月
拥抱反射	初生时	3～6个月
吸吮、觅食反射	初生时	4～7个月
踏步反射	初生时	2个月
颈肢反射	2个月	6个月

（二）病理反射

包括巴宾斯基（Babinski）征、查多克（Chaddock）征、戈登（Gordon）征和奥本海姆（Oppenheim）征等，检查和判断方法同成人。但2岁以内的婴幼儿，由于神经系统发育不成熟，引出Babinski阳性为生理现象，若单侧出现或2岁后仍出现为病理现象。

布鲁津斯基（Brudzinski）征、凯尔尼格（Kernig）征在新生儿期可为弱阳性，属于生理现象。脑膜炎、蛛网膜下隙出血和颅内压增高时，可出现脑膜刺激征（颈强直、Kernig征、Brudzinski征）阳性。但婴幼儿期因颅缝和囟门未完全闭合而缓解颅内压，所以脑膜刺激征可能不明显或出现较晚。

第二节 小儿惊厥

小儿惊厥（convulsions）是小儿常见的急症，是痫性发作的常见形式。由于多种原因使脑神经功能紊乱所致，以强直或阵挛等骨骼肌运动性发作为主要表现，常伴意识障碍。小儿惊厥的发病率很高，尤其多发于婴幼儿。据统计6岁以下小儿惊厥的发生率为成人的10～15倍，5%～6%的小儿曾有过一次或多次惊厥。惊厥频繁发作或持续状态可危及生命或使患儿遗留严重的后遗症，影响小儿智力发育和健康。

引起小儿惊厥的原因很多，可分为感染性及非感染性两类。感染性病因包括：颅内感染如各种病原体引起的脑膜炎、脑炎及脑脓肿，颅外感染如高热惊厥和其他部位感染引起的中毒性脑病、败血症、破伤风等。非感染性病因包括：颅内疾病如原发癫痫、脑内占位性病变（肿瘤、囊肿、血肿）、先天脑发育异常、脑外伤等；颅外疾病如缺氧缺血性脑病（窒息）、水电解质代谢紊乱性疾病（低钙血症、低镁血症、低钠血症、高钠血症）、遗传代谢性疾病（糖原累积病、半乳糖血症、苯丙酮尿症）、全身性疾病（高血压脑病、尿毒症、严重贫血）、中毒（有机磷农药、中枢兴奋剂、一氧化碳）等。

患儿，男，1岁半。因发热3天，抽搐1次，急诊入院。患儿3天前因受凉出现发热、流鼻涕，次日体温升高至39℃，喂服"感冒药"后，体温降至正常，随后又出现发热，体温升至39.5℃，并出现四肢抽动，神志不清，持续1～2min后抽搐停止，神志转清醒。体格检查：T 39.5℃，R 45次/分，P 140次/分，体重12kg。嗜睡，发育中等，面色红润，前囟已闭，眼结膜轻度充血，咽部充血明显，鼻、耳无脓性分泌物，颈部无抵抗。胸廓对称，呼吸音粗，未闻及湿啰音。心脏无杂音，肌力、神经系统检查无异常。血常规：WBC $9.8×10^9$/L，N 0.47，L 0.53，血红蛋白125g/L。

问题与思考：该患儿护理评估内容有哪些？

【护理评估】

（一）临床表现

1. **典型表现** 突然发作，全身和局部肌肉呈强直性或阵挛性收缩；眼球凝视、上翻或斜视；口吐白沫、牙关紧闭；面色青紫；部分患儿有大小便失禁；发作时伴不同程度的意识丧失；惊厥持续时间为数秒至数分钟，发作停止后多入睡。

2. **不典型表现** 多见于新生儿或小婴儿。表现为两眼凝视、反复眨眼、咀嚼、一侧面肌或口角抽动、单侧肢体抽动、呼吸暂停等微小动作，一般神志清楚。

3. **热性惊厥** 是小儿时期最常见的惊厥性疾病。小儿期患病率2%～5%，发病年龄为3个月～5岁，18～22个月为发病高峰期，男孩稍多于女孩。绝大多数5岁后不再发作。多发生于上呼吸道感染的初期或其他感染性疾病初期，当体温骤升至38.5～40℃或更高时，突然发生惊厥。持续时间较短，较少发生连续发作。发作后意识恢复早，无神经系统阳性体征。部分患儿可在以后的发热中再次或多次发作。

知识链接

热性惊厥的分型与复发

热性惊厥根据发作特点和预后分为两型：单纯性热性惊厥和复杂性热性惊厥。单纯性热性惊厥是指6个月~5岁小儿在发热性疾病期间的全面性发作，持续时间小于10min，24h内无反复，除外其他神经系统急症，患儿无神经系统缺陷；复杂性热性惊厥是指局限或全面性发作，持续时间大于10min，24h内发作大于1次，常有发作后Todd's麻痹，或既往有神经系统缺陷。

热性惊厥总的再发风险为30%~40%，再发风险高低与下列因素有关：①起始年龄小（小于15个月）；②一级亲属中有癫痫；③一级亲属中有热性惊厥；④经常患发热性疾病；⑤起始发作时为低热。无风险因素的再发率约为10%，具备1、2项风险因素的再发率为25%~50%，具备3项及以上风险因素的再发率为50%~100%。所有人群的癫痫患病率为0.5%，复杂性热性惊厥的癫痫患病率为1.0%~1.5%。

4. 惊厥持续状态（statural convulsivus） 是指一次惊厥发作持续30min以上，或反复发作而间歇期意识不能完全恢复者。惊厥持续状态由于惊厥时间过长，可引起缺氧性脑损害、脑水肿甚至死亡等严重后果。

5. 伴随症状 惊厥发生时可伴有头痛、呕吐、咳嗽、胸痛、腹泻、大小便失禁、意识障碍等。

多数惊厥患儿随年龄的增长而停止发作，但仍有少数有神经系统发育异常、有家族癫痫史的患儿可转变为癫痫。

（二）辅助检查

根据病情需要做血常规、大便常规、尿常规、血糖、血钙、血磷、尿素氮及脑脊液检查。必要时可做眼底检查、脑电图、心电图、B超、CT、MRI等检查。

（三）与疾病有关的健康史

首先评估患儿有无发热，分以下两种情况：

1. 热性惊厥多为感染所致，应详细询问患儿的感染史、传染病接触史及当地的流行情况；少数非感染惊厥有时亦可发热，如持续癫痫、白果中毒等。

2. 无热惊厥大多为非感染性，应评估出生时有无窒息、心跳呼吸暂停、严重呼吸系统疾病、先天性心脏病等；喂养的过程中有无中毒；有无内分泌代谢紊乱引起的智力与体格发育情况；既往类似发作史；误服有毒物质史及脑外伤史。但严重感染在反应性差的小儿（尤其新生儿）可无发热，有时甚至体温上升。

（四）心理-社会状况

发生惊厥的患儿一般为婴幼儿，年龄较小，心理改变不明显。由于家长对患儿惊厥的相关知识不了解，担心患儿的病情变化而容易产生焦虑情绪；家长对患儿高热惊厥再次或多次发生的预防和防护产生恐惧和无所适从感；对患儿惊厥持续状态易转为癫痫产生焦虑和悲观心理。所以，应评估家长对本病的认知程度、家长及患儿的心态、对疾病的应对方式；了解家长及患儿对医护人员的态度和要求。

（五）治疗要点

1. 控制惊厥 针刺或运用止惊药物，是处理惊厥的首要措施。

（1）针刺：常用穴位为人中、合谷、涌泉、百会、十宣、内关等，需强刺激，必要时可

留针。

(2) 止惊药物：地西泮（为控制惊厥的首选药物）、苯巴比妥钠（为控制新生儿惊厥的首选药物）、苯妥英钠（用于地西泮无效者）、10%水合氯醛保留灌肠或鼻饲。

2. 对症治疗　高热者给予药物降温或物理降温；有脑水肿者，可静脉应用甘露醇、呋塞米或肾上腺皮质激素。

3. 病因治疗　针对引起惊厥不同的病因，采取相应的治疗措施。

案例13-1B

结合病情表现及病史，患儿诊断为：上呼吸道感染，热性惊厥。

问题与思考：
1. 该患儿目前的护理诊断或合作性问题有哪些？
2. 惊厥发生过程中，应如何急救、防止窒息的发生？
3. 对家长进行健康指导的内容有哪些？

【主要护理诊断/合作性问题】

1. 急性意识障碍　与惊厥发作有关。
2. 有窒息的危险　与惊厥发作、咳嗽和呕吐反射减弱、呼吸道堵塞有关。
3. 有受伤的危险　与抽搐、意识障碍有关。
4. 体温过高　与感染或惊厥持续状态有关。
5. 潜在并发症　脑水肿、颅内压增高。

【护理措施】

1. 急救处理　惊厥发生时就地抢救，不要强行搬动患儿。保持环境安静，避免一切不必要的刺激和检查。遵医嘱给予止惊药物，注意观察药物疗效、副作用和抽搐情况等。

2. 保持呼吸道通畅、防止窒息　保持患儿平卧，头转向一侧，解开衣领，松松衣服；及时清除口、鼻、咽喉内的分泌物或呕吐物，轻轻将舌向外牵拉，防止舌后坠阻塞呼吸道造成呼吸不畅；备好急救用品，气管插管、开口器、吸痰器等用具，一旦发生窒息，立即行人工呼吸，必要时做气管切开。

3. 预防外伤　发作时不要用力强行牵拉和按压患儿肢体，防止发生骨折和脱臼；为防止舌被咬伤，可在患儿上下臼齿之间放置牙垫；若牙关紧闭，不要强行撬开，防止损伤牙齿；将纱布放在患儿手中和腋下，防止皮肤摩擦受损；惊厥患儿需专人守护并加用护栏，护栏应用软垫护挡，防止坠床、撞伤。

4. 保持体温稳定　对于高热患儿应及时采取降温措施，遵医嘱给患儿喂服布洛芬或对乙酰氨基酚等退热剂。药物降温的同时也可结合物理降温措施，如开窗通风、解开衣被、温水擦浴等，采用降温措施后要密切关注体温的变化。

5. 氧气吸入　对于惊厥持续时间较长或反复发作的患儿，为防止缺氧性脑损伤，立即给予氧气吸入，必要时可用神经节苷脂等脑细胞营养药物，或在患儿醒后喂给少量糖水，以防低血糖损伤脑细胞。

6. 病情观察　惊厥发生的过程中应注意观察抽搐的情况，如抽搐的持续时间、次数、频率及间歇期和伴随症状。惊厥停止后观察生命体征、精神、面色、皮疹和瘀点等，是否有神经系统的异常情况，婴幼儿还应观察囟门、颅骨缝的情况。

7. 心理护理 年长儿惊厥发作后尽量安置在单人病房,使其醒来后感觉到隐私被保护,避免情绪失控及自卑心理产生。主动向家长介绍患儿病情及预后,指导家长正确对待患儿,避免过度呵护患儿,防止患儿形成不良生活习惯。

8. 健康教育 向家长介绍惊厥的相关知识,指导家长学习和掌握预防窒息和外伤的方法。指导家长对有高热惊厥史的患儿要密切注意体温变化,积极采取相关的降温措施,预防患儿惊厥的再次发生;对于癫痫的患儿,家长应确保患儿生活规律、充分休息和睡眠,避免情绪激动,遵医嘱正确用药,定期门诊随访。

第三节 化脓性脑膜炎

化脓性脑膜炎(purulent meningitis)简称化脑,是小儿时期常见的中枢神经系统感染性疾病,由各种化脓性细菌引起,婴幼儿发病居多。临床上以急性发热、惊厥、意识障碍、颅内压增高、脑膜刺激征、脑脊液脓性改变为特征。重症者可导致脑积水、智力低下、肢体瘫痪、癫痫等后遗症,病死率较高(5%～15%)。随着脑膜炎球菌及流感嗜血杆菌疫苗的接种和对化脑诊断、治疗水平不断发展,本病发病率和病死率明显下降。

许多化脓菌都能引起本病,致病菌类型与患儿年龄有密切关系。2/3 以上患儿是由脑膜炎奈瑟菌、肺炎链球菌和流感嗜血杆菌三种细菌引起。2 个月以下婴儿和新生儿以大肠埃希菌和金黄色葡萄球菌为主,其次为变形杆菌、绿脓杆菌或产气杆菌等。3 个月～5 岁的患儿多由 B 型流感嗜血杆菌引起,5 岁以上小儿患者主要致病菌是脑膜炎双球菌和肺炎链球菌。病原菌大多可通过血流(菌血症)抵达脑膜微血管,当小儿免疫防御功能降低时,细菌通过血脑屏障到达脑膜。少数由邻近组织器官感染如中耳炎、乳突炎等扩散波及脑膜。若与颅腔存在直接通道,如颅骨骨折、皮肤窦道或脑脊髓膜膨出等,细菌可因此直接进入蛛网膜下腔。

案例 13-2A

患儿,女,10 个月。因发热伴间断性抽搐 3 天入院。患儿抽搐时双眼上翻,牙关紧闭,口吐白沫,四肢抽动。在当地医院镇静处理后,约 30min 停止抽搐。抽后神志清醒,但反应差,眼神发呆。无热性惊厥史。体格检查:T 39.4℃,P 112 次/分,R 32 次/分,前囟饱满,四肢肌张力明显增高,颈项强直,Kernig 征阳性。

脑脊液检查:压力增高,白细胞 $1.5×10^9$/L,糖、氯偏低,蛋白偏高。脑脊液培养查出肺炎链球菌。

诊断:化脓性脑膜炎。

问题与思考:该患儿护理评估内容有哪些?

【护理评估】

(一)临床表现

90% 的化脑为 5 岁以下小儿,1 岁以下是患病高峰年龄。大多急性起病,部分患儿病前数日有上呼吸道或胃肠道感染症状。

1. 典型表现

(1)感染中毒及急性脑功能障碍症状:包括发热、烦躁不安、面色灰白、进行性加重的意识障碍。患儿逐渐从精神萎靡、嗜睡、昏睡、浅昏迷到深昏迷。部分患儿可有反复的局限性

和全身性惊厥发作。

（2）颅内压增高表现：头痛、喷射性呕吐，婴儿则有前囟饱满与张力增高、头围增大等。合并脑疝时，有呼吸不规则、突然意识障碍加重及瞳孔不等大等体征。

（3）脑膜刺激征：以颈项强直最常见，Kernig 征和 Brudzinski 征阳性。

2. 非典型表现　新生儿和 3 个月以内的小婴儿化脑表现多不典型。

（1）体温可高可低或不发热，甚至体温不升。

（2）颅内压增高表现不明显，幼婴不会诉头痛，可能仅有吐奶、尖叫或颅缝开裂。

（3）惊厥不典型：如仅见面部、肢体局灶或多灶性抽动、局部或全身性肌阵挛或呈眨眼、呼吸不规则、屏气等各种不显性发作。

（4）脑膜刺激征不明显，与婴儿肌肉不发达、肌力弱和反应低下有关。

3. 并发症　部分患儿在病程中若治疗不及时、不彻底，常出现硬脑膜下积液、脑性低钠血症、脑室管膜炎、脑积水及癫痫等并发症。

（二）辅助检查

1. 脑脊液检查　脑脊液检查是确诊本病的重要依据。典型病例表现为脑脊液压力增高，外观浑浊似米汤样。白细胞总数显著增多，$\geq 1.0 \times 10^9/L$，但有 20% 的病例可能在 $0.25 \times 10^9/L$ 以下，分类以中性粒细胞为主。糖含量常有明显降低，蛋白显著增高。

确认致病菌对明确诊断和指导治疗均有重要意义，涂片革兰染色检查致病菌简便易行，检出阳性率甚至较细菌培养高。细菌培养阳性者应送药物敏感试验。

脑脊液葡萄糖与血液葡萄糖比值

正常脑脊液中葡萄糖与血液中葡萄糖呈恒定的比值。过去认为是由于血脑屏障可以通透葡萄糖所致，后来认识到这种通透并不是简单的弥散，而是膜运转，称为携带运转或携带弥散，脑脊液中葡萄糖含量取决于以下几种因素：①血液葡萄糖的浓度；②血脑屏障的通透性；③脑脊液中葡萄糖的酵解程度；④携带运转系统的功能。由于细菌代谢需要消耗大量葡萄糖，因此细菌感染时脑脊液（CSF）中糖常明显降低，但受到血糖的影响，因此脑脊液糖与血糖比值降低意义更大，正常值为 0.6，若低于 0.4 表明 CSF 糖降低。国内外报告如按脑脊液中糖含量 < 1.9mmol/L，CSF 糖/血糖 ≤ 0.35 时结合其他指标诊断化脑的准确性在 96%～97%，而且脑脊液糖/血糖与其他常规指标比较是最敏感指标。

2. 血液检查

（1）血常规：外周血白细胞总数大多明显增高，中性粒细胞为主。但在感染严重或不规则治疗者，有可能出现白细胞总数减少。

（2）血培养：对所有疑似化脑的病例均应做血培养，以帮助寻找致病菌。病程早期未使用抗生素，血培养阳性率较高。

3. 头颅 CT/MRI　可确定脑水肿、脑膜炎、脑室扩大、硬脑膜下积液等病理改变。

（三）与疾病相关的健康史

评估患儿有无呼吸道、消化道感染及中耳炎、乳突炎等化脓性细菌感染的病史，新生儿有无皮肤、脐部感染，有无头颅外伤及先天性的神经或皮肤缺陷，有无造成机体免疫功能下降的因素、发病的季节等。

(四）心理-社会状况

婴幼儿化脓性脑膜炎起病急、症状重、病死率高、后遗症多，给患儿或家长带来极大的焦虑、恐惧和不安；特别是神志清晰的年长儿得知自己脑内发生疾病，焦虑会更突出。因此应注意评估患儿及家长对疾病的了解程度、护理知识的掌握程度，经济承受力和焦虑程度；评估家庭对医务人员的信任度及配合态度，是否有应对能力；评估家庭类型及资源，是否有社会支持；了解社区卫生保健机构的水平，是否能对患儿的康复起指导作用。

（五）治疗要点

1. 抗生素治疗

（1）用药原则：化脑预后严重，应力求用药24h内杀灭脑脊液中致病菌，故应选择对病原菌敏感，且能较高浓度透过血脑屏障的药物。急性期要静脉用药，做到用药早、剂量足和疗程够。

（2）病原菌明确前的抗生素选择：目前主要选择能快速在患者脑脊液中达到有效灭菌浓度的第三代头孢菌素，包括头孢噻肟或头孢曲松，疗效不理想时可联合使用万古霉素。对β内酰胺类药物过敏的患儿，可改用氯霉素。

（3）病原菌明确后可参照细菌药物敏感试验的结果，选用病原菌敏感的抗生素。

（4）抗生素疗程：对肺炎链球菌和流感嗜血杆菌脑膜炎，其抗生素疗程应是静脉滴注有效抗生素10～14天，脑膜炎球菌者7天，金黄色葡萄球菌和革兰阴性杆菌脑膜炎应21天以上。若有并发症，还应适当延长。

2. 应用肾上腺皮质激素　细菌释放大量内毒素，可能促进细胞因子介导的炎症反应，加重脑水肿和中性粒细胞浸润，使病情加重。抗生素迅速杀死致病菌后，内毒素释放尤为严重，此时使用肾上腺皮质激素不仅可抑制多种炎症因子的产生，还可降低血管通透性，减轻脑水肿和颅内高压。常用地塞米松静脉注射，一般连续用2～3天。

3. 并发症的治疗

（1）硬膜下积液：积液量较大引起颅压增高症状时，应做硬膜下穿刺放出积液。个别迁延不愈者，需外科手术引流。

（2）脑室管膜炎：进行侧脑室穿刺引流，以缓解症状。同时，针对病原菌并结合用药安全性，选择适宜抗生素脑室内注入。

（3）脑积水：主要依赖手术治疗。

4. 对症和支持治疗

（1）急性期严密监测生命体征，定期观察患儿意识、瞳孔和呼吸节律改变，并及时处理颅内高压，预防脑疝发生。

（2）及时控制惊厥发作，并防止再发。

（3）监测并维持体内水、电解质、血浆渗透压和酸碱平衡。

案例13-2B

目前对该患儿进行病原学治疗及对症支持治疗。

问题与思考：

1. 该患儿主要的护理诊断有哪些？
2. 如何为该患儿实施护理？

【主要护理诊断/合作性问题】
1. 体温过高　与细菌感染有关。
2. 潜在并发症　颅内压增高。
3. 营养失调：低于机体需要量　与摄入不足、机体消耗增多有关。
4. 有受伤的危险　与惊厥发作有关。
5. 焦虑　与本病预后不良有关。

【护理措施】

（一）维持正常体温

保持病室安静，患儿绝对卧床休息。体温超过38.5℃时，遵医嘱及时给予药物或物理降温，每4h测体温1次，并观察热型及伴随症状。体温超过39℃，每小时测量体温一次，观察降温效果，防止惊厥和虚脱发生，及时更换衣被、擦干汗液，保持皮肤清洁干燥。

（二）密切观察病情变化，防治并发症

1. 监测体温、脉搏、呼吸、血压、瞳孔及意识状态并详细记录　若患儿出现意识障碍、囟门及瞳孔改变、躁动不安、频繁呕吐、肢体发紧等惊厥先兆，提示有脑水肿；若呼吸节律不规则、瞳孔忽大忽小或两侧不等大、对光反应迟钝、血压升高，提示有脑疝及呼吸衰竭。应经常巡视、详细记录，必要时做头颅CT扫描检查等，以便早期发现并及时处理。

2. 做好抢救药品及器械的准备　做好氧气、吸引器、人工呼吸机、脱水剂、呼吸兴奋剂、硬脑膜下穿刺包及侧脑室引流包的准备。

3. 用药护理　遵医嘱及时给予抗生素治疗。了解各种药的使用要求及副作用。如静脉用药的配伍禁忌；青霉素稀释后应在1h内输完，防止破坏，影响疗效；注意观察氯霉素的骨髓抑制作用，定期做血象检查；静脉输液速度不宜过快，以免加重脑水肿；保护好静脉血管，保证静脉输液通畅；正确使用甘露醇；记录24h出入水量等。

（三）保证营养供给

给予高热量、清淡、易消化的流质或半流质饮食，如蛋黄、牛奶、鱼类、水果、蔬菜等。少量多餐，以减轻胃的饱胀感，并防止呕吐发生。意识障碍者给予静脉高营养或鼻饲。频繁呕吐不能进食者，应注意观察呕吐情况并静脉输液，维持能量、水、电解质平衡。定期测量患儿体重，了解营养状态恢复情况。

（四）防止外伤

专人守护和陪伴患儿，做好患儿洗漱、进食、大小便等生活护理，以免因躁动不安或惊厥发生坠床、受伤。呕吐频繁者要使头偏向一侧，及时清除呕吐物，避免吸入窒息。惊厥发生时要放置牙垫，防止舌咬伤，拉好床档，适当约束保护。

（五）心理护理

评估并记录患儿的恐惧或焦虑程度，鼓励患儿表达恐惧的感受，密切观察患儿的情绪反应。加强与患儿沟通，态度和蔼，及时解除患儿不适，取得患儿的信赖。在进行护理操作时，技术要熟练，尽可能减轻患儿痛苦和对治疗的恐惧感。对患儿及家长给予解释和心理上的支持，克服焦虑心理，树立战胜疾病的信心，取得患儿对治疗及护理的配合。

（六）健康教育

1. 介绍脑脊液检查是确诊本病的重要依据，让家长懂得抽出少量脑脊液进行检查不会影响患儿机体功能，腰穿后需去枕平卧4～6h、禁食2h。

2. 对恢复期和有神经系统后遗症的患儿，应与家长一起根据患儿具体情况制订系统且行之有效的功能训练方法并指导进行，促进康复。

3. 宣教积极防治上呼吸道、消化道等感染性疾病，预防皮肤外伤和脐部感染，减少化脓性脑膜炎的发生。

第四节 病毒性脑炎

病毒性脑炎（viral encephalitis）是由多种病毒引起的颅内急性炎症。若病变主要累及脑膜，则称为病毒性脑膜炎；若病变主要累及大脑实质，则称为病毒性脑炎。由于解剖上两者相邻近，若脑膜和脑实质同时受累，称为病毒性脑膜脑炎。大多数患者病程呈自限性，病程2～3周，多数完全恢复，但少数遗留癫痫、肢体瘫痪、智力倒退等后遗症。

目前只能在1/4～1/3的中枢神经病毒感染病例中确定致病的病毒。数据显示本病80%以上由肠道病毒引起，其次为虫媒病毒、腺病毒、腮腺炎病毒、疱疹病毒等。病毒经肠道或呼吸道侵入人体，在淋巴系统内繁殖后经血循环（虫媒病毒直接进入血循环）感染颅外某些脏器，此时患者可有发热等全身症状。若病毒在定居脏器内进一步繁殖，即可能入侵脑或脑膜组织，出现中枢神经症状。

> **案例 13-3A**
>
> 患儿，男，9岁，2天前受凉后发热，体温38.8℃，无畏寒寒战，伴头痛，以前额部为剧，呕吐频繁，为非喷射性呕吐，就诊于当地医院。给予头孢他啶、炎琥宁、甘露醇等使用，患儿体温降至正常，头痛呕吐未缓解，症状反复，遂来就诊。体格检查：T 39℃，P 110次/分，R 24次/分，BP 100/68mmHg，神志清楚，精神欠佳，无咳嗽，无抽搐，无皮疹。头颅无畸形，双侧瞳孔等大等圆，直径3cm，瞳孔对光反射灵敏，颈强直，双膝反射活跃。脑脊液压力增高，细胞数约$100×10^6$/L，以中性粒细胞为主，蛋白质、糖、氯化物在正常范围。
>
> 问题：该患儿护理评估内容有哪些？

【护理评估】

（一）临床表现

病情轻重差异很大，取决于脑膜或脑实质受累的相对程度。一般说来，病毒性脑炎的临床经过较脑膜炎严重，重症脑炎更易发生急性期死亡或后遗症。

1. 病毒性脑膜炎　急性起病，或先有上呼吸道感染或前驱传染性疾病。主要表现为发热、恶心、呕吐、无力、嗜睡。年长儿诉头痛，婴儿则烦躁不安，易激惹。一般很少有严重意识障碍和惊厥。可有颈项强直等脑膜刺激征，但无局限性神经系统体征。病程大多在1～2周。

2. 病毒性脑炎　起病急，临床表现因脑实质部位的病理改变、范围和严重程度而有不同。

大多数患儿主要表现为发热、反复惊厥发作、不同程度意识障碍和颅压增高症状。惊厥大多呈全身性，但也可有局灶性发作，严重者呈惊厥持续状态。患儿可有嗜睡、昏睡、昏迷、深度昏迷，其至去皮质状态等不同程度的意识改变。若出现呼吸节律不规则或瞳孔不等大，要考虑颅内高压并发脑疝可能性。部分患儿尚伴偏瘫或肢体瘫痪表现。

若病变主要累及额叶皮层运动区，临床则以反复惊厥发作为主要表现，伴或不伴发热。多数为全部性或局灶性强直-阵挛或阵挛性发作，少数表现为肌阵挛或强直性发作。皆可出现癫痫持续状态。若脑部病变主要累及额叶底部、颞叶边缘系统，患者则主要表现为精神情绪异常，如躁狂、幻觉、失语以及定向力、计算力与记忆力障碍等。伴发热或无热。当病变累及锥体束时出现阳性病理征。本病病程大多2～3周。多数完全恢复，但少数遗留癫痫、肢体瘫痪、智力倒退等后遗症。

（二）辅助检查

1. 脑脊液检查　外观清亮，压力正常或增加。白细胞数正常或轻度增多，分类计数早期以中性粒细胞为主，之后以淋巴细胞为主，蛋白含量大多正常或轻度增高，糖含量正常。涂片和培养无细菌发现。

2. 病毒学检查　部分患儿脑脊液病毒培养及特异性抗体检测阳性。恢复期血清特异性抗体滴度高于急性期4倍以上有诊断价值。

3. 脑电图　以弥漫性或局限性异常慢波背景活动为特征，但这只能提示异常脑功能，不能证实病毒感染性质。某些患者脑电图也可正常。

4. 影像学检查　磁共振对显示病变比CT更有优势，可显示脑部局灶性异常。

（三）与疾病有关的健康史

评估患儿发病前数日或1~2周有无肠道或呼吸道感染史；有无接触动物、被昆虫叮咬史；发病前或同时有无腮腺炎、麻疹、水痘或传染性单核细胞增多症等流行病史。

（四）心理-社会状况

评估家长及患儿对本病的了解程度及护理知识掌握程度，有无焦虑或恐惧心理、经济承受力等；同时评估患儿患病后对生活环境改变的适应能力，对疾病本身的耐受能力，对治疗护理的配合、认知能力。

（五）治疗要点

本病缺乏特异性治疗，主要是急性期的支持与对症治疗。

1. 维持水、电解质平衡与合理营养供给　对营养状况不良者给予静脉营养剂或白蛋白。
2. 控制脑水肿和颅内高压　严格限制液体入量；静脉注射脱水剂，如甘露醇等。
3. 控制惊厥发作　可给予止惊剂如地西泮、苯妥英钠等。如止惊无效，可在控制性机械通气下给予肌肉松弛剂。
4. 抗病毒治疗　常用药物有阿昔洛韦、更昔洛韦及利巴韦林，连续用药10~14天，静脉滴注给药。

案例 13-3B

该患儿诊断为病毒性脑膜炎，给予抗病毒治疗及对症、支持治疗。

问题与思考：如何为该患儿实施护理措施？

【主要护理诊断/合作性问题】

1. 体温过高　与病毒血症有关。
2. 急性意识障碍　与脑实质炎症有关。
3. 躯体移动障碍　与昏迷、肢体瘫痪有关。
4. 潜在并发症　颅内压增高。

【护理措施】

（一）发热的护理

监测体温、观察热型及伴随症状。体温超过38.5℃时，遵医嘱进行药物降温或物理降温、静脉补液。出汗后及时更换被褥、衣服，及时擦洗身体，并注意保暖。做好口腔护理，鼓励多漱口，口唇干燥时涂液状石蜡。鼓励多饮水。给予清淡、易消化的高热量、高蛋白的流质或半流质饮食。

（二）密切观察病情

观察头痛、呕吐、神志、瞳孔及呼吸等变化情况，发现异常及时向医生汇报。

（三）促进脑功能恢复

为患儿提供保护性的看护和日常生活护理，遵医嘱使用镇静剂、脱水剂、抗病毒、能量合剂等药物，减少烦躁与哭闹，必要时给予氧气吸入，减轻脑缺氧，促进脑功能恢复。

（四）昏迷患儿护理

定时翻身拍背，保持呼吸道通畅、给氧，如有痰液堵塞，立即吸痰，必要时做气管插管、气管切开或使用人工呼吸机。颅内压高者可抬高上半身20°~30°，以利于静脉回流，降低颅内压。尽早给予鼻饲，保证热量供应。做好口腔护理。保持肢体功能位置，避免关节变形、挛缩、足下垂等。

（五）瘫痪患儿的护理

指导家长学习和掌握协助患儿翻身及皮肤护理的方法，预防压疮。保持瘫痪肢体位于功能位置。病情稳定后，及早督促患儿进行肢体的被动或主动功能锻炼，活动时要循序渐进，加强保护措施，防碰伤。在每次改变锻炼方式时给予指导、帮助和正面鼓励。

（六）健康教育

1. 指导家长掌握保护性看护和日常生活护理的措施，指导并鼓励家长坚持对患儿进行智力训练和瘫痪肢体功能训练。

2. 有继发癫痫者应指导长期正规服用抗癫痫药物，减少不必要的刺激。出院患儿应定期随访。

第五节 注意力缺陷多动障碍

注意力缺陷多动障碍（attention deficit hyperactivity disorder，ADHD）又称轻微脑功能障碍综合征，以表现与年龄不相称的多动、注意力不集中、任性、易冲动为主要特征，是一种常见的小儿行为异常问题。患病率3%~5%，男女比例为（4~9）:1，通常7岁前起病，部分患儿成年后仍有症状，明显影响患者学业、身心健康以及成年后的家庭生活和社交能力。

本病的病因尚不确切，目前认为是多种因素相互作用所致。可能与遗传因素有关，因为ADHD有明显的遗传倾向；大脑中多巴胺、去甲肾上腺素等神经传导物质缺乏或异常，会诱发ADHD；其他因素如孕母营养不良、吸烟、压力过大、感染等，早产儿或难产时头部受损，不良的家庭、心理社会因素也可能导致此病发生。

【护理评估】

（一）临床表现

1. **注意力缺陷** 是本症的核心症状，表现为与年龄不相称的注意力集中困难和注意持续时间短暂，常常在听课、做作业或其他活动时注意难以持久，容易因外界刺激而分心。平时经常遗失玩具、学习用具，忘记日常的活动安排，甚至忘记家庭作业。

2. **活动过多** 手足小动作多，不能安静。学龄小儿表现为在教室或其他要求安静的场合擅自离开座位，无目的动作多，容易激动，行为常显得唐突。

3. **行为冲动** 做事不顾后果，常与同伴发生打斗或纠纷，造成不良后果。在别人讲话时插嘴或打断别人的谈话，不能耐心地排队等候。

4. **学习困难** 患儿智力正常，但由于注意障碍和多动影响患儿在课堂上的听课效果、完

成作业的速度和质量，致使学业成绩差，常低于其智力所应该达到的学业成绩。

5. 神经系统发育异常　患儿的精细动作、协调运动、空间位置觉等发育较差。如翻手、对指运动、系鞋带和扣纽扣都不灵便，左右分辨困难。少数患者伴有语言发育延迟、语言表达能力差、智力偏低等问题。

6. 其他　少数患儿还同时伴有头面部、躯干或四肢的不自主活动，还可出现头痛、胃痛、腹泻、呕吐等症状。

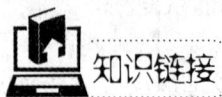

多动症小儿普遍存在睡眠问题

新的研究显示，将近50%的多动症小儿存在短暂睡眠问题，10%的患儿存在长期睡眠问题。同一般的正常孩子相比，多动症小儿经历的睡眠问题通常是他们的2~3倍，但是导致这种长期睡眠问题的原因，目前尚不清楚。专家指出，睡眠问题很可能对多动症小儿的其他功能（学习、生存质量）具有负面效应；因此，睡眠问题的评估和管理至关重要，儿科医师应当考虑睡眠障碍与多动症之间的关系，告知照料者通过培养孩子良好的睡眠习惯而预防睡眠问题的发生。

（二）辅助检查

本病缺乏特异性实验室诊断指标，主要的检测方法包括：

1. 神经生理检测　采用脑电图和注意力变量检测。
2. 行为检查　按照美国DSM-IV（1991）标准诊断为ADHD。另外，还常用康纳斯行为检查表（Conners）和阿肯巴赫小儿行为检测表简称（CBCL）来进行评定。
3. 心理测验　ADHD小儿的检测还要用到智力测验、注意测验等心理测验手段以辅助诊断。

（三）与疾病有关的健康史

评估产前、产时、产后是否存在导致轻度脑损伤的因素，如难产、早产、颅内出血、窒息、脑外伤等，评估患儿父母及成人亲属的小儿期有无多动等症状；评估患儿的生活及居住环境，家庭教养情况等。

（四）心理-社会状况

因患儿存在注意力缺陷、活动过度、任性、易冲动、学习困难，家长及周围人群常对患儿产生厌烦心理，有时还会对患儿采取责骂、体罚或在精神上施加压力，这些会导致患儿失去自信心，产生自卑心理。

（五）治疗要点

1. 药物治疗　药物首选中枢兴奋剂哌甲酯（利他林），另外还可应用三环类抗抑郁药（丙咪嗪）和单胺氧化酶抑制剂等。主要是针对学龄期小儿，需要尽快帮助患儿在课堂上集中注意力。
2. 行为治疗　是ADHD的必要治疗措施，主要体现在自我管理、时间管理、学校及家庭行为控制等方面。单纯药物治疗很可能随着停药，效果消失，但如果同步配合行为学治疗就会在停药后保持某些有效的行为特点。
3. 心理治疗　对注意缺陷伴多动障碍本身的症状效果不明显，可作为ADHD的一个常规的辅助治疗。围绕ADHD小儿的情绪、亲子关系、人际交往、自我认知等方面展开，有助于ADHD小儿适应社会、发展自我。

【主要护理诊断/合作性问题】

1. 认知行为改变　与注意力不集中、活动过度及易冲动有关。
2. 社交障碍　与易冲动、行为过激有关。
3. 焦虑（家长）　与患儿常有攻击性破坏行为和学习成绩落后有关。
4. 有外伤的危险　与患儿多动、冲动、行为过激有关。

【护理措施】

（一）心理护理

家长、教师、医务人员密切配合，针对患儿临床表现特点，尽可能寻找并去除致病诱因，减少对患儿的不良刺激（打骂、歧视），发现优点及时予以表扬，增强患儿的自尊心。积极开展文娱、体育活动，使患儿学会适当的社交技能。为患儿制订简单可行的规矩，培养患儿的注意力，如吃饭时不看书，做作业时不玩玩具等。

（二）药物治疗的护理

对需要用药物治疗的患儿，应指导用药的方法，观察药物疗效及副作用。精神兴奋剂仅能改善患儿注意力，而对多动、冲动等无多大影响。该类药物有引起淡漠、刻板动作、食欲减退、影响发育等不良反应，用药应予注意观察。

（三）指导患儿及家长

采用专业的行为矫正治疗、认知行为训练、社交技能训练、躯体项目训练。培养患儿的自我控制能力。

（四）健康教育

1．向家长解释本病的病因、临床特点、治疗原则等相关知识，使其能正确认识本病。
2．解释药物治疗同时加强教育及心理护理对本病的重要性。
3．告知家长尽量不要责骂和处罚患儿，创造良好的家庭环境，解除患儿的精神压力；争取获得学校、社会支持，共同关心、教育患儿，取得最佳效果。
4．对有不良习惯和学习困难的患儿，应给予具体的指导，培养良好习惯使其能够克服困难，增强自信。
5．ADHD 的预防主要是避免各种危险因素及对有高危因素者进行早期干预治疗。对于有高危因素的小儿应定期追踪观察；对于婴幼儿早期和学龄前期就有好哭、少睡、注意力分散、活动过多、冲动任性等症状的小儿，在进行行为矫正的同时，应及早进行提高注意力的训练，有助于减少 ADHD 的发生。

小 结

一、小儿惊厥

1. 病因　可分为感染性及非感染性两类。
2. 临床表现　分为典型表现和不典型表现。热性惊厥是最常见的惊厥性疾病。一次惊厥发作持续 30min 以上，或反复发作而间歇期意识不能完全恢复者称为惊厥持续状态。
3. 治疗要点　控制惊厥、对症治疗及病因治疗。
4. 护理　包括惊厥发作时的急救、保持呼吸道通畅、预防外伤、维持体温稳定、氧气吸入、病情观察、健康教育。

二、化脓性脑膜炎

1. 病因　由化脓性细菌引起，常见的细菌有脑膜炎奈瑟菌、肺炎链球菌和流感嗜血杆菌。

2. 临床表现　包括发热、反复惊厥、意识丧失、颅压增高、脑膜刺激征及脓性脑脊液。

3. 治疗要点　抗生素治疗、应用肾上腺皮质激素、治疗并发症、对症和支持治疗。

4. 护理　维持正常体温；密切观察病情变化，防治并发症；给予高热量、清淡、易消化的流质或半流质饮食；防止外伤；心理护理；健康教育。

三、病毒性脑炎

1. 病因　80%以上由肠道病毒引起，其次为虫媒病毒、腺病毒、腮腺炎病毒、疱疹病毒等。

2. 临床表现　病情轻重不一，取决于脑膜或脑实质受累的相对程度。若只侵犯脑膜，表现为脑膜炎症状，无局限性神经系统体征。若累及脑实质，可表现不同部位受损的表现，严重者可发生死亡或留下后遗症。

3. 治疗要点　无特异性。包括：维持水、电解质平衡与合理营养供给，控制脑水肿和颅内高压，控制惊厥发作，使用抗病毒药物治疗。

4. 护理　降温，密切观察病情，促进脑功能恢复，做好昏迷、瘫痪患儿的护理。

四、注意力缺陷多动障碍

1. 病因　尚不确切，可能由多种因素相互作用所致。

2. 临床表现　注意力缺陷是本病的核心症状，伴有活动过多、行为冲动、学习困难、神经系统发育异常，少数患儿还伴有其他症状。

3. 治疗要点　本病采取综合性治疗方法，包括药物治疗、行为治疗和心理治疗。

4. 护理　心理护理、药物治疗的护理、指导进行行为治疗、健康教育。

一、单项选择题

1. 1岁小儿体检，下列哪个反射可阳性但没有临床病理意义
   A. 拥抱反射
   B. 觅食反射
   C. 巴宾斯基征
   D. 腹壁反射
   E. 瞳孔对光反射

2. 处理惊厥发作的患儿，下列哪种做法**不妥**
   A. 立即将患儿抱到抢救室
   B. 立即针刺人中穴
   C. 清除咽喉部分泌物
   D. 松解衣服和扣带
   E. 保持安静，减少刺激

3. 年长儿患化脓性脑膜炎，最常见的病原菌是
   A. 大肠杆菌
   B. 金黄色葡萄球菌
   C. 脑膜炎奈瑟菌和肺炎双球菌
   D. 肺炎双球菌
   E. 流感嗜血杆菌

4. 患儿，男，9个月，患化脓性脑膜炎，经抗感染治疗，体温平稳6天后复升，患儿呕吐明显，前囟饱满，头围增大，头颅透光试验阳性，此时最可能发生了
   A. 败血症
   B. 硬膜下积液

C．脑室管膜炎
D．脑脊液
E．脑积水

5．患儿，女，5岁，发热、头痛、呕吐2天，诊断：化脓性脑膜炎。下列**不符合**其脑脊液改变的是
   A．蛋白质 1.0g/L
   B．糖 1.8mmol/L
   C．白细胞数 $1.0×10^9$/L
   D．分类以淋巴细胞为主
   E．外观混浊

6．新生儿化脓性脑膜炎，脑膜刺激征**不明显**的原因是
   A．机体的反应能力差
   B．颅缝及前囟未闭
   C．脑膜炎症不如年长儿严重
   D．颈肌不发达、反应低下
   E．大脑处于抑制状态

7．患儿，男，5岁，1周前流涕，继之高热、头痛、嗜睡、精神异常、意识障碍。口唇有疱疹，白细胞正常。实验室检查脑脊液基本正常，首先应考虑
   A．结核性脑膜炎
   B．化脓性脑膜炎
   C．病毒性脑膜炎

D．脑脓肿
E．脑栓塞

8．病毒性脑膜炎的临床表现**不包括**
   A．急性或亚急性起病
   B．发病前有前驱症状
   C．发热、头痛
   D．意识多不受累
   E．有局限性神经系统症状

9．关于注意力缺陷多动障碍，下列说法正确的是
   A．最主要的病因是感染
   B．是一种常见的小儿行为异常问题
   C．智力不正常
   D．突出表现为活动过多，但注意力相对集中
   E．不存在与心理年龄不相符合的心理问题

10．注意力缺陷多动障碍治疗首选以下哪种药物
   A．抗精神病药
   B．安眠药
   C．抗生素
   D．中枢兴奋剂
   E．营养脑细胞药物

二、案例题

患儿，男，1岁，因"高热、呕吐2天，抽搐2次"入院，近2天出现呕吐，3次/天，呈喷射性，惊厥2次，曾肌内注射青霉素5天，接种过卡介苗。查体：T 39℃，P 135次/分，嗜睡，前囟饱满，咽部充血，颈强直征阳性，四肢肌张力增高。脑脊液：外观浑浊，白细胞 $1.0×10^9$/L，中性粒细胞80%，蛋白 2g/L，糖 1.2mmol/L。

问题：
1．此患儿最可能的诊断是什么？
2．评估该患儿，列出主要护理诊断。
3．根据患儿情况，应采取哪些护理措施？

（王　茜）

第十四章 遗传及内分泌疾病患儿的护理

学习目标

通过本章内容的学习，学生应能：

◆ **识记**

1. 说出唐氏综合征的病因，苯丙酮尿症、先天性甲状腺功能减低症以及小儿糖尿病患儿的治疗要点。
2. 复述唐氏综合征、苯丙酮尿症、先天性甲状腺功能减低症以及小儿糖尿病患儿的主要特征和临床表现。

◆ **理解**

1. 说明唐氏综合征、苯丙酮尿症的发病机制和遗传咨询。
2. 说明遗传病的基因诊断、治疗及辅助检查。
3. 解释甲状腺功能减低症、小儿糖尿病的病因和发病机理。

◆ **运用**

1. 评估小儿糖尿病和先天性甲状腺功能减低症患儿，并制订护理计划。
2. 能够为患儿和家长解答有关唐氏综合征、苯丙酮尿症、先天性甲状腺功能减低症及小儿糖尿病的健康问题。

第一节 唐氏综合征

唐氏综合征（Down syndrome）又称21-三体综合征或先天愚型，是人类最早发现且最常见的常染色体病。其发病率在活产婴儿为1：600～1：1000，发病率随孕母年龄增高而增加。本病主要特征是智能落后、特殊面容和生长发育迟缓，并可伴有多种畸形。

发病原因包括孕母高龄、放射线诱发、病毒感染、化学和遗传等因素。其中，孕母年龄在35岁以上，其子代发生本病的频率增高；孕母接触放射线后，子代发生染色体畸变的危险性高，且畸变率随射线剂量的增高而增高；病毒感染方面，流行性腮腺炎病毒、风疹病毒、传染性单核细胞增多症和肝炎病毒等都可造成胎儿染色体畸变；许多化学药物（抗代谢药物、抗癫痫药物等）、农药、毒物（苯、甲苯、砷等）可致染色体畸变增加；遗传因素方面，染色体异常的父母可将畸变的染色体遗传给下一代。导致唐氏综合征发生的机制主要为第21号染色体呈三体型畸变，其发生主要是生殖细胞在减数分裂时或受精卵在有丝分裂时不发生分离，致使体细胞内存在一条额外的21号染色体。

案例 14-1A

患儿,男,2岁半,因智力低下就诊。患儿表情呆滞,对声音反应迟钝,1岁半出牙,生长发育较同龄儿落后,个子矮,至今不能独走和说话。体格检查:眼距宽,外眦上斜,鼻梁低平,头小而圆,通贯手。

问题与思考:
1. 该患儿可能的临床诊断是什么?
2. 该患儿护理评估内容有哪些?

【护理评估】

(一)临床表现

1. **特殊面容** 出生时即有明显的特殊面容,表情呆滞。眼距宽,眼裂小,两眼眼外眦上斜,内眦赘皮,鼻梁低平,外耳小,唇厚舌大,常张口伸舌,流涎不止。头小而圆,前囟大且关闭延迟。颈短而宽。

2. **智能落后** 绝大部分患儿有不同程度的智能低下,随年龄增长,其智能低下表现逐渐明显。

3. **生长发育迟缓** 生后体格发育、动作发育均迟缓,身材矮小,骨龄落后于实际年龄,出牙延迟且顺序异常,四肢短,韧带松弛,关节可过度弯曲,手指粗短,小指向内弯曲,肌张力低下,腹部膨隆,可伴有脐疝。

4. **皮纹特点** 可有通贯手,轴三角的atd(由a、d三叉点各引一直线至七点相交形成的角度)角度增大,第5指只有一条指褶纹。

5. **其他表现** 约有50%患儿伴有先天性心脏病,其次是消化道畸形。免疫功能低下,易患各种感染性疾病,白血病的发病率明显高于正常人群。

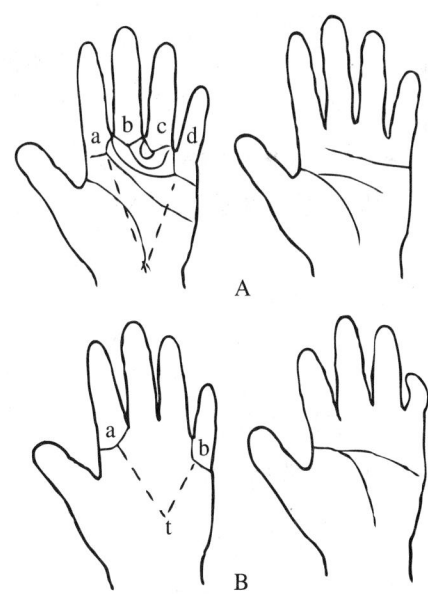

图 14-1 正常人和唐氏综合征患儿的皮纹比较

(二)辅助检查

1. **染色体核型分析** 根据核型分析,分为三型。

(1)标准型:最为多见,约占患儿总数的95%,是由于亲代的生殖细胞在减数分裂时21号染色体不分离所致,使患儿体细胞多了一条额外的21号染色体,其核型为47,XY(或XX),+21。父母核型大都正常。

(2)易位型:占2.5%~5%,染色体总数为46条,其中一条是易位染色体。最常见的是D/G易位,即G组21号染色体与D组14号染色体发生丝粒融合,其核型为46,XY(或XX),-14,+t(14q21q),另一种为G/G易位,是由于G组中两个21号染色体发生丝粒融合,其核型为46,XY(或XX),-21,+t(21q21q)。

(3)嵌合体型:占2%~4%,由于受精卵在早期分裂过程中发生了21号染色体不分离,患儿体内有两种以上细胞株(以两种为多见),一株正常,另一株为21三体细胞,形成嵌合体,其核型为46,XY(或XX)/47,XY(或XX),+21。临床轻重随异常细胞所占比例而不同。

2. **分子细胞遗传学检查** 用荧光素标记的21号染色体的相应片段序列作为探针,与外周血中的淋巴细胞或羊水细胞进行荧光原位杂交（即 FISH 技术），本病患儿的细胞中可呈现出三个 21 号染色体的荧光信号。

（三）与疾病相关的健康史

评估孕母情况，了解孕母年龄是否偏大，孕期尤其是孕早期是否接触大量放射线；是否有过病毒感染；是否应用过化学药物；家族中是否有类似疾病。

（四）心理－社会状况

由于患儿智力低下以及特殊面容常被同龄伙伴歧视和嘲笑，患儿常感自卑、孤独，与同龄小儿交往减少。家长常焦虑或感到自责、失望、忧伤。注意评估患儿及家长的心理状况，同时评估家长对本病的了解、认识程度以及训练患儿的能力。

（五）治疗要点

尚无特殊有效的治疗方法。注意预防感染，对轻症患儿可以进行长期耐心教育训练以提高生活自理的能力。如伴有其他畸形，可考虑手术矫治。

> **案例 14-1B**
>
> 经过染色体核型分析和分子细胞遗传学检查，该患儿明确诊断为唐氏综合征，医生给予抗感染以及谷氨酸等药物治疗。
>
> **问题与思考：**
> 1. 该患儿主要的护理诊断有哪些？
> 2. 针对以上护理诊断制订相应的护理措施。

【主要护理诊断/合作性问题】

1. 自理缺陷　与智力低下有关。
2. 有感染的危险　与免疫力低下有关。
3. 焦虑（家长）　与小儿患严重疾病有关。
4. 知识缺乏　家长缺乏本病的相关知识。

【护理措施】

（一）生活护理

1. **加强生活护理**　细心照顾患儿，协助吃饭、穿衣；定期洗澡，保持皮肤清洁，患儿经常流涎要及时擦干下颌及颈部皮肤，以免发生糜烂。加强监护，防止发生意外事故。
2. **培养自理能力**　帮助家长制订教育训练方案并进行示范，使患儿逐步生活自理，能从事简单的劳动。

（二）预防感染

保持空气清新，避免接触感染者，传染病流行时期避免到人多的公共场合。注意个人卫生，勤洗澡，勤换衣，勤洗手，保持皮肤及口鼻清洁。

（三）家庭支持

当家长得知孩子患有本病时，往往难以接受，继而忧伤自责、焦虑不安。护士应理解其心情并耐心开导，提供有关孩子教养、家庭照顾的知识，使家长尽快适应并掌握护理方法。

（四）遗传咨询及健康教育

1. **遗传咨询**　告知家长标准型唐氏综合征的再发风险率为 1%，母亲年龄越大，风险率越高。易位型患儿的双亲应进行核型分析，以便发现平衡易位携带者；如母方为 D/G 易位，则每一胎都有 10% 的风险率；如为父方 D/G 易位，则风险率为 4%；绝大多数 G/G 易位病例为散发,父母核型大多正常,仅5%与遗传有关,但若母亲为21q21q易位携带者,其风险率为100%。

2. 健康教育 对年龄在35岁以上妇女,妊娠后做羊水细胞检查。凡年龄30岁以下的母亲,子代有先天愚型者,或姨表姐妹中有此患者,应早期检查子亲代染色体核型。孕期避免接受X线照射,勿滥用药物,预防病毒感染。

第二节　苯丙酮尿症

苯丙酮尿症(phenylketonuria,PKU)是一种常见的氨基酸代谢病,是由于苯丙氨酸代谢过程中酶缺陷所致的常染色体遗传代谢缺陷病。临床主要表现为智能低下,惊厥发作和色素减少。我国的发病率为1:11000,北方高于南方。

发病机制包括典型苯丙酮尿症和非典型苯丙酮尿症。其中绝大多数患儿为典型苯丙酮尿症,约占99%。发病原因为患儿肝细胞中缺乏苯丙氨酸羟化酶(PAH),因而不能将苯丙氨酸转化为酪氨酸,导致大量苯丙氨酸在体内蓄积,使苯丙氨酸在血液、脑脊液、各种组织和尿液中浓度极高,同时经旁路代谢产生大量的苯丙酮酸、苯乙酸、苯乳酸等,并从尿中排出。高浓度的苯丙氨酸和旁路代谢产物导致脑损伤。同时由于酪氨酸生成减少,致使黑色素合成不足,患儿毛发、皮肤色素减少;非典型苯丙酮尿症是四氢生物蝶呤(BH_4)缺乏所致。四氢生物蝶呤是苯丙氨酸、酪氨酸和色氨酸等芳香氨基酸在羟化过程中所必需的辅酶,四氢生物蝶呤缺乏使苯丙氨酸不能转变成酪氨酸,造成多巴胺、5-羟色胺等重要神经递质缺乏,从而加重神经系统的损害。此型临床症状更重,治疗困难。

> **案例 14-2A**
>
> 患儿,女,1岁半,表情呆滞、烦躁,智力发育明显落后于同龄小儿,语言障碍明显。
> 体格检查:T 36.9℃,P 102次/分,R 24次/分,BP 96/60mmHg,营养良好,毛发浅褐色,皮肤白,尿有鼠尿味。
> 辅助检查:尿液检查显示苯丙氨酸浓度增高。
> 问题与思考:该患儿护理评估内容有哪些?

【护理评估】

(一)临床表现

患儿出生时正常,3~6个月时出现症状,后逐渐加重,1岁时症状最为明显。

1. 神经系统表现 智能低下为突出表现。早期可有神经行为异常,如兴奋不安、多动或嗜睡、精神萎靡;少数肌张力增高、腱反射亢进,出现惊厥,继之智力低下逐渐明显。非典型苯丙酮尿症的神经系统症状出现较早且较严重,常见肌张力减低、嗜睡、惊厥,如不及时治疗,常在幼儿期死亡。

2. 外观 由于黑色素合成不足,生后数月毛发、皮肤和虹膜色泽变浅。常伴有湿疹。

3. 其他 可有呕吐、喂养困难。由于尿和汗液中排出苯乙酸,呈特殊的鼠尿臭味。

(二)辅助检查

1. 新生儿筛查 新生儿喂奶3日后,采集足跟末梢血,吸在厚滤纸上,晾干后寄送至筛查中心。采用Guthrie细菌生长抑制试验半量测定新生儿血液苯丙氨酸浓度。当苯丙氨酸含量

>0.24mmol/L，即两倍于正常参考值时，应复查或采静脉血定量测定苯丙氨酸和酪氨酸。

2. 尿三氯化铁试验和2，4-二硝基苯肼试验　用于较大婴儿和小儿的筛查。将三氯化铁滴入尿液，立即出现绿色反应则为阳性，表明尿中苯丙氨酸浓度增高。2,4-二硝基苯肼试验也可测定尿中苯丙氨酸，黄色沉淀为阳性。

3. 血浆氨基酸分析和尿液有机酸分析　可为本病提供生化诊断依据，同时也可鉴别其他的氨基酸、有机酸代谢病。

4. 尿蝶呤分析　应用高压液相层析测定尿液中新蝶呤和生物蝶呤的含量，用于鉴别各型苯丙酮尿症。

5. DNA分析　该技术用于本病诊断、杂合子检出和产前诊断。

（三）与疾病相关的健康史

询问父母是否为近亲结婚，家族中是否有类似疾病，评估患儿是否有智力低下，注意有无惊厥等病史。评估喂养情况、饮食结构以及尿的气味等。

（四）心理-社会状况

评估家长对本病知识的了解情况，是否存在焦虑心理，是否掌握饮食治疗的方法。

（五）治疗要点

本病是少数可治的遗传代谢病之一，一旦诊断明确应立即给予低苯丙氨酸饮食，以避免神经系统的不可逆损害。对非典型苯丙酮尿症病例除饮食控制外，应给予BH_4、5-羟色胺和L-DOPA等药物治疗。

> **案例 14-2B**
>
> 该患儿明确诊断为苯丙酮尿症，给5-羟色氨酸等药物治疗。
>
> **问题与思考**：如何为该患儿制订护理计划？

【主要护理诊断/合作性问题】

1. 生长发育改变　与高浓度的苯丙氨酸导致脑损伤有关。
2. 有皮肤完整性受损的危险　与皮肤受异常分泌物刺激有关。
3. 焦虑（家长）　与患儿患病有关。
4. 潜在并发症　脑性瘫痪。

【护理措施】

（一）饮食护理

给予低苯丙氨酸饮食。对婴儿可喂给特制的低苯丙氨酸奶粉，到幼儿期添加辅食时应以淀粉类、蔬菜、水果等低蛋白食物为主，忌添加肉、蛋、豆类等含蛋白质高的食物。饮食控制期间应根据年龄定期监测血中苯丙氨酸浓度，注意生长发育情况。饮食控制的原则是使摄入苯丙氨酸的量既能保证生长发育的最低需要又能使血中苯丙氨酸浓度维持在0.12～0.61mmol/L。饮食控制应尽早在3个月以前开始，至少需持续到青春期以后。

（二）皮肤护理

勤换尿布，保持皮肤清洁干燥，尤其是皮肤皱褶处。有湿疹应及时处理。

（三）健康教育

1. 向家长讲解本病的有关知识，强调饮食控制与患儿智力和体格发育的关系。
2. 协助家长制订饮食治疗方案；提供遗传咨询，对有本病家族史的孕妇必须采用DNA

分析或检测羊水中的蝶呤等方法对胎儿进行产前诊断。

3. 开展新生儿筛查以早发现早治疗，避免近亲结婚。

第三节　先天性甲状腺功能减退症

先天性甲状腺功能减退症（congenital hypothyroidism）简称甲减，是由于甲状腺激素分泌或合成不足所引起的一种疾病，其主要临床表现为体格和智能发育障碍，是小儿时期最常见的内分泌疾病。先天性甲减可以通过新生儿筛查获得早期诊断和治疗，并获得较好愈后。

根据病因的不同，可分为两类：散发性先天性甲减和地方性先天性甲减。散发性先天性甲低大多为散发，少数有家族史，是由于先天性甲状腺发育障碍和甲状腺激素合成过程中酶缺陷所导致。主要原因包括甲状腺不发育、发育不良或异位、甲状腺激素合成障碍、促甲状腺激素（TSH）缺乏、甲状腺或靶器官反应低下及母体因素等。其中，甲状腺不发育、发育不良或异位，又称为原发性甲减，是造成先天性甲减最主要的原因，约占90%。女孩多见，女：男为2∶1；地方性先天性甲低多见于甲状腺肿流行地区，由于该地区水、土、食物中碘缺乏导致孕妇饮食缺碘，致使胎儿在胚胎期因碘缺乏而导致甲状腺功能减退。随着我国碘化食盐的广泛使用，发病率明显下降。

甲状腺素与生长发育

甲状腺素是甲状腺所分泌的激素，在小儿生长发育过程中的作用至关重要，尤其对神经系统、肌肉和骨骼等极为重要。其主要生理作用是加速细胞氧化反应，提高基础代谢率；促进细胞和组织分化、成熟；促进糖的吸收和利用；促进蛋白质合成；加速脂肪的分解和利用；促进中枢神经系统的生长发育。因此，当甲状腺功能减退时，易导致小儿出现代谢障碍、生长发育迟缓、生理功能低下、智能发育障碍等。

患儿，女，10个月，因生长发育落后就诊。查体：T 35.8℃，P 78次/分，R 22次/分，精神差，不能独坐，皮肤苍黄，干燥，毛发稀少。心脏听诊心音低钝，双肺呼吸音清，对称，四肢肌力及肌张力正常。

辅助检查：血清 T_3、T_4 下降，TSH 升高，尿常规正常。

问题与思考：

1. 该患儿最可能的诊断是什么？
2. 为明确诊断应首选何检查？

【护理评估】

（一）临床表现

症状出现的早晚及轻重程度与患儿残留的甲状腺组织及功能减退程度有关。先天性无甲状腺的患儿，在生后1～3个月内可出现症状，甲状腺发育不良者常在生后3～6个月时出现症状，少数患儿在4～5岁时才出现症状。

1. 新生儿甲减　患儿常为过期产儿，生理性黄疸时间延长是最早出现的症状，同时伴有反应迟钝、肌张力低、喂养困难、腹胀、便秘、末梢循环差、皮肤出现硬肿等。

2. 婴幼儿甲减　多数先天性甲减患儿在出生半年后出现典型症状。

（1）生理功能低下：表现为代谢率低，精神差、嗜睡、食欲缺乏、安静少哭，对周围事物反应迟钝、低体温、脉搏、呼吸缓慢、肌张力低、腹胀、便秘、第二性征出现晚；心电图呈低电压、P-R间期延长、T波平坦。

（2）特殊面容和体态：表现为头大，颈短而粗、面色苍黄、毛发稀少、皮肤粗糙、眼睑水肿、眼距宽、鼻梁宽平、唇厚、舌大而宽厚常伸出口外。患儿身材矮小、躯干长而四肢短、上部量/下部量＞1.5，囟门闭合延迟、出牙延迟、腹部膨隆，常有脐疝。

（3）神经系统症状：智能发育落后、表情淡漠、神经反射迟钝、动作发育迟缓、记忆力和注意力低下。

3. 地方性甲减　由于在胎儿期碘缺乏而不能合成充足的甲状腺激素，影响中枢神经系统发育。临床表现为两种不同的症候群，偶可见两者交叉重叠。

（1）"神经性"综合征：主要表现为痉挛性瘫痪、共济失调、聋哑和智力低下，甲状腺功能正常或轻度降低。

（2）"黏液水肿性"综合征：以黏液水肿为特征，临床上有显著的生长发育和性发育落后、智力低下等表现。

（二）辅助检查

1. 新生儿筛查　目前多采用出生后2～3天的新生儿干血滴纸片检查促甲状腺素浓度作为初筛，若结果＞20mU/L，进一步检测血清T_4和促甲状腺激素进行确诊。

2. 血清T_3、T_4、TSH测定　任何新生儿筛查结果可疑或临床具有可疑症状的患儿都应检测血清T_4和促甲状腺激素浓度，若T_3、T_4下降，TSH明显升高即可确诊。

3. 骨龄测定　患儿腕部和手的X线片可见骨龄落后于实际年龄。

4. 其他　甲状腺扫描可检测甲状腺先天缺如或异位，基础代谢率测定可出现下降等。

（三）与疾病相关的健康史

评估患儿母亲在妊娠期的饮食习惯以及是否有抗甲状腺药物的用药史，患儿是否有体格及智能发育落后，患儿食欲、活动、精神情况，评估患儿是否有家族史。

（四）心理-社会状况

评估家长的心理状态；对于本病相关知识的掌握程度，尤其是用药方法和副作用的观察，以及对患儿体力、智力训练的方法；评估患儿的家庭环境和经济状况等。

（五）治疗要点

本病应早期诊断，尽早治疗，以减小对患儿神经系统功能的损害。一旦确诊，不论是何种原因引起，应终身服用甲状腺制剂替代治疗，以维持正常生理功能，在治疗过程中应根据患儿发育情况及血清T_4和TSH浓度，随时调整剂量。常用药物有L-甲状腺素钠和甲状腺干粉片，用药剂量必须个体化，保证患儿TSH正常，血清T_4正常或略偏高，且患儿食欲好转、大便次数及性状正常、腹胀消失、心率维持在正常范围，体格及智能发育改善。当药物使用过量时，可出现发热、多汗、烦躁、消瘦、腹痛、腹泻等症状。

【主要护理诊断/合作性问题】

1. 体温过低　与基础代谢率降低有关。

2. 生长发育改变　与甲状腺素合成不足有关。

3. 营养失调：低于机体需要量　与食欲差、喂养困难有关。

4. 便秘　与活动量减少、肠蠕动减慢以及肌张力下降有关。

5. 知识缺乏　患儿家长缺乏疾病相关知识。

案例 14-3B

该患儿明确诊断为先天性甲状腺功能减退症，给予甲状腺素片口服以及脂肪乳和白蛋白支持营养治疗。

问题与思考：

1. 该患儿存在哪些护理诊断？
2. 护士应给予的主要护理措施有哪些？

【护理措施】

（一）生活护理

1. 保暖　注意室内温度，适时增减衣服，防止受凉。

2. 加强训练，促进体能和智能发育　加强患儿的日常生活护理，防止意外发生。与家长合作，采用音乐、语言、玩具、体操、游戏等形式加强患儿体能和智能的训练，使其掌握基本生活技能。

（二）饮食与排便护理

1. 保证营养供给　向家长指导正确的喂养方法，对于吸吮能力差、吞咽困难者要耐心喂养，必要时给予滴管喂养或鼻饲。患儿服药后，代谢率增加，应供给高蛋白、高维生素、富含钙和铁的易消化食物，以满足生长发育的需要。

2. 保持大便通畅　指导家长防治便秘的措施：①多吃新鲜蔬菜和水果；②补充充足的液体；③引导患儿增加活动量，促进肠蠕动；④养成定时排便的习惯；⑤必要时使用缓泻剂、软化剂或灌肠。

（三）用药护理

1. 指导家长掌握药物的服用方法、疗效的观察以及患儿终身用药的必要性。甲状腺制剂在用药 1 周后疗效最佳，在服药后密切观察患儿的生命体征、生长发育状况、活动、食欲、排便情况，根据患儿的临床表现和实验室检查结果随时调整剂量。

2. 治疗过程中定期随访复查，治疗开始时，每 2 周随访 1 次；血清 T4 和 TSH 正常后，每 3 个月随访 1 次；服药 1～2 年后，每半年随访 1 次。

（四）健康教育

1. 重视新生儿筛查，告知家长本病在内分泌疾病中的发病率最高，早期诊治至关重要。

2. 向家长讲解终身服药的重要性和必要性，坚持长期服药治疗，掌握正确的服药方法和疗效的观察。

3. 与家长共同制订患儿的体能、智能训练方案，多鼓励患儿，增强战胜疾病的信心。

第四节　小儿糖尿病

糖尿病（diabetes mellitus，DM）是一种以高血糖为主要特征，由于胰岛素缺乏所造成的糖、脂肪、蛋白质代谢紊乱的全身慢性代谢病。糖尿病分为 3 型：1 型糖尿病（又称胰岛素依赖型糖尿病）、2 型糖尿病（又称非胰岛素依赖型糖尿病）和青年成熟期发病型糖尿病。98% 的小儿糖尿病属于 1 型糖尿病，常表现为多饮、多尿、多食和体重下降，易并发酮症酸中毒和慢性并发症血管病变导致的器官损害而危及生命。据我国 22 个省市的初步调查，15 岁以下小儿发病率为 5.6/10 万，较西欧和美国低。随着经济的发展和生活方式的改变，小儿糖尿病发病率呈逐年增加趋势。

1 型糖尿病确切发病机制尚未完全阐明，目前认为与遗传易感性基因、外界环境因素以及自身免疫反应等综合作用下导致胰岛 β 细胞的损伤和破坏有关。正常情况下，胰岛素促进葡萄糖、氨基酸和钾离子的膜转运，促进糖的利用和蛋白质合成，促进肌肉、肝和脂肪组织储存多余能量，抑制肝糖原和脂肪的分解；糖尿病发生的机制主要为当胰岛 β 细胞大部分被破坏后，将导致分泌胰岛素明显减少，而分泌胰高血糖素的细胞和其他细胞则相对增生，引起糖、蛋白质以及脂肪的代谢紊乱，从而引起渗透性利尿、多食、患儿体重下降、乏力、生长发育迟缓、免疫力下降、酮症酸中毒等一系列表现。

> **案例 14-4A**
>
> 患儿，女，2 岁。因多饮，多尿伴精神差 20 余天就诊。查体：T 36.7℃，P 130 次/分，R 40 次/分，精神萎靡，呼吸深快，三凹征（+）。
>
> 辅助检查：WBC18×10⁹/L，血糖 32.62mmol/L，尿糖（+），尿酮体（+++）。
>
> 血气分析 pH 6.87，$PaCO_2$ 8mmHg，PaO_2 44mmHg，SaO_2 95%。
>
> 问题与思考：
> 1. 该患儿可能的医疗诊断是什么？
> 2. 该患儿护理评估内容有哪些？

【护理评估】

（一）临床表现

小儿糖尿病起病急，常由于感染、情绪激动或饮食不当而诱发。

1. **典型表现** 多饮、多尿、多食和体重下降，即三多一少。但婴儿多饮、多尿不易察觉，很快出现脱水和酮症酸中毒。学龄期小儿常表现为遗尿或夜尿增多。年长儿表现为精神不振、活动耐力和体重逐渐下降等。

2. **酮症酸中毒** 是小儿糖尿病急症死亡的主要原因。约 40% 糖尿病患儿在就诊时就表现为酮症酸中毒，这类患儿常因急性感染、诊断延误、进食过多、突然中断胰岛素治疗等诱发，且年龄越小越容易发生。这类患儿常起病急，除表现为多饮、多尿、体重下降外，还有腹痛、关节或肌肉疼痛、皮肤黏膜干燥、恶心、呕吐、呼吸深长、呼气中带有酮味、口唇樱红、脉搏细速、血压下降、体温不升甚至休克等表现。

3. **其他**

（1）Mauriac 综合征：由于病程长、血糖控制不良，患儿可出现生长落后、智能发育迟缓、肝大的表现。

（2）晚期可出现高血压、蛋白尿等糖尿病肾病表现，最终致肾衰竭。

（3）还可出现视力障碍、白内障、视网膜病变，甚至双目失明。

（二）辅助检查

1. **尿液检查** 尿糖定性检查结果通常为阳性。在综合治疗过程中，通过监测尿糖变化，判断胰岛素用量及饮食是否合适。一般在治疗初始阶段分段收集 24h 尿液：晨 8 时至午餐前、午餐后至晚餐前、晚餐后至次晨 8 时的尿液，以了解尿糖的动态变化。餐前半小时排空膀胱，再留尿检查所得的尿糖结果有助于胰岛素剂量的调整。当糖尿病伴有酮症酸中毒时尿酮体呈阳性，定期检测尿微量白蛋白可以及时了解肾是否发生继发损害。

2. 血糖检查　当患儿尿糖呈阳性，随机血糖水平≥11.1mmol/L（200mg/dl），空腹全血或血浆血糖浓度分别≥6.7mmol/L（120mg/dl）、7.8mmol/L（140mg/dl）时即可诊断为糖尿病。

3. 糖耐量试验　用于尿糖偶尔阳性而血糖正常或稍增高、无明显临床症状的患儿。

4. 血脂　由于治疗后患儿血清总胆固醇、三酰甘油和游离脂肪酸有所降低，通过定期检测血脂水平，有助于判断疗效。

5. 血气分析　当患儿血 pH < 7.3，HCO_3^- < 15mmol/L 时，提示患儿出现代谢性酸中毒。

6. 糖化血红蛋白　与血糖浓度呈正相关，可作为患儿在近2～3个月治疗期间血糖是否得到满意控制的指标。若患儿糖化血红蛋白 < 9% 提示治疗效果良好，若 > 12% 时则表示血糖控制不理想。

（三）与疾病相关的健康史

评估患儿既往健康状况，有无糖尿病家族史，有无多饮、多尿、多食、体重下降等病史，有无经常发生遗尿、夜尿增多的现象，起病前有无急性感染史等。

（四）心理 - 社会状况

评估患儿和家长对本病的认识程度，了解是否产生焦虑、紧张和恐惧的心理，评估患儿家庭的经济状况、卫生习惯等。

（五）治疗要点

小儿糖尿病一旦诊断明确，立即采用胰岛素替代、饮食管理、运动锻炼和心理治疗相结合的综合治疗方案。旨在消除高血糖引起的临床症状、纠正代谢紊乱、预防和治疗酮症酸中毒、防止并发症的出现。

1. 胰岛素替代疗法　胰岛素是治疗的关键，其种类、剂量、注射方法都与疗效密切相关。目前胰岛素制剂有胰岛素（RI）、中效珠蛋白胰岛素（NPH）和长效鱼精蛋白锌胰岛素（PZI）。胰岛素的种类和作用时间见表14-1。

表14-1　胰岛素的种类和作用时间

胰岛素种类	短效RI	中效NPH	长效PZI
开始作用时间（h）	0.5	1.5～2	3～4
作用最强时间（h）	3～4	4～12	14～20
作用最长时间（h）	6～8	18～24	24～36

患儿在开始治疗时，轻症者多选用短效胰岛素，用量为每日0.5～1U/kg，于早、中、晚餐前30min和临睡前各皮下注射1次。根据患儿血糖或尿糖结果及时调整胰岛素用量。

2. 酮症酸中毒的治疗　密切观察患儿血糖、尿糖、酮体和血气分析的变化，针对脱水、酸中毒、电解质紊乱、高血糖和感染等情况制订综合治疗方案。若处理不当，常引起低血糖、心力衰竭、肾衰竭、碱中毒、低血钾、脑水肿等情况。所以，在整个治疗过程中必须严密观察，随时调整治疗计划。

（1）脱水、酸中毒的治疗：

1）液体疗法：酮症酸中毒时脱水量约为100ml/kg，通常是等渗性脱水。输液开始第1h，快速静滴0.85%氯化钠溶液，剂量为20ml/kg（不超过1000ml）；第2～3h，静滴0.45%氯化钠溶液，剂量为10ml/kg。当患儿血糖 < 17mmol/L（300mg/dl），用含有0.2%氯化钠的5%葡萄糖液静滴。补液的要求是在最初的12h内至少补足累积损失量（100ml/kg）的一半，在之后的24h内，根据病情按60～80ml/kg静滴相同溶液，补充继续损失量和生理需要量。

2）纠正酸中毒：主要是由于酮体和乳酸的堆积而引起。为防止出现脑细胞高钠血症和酸中毒，对酮症酸中毒患儿不宜大量使用碳酸氢钠溶液，只在 pH < 7.1，HCO_3^- < 12mmol/L 时，按照 2mmol/kg 静滴 1.4% 碳酸氢钠溶液，先用 1/2 量，当 pH ≥ 7.2 时停药。

3）纠正低血钾：通常患儿在补液和使用胰岛素后出现血钾下降，则应遵循见尿补钾的原则，补充氯化钾每日 2～3mmol/kg，浓度 < 40mmol/L。

（2）胰岛素治疗：采用小剂量胰岛素静脉滴注治疗。

（3）控制感染：在治疗过程中使用抗生素，防止感染的发生。

3. 饮食管理 根据患儿的年龄和饮食习惯制订每日的总能量和食物种类，维持正常的血糖水平。

4. 运动锻炼 有氧运动能增加肌肉对胰岛素的敏感性，从而提高葡萄糖的利用，有助于控制血糖。运动项目和运动强度根据患儿年龄和运动能力来确定，运动干预时需要调整胰岛素用量和饮食，防止出现运动后低血糖。

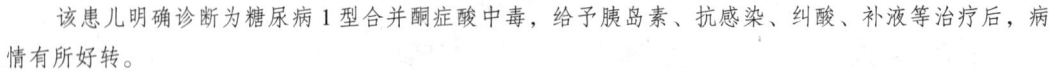

案例 14-4B

该患儿明确诊断为糖尿病 1 型合并酮症酸中毒，给予胰岛素、抗感染、纠酸、补液等治疗后，病情有所好转。

问题与思考：

1．如何护理该患儿？

2．该患儿病情观察的要点是什么？

【主要护理诊断 / 合作性问题】

1. 营养失调：低于机体需要量 与胰岛素缺乏引起代谢紊乱有关。
2. 有感染的危险 与蛋白质代谢紊乱、免疫功能下降有关。
3. 潜在并发症 酮症酸中毒、低血糖。
4. 知识缺乏 患儿和家长缺乏控制糖尿病的知识。

【护理措施】

（一）饮食护理

饮食管理的原则是既能满足患儿生长发育和活动的需要又能维持正常的血糖。

1. 热量 每日所需总能量（kcal）= 1000 + [年龄 ×（80～100）]，年幼儿稍偏高。

2. 三大营养物质及三餐热量分配 碳水化合物占总能量 50%～55%，蛋白质 15%～20%，脂肪 25%～30%。全天热量分配为早餐 1/5，中餐 2/5，晚餐 2/5，每餐留出少量食物作为餐间点心。当患儿活动增加可给予少量加餐或适当减少胰岛素用量。

（二）预防感染

定期进行身体检查，保持良好的卫生习惯，做好口腔、皮肤的护理。

（三）指导胰岛素的使用

1. 注射 每次注射用同一型号 1ml 注射器抽吸药液保证剂量的准确。皮下注射部位应选择上臂、大腿和腹壁等处，按顺序轮流注射，1 个月内不能在同一部位注射 2 次，防止长期注射导致局部皮肤组织萎缩，影响疗效。

2. 监测 根据每次餐前用试纸监测尿糖的结果，每 2～3 天调整胰岛素剂量 1 次，直至尿糖不超过"++"。

3. 注意事项

(1) 室温下使用胰岛素，剩余胰岛素贮存在冰箱中。注射时严格无菌操作。

(2) 胰岛素长期治疗时，注意胰岛素过量、胰岛素不足和胰岛素耐药等情况。

（四）防治糖尿病酮症酸中毒

1. 密切监测血气分析、尿糖、尿酮体和电解质等指标。

2. 建立静脉通路，纠正水、电解质和酸碱失衡，保证出入量平衡。

3. 积极寻找病因，及时发现感染源，遵医嘱使用有效抗生素。

（五）低血糖的护理

当胰岛素剂量过大、活动量增加或在注射胰岛素后未按时和定量就餐，可能发生低血糖，患儿表现为突发饥饿感、脉速、多汗、心慌、手抖，严重者出现休克、惊厥、昏迷甚至死亡。一旦发生低血糖，应立即平卧，进食糖块或糖水，必要时静脉注射50%葡萄糖溶液。

（六）运动锻炼

根据患儿的年龄和体力安排运动项目和运动强度，固定每日的运动时间，不宜空腹运动，最佳运动时间为进餐1h后至2～3h内，根据运动情况，调整胰岛素用量和饮食，防止发生运动后低血糖。

（七）心理护理

由于小儿糖尿病的病情不稳定，而且需要长期注射胰岛素和饮食控制，给患儿及家长造成很大的心理压力。因此，医务人员必须向患儿及家长提供长期心理支持，详细介绍糖尿病相关知识，帮助患儿树立信心，使其能坚持有规律的生活和治疗，同时加强管理制度，定期随访复查。

（八）健康教育

1. 日常生活管理　指导家长督促患儿注意个人卫生，养成良好的生活习惯，做好日常的皮肤、口腔、足部的护理，一旦出现皮肤破损或有炎症时及时就诊，防止诱发病情。

2. 疾病知识宣教　让患儿及家长掌握糖尿病的相关知识，解释胰岛素使用与运动、饮食相结合综合治疗的重要性。教会家长正确进行血糖、尿糖监测、胰岛素注射以及饮食管理和运动锻炼的方法。

小 结

一、唐氏综合征

唐氏综合征的病因包括孕母高龄、放射线诱发、病毒感染、化学和遗传等因素，临床应注意高危人群的筛查。临床主要表现为智能落后、特殊面容和生长发育迟缓，并可伴有多种畸形。目前尚无特殊有效治疗方法，抗感染的同时可给予谷氨酸、维生素B_6、叶酸等治疗。护理包括：①加强生活护理，培养自理能力；②预防感染；③家庭支持；④遗传咨询及健康教育。

二、苯丙酮尿症

苯丙酮尿症是一种常见的氨基酸代谢病，是由于苯丙氨酸代谢过程中酶缺陷所致的常染色体遗传代谢缺陷病。临床表现以智力发育落后为主，可有行为异常、肌痉挛或癫痫发作，外观呈现毛发枯黄，皮肤干燥发白，尿液和汗液鼠尿样臭味。一旦诊断明确应立即给予低苯丙氨酸饮食，以避免神经系统的不可逆损害。护理包括：①饮食护理；②皮肤护理；③健康教育。

三、先天性甲状腺功能减低症

先天性甲状腺功能减低症根据病因可分为散发性先天性甲低和地方性先天性甲低。

临床表现以生长发育落后、智能低下、基础代谢率降低为主要特征。本病应早期诊断，尽早治疗，以减少对患儿神经系统功能的损害。一旦确诊，不论是何种原因引起，应终身服用甲状腺制剂替代治疗。护理包括：①加强训练，促进体能和智能发育；②饮食与排便护理；③用药护理；④健康教育。

四、小儿糖尿病

小儿糖尿病的发病受到遗传因素、自身免疫和环境因素的影响。临床表现以多饮、多尿、多食和体重下降，即"三多一少"的典型表现为主；但婴儿多饮、多尿不易察觉，很快出现脱水和酮症酸中毒的临床表现。治疗采用胰岛素替代、饮食控制和运动锻炼相结合的综合治疗方案。护理包括：①饮食护理；②预防感染；③指导胰岛素的使用；④防治糖尿病酮症酸中毒；⑤低血糖的护理；⑥运动锻炼；⑦心理护理和健康教育。

自测题

一、单项选择题

1. 唐氏综合征常伴有多种畸形，其中**不包括**以下哪项
   A．脐疝
   B．血友病
   C．隐睾
   D．先天性心脏病
   E．小阴茎

2. 患儿一旦确诊苯丙酮尿症，应尽早进行饮食治疗，下列说法正确的是
   A．立即给予低苯丙氨酸饮食
   B．立即给予高苯丙氨酸饮食
   C．以豆制品及面、米饮食为主
   D．以乳、蛋等饮食为主
   E．适当控制苯丙氨酸的摄入，持续至成人

3. 苯丙酮尿症患儿的智力低下一般出现于下列哪个时期
   A．新生儿期
   B．生后2个月左右
   C．生后4个月左右
   D．生后1岁左右
   E．生后2岁左右

4. 在护理终身服用甲状腺片的患儿时，护士应定期给患儿测量
   A．血压
   B．血常规
   C．体温、脉搏、体重、身高
   D．血糖
   E．血小板

5. 患儿，男，8岁，多饮、多尿、多食，体重下降，被诊断为"1型糖尿病"收入院治疗，其饮食中全日热量的分配方法是
   A．早餐1/5，中餐2/5，晚餐2/5
   B．早餐2/5，中餐2/5，晚餐1/5
   C．早餐2/5，中餐1/5，晚餐2/5
   D．早餐3/5，中餐1/5，晚餐1/5
   E．早餐1/5，中餐1/5，晚餐3/5

6. 患儿，女，10岁。患"1型糖尿病"5年，用胰岛素治疗。体能测试后，患儿出现心悸、出汗、头晕、手抖、饥饿感。护士正确的判断是
   A．胰岛素过量
   B．饮食不足
   C．过度劳累
   D．低血糖反应
   E．心源性晕厥

7. 患儿，女，11个月，新生儿期确诊为

"先天性甲状腺功能减低症",即开始口服甲状腺干粉片治疗,最近发现患儿烦躁、多汗、消瘦、腹泻、发热,出现以上症状的原因是
A. 甲状腺制剂的副作用
B. 原发病的加重表现
C. 喂养不当引起
D. 原发病的减轻表现
E. 护理不当引起

8. 患儿一旦发生酮症酸中毒护士应立即进行紧急救护,其措施包括
A. 禁食,静脉输液,控制感染
B. 禁食,静脉补钾,胰岛素注射
C. 禁食,补充葡萄糖,纠正酸中毒
D. 静脉注射葡萄糖和胰岛素
E. 纠正高血糖、脱水、酸中毒、电解质紊乱和控制感染

二、案例题

患儿,女,3岁,来自某山区,因智力低下,听力及语言障碍就诊。查体:体重11kg,身长80cm,表情呆滞,心率70次/分,双肺呼吸音清晰,腹部稍膨隆,肝脾未及,四肢肌张力高,步态不稳。化验检查血清 T_3 3.8pmol/L,T_4 8 pmol/L,TSH 6.2μU/ml。

问题:

1. 该患儿可能的医疗诊断是什么?
2. 写出主要护理诊断/合作性问题。
3. 该患儿的护理措施有哪些?

(张　敏)

第十五章 免疫性疾病患儿的护理

学习目标

通过本章内容的学习，学生应能：

◇ 识记
1. 说出风湿热、过敏性紫癜、幼年特发性关节炎和皮肤黏膜淋巴结综合征病因及发病机制。
2. 复述过敏性紫癜和皮肤黏膜淋巴结综合征的辅助检查。

◇ 理解
1. 说明风湿热、过敏性紫癜、幼年特发性关节炎和皮肤黏膜淋巴结综合征的治疗。
2. 描述风湿热、过敏性紫癜和皮肤黏膜淋巴结综合征的临床表现。

◇ 运用
1. 评估过敏性紫癜和皮肤黏膜淋巴结综合征患儿，并制订护理计划。
2. 能够为患儿和家长解答有关风湿热、幼年特发性关节炎、过敏性紫癜和皮肤黏膜淋巴结综合征的健康问题。

第一节 风 湿 热

风湿热（rheumatic fever），是一种具有反复发作倾向的全身结缔组织病，其发病与A组乙型溶血性链球菌感染密切相关。临床表现为发热，多伴有关节炎、心肌炎，较少出现环形红斑和皮下结节或舞蹈病，反复发作可形成慢性风湿性心瓣膜病。发病年龄以6～15岁多见。以冬、春季节，寒冷、潮湿地区的发病率较高。

发病原因多数认为与A组乙型溶血性链球菌感染上呼吸道有关，另外还与遗传及环境因素有关。导致风湿热的发病机制与链球菌抗原的分子模拟、免疫复合物致病以及细胞免疫损伤、遗传机制等有关。链球菌抗原的分子模拟指有多种A组乙型溶血性链球菌的抗原与发病有关。免疫复合物致病是链球菌抗原与抗链球菌抗体可形成循环免疫复合物，沉积于人体关节滑膜、心肌、心瓣膜后激活补体成分，产生炎性病变。

病理过程分急性渗出、增生和硬化三期，但各期病变可同时存在。急性渗出期主要受累部位为心脏、关节、皮肤等结缔组织，主要为组织变性和水肿，淋巴细胞和浆细胞浸润。增生期主要存在于心肌和心内膜，特点为形成风湿小体或风湿性肉芽肿，是诊断风湿热的病理依据。硬化期为纤维组织增生和疤痕形成。二尖瓣最常受累，其次为主动脉瓣。

案例 15-1A

患儿，男，10岁，因发热20余天，游走性关节肿痛5天，心悸、气短2天入院。患儿20余天前无明显诱因出现发热，体温38.5℃左右，家长喂服感冒药无效。近4天患儿出现膝、踝关节游走性肿胀及疼痛，伴有活动受限，2天前出现活动后心悸及气短，为进步诊治入院。

体格检查：T 38.2℃，P 140次/分，R 28次/分。面色苍白，躯干、四肢可见环形红斑，咽部充血，双侧扁桃体Ⅱ度肿大，双肺呼吸音粗，心律不齐，心音低钝，心尖部可闻及Ⅱ级收缩期杂音，主动脉瓣区可闻及Ⅱ级舒张期杂音，腹软，肝脾未及肿大，神经系统无异常。

辅助检查：WBC 14×10^9/L，ASO 720IU/ml，血沉 36mm/h，CRP 45mg/L，心肌酶 CK 1337U/L，CK-MB 55U/L。

问题与思考：
1. 该患儿的初步临床诊断是什么？
2. 该患儿护理评估内容有哪些？

【护理评估】

（一）临床表现

通常急性起病，发病前1～4周有链球菌感染史。关节炎通常呈急性起病，心肌炎及舞蹈病初发时多缓慢。风湿热临床表现轻重不一，取决于疾病侵犯的部位和程度，一次发作一般不超过6个月，未进行预防可反复周期性发作。

1. 一般表现　发热，热型不规则，同时可伴有面色苍白、食欲差、多汗、倦怠、腹痛等症状。

2. 心肌炎　本病最严重的表现，40%～50%患儿累及心脏。低年龄患儿发病率比成人高，以心肌炎及心内膜炎多见，亦可发生全心炎。

（1）心肌炎：轻者可无症状，重者可有不同程度的心力衰竭。常见心率增快且与体温升高不成比例；心界扩大，心尖冲动弥散；第一心音减弱，可闻及奔马律；心尖部可闻及收缩期杂音。心电图显示P-R间期延长、ST段下移、T波改变等。X线检查可见心脏扩大，搏动减弱。

（2）心内膜炎：主要侵犯二尖瓣，其次为主动脉瓣。二尖瓣关闭不全表现为心尖部全收缩期杂音，向腋下传导，有时可闻及二尖瓣相对狭窄所致舒张期杂音；主动脉关闭不全，在胸骨左缘第三肋间可闻及舒张期叹气样杂音。反复发作后可引起永久性心瓣膜损害，导致风湿性心瓣膜病。

（3）心包炎：患儿往往已存在全心炎。表现为心前区疼痛、心动过速、呼吸困难或端坐呼吸，可闻及心包摩擦音。少数患儿积液量多时心前区搏动消失，心音遥远，有肝大、颈静脉怒张等心包填塞表现。X线检查心影向两侧扩大呈烧瓶状。

3. 关节炎　年长儿多见，以游走性和多发性为特点，占风湿热患儿的50%～60%。常累及膝、踝、肩、肘、腕等大关节，局部出现红、肿、热、痛，以疼痛和功能障碍为主。好转后不残留关节强直或畸形。

4. 舞蹈病　女童多见，表现为突发、不自主、无目的的快速运动，如皱眉、挤眼、努嘴、伸舌等奇异面容和颜面肌肉抽动、耸肩等动作，在兴奋或注意力集中时加剧，入睡后消失。可单独存在，也可与其他症状并存，约40%伴心肌损害，较少伴发关节炎。

5. 皮肤症状

（1）皮下小结：常见于复发病例，呈圆形、质硬、无痛、可活动，从粟米到豌豆大小，好发于肘、腕、膝、踝等关节伸侧，经 2～4 周后自然消失。

（2）环形红斑：一般后期出现，多分布于躯干及四肢屈侧，呈环形或半环形边界清楚的淡红或暗红色斑，环内肤色正常，可反复出现，但消退后不留痕迹。

（二）辅助检查

1. 实验室检查

（1）血常规：常见轻度贫血，周围血白细胞总数和中性粒细胞增多、伴核左移现象。

（2）抗链球菌抗体测定：抗链球菌溶血素"O"（ASO）滴度升高，同时抗脱氧核糖核酸酶 B（Anti-DNaseB）、抗链激酶（ASK）和抗透明质酸酶滴度也升高，(AH) 确诊的准确性可进一步提高。

（3）风湿热活动指标：C 反应蛋白（CRP）阳性、血沉增快、黏蛋白增高等为风湿活动的重要标志，但对诊断本病无特异性。

2. 心电图检查　P-R 间期持续延长提示风湿活动。

（三）与疾病相关的健康史

本病与 A 组乙型溶血性链球菌感染密切相关，应评估患儿发病前有无上呼吸道感染的表现，如咽炎、扁桃体炎或猩红热等；有无发热、关节疼痛，是否伴有皮疹等，有无精神异常或不自主的动作表现。既往有无心脏病或关节炎病史，家庭居住的环境条件气候如何，家族成员中有无类似的疾病。

（四）心理－社会状况

鉴于风湿热常反复发作，产生心脏损害易导致慢性风湿性心脏病，严重影响患儿的生命质量，所以应了解患儿父母的知识程度、家庭背景及经济状况，评估其焦虑程度以及对药物副作用和预防复发等相关知识的了解程度。

（五）治疗要点

1. 一般治疗　加强营养，补充维生素，卧床休息，时间取决于心脏受累的程度和心功能状态。

2. 清除链球菌感染　现已公认苄星青霉素是首选药物。若过敏可改用大环内酯类抗生素等。

3. 抗风湿热治疗　无心肌炎时可用水杨酸制剂，如阿司匹林，疗程 4～8 周。心肌炎时早期用糖皮质激素，如泼尼松，疗程 8～12 周。

4. 其他　有充血性心力衰竭时加用强心、利尿药，地高辛剂量宜小，并加用螺内酯、呋塞米和卡托普利；舞蹈病时可用镇静剂，如氯丙嗪、苯巴比妥等；关节肿痛时给予制动。

患儿明确诊断为风湿热伴风湿性心脏炎，给予清除链球菌，抗风湿等治疗，病情好转。

问题与思考：

1. 观察运用糖皮质激素的疗效及副作用有哪些？
2. 列出主要的护理问题及制订该患儿的护理计划。

【主要护理诊断/合作性问题】

1. 心输出量减少　与心脏受损有关。
2. 疼痛　与关节受累有关。
3. 焦虑　与发生心脏损害有关。
4. 体温过高　与感染病原体毒素有关。

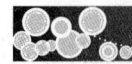

5. 潜在并发症　药物副作用。

【护理措施】

（一）心肌炎的护理

1. 限制活动　卧床休息的期限取决于心脏受累程度和心功能状态。急性期卧床休息 2 周，有心肌炎时轻者绝对卧床 4 周，重者 6～12 周，至急性症状完全消失，血沉接近正常可下床活动，伴心力衰竭者心功能恢复后再卧床 3～4 周。一般恢复至正常活动量所需时间是：无心脏受累者 1 个月，有心脏受累但无扩大者需 2～3 个月，有心脏扩大或有心力衰竭者需 6 个月。活动量应根据心率、呼吸、心音、有无疲劳而调节。

2. 饮食管理　给予易消化、高蛋白、高维生素食物，少量多餐，心力衰竭患儿适当地限制盐和水，并详细记录出入水量，保持大便通畅。

3. 观察病情　注意患儿面色、呼吸、心音、心律和心率的变化，有无烦躁不安、面色苍白、多汗、气急等心力衰竭表现，及时处理并详细记录。

4. 按医嘱给予抗风湿治疗。

（二）减轻关节疼痛

将疼痛的关节置于功能位，保持体位舒适，避免患肢受压，移动肢体时动作轻柔，急性期过后也可局部热敷止痛。注意患肢保暖，避免受潮受冷，并做好皮肤护理。

（三）做好基础护理

1. 密切观察体温变化，注意热型。体温增高时可采取物理或药物降温，维持正常体温，并注意做好口腔护理。

2. 保持室内空气新鲜，温湿度适宜，衣被尿布保持清洁干燥，经常更换。

（四）用药护理

心肌炎时对洋地黄敏感且易引起中毒，故用洋地黄期间应注意观察有无恶心、呕吐、心律不齐、心动过缓等副作用，必要时停药；阿司匹林可引起胃肠反应、肝功能损害和出血，可饭后或同时服用氢氧化铝以减少对胃的刺激，加用维生素 K 可防止出血；泼尼松可引起满月脸、肥胖、消化道溃疡、肾上腺皮质功能不全、精神症状、血压增高、电解质紊乱、抑制免疫等不良反应，护理过程中应密切观察，避免交叉感染和骨折。

（五）心理护理

采取有效的沟通方式，耐心解释各项检查、治疗及护理措施的意义，争取合作。及时解除患儿的各种不适，如发热、出汗、疼痛等，减少患儿的住院压力，以取得其对治疗护理的配合，促进患儿的舒适感，增强其战胜疾病的信心。

（六）健康教育

1. 给患儿和家长介绍有关疾病的知识和护理要点，使家长学会观察病情、掌握预防感染和防止复发的各种措施。

2. 指导家长合理安排患儿的日常生活，积极锻炼身体，增强体质但避免剧烈的活动。防止寒冷和潮湿，在疾病流行季节，建议家长尽量少带小儿到公共场所，预防上呼吸道感染。

3. 定期门诊复查，强调预防复发的重要性。预防首选长效青霉素 120 万 U 深部肌内注射，每月 1 次，至少持续 5 年，最好持续到 25 岁。有风湿性心脏病者，宜终生药物预防。

第二节　过敏性紫癜

过敏性紫癜（anaphylactoid purpura），又称亨-舒综合征（henoch-schonlein syndrome）(henoch-schonlein purpura，HSP），是以全身小血管炎为主要病变的系统性血管炎。临床以血

小板不减少性紫癜为特点,常伴关节肿痛、腹痛、便血和血尿等,最严重的并发症是渐进性肾衰竭。多见于学龄期小儿,男孩多于女孩。四季均可发病,但以冬、春季多见。

病因尚不清楚,目前认为与某种致敏因素引起的自身免疫反应有关。发病机制可能是病原体(细菌、病毒、寄生虫等)、药物(抗生素、解热镇痛药、磺胺药等)、食物(鱼虾、蛋、乳类等)以及花粉、虫咬、疫苗注射等作为致敏因素,机体对这些因素产生了不恰当的免疫反应,形成免疫复合物沉淀于小血管而导致的系统性血管炎。基础病理改变为全身性白细胞碎裂性小血管炎。

> **案例 15-2 A**
>
> 患儿,男,10岁,因双下肢皮疹5天,双踝关节肿胀疼痛3天入院。患儿10天前患"感冒",近5天皮肤出现紫癜,以双下肢为主,无痒感,3天前双踝关节肿胀疼痛,伴有活动受限,二便正常。
>
> 体格检查:T 36.9℃,P 98次/分,R 22次/分,BP 102/60mmHg,神志清,营养良好,双下肢可见散在点片状暗红色皮疹,略高出皮肤,压之不褪色,伴有双踝关节肿痛,扁桃体Ⅱ度肿大,双肺呼吸音粗,心音有力,率齐,腹软,脐周压痛(-)。
>
> 辅助检查:白细胞计数 $8.49×10^9$/L,淋巴细胞比率 19.7%,中性粒细胞比率 71.8%,血红蛋白测定 134g/L,红细胞计数 $4.18×10^{12}$/L,血小板计数 $212×10^9$/L。
>
> 问题与思考:该患儿的护理评估内容有哪些?

【护理评估】

(一)临床表现

多为急性起病,病前1~3周常有上呼吸道感染史。各种症状可以不同组合,出现先后不一。首发症状以皮肤紫癜多见,少数病例以腹痛、关节炎或肾症状首先出现。约半数患儿伴有低热、食欲差、乏力等全身症状。

1. **皮肤紫癜** 常为首发症状,特征是反复出现。最常见于下肢伸侧面和臀部,尤以小腿多见,对称分布,分批出现,重者累及上肢,面部及躯干少见。紫癜大小不等,高出皮肤,压不褪色,初起为紫红色斑丘疹,此后颜色加深呈暗紫红色,最终呈棕褐色。一般在4~6周后消退,部分患儿在数周或数月后复发。少数重症紫癜可大片融合形成大疱伴出血性坏死(图15-1)。部分病例可伴有荨麻疹和血管神经性水肿。

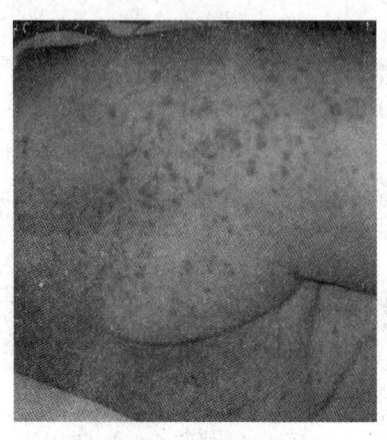

图 15-1 皮肤紫癜

2. **消化道症状** 约2/3病例出现消化道症状。常见脐周或下腹部疼痛,伴恶心、呕吐,部分患儿有腹泻或便血。可诱发肠套叠、肠梗阻、肠穿孔及出血坏死性小肠炎。

3. **关节症状** 约1/3病例出现关节肿痛,活动受限。多累及膝、踝、肘、腕等大关节,单发或多发,呈游走性,腔内可有积液。在数日内消失而不遗留关节畸形。

4. **肾症状** 几乎所有病例在病理上均可累及肾,但临床表现为紫癜性肾炎者占30%~60%,多在病程1~8周内出现。症状轻重不一,多数患儿出现血尿、蛋白尿及管型,伴血压增高和水肿,称为紫癜性肾炎。少数呈肾病综合征表现,大多数能完全康复。少数发展为慢性肾炎,死于慢性肾衰竭。

5. 其他症状　中枢神经系统病变是本病潜在威胁之一，偶可出现颅内出血，导致一系列临床症状。部分患儿有鼻出血、牙龈出血、咯血、心肌炎、心包炎。

（二）辅助检查

1. 实验室检查

（1）血象：白细胞正常或轻度增高，可伴中性和嗜酸性粒细胞增高。一般无贫血，出血和凝血时间、血块退缩试验正常，血小板计数正常甚至升高，部分患儿的毛细血管脆性试验呈阳性。

（2）尿常规：肾受损可有血尿、蛋白尿、管型。

（3）大便隐血：大便潜血试验可呈阳性反应。

（4）血清学检查：血清 IgA 浓度往往升高，IgG、IgM 水平升高或正常。

2. 影像学检查　腹部 B 超检查有利于早期诊断肠套叠。早期 X 线仅显示软组织肿胀，关节周围骨质疏松。

（三）与疾病相关的健康史

询问患儿是否属于过敏体质，本次发病的诱因及首发症状，病前是否接触过敏源、药物及接种疫苗、蚊虫叮咬等。既往有无类似发作，既往变应原是否明确，尿常规是否正常。患儿发病前 1~3 周是否有上呼吸道感染史。

（四）心理-社会状况

注意评估患儿家长对该病的预后、疾病的护理方法、药物的副作用、复发的预防等知识的认识程度。本病属自限性疾病，多数于 4~6 周痊愈，也有病程达数月者，对年长儿还需注意评估有无因长期休学带来的担忧。了解患儿家庭环境及家庭经济情况，既往有无住院的经历。

（五）治疗要点

1. 一般治疗　急性期卧床休息，尽可能查明去除致病因素，如避免过敏性食物和药物，补充维生素等。

2. 使用糖皮质激素和免疫抑制剂　适用于急性期和腹部、关节疼痛明显者，可迅速缓解症状，但不能防止复发，一般症状缓解后即可停用。常用泼尼松 1~2mg/(kg·d)，分次口服，或用氢化可的松、地塞米松静脉点滴，严重者可用甲泼尼龙 5~10mg/(kg·d) 静脉点滴，症状缓解后停用。重症过敏性紫癜肾炎可用环磷酰胺等免疫抑制剂。

3. 抗凝治疗　应用阻止血小板凝集和血栓形成的药物，可选用阿司匹林、潘生丁等；以紫癜性肾炎为主要病变时，可选用肝素治疗。

4. 对症处理　出血患儿卧床休息，腹痛时应用解痉剂；消化道出血时应禁食，必要时考虑输血；抗组胺药及钙剂等可减轻一些过敏反应的强度，部分患儿的腹痛症状可以缓解；安络血可增加毛细血管对损伤的抵抗力。

患儿明确诊断过敏性紫癜，给予对症、支持治疗后，病情好转。

问题与思考：

1. 该患儿护理诊断有哪些？
2. 该患儿护理重点有哪些？如何监测病情？

【主要护理诊断/合作性问题】

1. 皮肤完整性受损　与血管炎有关。

2. 疼痛　与关节肿痛、肠道变态反应性炎症有关。

3. 潜在并发症　消化道出血、紫癜性肾炎。

【护理措施】

（一）皮肤护理

1. 观察皮疹的颜色、数量、形态、分布，是否反复出现，每日详细记录皮疹情况。

2. 衣着应宽松、柔软、干净，保持皮肤干燥、清洁，防擦伤和抓伤，如有破溃应及时处理，以免出血和感染。

3. 避免接触过敏源，按医嘱使用各种对症药物。

（二）对症护理

1. 观察患儿关节疼痛及肿胀程度，协助患肢置于功能位。根据病情给予热敷，教会患儿利用放松、娱乐等方法减轻疼痛。

2. 患儿腹痛时应卧床休息，禁止腹部热敷，防止肠道出血加重，同时做好日常生活护理。一般腹型紫癜患儿应禁食异体蛋白，并给予无渣流食，严重者应禁食水，给予静脉高营养。

3. 按医嘱使用肾上腺皮质激素，以缓解关节疼痛和解除痉挛性腹痛。

（三）监测病情

1. 观察有无腹痛、便血等情况，同时注意腹部体征以排除外科急腹症（肠套叠、肠穿孔等），发现异常及时报告和处理。

2. 观察尿量、尿色，定时做尿常规检查。若有血尿和蛋白尿，提示紫癜性肾炎，按肾炎护理。

（四）健康教育

1. 近年来研究表明A组溶血性链球菌感染是导致过敏性紫癜的重要原因，本病以春、秋季好发，向小儿及家长宣传预防感染的重要性，避免去人群聚集的场所。

2. 过敏性紫癜可反复发作或并发肾损害，给患儿和家长带来不安和痛苦，应做好解释，帮助其树立战胜疾病的信心。

3. 应做好出院指导，指导家长和患儿学会观察病情，合理调配饮食；指导其尽量避免接触各种可能的过敏原，并定期到医院复查。

第三节　幼年特发性关节炎

幼年特发性关节炎（juvenile idiopathic arthritis，JIA）是一种以慢性关节滑膜炎为特征的自身免疫性疾病。表现为长期不规则发热及关节肿痛，皮疹，肝脾、淋巴结肿大，少数可伴虹膜睫状体炎等。多见于16岁以下的小儿，男孩多于女孩。年龄越小，全身症状越重，年长儿以关节症状为主。

病因不明，可能与感染、免疫、遗传等有关。①感染因素：细菌、病毒、支原体和衣原体的感染与本病有关，但不能证实是引起本病的直接诱因。②免疫因素：有证据证实本病为自身免疫性疾病。③遗传因素：本病有单卵双胎及同胞兄妹共患的病历，有资料证实JIA具有遗传学背景。④其他：如精神因素，外伤，吸烟，气候等环境改变均可成为触发因素。在感染及环境的影响下，感染微生物的特殊成分作为外来抗原，作用于具有遗传学背景的个体，激活免疫细胞，使其活化增殖和分泌大量的炎性细胞因子，引起自身组织的损害和变性。

【护理评估】

（一）临床表现

根据关节症状与全身症状分为不同类型，各型表现不同。

案例 15-3A

患儿，女，2岁。因发热10余天，伴皮疹7天，加重伴关节疼痛3天入院。患儿10天前出现发热，体温最高达39.5℃，给予口服药后体温降至正常，数小时后体温复升，体温升至正常期间患儿玩耍如常，近7天颜面及躯干部出现红色丘疹，皮疹随体温增高出现，随热退消退，无脱皮及色素沉着，左侧膝关节略肿胀，皮温增高，伴关节活动受限。为进一步诊治入院。大小便正常。

体格检查：T 39.5℃，P 140次/分，R 32次/分，神清，口唇、眼睑及甲床略苍白，营养良好，发育正常，咽部微红，双侧扁桃体无肿大，双肺呼吸音粗，未闻及干湿啰音，心音有力，率齐，神经系统查体未见异常。躯干及四肢可见红色丘疹，压之不褪色，左侧膝关节疼痛、肿胀，皮温增高，伴关节活动受限。

辅助检查：血常规 WBC 17.83×10^9/L，HGB 103g/L，PLT 391×10^9/L，ESR 51mm/h，CRP 88mg/L。

问题与思考：
1. 该患儿的初步诊断？
2. 该患儿护理评估内容有哪些？

---

1. **全身型** 本型可发生于任何年龄，多见于2～4岁的小儿。以全身症状起病，发热和皮疹为典型症状。每日发热，至少2周以上，呈弛张热；皮疹特点为随体温升降而出现或消退，呈多形性、大小不等的红斑，散在或融合成片，多见于胸部和四肢；关节症状主要是关节痛或关节炎，常在发热时加重，热退后减轻或缓解，约25%患儿最终转为慢性关节炎，致关节畸形。肝、脾、淋巴结常有不同程度肿大。偶见胸膜炎、心包炎。

2. **少关节型** 发病最初6个月有1～4个关节受累。女孩多见，多在5岁前起病，多为非对称性，以膝、踝、肘等大关节为主，严重关节活动障碍较少见，20%～30%伴慢性虹膜睫状体炎而致视力下降。

3. **多关节型** 女孩多见。发病最初6个月5个以上关节受累，多为对称性。先累及大关节如踝、膝、腕、肘等，表现为关节肿、痛而不发红。随病情进展可累及小关节及颈椎。晨僵是本型的特点。反复发作者关节发生强直变形，50%以上患儿关节发生强直变形影响关节功能。

4. **银屑病性关节炎** 单个或多个关节炎合并银屑病，以累及手足小关节为主，也可累及骶髂关节及四肢大关节，受累的关节不对称。关节炎可发生于银屑病发病之前或数月、数年后。关节炎症状较重者，其银屑病也较重，常伴有指（趾）甲病变。此型小儿时期罕见，40%患儿有银屑病家族史。

5. **与附着点炎症相关的关节炎** 8岁以上男孩儿多见，多有家族史。首发症状为四肢关节炎，以下肢大关节如髋、膝、踝关节多见，表现为肿、痛和活动受限。可有反复发作的急性虹膜睫状体炎和足跟疼痛。

6. **未定类的幼年特发性关节炎** 不符合上述任何一项或符合上述2项以上类别的关节炎。

（二）辅助检查

1. **血液检查** 活动期多有轻-中度贫血，白细胞计数常增多，以中性粒细胞增高为主；血沉（ESR）增快，C反应蛋白大多增高，提示炎症活动性。如果白细胞、粒细胞、血小板及ESR突然下降，应警惕JIA并发巨噬细胞活化综合征可能。

2. **免疫学检查** 血清免疫球蛋白IgG、IgM、IgA均增高，部分病例类风湿因子可为阳性，抗核抗体女性阳性率较高。

3. 影像学检查　病程早期（1年左右）仅显示软组织肿胀，关节周围骨质疏松，关节附近呈现骨膜炎。晚期才出现关节面骨破坏和软骨间隙变窄、关节半脱位等，以手腕关节损害多见。

（三）与疾病相关的健康史

询问患儿发病前有无感染的表现，发热持续时间、热型、皮疹、关节功能状态以及伴随的症状，有无视力下降。家庭居住的气候、环境条件，家族中有无类似病史的成员。

（四）心理-社会状况

评估患儿家长对该病的预后、疾病的护理方法、药物的副作用、复发的预防等知识的认识程度。评估家长对疾病的心理反应、文化程度，对年长儿还需注意评估有无由于关节畸形带来的自卑等。了解患儿家庭环境及家庭经济情况。

（五）治疗要点

治疗原则：控制临床症状，减轻或消除关节疼痛和肿胀，预防感染及关节炎的加重，维持关节功能和预防关节畸形。

1. 一般治疗　注意增加营养，除急性发热外，不主张过多地卧床休息。克服患儿因慢性疾病或残疾造成的自卑心理，尽量鼓励患儿参加适当的运动。

2. 理疗　采用医疗体育、理疗等措施可减轻关节强直和软组织挛缩，如清晨热浴、中药热浴等都可能减轻病情及晨僵，夜间入睡时以夹板固定关节于功能位，可减少运动功能障碍，防止发生或纠正关节残疾。

3. 药物疗法　应用非甾体类抗炎药物（萘普生、布洛芬等）、水杨酸制剂（阿司匹林）、甲氨蝶呤、羟氯喹、肾上腺皮质激素、免疫抑制剂等进行JIA治疗。

4. 眼科治疗　定期眼科检查及早发现虹膜睫状体炎。

该患儿明确诊断为幼年特发性关节炎（全身型），给予支持、对症治疗，病情好转。

问题与思考：

1. 该患儿主要的护理诊断/合作性问题有哪些？
2. 如何护理该患儿？

【主要护理诊断/合作性问题】

1. 体温过高　与非化脓性炎症有关。
2. 疼痛　与关节炎症和肿胀有关。
3. 躯体活动障碍　与关节疼痛、畸形有关。
4. 焦虑　与关节强直畸形有关。
5. 潜在并发症　药物副作用。

【护理措施】

（一）发热的护理

监测体温变化，注意热型。观察有无皮疹、眼部受损，有无脱水体征。高热时采用物理或药物降温法，保持皮肤清洁，床单、衣服清洁干燥，避免受凉。同时要保证患儿摄入充足水分及热量，并给予高热量、高维生素、高蛋白、易消化饮食。使用抗炎药物进行病因治疗。

知识链接

巨噬细胞活化综合征

巨噬细胞活化综合征（microphage activation syndrome，MAS），又称继发性或反应性噬血性淋巴组织细胞增生症，是T淋巴细胞和分化良好的巨噬细胞过度活化和增生，进而产生细胞因子风暴，导致机体异常免疫状态，死亡率极高。常并发于感染、肿瘤和自身免疫性疾病，尤其多见于幼年特发性关节炎全身型。临床主要表现为持续发热，淋巴结及肝脾大，全血细胞减少，严重肝功能损害，凝血障碍及神经系统受累等多脏器病变。血沉下降和高血清铁蛋白血症是其最为突出的实验室变化，骨髓细胞学显示有分化良好的巨噬细胞吞噬血细胞现象。目前确切触发因素不明确，但其与原发性活动、感染、药物等因素存在相关性。

（二）关节炎的护理

1．急性期应卧床休息，注意观察关节症状，有无晨僵、肿胀、疼痛、热感、运动障碍和畸形。可用夹板、沙袋等固定患肢于功能位，或用支被架保护患肢不受压等以减轻疼痛。教给患儿用放松、分散注意力的方法减轻疼痛或局部热敷止痛。经常变换体位，适当做关节活动，防止关节挛缩。

2．急性期过后尽早开始关节的康复治疗，指导家长帮助患儿做关节的被动运动和按摩，同时将治疗性的运动融入游戏中，以防止畸形和恢复关节功能，如运动后出现关节疼痛肿胀加重可暂时停止运动。鼓励患儿在日常生活中尽量独立。

3．对关节畸形的患儿，注意防止外伤。

（三）用药护理

非甾体类抗炎药物常见副作用是胃肠反应，对凝血功能、肝、肾和中枢神经系统也有影响。故长期用药的患儿遵医嘱定期检查血象和肝、肾功能；使用免疫抑制剂应注意观察药物副作用，如白细胞降低等。

（四）心理护理

多与患儿及家长沟通，以便了解病情和患儿及其家长的心理感受，给予精神安慰。做好出院后的指导，讲解本病虽病程长但预后好，使他们树立战胜疾病的信心并自觉坚持长期治疗。

（五）健康教育

1．指导父母不要过度保护患儿，多尝试一些新的运动，多让患儿接触社会，尽量参加正常的活动和学习，以促进其身心健康的发展。

2．对患儿及家长进行该病的知识教育。宣传引发本病的诱因，如寒冷、潮湿、营养不良、疲劳、精神因素、外伤等。介绍治疗进展和有关康复信息，以提高他们战胜疾病的信息。

第四节　皮肤黏膜淋巴结综合征

皮肤黏膜淋巴结综合征（mucocutaneous lymphnode syndrome，MCLS）又称川崎病（kawasaki disease，KD），是一种全身中、小血管炎为主要病变的急性发热出疹性疾病。临床上以发热、皮肤黏膜损害、淋巴结肿大为特点。发病年龄以婴幼儿多见，男孩多于女孩，男：女为1.5：1。一年四季均有发病，以春秋两季居多。

病因不明，可能与 EB 病毒、立克次体、丙酸杆菌（短棒菌苗）、链球菌、反转录病毒、支原体等多种病原体感染有关，但均未证实。发病机制尚不清楚，目前认为该病是易患宿主对多种感染病原触发的一种免疫介导的全身性血管炎。基本病理变化为全身血管炎性病变，累及主动脉及其分支，冠状动脉病变最为严重。

案例 15-4A

患儿，女，3 岁，因发热 7 天、皮疹 5 天、手足肿胀 3 天入院。患儿 7 天前无明显诱因出现发热，体温最高 39.6℃，当地门诊给予静脉点滴抗生素治疗，效果欠佳，5 天前胸部、后背出现猩红热样皮疹，无痒感，近 3 天手足肿胀，双眼球结膜充血，伴口唇皲裂，遂来医院就诊。

体格查体：T 39.6℃，P 138 次 / 分，R 34 次 / 分。神清，前胸后背出现猩红热样皮疹，双侧颈部可触及 3～4 个蚕豆大小淋巴结，活动度可，无触痛，双眼球结膜充血，无脓性分泌物，口唇皲裂，杨梅舌，咽部充血，双侧扁桃体Ⅰ度肿大，充血，心率 138 次 / 分，律齐，心音有力，未及病理性杂音，腹软，肝脾未触及肿大，神经系统无异常，手足肿胀，皮肤潮红。

辅助检查：WBC $12.8×10^9$/L，Hb 120g/L，PLT $506×10^9$/L，血沉 60mm/h，C 反应蛋白 40mg/L。心电图未见异常。

问题与思考：
1. 该患儿的初步诊断是什么？
2. 该患儿的护理评估内容有哪些？

【护理评估】

（一）临床表现

1. 主要表现

（1）发热：最早出现症状，体温高达 39～40℃，呈稽留热或弛张热。持续 7～14 天或更长，抗生素治疗无效。

（2）皮肤表现：皮疹常在第 1 周出现，呈向心性、多形性，为斑丘疹、多形性皮斑和猩红热样皮疹，无疱疹及结痂，躯干部多见，肛周皮肤发红、脱皮。

（3）手足症状：急性期手足皮肤呈广泛性硬性水肿和掌趾红斑，恢复期指、趾端膜状脱皮，重者指、趾甲亦可脱落，此为本病的典型临床特点。

（4）黏膜表现：双眼球结膜充血，无脓性分泌物；口唇潮红、皲裂或出血，舌乳头突起、充血呈草莓舌。咽部弥漫性充血，扁桃体有时肿大。

（5）颈淋巴结肿大：常为单侧，少数累及双侧，呈非化脓性，坚硬有触痛。一般在发热同时或发热后 3 天出现，热退后消散。

2. 心脏表现　心血管受累是川崎病最严重的表现。于病后 1～6 周出现心肌炎、心内膜炎和心包炎；冠状动脉瘤常在疾病的第 2～4 周发生也可于疾病恢复期发生，心肌梗死和巨大冠状动脉瘤破裂可导致心源性休克甚至猝死。

3. 其他　可有无菌性脑膜炎、间质性肺炎、消化系统症状（腹痛、腹泻、呕吐、肝大、轻度黄疸）、关节痛和关节炎。

（二）辅助检查

1. 血液检查　轻度贫血，白细胞计数增高，以中性粒细胞增高为主，伴有核左移现象。

血沉增快，C反应蛋白增高，免疫球蛋白增高，为炎症活动指标。

冠状动脉瘤

冠状动脉发生局部性或弥漫性扩张，超过局部原来直径的两倍以上，呈单发性或多发性的瘤样改变，称之为冠状动脉瘤。产生的原因分为先天性和后天性两种。川崎病引起的冠状动脉瘤属于后天性冠状动脉瘤。川崎病的病理改变为非特异性血管炎，增多的炎性介质可直接损伤血管内皮导致血小板向受损血管表面聚集，有50%～70%患儿血小板显著增多，血液处于高凝状态，极易造成血栓，发生冠状动脉扩张和冠状动脉瘤。因此，早期治疗高凝状态对预防微血栓形成，减少冠状动脉损害有积极作用。

2. **免疫学检查** 血清IgG、IgM、IgA、IgE和血循环免疫复合物均增高，总补体和C_3正常或增高。

3. **心电图、超声心动图检查** 心脏受损者可见心电图和超声心动图改变。心电图主要为ST段、T波改变、P-R间期延长和Q-T间期延长、低电压、心律失常等。超声心动图适于早期判断心脏受累及长期随访。

4. **胸片** 肺纹理增多，少数患儿有模糊或片状阴影；心影常轻度扩大，少数患儿可见冠状动脉钙化。

5. **冠状动脉检查** 冠状动脉造影是诊断冠状动脉病变最精确的方法，超声波检查有多发性冠状动脉瘤或心电图有心肌缺血表现者，可行冠状动脉造影，以指导治疗。

（三）与疾病相关的健康史

询问家长及患儿发病前有无感染的征象，了解发热程度及热程，判断热型，抗生素治疗是否有效；出疹时间、形态和分布；是否有近期服药史。

（四）心理-社会状况

本病病程较长，少数并发心脏损害。评估患儿及家长是否有焦虑及对该病的认知程度，是否认同和接受，患儿对住院、治疗是否有恐惧等。了解患儿的家庭环境和经济情况。

（五）治疗要点

1. 控制炎症

（1）阿司匹林（ASP）：首选药物，剂量30～50mg/（kg·d），分2～3次服用，热退后3天逐渐减量至3～5mg/（kg·d），再用6～8周。如有冠状动脉病变时，根据血小板调整剂量、疗程至冠状动脉病变恢复正常。

（2）静脉注射丙种球蛋白（IVIG）：发病早期应用，可降低急性期冠状动脉病变的发生率，对已形成冠状动脉瘤者可使早期退缩。单剂1～2g/kg，8～12h输入，部分IVIG无反应，应尽早再次给予IVIG 2g/kg一次静脉输注。

（3）糖皮质激素：因加重血液高凝状态，不宜单独使用。静脉注射丙种球蛋白无效者考虑使用，可与阿司匹林和双嘧达莫合并使用。

2. **抗血小板聚集** 除阿司匹林外可加用双嘧达莫。

3. **其他治疗** 对症支持治疗，如控制心力衰竭、纠正心律失常、补液、护肝等；心肌梗死时及时溶栓治疗。

案例 15-4B

患儿入院后给予阿司匹林、丙种球蛋白等对症治疗后，病情好转。

问题与思考：
1. 如何制订该患儿的护理计划？
2. 如何观察丙种球蛋白和阿司匹林的疗效和副作用？

【主要护理诊断/合作性问题】

1. 体温过高　与感染、免疫反应等因素有关。
2. 皮肤完整性受损改变　与小血管炎有关。
3. 口腔黏膜改变　与小血管炎有关。
4. 潜在并发症　心脏受损。

【护理措施】

（一）降低体温

1. 急性期绝对卧床休息，病室温湿度适宜。监测体温，观察热型和伴随症状，采取必要的治疗护理措施。

2. 给予清淡易消化、营养丰富的流质或半流质饮食。食物宜温凉，避免生、辛、硬等刺激性食物。鼓励患儿多饮水，必要时静脉补液。

3. 按医嘱用药，并注意观察应用阿司匹林有无出血倾向和丙种球蛋白有无过敏反应，一旦发生及时处理。

（二）皮肤护理

评估皮疹情况，保持皮肤清洁，剪短指甲，以免抓伤和擦伤；对半脱的痂皮用干净剪刀剪除，切忌强行撕脱，防止出血和继发感染；患儿所用衣被质地柔软清洁，便后清洗臀部。

（三）黏膜护理

评估口腔黏膜病损情况及进食能力，每日晨起、睡前、餐前、餐后漱口，保持口腔清洁，必要时给予口腔护理；口唇皲裂用消毒液状石蜡涂抹、防止皲裂引起出血和疼痛。保持眼睛清洁，每日用生理盐水洗眼 1～2 次，也可涂眼膏，预防感染。

（四）监测病情

密切监测患儿有无面色、精神状态、心率、心律、心音、心电图异常等心血管损害的表现，一旦发现采取相应的护理措施。

（五）心理护理

家长因患儿心血管受损及可能发生猝死而产生不安心理，向家长介绍本病为自限性疾病，多数预后良好，消除其焦虑、恐惧等负性情绪，给予心理支持。根据患儿年龄进行解释，以取得配合，制订合理的活动与休息，安排一些床上娱乐，多给其精神安慰，减少各种不良刺激。

（六）健康教育

指导家长坚持服药、观察病情，强调按期来院复查。无冠状动脉病变的患儿于出院后 1 个月、3 个月、6 个月及 12 个月全面检查 1 次。对于有冠状动脉病变的患儿要密切随访。对于使用丙种球蛋白的患儿 6 个月后才可预防接种。

一、风湿热

风湿热发病原因多数认为与A组乙型溶血性链球菌感染上呼吸道有关，另外还与遗传及环境因素有关。主要表现为心肌炎、发热、关节炎、舞蹈病、皮下小结和环形红斑，心肌炎是本病最严重的临床表现。治疗主要给予清除链球菌感染，抗风湿热等对症治疗。护理包括：①心肌炎的护理；②减轻关节疼痛；③做好基础护理；④用药护理；⑤心理护理和健康教育。

二、过敏性紫癜

过敏性紫癜病因尚不清楚，目前认为与某种致敏因素引起的自身免疫反应有关。临床首发症状以皮肤紫癜多见，少数病例以腹痛、关节炎或肾症状首先出现。约半数患儿伴有低热、食欲差、乏力等全身症状。治疗包括使用糖皮质激素和免疫抑制剂、抗凝治疗以及对症处理。护理包括：①皮肤护理；②对症护理；③监测病情；④健康教育。

三、幼年特发性关节炎

幼年特发性关节炎病因不明，可能与感染、免疫、遗传等有关。临床表现为长期不规则发热及关节肿痛，皮疹，肝脾、淋巴结肿大，少数可伴虹膜睫状体炎等。年龄越小，全身症状越重，年长儿以关节症状为主。治疗原则为控制临床症状，减轻或消除关节疼痛和肿胀，给予理疗和药物疗法。护理包括：①发热的护理；②关节炎的护理；③用药护理；④心理护理和健康教育。

四、皮肤黏膜淋巴结综合征

皮肤黏膜淋巴结综合征病因不明，可能与EB病毒、立克次体、丙酸杆菌、链球菌、反转录病毒、支原体等多种病原体感染有关，但均未证实。临床上以发热、皮肤黏膜损害、淋巴结肿大为特点，发病以婴幼儿多见。治疗以控制炎症，选用阿司匹林、静脉注射丙种球蛋白、糖皮质激素；抗血小板凝聚以及其他对症支持治疗。护理包括：①降低体温；②皮肤护理；③黏膜护理；④监测病情；⑤心理护理和健康教育。

一、单项选择题

1. 过敏性紫癜的护理措施，以下**不正确**的是
   A. 注意皮疹状况
   B. 观察有无腹痛、便血等情况
   C. 消化道出血量多时不必禁食
   D. 应注意有无血尿和蛋白尿
   E. 急性期应注意休息

2. 小儿风湿热常见的护理诊断**不包括**
   A. 心输出量减少 与心脏受损有关
   B. 躯体运动障碍 与关节疼痛畸形有关
   C. 疼痛 与关节受累有关
   D. 潜在并发症 药物副作用
   E. 体温过高 与感染的病原体毒素有关

3. 小儿风湿性心内膜炎最常累及的是

A. 二尖瓣
B. 主动脉瓣
C. 肺动脉瓣
D. 三尖瓣
E. 各瓣膜同时受累

4. 控制小儿风湿热复发首选的药物是
A. 红霉素
B. 链霉素
C. 长效青霉素
D. 阿司匹林
E. 氯霉素

5. 川崎病的首选药物是
A. 可的松
B. 双嘧达莫
C. 泼尼松
D. 安乃近
E. 阿司匹林

6. 过敏性紫癜患儿的皮肤紫癜多见于
A. 颈部、上肢
B. 腹部
C. 头面部
D. 躯干部
E. 下肢及臀部

7. 皮肤黏膜淋巴结综合征的护理要点，以下哪项**不合适**
A. 给予无盐饮食
B. 急性期绝对卧床
C. 保持皮肤黏膜清洁以预防皮肤感染
D. 注意观察心血管症状
E. 注意观察药物的副作用

8. 关于风湿热患儿的休息与活动，**错误**的是
A. 急性期卧床休息 2 周
B. 有心肌炎时绝对卧床休息 4 周
C. 对于无心脏受累者一般恢复至正常活动量所需的时间是 1 个月
D. 血沉接近正常时方可逐渐下床活动
E. 伴有心力衰竭者待心功能恢复后再卧床 3～4 周

9. 护理风湿性关节炎，以下哪项措施**不妥**

A. 适当减少肢体活动
B. 长期服用止痛剂减少症状
C. 避免受损关节受压
D. 移动患儿肢体要轻柔
E. 用枕头支撑肢体于舒适位置

10. 川崎病早期用丙种球蛋白的目的是
A. 减轻症状
B. 缩短疗程
C. 减少冠状动脉病变发生
D. 提高机体抵抗力
E. 减少淋巴结肿大

11. 皮肤黏膜淋巴结综合征患儿突然死亡的原因是
A. 心肌梗死
B. 肝炎
C. 心包炎
D. 心肌炎
E. 脑炎

12. 严重腹型紫癜患儿应当给予
A. 禁食
B. 半流食
C. 低盐饮食
D. 少渣饮食
E. 流食

13. 关于风湿热的辅助检查**错误**的是
A. 血沉增快
B. 心电图示 P-R 间期持续延长
C. 抗链球菌溶血素"O"增高
D. C 反应蛋白阳性
E. X 线关节片可见骨质不同程度损害

14. 过敏性紫癜的首发症状常是
A. 关节疼痛肿胀
B. 恶心呕吐
C. 皮肤紫癜
D. 血尿
E. 腹痛、便血

15. 小儿风湿热发病与以下哪种有关
A. 柯萨奇病毒
B. 肺炎支原体
C. A 组乙型溶血性链球菌
D. 肺炎链球菌
E. 金黄色葡萄球菌

16. 皮肤黏膜淋巴结综合征的主要症状，以下哪项**不正确**
    A．急性期手足硬肿
    B．发热
    C．心瓣膜病
    D．球结膜充血
    E．口腔黏膜弥漫性充血
17. 风湿热患儿服用水杨酸制剂时，以下护理措施**不恰当**的是
    A．饭后服用
    B．饭前服用
    C．出汗多时注意皮肤护理
    D．可同时服用氢氧化铝
    E．必要时加服维生素 K
18. 患儿，男，7岁，患有关节炎3个月，初为右指、趾关节痛，半月后左侧指、趾关节也痛，1月来双踝关节及肘、膝关节痛，初为游走性，现为固定性，活动受限，最可能的原因是
    A．风湿性关节炎
    B．幼年特发性关节炎全身型
    C．幼年特发性关节炎少关节型
    D．幼年特发性关节炎多关节型
    E．过敏性紫癜关节损害
19. 患儿，女，6岁，4周前患感冒，10天来四肢末端伸侧反复出现散在紫红色出血性斑丘疹，查血小板和出凝血时间正常，应考虑为
    A．过敏性紫癜
    B．类风湿
    C．皮肤黏膜淋巴结综合征
    D．风湿热
    E．病毒性感染
20. 关于风湿热的关节特点，以下**错误**的是
    A．主要累及大关节
    B．治疗后可痊愈
    C．呈游走性和多发性
    D．常留有畸形
    E．局部可呈红、肿、热、痛和功能障碍

二、案例题

1．患儿，女，7岁，因反复发热，四肢关节肿痛10余天就诊。患儿于半月前因上呼吸道感染，出现发热，在家自行口服药后好转，近日出现低热，体温37.5～38.5℃之间，四肢关节肿痛，以膝腕关节明显，伴活动受限。体格检查：T 37.6℃，P 102次/分，R 24次/分，神清，面色苍白，膝腕关节红肿，躯干可见散在的红色斑疹，咽充血，双肺未见异常，心音有力，律齐。实验室检查：血沉增快，抗链球菌溶血素"O"增高，C反应蛋白升高。

问题：
（1）该患儿最可能的诊断是什么？
（2）列出主要的护理诊断。
（3）如何对该患儿及家长进行健康教育？

2．患儿，女，1岁半，以发热10余天伴右侧颈部肿大5天，使用退热药及抗生素无效，近日出现皮疹为主诉入院。体格检查：T 39.6℃，P 132次/分，R 40次/分，意识清，头面部及躯干可见多形性红斑样皮疹，右侧颈部淋巴结肿大，表皮不红，触之疼痛，双眼球结膜充血，口唇干裂，口腔黏膜充血，舌乳头突起，呈杨梅舌。四肢活动好，手足弥漫性红肿，组织有发硬的感觉。实验室检查：白细胞总数14×10^9/L，中性粒细胞76%，淋巴细胞24%，血小板计数645×10^9/L，CRP 70mg/L，血沉 45mm/h。

问题：
（1）该患儿的初步诊断是什么？
（2）评估患儿列出主要的护理诊断，制订相应的护理措施。

（刘国强）

第十六章 感染性疾病患儿的护理

学习目标

通过本章内容的学习，学生应能：

◆ 识记
1. 说出麻疹、水痘、腮腺炎、手足口病、猩红热病原体特点及结核杆菌特点。
2. 描述麻疹黏膜斑、原发综合征、支气管淋巴结结核的定义。

◆ 理解
1. 说明麻疹、水痘、流行性腮腺炎、手足口病、小儿结核病、猩红热的病因及发病机制。
2. 比较麻疹、水痘和猩红热的出疹特点。
3. 解释结核菌素试验结果。

◆ 运用
1. 评估麻疹、水痘、流行性腮腺炎、手足口病、小儿结核病、猩红热患儿并制订护理计划。
2. 评估结核性脑膜炎患儿并制订护理计划。

第一节 麻 疹

麻疹（measles）是由麻疹病毒引起的一种具有高度传染性的呼吸道传染病，临床以发热、上呼吸道炎症、结膜炎、口腔麻疹黏膜斑（又称柯氏斑 Koplik spots）、全身斑丘疹及疹退后遗留色素沉着伴糠麸样脱屑为特征，几乎所有未接受免疫的小儿接触麻疹后都会发病，病后大多可获得终身免疫。随着我国普遍使用麻疹减毒活疫苗进行预防接种，麻疹的发病率已显著下降，一些国家和地区已经消灭了麻疹。

麻疹病毒为 RNA 病毒，属副黏液病毒科，仅有一个血清型。麻疹病毒在体外生存能力不强，对热、紫外线和一般消毒剂均敏感，对寒冷及干燥环境耐受力较强。含病毒的飞沫在室内空气中保持传染性一般不超过 2h，在流通空气中或日光下 30min 失去活力。病人是唯一的传染源，主要经空气飞沫传播。6 个月至 5 岁小儿发病率高，冬春季高发，病后有较持久的免疫力。

麻疹病毒侵入易感儿后出现两次病毒血症。麻疹病毒通过呼吸道进入人体，在呼吸道上皮细胞和局部淋巴组织中繁殖并有少量病毒侵入血液，形成第一次病毒血症。此后，病毒在单核巨噬细胞系统复制活跃并再次大量侵入血液，形成第二次病毒血症，引起全身广泛性损害而出现高热、皮疹等一系列临床表现。同时患儿免疫反应受到抑制，常并发喉炎、支气管肺炎、脑炎或结核病恶化，营养不良患儿或免疫缺陷患儿，可能并发重型肺炎、脑炎，甚至死亡。

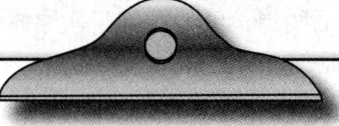

案例 16-1A

患儿，男，5个月。因"发热，伴流涕、咳嗽4天"入院。患儿4天前无明显原因发热，轻微流涕、咳嗽，曾以"感冒"治疗，服阿莫西林干糖浆，未见好转，遂入院。于当晚洗澡时发现身上有数枚红色皮疹。入院后3天，皮疹增多，体温持续不退，咳嗽加重，吃奶量明显减少，哭闹不停。体格检查：T 38℃，H 138次/分，律齐；听诊两肺闻及多量湿啰音，两肺纹理增粗，双下肺可见点片状阴影；胸背部皮肤少许充血性皮疹。口腔颊黏膜充血、粗糙。

辅助检查：WBC 15.3×10^9/L，N 75%，L 25%。

问题与思考：如何为患儿进行护理评估？

【护理评估】

（一）临床表现

1. 典型麻疹

（1）潜伏期：平均10天（6～18天），接受过免疫者可延长至3～4周，潜伏期末可有低热、全身不适。

（2）前驱期（发疹前期）：从发热至出疹，常持续3～4天，以发热、上呼吸道炎和麻疹黏膜斑为主要特征。多为中度以上发热，热型不一，同时伴有流涕、咳嗽、流泪等类似感冒症状，但结膜充血、畏光流泪及眼睑水肿，是本病特点。90%以上的病人于病程的第2～3日，在第二磨牙相对应的颊黏膜处出现直径0.5～1mm大小的灰白色小点，周围有红晕，常在1～2日内迅速增多，可累及整个颊黏膜，于出疹后1～2日内消退，具有早期诊断价值。部分病例可有一些非特异症状，如全身不适、食欲减退、精神不振、呕吐、腹泻等。

（3）出疹期：多在发热后3～4天出现皮疹，初见于耳后、发际，渐延及额、面、颈、自上而下蔓延至躯干，最后达手掌与足底。皮疹初为红色斑丘疹，呈充血性，以后逐渐融合成片，颜色加深呈暗红色，疹间可见正常皮肤。此期体温可突然升高到40～40.5℃，全身中毒症状及咳嗽加剧，重者谵妄、抽搐，肺部可闻干、湿啰音，X线检查可见肺纹理增多或轻重不等的弥漫性浸润。

（4）恢复期：出疹3～5天后，若无并发症，皮疹按出疹的先后顺序开始消退。随皮疹隐退，体温下降至逐渐正常，全身症状明显减轻。疹退后皮肤有麦麸样脱屑及浅褐色素斑，7～10天消退。

2. 非典型性麻疹

（1）轻型麻疹：主要见于体内尚有一部分免疫力者，如潜伏期内接受过丙种球蛋白或出生8个月内有母体被动抗体的婴儿。该型症状轻，麻疹黏膜斑不典型或不出现，无并发症。

（2）重型麻疹：多见于体弱多病、免疫力低下或护理不当有继发严重感染者。表现为持续高热，中毒症状重。部分患儿表现为疹出不透、色暗淡或皮疹骤退、四肢冰凉、血压下降等循环衰竭的表现。该型患儿常有肺炎、心力衰竭等并发症，死亡率高。

（3）异型麻疹：主要见于接种过麻疹减毒活疫苗而再次感染者。患儿持续高热、乏力、肌痛、头痛或伴四肢水肿。该型皮疹不典型，易发生肺炎。

（4）无皮疹性麻疹：多见于应用免疫抑制剂的患儿。该型全程无皮疹，无麻疹黏膜斑，呼吸道症状可有可无、轻重不一。

3. 并发症

（1）肺炎：是麻疹最常见的并发症，多见于5岁以下的患儿。由麻疹病毒本身引起的间质性肺炎常在出疹后及体温下降后消退,继发性肺炎病原体多为细菌,常见金黄色葡萄球菌、肺炎链球菌等,故易并发脓胸和脓气胸。

(2) 喉炎:麻疹患儿常有轻度喉炎表现,疹退后症状逐渐消失。当继发性细菌感染时,由于患儿喉腔狭小,黏膜层血管丰富,结缔组织疏松,喉部组织明显水肿,分泌物增多,临床出现声音嘶哑、犬吠样咳嗽、吸气性呼吸困难及三凹征,严重者因喉梗阻而窒息死亡。

(3) 心肌炎:是少见的严重并发症,多见于2岁以下、患重症麻疹或并发肺炎和营养不良患儿。轻者仅有心音低钝、心率增快和一过性心电图改变,重者可出现心力衰竭、心源性休克。

(4) 脑炎:多发生于疹后2~6天,也可发生于疹后3周内,与麻疹的轻重无关。患儿的临床表现和脑脊液改变与病毒性脑炎类似,多经1~5周恢复,部分患儿留有后遗症。

表16-1 小儿出疹性疾病鉴别

疾病	病原	发热与皮疹关系	皮疹特点	全身症状及其他特征
麻疹	麻疹病毒	发热3~4天,出疹期热更高	红色斑丘疹,自头部→颈→躯干→四肢,退疹后有色素沉着及细小脱屑	呼吸道卡他症状,结膜炎,发热第2~3天口腔黏膜斑
风疹	风疹病毒	发热后半天至1天出疹	面部→躯干→四肢,斑丘疹,疹间有正常皮肤,退疹后无色素沉着及脱屑	全身症状轻,耳后、枕部淋巴结肿大并触痛
幼儿急疹	人疱疹病毒6型	高热3~5天热退疹出	红色斑丘疹,颈及躯干部多见,1天出齐,次日消退	一般情况好,高热时可有惊厥,耳后、枕部淋巴结亦可肿大
猩红热	乙型溶血性链球菌	发热1~2天出疹,伴高热	皮肤弥漫充血,上有密集针尖大小丘疹,持续3~5天退疹,1周后全身大片脱皮	高热,中毒症状重,咽峡炎,杨梅舌,环口苍白圈,扁桃体炎
肠道病毒感染	埃可病毒柯萨奇病毒	发热时或退热后出疹	散在斑疹或斑丘疹,很少融合,1~3天消退,不脱屑,有时可呈紫癜样或水泡样皮疹	发热,咽痛,流涕,结膜炎,腹泻,全身或颈、枕后淋巴结肿大
药物疹		发热、服药史	皮疹痒感,摩擦及受压部位多,与用药有关,斑丘疹、疱疹、猩红热样皮疹、荨麻疹	原发病症状

(二) 辅助检查

1. **血常规** 血白细胞总数减少,淋巴细胞相对增多。

2. **血清学检查** 多采用酶联免疫吸附试验 (ELISA法) 进行麻疹特异性IgM抗体检测,出疹早期即可出现阳性。

3. **病毒学检查** 前驱期或出疹初期从呼吸道分泌物中分离出麻疹病毒,或用免疫荧光检测到麻疹病毒抗原,可早期快速帮助诊断。

(三) 与疾病相关的健康史

询问患儿有无麻疹的接触史及相关的接触方式,注意观察出疹前有无发热、咳嗽、喷嚏、畏光、流泪及口腔黏膜改变等;询问出疹顺序及皮疹性状,发热与皮疹的关系;询问患儿的营养状况及既往史,有无接种麻疹减毒活疫苗及接种时间。评估患儿的生命体征,观察皮疹的颜色、性质、分布及疹间皮肤是否正常;有无肺炎、喉炎、脑炎等并发症表现。

(四) 心理 - 社会状况

评估家长对疾病的心理反应、认识程度及对疾病的应对措施等,评估患儿家庭的居住环境、经济状况、卫生习惯及对疾病的认知程度、防治态度等。

（五）治疗要点

对症治疗、加强护理和预防并发症。

1. 一般治疗　卧床休息，保持室内适当的温湿度和水、电解质酸碱平衡，必要时静脉补液。

2. 对症治疗　高热时可酌情使用少量退热剂，避免急骤退热，特别是在出疹期。烦躁时可适当予以镇静剂。频繁剧咳可用镇咳祛痰剂或雾化吸入。继发细菌感染可用抗生素治疗。

3. 并发症治疗　有并发症者予以相应治疗。

（1）支气管肺炎：主要为抗菌治疗，根据药敏结果选用抗菌药物。常用青霉素、氨苄西林、红霉素及复方磺胺甲𫫇唑等。疗程1～2周，或体温正常后5日停药。高热、中毒症状严重者，酌用小剂量氢化可的松静脉滴注。进食少者可适当补液加支持疗法。

（2）心肌炎：有心力衰竭者宜及早静脉注射毒毛花苷或毛花苷C，重症者可同时用糖皮质激素保护心肌。

（3）喉炎：应尽量使患儿安静，给予蒸汽吸入，稀释痰液，选用抗菌药物。重症者可同时用肾上腺皮质激素以减轻喉部水肿，喉阻塞严重者应及早气管切开。

案例16-1B

患儿住院第3天体温40℃，心率140次/分，呼吸56次/分，精神萎靡，咳嗽剧烈，可见明显吸气三凹征及口周发绀，化验检查肌酸激酶（CK-MB）721IU/L、乳酸脱氢酶（LDH）851IU/L，胸部X线检查提示两肺下野可见小斑片状阴影。

问题与思考：

1. 患儿可能发生什么并发症，依据是什么？
2. 请列出该患儿主要护理问题，并为患儿制订护理措施。

【主要护理诊断/合作性问题】

1. 体温过高　与病毒血症、继发感染有关。
2. 皮肤完整性受损　与麻疹病毒引起的皮损有关。
3. 营养失调：低于机体需要量　与食欲下降、高热消耗增加有关。
4. 潜在并发症　肺炎、脑炎、心肌炎。

【护理措施】

1. 降低体温　对发热的护理应注意麻疹的特点，降温兼顾透疹。出疹期不宜用药物或物理方法强行降温，尤其是乙醇擦浴、冷敷等物理降温，以免皮肤血管收缩、末梢循环障碍，使皮疹不易透发或突然隐退。如体温不超过39℃可不予处理，体温＞40℃时可用小量的退热剂（常规剂量1/3～1/2）或温水擦浴，以免发生惊厥。

2. 保持皮肤黏膜的完整性　修剪患儿指甲，防止抓伤皮肤继发感染，保持床单整洁、平整，盖被轻软，衣着宽松、柔软，及时清洗臀部，更换尿布，保持外阴及肛周皮肤清洁；对高热皮疹迟迟不出者，可用鲜芫荽30～60g煎水擦浴，帮助透疹；皮肤瘙痒者遵医嘱涂擦炉甘石洗剂；退疹后皮肤干燥者可涂维生素E霜护肤，忌用激素类止痒药。

3. 生活护理　保持室内空气新鲜、温湿度适宜，衣被清洁、合适。卧床休息至皮疹消退、体温正常为止。应给予营养丰富、高维生素、易消化的流质及半流质食物，少量多餐，并注意补充充足的水分，利于排毒、退热、透疹。脱水、摄入量过少者给予静脉输液，注意维持水、电解质平衡。恢复期应添加高蛋白、高维生素的食物，无需忌口。

4. 五官护理

（1）眼部护理：室内光线柔和，避免强光刺激患儿眼睛，必要时用无菌纱布遮盖双眼。每日行眼部护理2～3次，用生理盐水清洗双眼后滴入0.25%氯霉素眼药水或红霉素眼膏。保持患儿舒适安静，减少哭闹，防止眼睑水肿。口服维生素AD滴剂，每日1次，防止干眼症。

（2）口腔护理：每日用温开水或生理盐水清洁口腔1～2次，指导年长儿进食后温水漱口，婴幼儿喂乳后饮少量温开水清洁口腔。口腔溃疡者用1%～3%碳酸氢钠清洗后涂冰硼散。口唇、口角干裂者局部涂清鱼肝油，保持口腔清洁、湿润。

（3）鼻部护理：及时清除鼻痂及鼻腔分泌物，鼻腔内可涂油膏保护鼻黏膜，鼻塞严重者滴0.5%～1%麻黄碱滴鼻剂，每日2～3次。

5. 监测病情　监测生命体征，注意体温与出疹的关系、是否透疹，有无皮疹隐退等。麻疹并发症较多，应密切监测病情，及早发现并立即配合医师进行处理。如患儿出现咳嗽加剧、持续高热、呼吸困难、发绀、肺部湿啰音增多等表现，提示并发肺炎；当患儿出现声音嘶哑、犬吠样咳嗽、吸气性呼吸困难及三凹征等表现，提示并发喉炎；如患儿出现抽搐、意识障碍、脑膜刺激征等表现，提示并发脑炎。

6. 预防感染传播

（1）隔离患儿：采取呼吸道隔离至出疹后5天，有并发症者延至出疹后10天。接触的易感儿隔离观察21天，给予被动免疫。

（2）切断传播途径：病室通风换气进行空气消毒，患儿衣被及玩具曝晒2h。减少不必要的探视，预防继发感染。医务人员接触患儿后，必须在日光下或流动空气中停留30min以上，才能再接触其他患儿或健康易感者。

（3）保护易感人群：麻疹流行期间不带易感儿到公共场所，托幼机构暂不接纳新生。①主动免疫：麻疹减毒活疫苗预防接种，初种在8个月，7岁时复种一次。②被动免疫：易感儿接触麻疹后及早注射免疫血清球蛋白，以预防并发症或减轻症状。

7. 健康教育　无并发症者无需住院，可以在家进行治疗和护理。指导患儿家长有关麻疹的临床表现、并发症和预后，说明隔离的重要性。讲解协助透疹的方法和空气清新、流通的重要性。

麻疹密切接触患儿被动免疫

有麻疹密切接触史的体弱、患病、年幼的易感儿，应接受被动免疫，即肌内注射丙种球蛋白0.1～0.2ml/kg，胎盘球蛋白0.5～1.0ml/kg，接触后5天内注射者可防止发病，6～9天内注射者可减轻症状，免疫有效期为3周。接种麻疹疫苗前1个月及接种后2周避免使用胎盘球蛋白及丙种球蛋白制剂。接种禁忌对象：①有过敏史者，特别是对鸡蛋过敏者慎用；②先天性免疫功能缺陷及免疫力低下者如接受大剂量皮质激素治疗的患儿；③患有严重疾病、发热、传染病（包括恢复期）者应暂缓接种。接种麻疹疫苗后，一般局部无反应，少数患儿可于6～11天内出现一过性发热并产生轻微症状的麻疹，或耳后及枕后淋巴结肿大，多数情况下于2～3天内自行消退，必要时遵医嘱对症处理。

第二节 水 痘

水痘（chickenpox，varicella）是由水痘-带状疱疹病毒所引起的一种传染性极强的出疹性疾病。其临床特点为皮肤黏膜相继出现和同时存在的斑疹、丘疹、疱疹和结痂等各类皮疹，全身中毒症状轻。水痘的传染性极强，主要经空气飞沫传播，冬、春季节多发。易感儿接触水痘患儿或带状疱疹患者后，几乎均可患病。原发感染表现为水痘，一般预后良好，病后可获持久免疫。以后再次发病时表现为带状疱疹。

水痘-带状疱疹病毒属疱疹病毒科，为DNA病毒，只有一个血清型。人是该病毒唯一的已知自然宿主。水痘-带状疱疹病毒在体外抵抗力弱，对热、酸和各种有机溶剂敏感，不能在痂皮中存活，但在疱疹液中可长期存活。水痘-带状疱疹病毒经口、鼻或眼结合膜侵入人体，也可经接触感染者疱液或输入病毒血症期血液而感染，病毒侵入机体后在呼吸道黏膜细胞中复制后进入血流，形成第一次病毒血症。如患儿的免疫能力不能清除病毒，则病毒可到达单核巨噬细胞系统内再次增殖后释放入血，形成第二次病毒血症，引起各器官病变，主要损害部位在皮肤和黏膜，偶尔累及内脏。部分患儿患水痘后，病毒潜伏在脊髓后根神经节及脑神经的感觉神经节内，当机体免疫力下降或受药物、创伤、恶性肿瘤、放射线等因素的影响，病毒被激活后复制，再次发病，表现为带状疱疹。

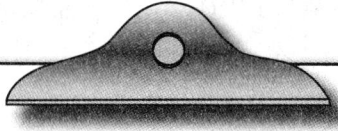

案例 16-2 A

患儿，男，21天，因发热5天，伴全身丘疹、水疱3天入院。患儿5天前出现发热，胸、背、颈部皮肤出现红斑、丘疹，逐渐变成水疱，皮疹增多，面部、头皮、躯干、四肢出现米粒至黄豆大水疱。发疹前有发热、喷嚏、流涕、呕吐，吃奶量减少。患儿系第1胎第1产，足月顺产，生后母乳喂养，已接种卡介苗及乙肝疫苗。患儿母亲11天前患水痘，现已基本痊愈，遗留少许痂未脱落。

体检：T 37℃，P 142次/分，R 42次/分，精神萎靡，心肺（－），肝脾未及。头面部、躯干、四肢密集红斑、丘疹、米粒至绿豆大水疱，疱周有红晕，少数结痂，四肢远端皮损较少，口腔外阴黏膜有水疱，左侧额面部数个水疱破溃有渗液。

实验室检查：WBC $12.9×10^9$/L，RBC $4.02×10^{12}$/L，Hb 140g/L，N 0.39，L 0.61，尿、粪便常规正常。

问题与思考：该患儿护理评估内容有哪些？

【护理评估】

（一）临床表现

1. **典型水痘** 潜伏期12~21天，平均14天。前驱期可无症状或仅有轻微症状，表现为全身不适、乏力、低热、咽痛、咳嗽，年长儿前驱期症状明显，体温可达38.5℃，一般于次日出现皮疹。发热第1天就可出疹，其皮疹往往首发于头、面和躯干，继而扩展到四肢，呈向心性分布，躯干最多，四肢少，其次为头面部，四肢远端较少，手掌、足底更少。部分患儿可于鼻、咽、口腔、外阴处发现皮疹，易形成溃疡，伴有痛感。皮疹发展快是该病特征之一，开始为粉红色斑疹，数小时内变为丘疹，再经数小时变为疱疹，多数疱疹数日后结痂。部分皮疹从斑疹→丘疹→疱疹→结痂，仅6~8h。疱疹稍呈椭圆形，2~5mm大小，基部有一圈红晕，当疱疹开始干结时红晕亦消退。皮疹往往很痒。水痘初呈清澈水珠状，以后稍混浊，水痘皮损

表浅，按之无坚实感，疱疹壁较薄易破，数日后从疱疹中心开始干结，最后成痂，经1～2周脱落，无继发感染者痂脱后不留瘢痕。痂刚脱落时留有浅粉色凹陷，后成为白色。有的皮疹愈合后，在正常皮肤上又有新的皮疹出现，故在病程中可见各期皮疹同时存在。口腔、咽部或外阴等黏膜也常见皮疹，早期为红色小丘疹，迅速变为水疱疹，随之破裂成小溃疡。免疫功能低下者，皮疹融合形成大疱，易出现播散性水痘。

2. 重症水痘　多发生在恶性疾病或免疫功能低下的患儿。患儿持续高热，全身中毒症状明显，皮肤、黏膜有瘀点、瘀斑，内脏出血等，是血小板减少或弥散性血管内凝血（DIC）所致，病情严重。此型还可有因继发细菌感染所致的坏疽型水痘，导致皮肤大片坏死，患儿可因败血症而死亡。

3. 先天性水痘　妊娠早期感染水痘，可导致胎儿多发性先天畸形，患儿常在1岁内死亡，存活者留有严重神经系统伤残。产前数日内患水痘，可发生新生儿水痘，病情常较危重，死亡率高。新生儿水痘的皮疹有时酷似带状疱疹的皮疹。

4. 并发症　最常见的为皮肤继发性细菌感染，如化脓性感染、丹毒、蜂窝织炎，甚至由此导致败血症等；神经系统可见面神经瘫痪、Reye综合征、水痘后脑炎，临床表现和脑脊液改变与一般病毒性脑炎相似，预后较好，重者可遗留神经系统后遗症；少数病例可发生心肌炎、肝炎，少数伴发肝性脑病。

（二）辅助检查

1. 血常规　血白细胞总数正常或稍增加，分类正常。
2. 疱疹刮片　刮取新鲜疱疹基底组织涂片，用瑞特或吉姆萨染色可见多核巨细胞，用苏木精伊红染色可查到细胞核内包涵体。
3. 病毒分离　将病程3～4天的疱液直接接种于人体成纤维细胞，分离出病毒做进一步鉴定，可用于非典型病例的诊断。
4. 血清学检查　常用酶联免疫吸附法、补体结合试验等检测特异性抗体。血清抗体检查有可能发生与单纯疱疹病毒抗体的交叉反应。血清水痘病毒特异性IgM抗体检测，可早期帮助诊断。
5. 抗原检查　对病变皮肤刮取物，用免疫荧光法检查病毒抗原。
6. 聚合酶链反应（PCR）　检测患者呼吸道上皮细胞和外周血白细胞中的病毒DNA，是敏感且快速的早期诊断方法。

（三）与疾病相关的健康史

询问患儿有无与带状疱疹或水痘病人接触史，出疹前有无发热、咳嗽等表现；询问出疹顺序及皮疹性状，发热与皮疹的关系；询问患儿的营养状况及既往史。评估患儿的生命体征，观察皮疹的性质、分布、颜色及疹间皮肤是否正常；有无皮肤继发性细菌感染，神经系统是否可见水痘后脑炎、面神经瘫痪、Reye综合征等并发症表现。

（四）心理-社会状况

患儿及家长可能缺乏关于水痘的相应知识和护理技能，容易出现紧张、焦虑情绪；评估患儿及家长对本病的认识程度，以提高家庭护理水平。

（五）治疗要点

一般治疗和对症治疗为主，可加用抗病毒药，注意防治并发症。

1. 一般治疗及对症治疗　水痘急性期应卧床休息，注意水分和营养补充，避免因抓伤而继发细菌感染。皮肤瘙痒可局部使用炉甘石洗剂，必要时可给少量镇静剂。一般禁用激素，如患儿水痘前已长期使用激素，应尽快减量或停用。
2. 抗病毒治疗　一般水痘患儿不需抗病毒治疗。对免疫功能缺陷及应用免疫抑制治疗的患儿，应及早使用抗病毒药物，首选阿昔洛韦，一般在皮疹出现的24h内开始。口服每次

20mg/kg，每日 4 次；重症患儿需静脉给药，每次 10～20mg/kg，每 8h1 次。此外，早期使用 α-干扰素能较快抑制皮疹发展，加速病情恢复。

3. 并发症治疗　皮肤继发感染时加用抗菌药物，因脑炎出现脑水肿颅内高压者应脱水治疗。

案例 16-2B

该患儿诊断为水痘，经过对症、支持治疗，症状好转。

问题与思考：

评估患儿目前身心状况，列出主要护理问题，并为其制订护理措施。

【主要护理诊断/合作性问题】

1. 体温过高　与病毒血症有关。
2. 皮肤完整性受损　与病毒引起的皮疹及继发感染有关。
3. 潜在并发症　肺炎、脑炎、败血症。
4. 有传播感染的危险　与呼吸道、疱疹液排出病毒有关。

知识链接

带状疱疹

带状疱疹是由水痘-带状疱疹病毒引起的急性感染性皮肤病。对此病毒无免疫力的小儿被感染后，发生水痘。部分患者被感染后成为带病毒者而不发生症状。由于病毒具有亲神经性，感染后可长期潜伏于脊髓神经后根神经节的神经元内，当抵抗力低下或劳累、感染、感冒时，病毒可再次生长繁殖，并沿神经纤维移至皮肤，使受侵犯的神经和皮肤产生强烈的炎症。发疹前可有轻度乏力、低热、纳差等全身症状，患处皮肤自觉灼热感或者神经痛，触之有明显的痛觉敏感，持续 1～3 天，亦可无前驱症状即发疹。好发部位依次为肋间神经、颈神经、三叉神经和腰骶神经支配区域。患处常首先出现潮红，很快出现粟粒至黄豆大小的丘疹，簇状分布而不融合，继之迅速变为水疱，疱壁紧张发亮，疱液澄清，外周绕以红晕，各簇水疱群间皮肤正常；皮损沿某一周围神经呈带状排列，多发生在身体的一侧，一般不超过正中线。神经痛为本病特征之一，可在发病前或伴随皮损出现，老年患者常较为剧烈。病程一般 2～3 周，水疱干涸、结痂脱落后留有暂时性淡红斑或色素沉着。本病好发于成人，春秋季节多见。发病率随年龄增大而显著上升。本病愈后可获得较持久的免疫，故一般不会再发。

【护理措施】

水痘是自限性疾病，无并发症时以一般护理和对症护理为主。为避免皮肤留有瘢痕，皮肤护理是关键。

1. 生活护理　保持居室空气新鲜，温湿度适宜。注意衣物清洁，被褥厚薄适宜，以免增加患儿不适和皮肤瘙痒感，保持皮肤清洁、干燥。给予富含营养的清淡饮食，注意补充足够的液体和电解质，保证营养。让患儿卧床休息到体温减退、症状减轻。

2. 皮肤护理　剪短指甲，婴幼儿可戴并指手套，以免抓伤皮肤，引起继发感染后留下瘢痕。可在疱疹未破溃处涂炉甘石洗剂或5%碳酸氢钠溶液，以减少患儿皮肤瘙痒；如疱疹已破溃或有继发感染，局部用抗生素软膏，或遵医嘱口服抗生素控制感染。

3. 降低体温　患儿中、低度发热时，不必用药物降温，可采用物理降温，如温水擦浴、冰袋等。但应注意，有皮疹的患儿禁用乙醇擦浴。如有高热，可用药物降温或适量的退热剂，剂量不宜过大，以免大量出汗引起虚脱。忌用阿司匹林，因有发生Reye综合征的危险。

4. 监测病情　注意观察精神、体温、食欲及有无呕吐等，及早发现并发症并予以相应的治疗及护理。如有口腔疱疹溃疡影响进食，应予补液。水痘是自限性疾病，临床过程一般顺利，偶可发生播散性水痘，并发肺炎、心肌炎，应注意观察及早发现，并予以相应的治疗和处理。

5. 预防疾病传播　患儿如无并发症，可在家进行隔离治疗至皮疹全部结痂或出疹后7日为止，易感儿接触后应隔离观察3周。托幼机构中若发现水痘患儿应检疫3周。注意保持室内空气新鲜，托幼机构应做好检查、空气消毒等防疫措施。水痘流行期间不带易感儿到公共场所，托幼机构暂不接纳新生。易感儿接种水痘减毒活疫苗能有效预防水痘的发生，其保护可持续10年以上。对正在使用大剂量激素、免疫功能受损的患儿以及孕妇，应在接触水痘后72h内肌内注射水痘-带状疱疹免疫球蛋白，可起到预防或减轻症状的作用。

6. 健康教育　结合水痘疾病特点，向家长介绍护理要点及隔离的重要性，以取得家长的配合，同时使家长有充分思想准备，以免引起焦虑。内容包括水痘患儿的隔离时间，无并发症的患儿可在家中隔离治疗，指导家长进行皮肤护理，防止继发感染，并给予患儿足够的水分和营养，保证机体需要。说明本病无特效治疗，护理得当预后良好。对社区群众进行预防水痘的知识教育，如流行期间避免易感儿去公共场所。

第三节　流行性腮腺炎

流行性腮腺炎（mumps，epidemic parotitis）是由腮腺炎病毒引起的急性呼吸道传染病，临床上以腮腺非化脓性肿大及疼痛为特征，累及全身多个腺体和器官，尚能引起脑膜炎、脑膜脑炎、睾丸炎、卵巢炎和胰腺炎等并发症。本病传染性较强，早期患者和隐性感染者均是传染源，自腮腺肿大前7天至肿大后9天均可排出病毒，主要通过飞沫经呼吸道传播，全年均可发病。常在幼儿园和学校中感染流行，一次感染后可获得终身免疫。

腮腺炎病毒属副黏液病毒属的单股RNA病毒，只有一个血清型，人是该病毒唯一宿主，存在于患儿唾液、血液、尿液及脑脊液中。此病毒对外界抵抗力弱，一般室温2～3天即可失去传染性，加热55～60℃、20min就失去活性，紫外线照射可迅速灭活。对物理和化学因素敏感，来苏、甲醛（福尔马林）等均能在2～5min内将其灭活。病毒经口、鼻侵入人体后，在局部黏膜上皮细胞中增殖。引起局部炎症后入血，经血液播散至多种腺体（腮腺、颌下腺、舌下腺、胰腺、性腺等腺体）和中枢神经系统，引起非化脓性炎症。

【护理评估】

（一）临床表现

潜伏期14～25天，平均18天。大多无前趋症状，少数病例可有发热、肌肉酸痛、周身不适和食欲缺乏等前驱症状。发热数小时至1～2天后，出现腮腺肿大。发热自38～40℃不等，临床症状轻重不一。

案例 16-3A

患儿，女，3岁，3天前无明显诱因出现发热，无寒战，伴头痛，2天前出现左耳下部肿大，疼痛，呈持续性胀痛，进食酸性食物时加重。肿大以耳垂为中心，向前、后、下发展并成硬结，右侧未波及。1天前出现恶心、呕吐，呕吐物为胃内容物，未见咖啡样物，进食后随即呕吐。以"流行性腮腺炎"收入院。体检：T 39℃，神志清，精神差，上颌第二磨牙对面黏膜上红肿。下颌下腺肿大，可触及椭圆形腺体，心、肺未发现异常。

实验室检查：尿淀粉酶 115U/L，白细胞计数 4×10^9/L。

问题与思考：该患儿护理评估内容有哪些？

---

1. **腮腺肿大** 腮腺肿胀最具特征性，通常一侧先肿胀，2～3天后累及对侧，但也有两侧同时肿胀者。腮腺肿大以耳垂为中心，向前、后、下发展，形如梨状，边缘不清，表面皮肤不红，触之有弹性感，有疼痛及压痛，进食酸性食物及张口咀嚼时疼痛加剧。腮腺管口（位于上颌第二磨牙对面黏膜上）红肿，压迫腮腺无脓液流出。局部皮肤由于水肿而发亮，表面灼热。颌下腺或舌下腺可以同时或单独受累。颌下腺肿大时颈前下颌处明显肿胀，可触及椭圆形腺体。舌下腺肿大时，可见舌下及颈前下颌肿胀，并出现吞咽困难。

2. **发热** 病程中患儿可见有不同程度发热，持续时间长短不一，短者1～2天，多者5～7天，亦有体温始终正常者。可伴有头痛、乏力、食欲减退等症状。

3. **并发症**

（1）脑膜脑炎：15%病例可发生有症状的脑膜炎，常在腮腺炎高峰时出现，也可出现在腮腺肿大前或腮腺肿大消失以后。患者表现为头痛、嗜睡和脑膜刺激征等，脑脊液呈无菌性脑膜炎样改变。轻者预后一般良好，多无后遗症，重症者可致死亡。如侵犯脑实质，可能有耳聋、视力障碍等后遗症，甚至死亡。

（2）睾丸炎：是男孩最常见的并发症，多为单侧。常见于腮腺肿大开始消退时，患者又出现发热，睾丸明显肿胀和疼痛，可并发附睾炎、鞘膜积液和阴囊水肿，10天内好转。部分患儿可发生不同程度的睾丸萎缩，这是由于腮腺炎病毒引起睾丸细胞坏死所致，但很少引起不育症，双侧萎缩可导致不育症。

（3）卵巢炎：5%～7%青春期后女孩儿可并发卵巢炎，症状多较轻，可出现下腹疼痛、月经不调等，有时可触及肿大的卵巢，一般不影响生育能力。

（4）胰腺炎：常于腮腺肿大数日后发生，可有恶心、呕吐和上腹部疼痛等表现，需做脂肪酶检查，若数值升高则有助于诊断。腮腺炎合并胰腺炎的发病率低于10%，多在1周内恢复。严重的急性胰腺炎较少见。

（5）其他并发症：可有耳聋、肾炎、心肌炎、乳腺炎和甲状腺炎等，可在腮腺炎前后发生。

（二）辅助检查

1. **血常规检查** 白细胞计数大多正常或稍减少，淋巴细胞相对增多。

2. **血、尿淀粉酶测定** 90%患儿血清和尿淀粉酶有增高，增高程度大致与腮腺肿大程度成正比，于第1周达高峰，2周左右恢复正常。此项可作为早期诊断的依据。血脂肪酶增高有助于胰腺炎的诊断。

3. **血清学检查** 血清中腮腺炎病毒特异性IgM抗体阳性提示近期有感染。

4. **病毒分离** 在发病早期取患儿唾液、尿液、血液或并发脑膜炎患者的脑脊液标本，进行病毒分离试验,有助于诊断。

(三)与疾病相关的健康史

询问患儿有无腮腺炎的接触史及接触方式,出疹前有无发热、咳嗽等表现;询问出疹顺序及皮疹性状,发热与皮疹的关系;询问患儿的营养状况及既往史。

(四)心理-社会状况

患儿及家长可能缺乏关于流行性腮腺炎的相应知识和护理技能,容易出现紧张、焦虑情绪;评估患儿及家长对本病的认识程度,尚需要护理人员做相关指导,以提高家庭护理水平。

(五)治疗要点

本病无特效治疗,除对症治疗外,应加强并发症的防治。

1. 一般治疗　卧床休息,给予流质或半流质饮食,避免进食酸性食物。注意口腔卫生,餐后用生理盐水漱口。

2. 对症治疗　发病早期可使用利巴韦林(病毒唑)静脉注射,疗程5~7天。也可应用干扰素治疗。

3. 对症治疗　为减轻腮腺胀痛,局部可选用紫金锭、青黛散或如意金黄散等,以适量食醋调和后外敷,肿胀较重时可予以镇痛剂。体温过高时给予药物或物理降温。

4. 睾丸炎　用丁字带将肿大的睾丸托起,局部冷敷,以减轻疼痛。疼痛较剧烈时可用2%普鲁卡因做精索封闭。

5. 脑膜脑炎　对高热、头痛、呕吐等进行对症治疗外,可静脉注射20%甘露醇进行脱水治疗,重症患者可短期应用肾上腺皮质激素治疗。

案例 16-3B

患儿,3岁,左耳下部肿大,以耳垂为中心,右侧未波及。呈持续性胀痛,尤以进食酸性食物加剧。于发病第5天出现剧烈头痛、喷射性呕吐。体检:T 39℃,嗜睡,脑膜刺激征阳性。

问题与思考:
1. 患儿可能发生什么并发症,其依据是什么?
2. 请列出该患儿主要护理问题,为患儿制订护理措施。

【主要护理诊断/合作性问题】

1. 疼痛　与腮腺非化脓性炎症有关。
2. 体温过高　与病毒感染有关。
3. 潜在并发症　脑膜脑炎、睾丸炎、胰腺炎。

【护理措施】

1. 减轻疼痛　鼓励患儿饮水,勤漱口,保持口腔清洁,防止继发感染;腮腺肿胀处可局部冷敷,以减轻炎症充血及疼痛,或青黛散调醋或如意金黄散调茶水外敷患处,每日1~2次,药物要保持湿润;还要忌酸、辣、冷、硬食物;进食清淡、易消化的流食或半流食,能减轻患儿因张口和咀嚼而引起的疼痛。

2. 维持正常体温　保持病室温湿度适宜,通风良好,发热伴有并发症者应卧床休息直至体温正常。注意摄入足够的液体和电解质,必要时静脉补液以保证入量。高热者给予物理或药物降温,药物降温注意观察药物的不良反应,用量不宜过大,防止因大量出汗引起虚脱。

3. 观察病情变化　观察生命体征的变化,测量体温、脉搏,评估意识状态及腮腺肿痛的表现及程度,观察腮腺导管开口有无红肿及脓性分泌物,其他腺体、器官受累的表现等;注意血、尿淀粉酶等化验结果。密切观察有无高热、头痛、呕吐、脑膜刺激征等表现；观察男孩阴囊皮肤有无水肿，有无睾丸肿大及疼痛、触痛，发现异常及时采取措施。

4. 预防感染传播　加强对患儿的管理，隔离患儿至腮腺肿大完全消退后3天，易感儿接触后应隔离观察3周。保护易感儿可应用腮腺炎减毒活疫苗预防接种，预防效果可达95%以上，但对孕妇和免疫功能异常者不宜应用。对有密切接触史的患儿，在接触后5天内应注射特异性高效价免疫球蛋白，预防本病的发生。流行期间应加强托幼机构的晨检，居室保持空气流通，对患儿口、鼻分泌物及污染物应进行消毒。

5. 健康教育　腮腺炎的传染性强，并发症多，应向家长说明隔离治疗的重要性，并使其积极配合。无并发症的患儿可在家中隔离治疗，指导家长做好各项护理，密切观察病情，若有并发症表现，应及时送医院就诊，以免延误病情。做好患儿和家长的心理护理，介绍减轻疼痛的方法，与家长协助患儿配合治疗。在流行期间，像学校、幼儿园等小儿比较集中的机构应保持通风，并加强消毒。本病为自限性疾病，大多预后良好。

第四节　手足口病

手足口病（hand-foot-mouth disease，HFMD）又名发疹性水疱性口腔炎，是由多种肠道病毒引起的常见传染病，多发生于学龄前小儿，尤以婴幼儿发病率最高。病人和隐性感染者均为传染源，主要通过消化道、呼吸道和密切接触等途径传播，主要症状表现为手、足、口腔等部位的斑丘疹、疱疹。少数病例可出现脑膜炎、脑炎、脑脊髓炎、肺水肿、循环障碍等，多由EV71感染引起，致死原因主要为脑干脑炎及神经源性肺水肿。本病常在幼托机构中发生集体发作。

引起手足口病的肠道病毒以柯萨奇A组16型（CoxA16）、肠道病毒71型（EV71）多见，肠道病毒传染性强，易引起暴发或流行。EV71感染引起重症病例的比例较大，是最晚发现的新型肠道病毒，是一种耐热、耐酸的小RNA病毒，能引起乳鼠病变。该病毒适合在湿、热的环境下生存与传播，对乙醚、去氧胆酸盐等不敏感，75%乙醇和5%甲酚皂溶液（来苏）不能将其灭活，但对紫外线及干燥敏感，各种氧化剂（高锰酸钾、漂白粉等）、甲醛、碘酊都能灭活病毒，在50℃可被迅速灭活，但1mol浓度二价阳离子环境可提高病毒对热灭活的抵抗力。

肠道病毒71型

肠道病毒一般是以数字命名的，排列顺序代表着其发现的先后次序。肠道病毒71型是引起婴幼儿手足口病主要病原体之一。人类肠道病毒71型于1969年首次从加利福尼亚患有中枢神经系统疾病的婴儿粪便标本中分离出来的，这些病毒可被培养在恒河猴肾细胞及人胚二倍体细胞中。若检体取自病人粪便及组织即以人胚肾二倍体细胞培养；若为咽喉拭子检体则选用人胚肺二倍体细胞培养。经由这些细胞培养后纯株化病毒分析，发现会出现典型由肠病毒所致的细胞病变现象，由电子显微镜下观察其形态及物理化学特性都与当时已知的其他肠病毒类似，但进行中和抗体试验或免疫扩散试验后，却发现其彼此间并不会有交互作用的现象，因此推测当时所发现的病毒为一种新型的肠道病毒，故将该病毒株命名为肠道病毒71型。

目前手足口病的发病机制与病理还没有完全明确。病毒从咽部或肠道侵入，在局部黏膜或淋巴组织中繁殖，并由局部排出，此时可引起局部症状。继而病毒又侵入局部淋巴结，并由此进入血液循环导致第一次病毒血症。病毒经血循环侵入网状内皮组织、深层淋巴结、肝、脾、骨髓等处大量繁殖并由此进入血液循环，引起第二次病毒血症。病毒可随血流进入全身各器官，如中枢神经系统、皮肤黏膜、心脏等处，进一步繁殖并引起病变。

易感者感染EV71后，出现血管变态反应和组织炎症病变。当病毒累及中枢神经系统时，组织炎症较神经毒性作用更加强烈，中枢神经系统小血管内皮最易受到损害。细胞融合血管炎性变、血栓形成可导致缺血和梗死。在脊髓索、脑干、间脑、大脑和小脑的局部组织中除嗜神经性作用外，还存在广泛的血管周围和实质细胞炎症。

案例16-4A

患儿，女，3岁，口腔溃疡4天。4天前无明显诱因发生口腔黏膜溃疡，疼痛明显，影响进食。继而手掌足底出现红色斑疹，稍痒感。体温37.2℃，上腭、下唇均可见散在米粒大小溃疡面，覆有黄色假膜，周边红润。两侧颌下淋巴结触之肿大。

血常规：白细胞10.6×10^9/L，血红蛋白120g/L。

问题与思考：该患儿护理评估内容有哪些？

【护理评估】

（一）临床表现

潜伏期2～10天，多数3～5天。临床变化多样，病情轻重不一，根据临床病情分为普通病例和重型病例。

1. **普通病例** 急性起病，发热，可伴有咳嗽、流涕、食欲缺乏等症状。口腔黏膜出现小疱疹，常分布于舌、颊黏膜，也可以出现在扁桃体、牙龈及咽部等，疱疹破溃后形成溃疡。手、足和臀部出现斑丘疹、疱疹，斑丘疹很快转为小疱疹，疱疹周围有炎性红晕，疱内液体较少，呈离心性分布，直径3～7mm，质地稍硬，自几个至数十个不等，2～3天自行吸收，不留痂。大多数为良性过程，多自愈，但可复发，有时伴发无菌性脑膜炎、心肌炎等。部分病例仅表现为皮疹或疱疹性咽峡炎，无后遗症。

2. **重症病例** 少数病例（尤其是小于3岁者）病情进展迅速，多见于病程1～5天内，可出现脑炎（以脑干脑炎最为凶险）、脑脊髓炎、脑膜炎、肺水肿、循环衰竭等。极少数病例病情危重，可致死亡，存活病例可留有后遗症。

（1）神经系统：精神差、嗜睡、易惊、头痛、呕吐、谵妄甚至昏迷，肢体抖动、肌阵挛、眼球震颤、共济失调、眼球运动障碍、无力或急性弛缓性麻痹、惊厥。查体可见脑膜刺激征，腱反射减弱或消失，巴氏征等病理征阳性。

（2）呼吸系统：呼吸浅促、困难，节律改变，口唇发绀，口吐白色、粉红色或血性泡沫液（痰），肺部可闻及痰鸣音或湿啰音。

（3）循环系统：面色苍灰、皮肤花纹、四肢发凉、指（趾）发绀，出冷汗，毛细血管再充盈时间延长。心率增快或减慢，脉搏浅速或减弱甚至消失，血压升高或下降。

（二）辅助检查

1. **常规检查** 血常规显示淋巴细胞和单核细胞增多，白细胞正常或有所增多，重症病例白细胞可明显升高。

2. 血生化检查 部分病例可有轻度 ALT、AST、CK-MB 升高，重症病例血糖可升高。

3. 病原学检查 自咽拭子或咽喉洗液、粪便或肛拭子、脑脊液或疱疹液中，可检到特异性 EV71 核酸阳性或分离到 EV71 病毒。

4. 血清抗体的检查 肠道病毒型特异性鉴定主要靠血清中和实验，LMB 组合血清可大大简化鉴定过程。患者血清中特异性 IgM 抗体阳性，或急性期与恢复期血清 IgG 抗体有 4 倍以上的升高，具有诊断意义。

5. 物理学检查 胸部 X 线检查可表现为双肺纹理增多，网格状、斑片状阴影，部分病例以单侧为著；磁共振可见神经系统受累者有异常改变，以脑干、脊髓灰质损害为主；脑电图可表现为弥漫性慢波，少数可出现棘（尖）慢波；心电图无特异性改变，少数病例可见窦性心动过速或过缓，Q-T 间期延长，ST-T 改变。

（三）心理 - 社会状况

患儿及家长可能缺乏关于手足口病的相应知识和护理技能，容易出现紧张、焦虑情绪；评估患儿及家长对本病的认识程度，尚需要护理人员做相关指导，以提高家庭护理水平。

（四）治疗要点

本病治疗原则主要为对症治疗，目前尚无特效抗病毒药物和特异性治疗手段。注意隔离，预防交叉感染，普通型患儿要适当休息，加强口腔和皮肤护理。重型病例，要注意以下几点：

1. 神经系统受累治疗

（1）控制颅内高压：限制液体入量，给予甘露醇 0.5～1.0g/kg，每 4～8h1 次，20～30min 静脉注射，根据病情调整用药间隔时间及剂量。必要时加用呋塞米。

（2）静脉注射免疫球蛋白：总量为 2g/kg，分 2～5 天给予。

（3）酌情应用糖皮质激素：参考剂量为甲泼尼龙 1～2mg/(kg·d)，氢化可的松 3～5mg/(kg·d)，地塞米松 0.2～0.5mg/(kg·d)，分 1～2 次。重症病例可给予短期大剂量冲击疗法。

（4）其他对症治疗：如降温、镇静、止惊（地西泮、苯巴比妥、水合氯醛等）。

（5）严密观察病情变化：密切监护，注意严重并发症。

2. 呼吸、循环衰竭治疗

（1）保持呼吸道通畅，吸氧。

（2）确保两条静脉通道的通畅，监测呼吸、心率、血压和血氧饱和度。

（3）呼吸功能障碍时，及时气管插管，使用正压机械通气。

（4）在维持血压稳定的情况下，限制液体入量，维持内环境的稳定。

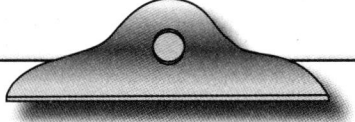

案例 16-4B

患儿入院第 2 天上午查房时见精神萎靡，肢冷出汗，肢体抖动，皮肤花纹，脑膜刺激征（＋），HR 147 次/分，急查：WBC 13.4×10⁹/L，GLU 6.65mmol/L，心肌酶谱增高。

血常规：白细胞 10.6×10⁹/L，血红蛋白 120g/L。

问题与思考：

1. 患儿可能的临床类型，其依据是什么？
2. 请列出该患儿主要护理问题，并为患儿制订护理措施。

【主要护理诊断/合作性问题】

1. 体温过高　与病毒感染有关。
2. 皮肤完整性受损　与病毒引起的皮损有关。
3. 潜在并发症　脑膜炎、肺水肿、呼吸衰竭、心力衰竭。
4. 有传播感染的危险　与病毒排出有关。

【护理措施】

（一）一般护理

1. 休息　轻症患儿注意在病房休息，不要随意外出，重症患儿应卧床休息。
2. 饮食　严重吐泻时应暂停进食，当临床症状逐渐好转，可给予少量多次饮水。病情控制后逐步过渡到高热量、低脂、流质饮食，如果汁、米汤、淡盐水等，尽量避免饮用牛奶、豆浆等不易消化而又能加重肠胀气的食物。需要抱起喂奶时应平卧抱起，尽量减少头部上下活动，因脑炎患儿可引起颈部肌无力，不能托起头部。患儿因发热、口腔疱疹，不愿进食，配以清淡、温性、可口、易消化的流质或半流质饮食，禁食冰冷、辛辣、咸等刺激性食物，对因拒食拒水而造成脱水、酸中毒者，要给予补液，及时纠正水电解质平衡紊乱。
3. 消毒隔离　病房注意通风换气，保持空气新鲜。及时清除患者排泄物及更换污染的床单，及时对吐泻物消毒处理。对患者隔离至症状消失后1周。

（二）病情观察

密切观察生命体征和神志的变化，每小时记录1次；观察及记录呕吐物及排泄物的颜色、性质、量、次数；严格记录24h出入量；根据皮肤黏膜弹性、尿量、血压、神志等的变化判断脱水程度。重症患儿，对休克型患者每10～15min测量生命体征，如发现患儿出现烦躁不安、嗜睡、肢体抖动、呼吸及心律增快等表现时，提示有神经系统受累或心肺衰竭的表现，及时通知医师并配合抢救，给予相应护理。保持呼吸道通畅，积极控制颅内压，酌情使用糖皮质激素，静脉使用人血丙种球蛋白等治疗。使用脱水剂等药物治疗时，应观察药物的作用及不良反应。

（三）症状护理

1. 发热的护理　手足口病患儿往往伴有不同程度的体温升高，大多数患儿体温约在37.5℃，精神状态良好，玩耍正常，可让患儿多饮水，采用温水擦浴等物理降温方法。降温效果不好者，应遵医嘱给予药物降温，并观察降温效果，同时让患儿卧床休息，注意营养及液体的补充。
2. 口腔护理　近50%患儿有不同程度的口腔黏膜损害，患儿往往进食困难，精神状态差，烦躁不安，易流口水。鼓励家长多给患儿饮水，保持口腔清洁，加强口腔护理，每次进食前后，嘱患儿用温水或生理盐水漱口；已有溃疡者，可给予西瓜霜喷剂局部喷雾，以消炎止痛促进溃疡面愈合，多在2～3天后可逐渐愈合。
3. 皮肤护理　保证患儿衣服、被褥清洁，床铺平整干燥，尽量减少对皮肤的各种刺激。剪短患儿指甲，必要时包裹患儿双手，防止抓破皮疹，引起感染。物理降温时动作要轻柔，以免擦破皮疹；皮疹或疱疹已破溃者，局部皮肤可涂抹抗生素药膏或炉甘石洗剂；臀部有皮疹时要保持臀部干燥清洁，便后用温水清洗，避免皮疹感染。
4. 并发症的护理　及时发现并早期诊断并发症至关重要。肢体抖动是合并脑炎的最早表现，一旦发现患儿出现肢体抖动、恶心、呕吐、高热应立即通知医生，并告知家属让患儿卧床休息，头部偏向一侧，尽量减少患儿头部活动。在用药的过程中严密观察病情变化，密切监测生命体征。若患儿出现心率增快，且心率增快与体温升高不成比例，呼吸急促，口唇发绀，精神极差等症状，多为病毒性心肌炎或肺炎的临床表现，应配合医生紧急抢救治疗。

（四）健康教育

应向家长介绍手足口病的流行特点、临床表现及预防措施。不需住院治疗的患儿可在家中隔离，教会家长做好口腔、皮肤护理及病情观察，如有病情变化应及时到医院就诊。做好小儿个人、家庭和托幼机构的卫生是预防本病感染的关键。流行期间不要带孩子到公共场所，指导患儿勤洗手、吃熟食，房间常通风，勤晒被褥，加强锻炼，增强机体抵抗力。

第五节　小儿结核病

结核病（tuberculosis）是由结核杆菌引起的慢性感染性疾病。一年四季都可发病，15岁到35岁是青少年结核病的高发年龄。开放性肺结核患者是主要传染源，传播途径主要是通过呼吸道传播，也可见于消化道传播。生活贫困、居住环境拥挤、营养不良、社会经济落后、新生儿等人群是高危人群，易感染。潜伏期4～8周。其中80%发生在肺部，其他部位（颈淋巴、脑膜、腹膜、肠、皮肤、骨骼）也可继发感染。近年来，由于人类免疫缺陷病毒（HIV）的流行和AIDS的出现、多药耐药性结核菌株（MDR-TB）的产生，许多国家结核发病率有所回升。目前我国结核病年发病人数约为130万，占全球发病人数的14%，位居全球第2位。我国0～14岁小儿结核病感染率为9.0%，活动性肺结核患病率为91.8/10万，且呈现上升趋势。

结核菌属于分枝杆菌属，具有抗酸性，为需氧菌，革兰染色阳性，抗酸染色呈红色，分为4型：人型、牛型、鸟型和鼠型，其中人型是人类结核病的主要病原体。结核分枝杆菌细胞壁中含有脂质，故对乙醇、湿热、阳光和紫外线敏感，70%乙醇中2min死亡，液体中加热62～63℃15min或煮沸即被杀死，阳光直射下1～2h死亡，紫外线照射仅需10min。对干燥不敏感，干热100℃则需20min以上才能杀死。黏附在尘埃上保持传染性8～10天，在干燥痰内可存活6～8个月。痰液中的结核杆菌用5%苯酚（石炭酸）或20%漂白粉须经24h处理才被杀灭。小儿初次接触结核杆菌是否发展为结核病，主要与机体的免疫力、细菌的数量和毒力有关，特别是与细胞免疫力强弱有关。机体在感染结核杆菌后，与免疫力同时产生的还有变态反应，均为致敏T细胞介导的，是同一细胞免疫过程的不同表现。吸入肺泡的结核杆菌被吞噬细胞吞噬后可被杀灭。当结核杆菌毒力强或者数量多时，可大量繁殖而导致肺泡吞噬细胞溶解和破裂，释放出的结核杆菌可再次感染其他吞噬细胞。经吞噬细胞处理的结核杆菌特异性抗原传递给T淋巴细胞使之致敏，机体可产生两种形式的免疫反应，即细胞介导的免疫反应和迟发型超敏反应，对结核病的发病、演变及转归起着决定性的作用。本节主要介绍原发型肺结核和结核性脑膜炎。

一、原发型肺结核

原发型肺结核（primary pulmonary tuberculosis）是结核菌初次侵入肺部而发生的原发性感染，是小儿肺结核的主要类型。包括原发综合征（primary complex）和支气管淋巴结结核（tuberculosis of trachebronchial lymphnodes）。原发综合征由肺原发灶、局部淋巴结病变和两者之间的淋巴管炎组成。支气管淋巴结结核是指胸腔内肿大的淋巴结，因肺部原发灶较小或被纵隔遮盖，X线片无法查出，或原发灶已经吸收，仅留下局部肿大的淋巴结所致。临床上两者并为一型，统称原发型肺结核。

案例 16-5A

患儿，女，7岁，因"低热、干咳、乏力2周"入院。患儿约于2周前无明显诱因出现低热，最高体温38.5℃，咳嗽、咳痰，偶有痰中带血，伴发热，以午后为甚，夜间盗汗。入院时体温37.6℃，身高120cm，体重19kg。家中母亲有肺结核病史，患儿卡介苗未接种。体格检查：T 37.6℃，R 20次/分，BP 90/60mmHg。心率100次/分，心律齐，无杂音。其余检查正常。

辅助检查：胸部X线示肺内可见两端大而中央细的哑铃状阴影，密度欠均匀，边缘模糊。结核菌素试验呈强阳性。

问题与思考：该患儿护理评估内容有哪些？

【护理评估】

（一）临床表现

一般起病缓慢，症状轻重不等。轻者无症状，较大小儿可有低热、乏力、盗汗、纳差等结核中毒症状。婴幼儿多起病急、症状重，可表现为急性高热，可达39～40℃，但一般状况尚好，与发热不相称，持续2～3周后转为低热，并出现结核中毒、干咳和轻度呼吸困难等常见的症状。婴儿可表现为体重不增或生长发育障碍。部分过敏反应强烈小儿可出现疱疹性结膜炎、皮肤结节性红斑和（或）多发性一过性关节炎。如果患儿淋巴结肿大可能出现压迫症状：压迫气管分叉处出现类似百日咳样痉挛性咳嗽，压迫支气管而出现喘鸣，压迫喉返神经引起声音嘶哑，压迫静脉导致胸部一侧或双侧静脉怒张。

体检时肺部体征不明显，与肺内病变不一致。可见周围淋巴结不同程度肿大，肺部叩诊可能出现浊音，听诊呼吸音减低或有少量干湿啰音，婴儿可触及肿大的肝。

（二）辅助检查

1. 结核菌素试验

（1）试验方法：常用的抗原制品有两种即旧结核菌素（OT）和结核菌纯蛋白衍生物（PPD），因PPD反应更准确，故目前临床主要采用。将0.1ml（内含结核菌素5单位）PPD于左前臂掌侧中下1/3处皮内注射，形成6～10mm的皮丘，48～72h观察结果。

（2）结果判定：测量硬结直径，取纵横两者的平均直径来判断其反应强度（表16-2）。

表16-2 结核菌素试验结果判断

反应	符号	反应性质和强度
阴性	−	无硬结，硬结直径<5mm
阳性（弱）	+	硬结直径5～9mm
（中）	++	硬结直径10～19mm
（强）	+++	硬结直径≥20mm
（极强）	++++	有水疱、坏死或淋巴管炎

（3）临床意义

1）阳性反应：①接种卡介苗所致；②年长儿无明显临床症状仅一般阳性反应，表示感染过结核菌；③婴幼儿未接种过卡介苗者，阳性反应提示体内有新的结核病灶，年龄越小，活动性结核的可能性越大；④强阳性或极强阳性提示有活动性结核病灶；⑤近期由阴转阳，反应强度由小于10mm增至大于10mm，增幅大于6mm，表示有新近感染。接种卡介苗后与自然感染的阳性反应区别（表16-3）。

表16-3 接种卡介苗后与自然感染阳性反应的区别

	种卡介苗后	自然感染
硬结直径	5~9mm	10~15mm
硬结颜色	浅红	深红
硬结质地	软、边缘不整	硬、边缘清楚
反应持续时间	2~3天	7~10天以上
阳性反应变化	3~5年内逐渐消失	持续若干年甚至终生

2）阴性反应：①未感染结核；②初次感染结核菌4~8周内；③假阴性，机体免疫反应受抑制如患有麻疹、腮腺炎、重度营养不良、免疫缺陷病和某些重症结核；④技术误差或结核菌素失效。

2. 胸部X线检查　可同时做正、侧位胸片检查。患儿原发型肺结核的特征局部炎性淋巴结相对较大而肺部的初染灶相对较小；小儿原发型肺结核在X线胸片上呈现典型哑铃状双极影者已少见。支气管淋巴结结核在小儿原发型肺结核X线胸片中最为常见。

3. CT扫描　对疑诊肺结核但胸部平片正常病例有助于诊断。

4. 纤维支气管镜检查　结核病变蔓延至支气管内造成支气管结核时可见到病变。

（三）心理-社会状况

了解患儿及家长的心理状态，对病情、隔离方法、服药等知识的了解程度。评估家长对患儿的关心程度、家庭的经济承受能力及社会支持系统。

（四）治疗要点

1. 一般治疗　注意营养，选用富含蛋白质和维生素的食物。有明显结核中毒症状及高度衰弱者应卧床休息，避免传染麻疹、百日咳等疾病。

2. 抗结核治疗　遵循早期、联合、适量、规律、全程、分阶段等治疗原则。明确治疗目的：杀灭病灶中的结核菌，防止血行播散。

（1）常用的抗结核药物：可分为以下两类

1）杀菌药物：①全杀菌药物，如异烟肼（isoniazid，INH）和利福平（rifampin，RFP）。②半杀菌药，如链霉素（streptomycin，SM）和吡嗪酰胺（pyrazinamide，PZA）。

2）抑菌药物：常用的有乙胺丁醇（ethambutol，EMB）及乙硫异烟胺（ethionamide，ETH）。

（2）针对耐药菌株的几种新型抗结核药：①老药的复合剂型，如利福平和异烟肼合剂（rifamate，内含INH 150mg和RFP 300mg），卫非特（rifater，内含INH、RFP和PZA）；②老药的衍生物，如利福喷汀（rifapentine）；③新的化学制剂，如力排肺疾（dipasic）。

（3）小儿抗结核药物的使用见表16-4。

（4）抗结核治疗方案

1）标准疗法：一般用于无明显自觉症状的原发型肺结核。每日服用INH、RFP和（或）EMB，疗程9~12个月。

2）两阶段疗法：用于活动性原发型肺结核、急性粟粒性肺结核病及结核性脑膜炎。①强化治疗阶段：联用3~4种杀菌药物。目的在于迅速杀灭敏感菌、生长繁殖活跃的细菌与代谢低下的细菌，防止或减少耐药菌株的产生，为化疗的关键阶段。在长程化疗时，此阶段一般需要3~4个月；短程疗法时一般为2个月。②巩固治疗阶段：联用两种抗结核药物，目的在于杀灭持续存在的细菌以巩固疗效，防止复发。长程疗法时，此阶段长达12~18个月；短程疗法时,一般为4个月。

3) 短程疗法:可选用以下几种6~9个月短程化疗方案:① 2HRZ/4HR(数字为月数,以下同);② 2SHRZ/4HR;③ 2EHRZ/4HR。若无PZA则将疗程延长至9个月。

表16-4 小儿抗结核药物使用

药物	剂量(kg/d)	给药途径	主要副作用
异烟肼(INH或H)	10mg(≤300mg/d)	口服、肌内注射、静脉滴注	肝毒性、末梢神经炎、过敏、皮疹和发热
利福平(RFP或R)	10mg(≤450mg/d)	口服	肝毒性、恶心、呕吐和流感样症状
链霉素(SM或S)	20~30mg(≤0.75g/d)	肌内注射	Ⅷ脑神经损害、肾毒性、过敏、皮疹和发热
吡嗪酰胺(PZA或Z)	20~30mg(≤0.75g/d)	口服	肝毒性、高尿酸血症、关节痛、过敏和发热
乙胺丁醇(EMB或E)	15~25mg	口服	皮疹、视神经炎
乙硫异烟肼(ETH)丙硫异烟肼	10~15mg	口服	胃肠道反应、肝毒性、末梢神经炎、过敏、皮疹和发热
卡那霉素	15~20mg	肌内注射	肾毒性、Ⅷ脑神经损害
对氨柳酸	150~20mg	口服	胃肠道反应、肝毒性、过敏、皮疹和发热

案例16-5B

患儿入院后进行抗结核治疗,1个月后出现恶心、呕吐,谷丙转氨酶升高。

问题与思考:

1. 该患儿发生了什么问题?
2. 请列出该患儿主要护理问题,并为患儿制订护理措施。

【主要护理诊断/合作性问题】

1. 营养失调:低于机体需要量 与疾病消耗及食欲缺乏有关。
2. 体温过高 与结核感染有关。
3. 活动无耐力 与结核杆菌感染、机体消耗量增加有关。
4. 知识缺乏 家长及患儿缺乏结核病防治的相关知识。
5. 潜在并发症 药物副作用。

【护理措施】

(一)饮食护理

保证营养摄入,鼓励进食,提供高热量、高蛋白、高维生素、富含钙质为宜,如牛奶、鸡蛋、瘦肉、鱼、新鲜水果、蔬菜等,以增强抵抗力,促进机体修复和病灶愈合。服用抗结核药物常见胃肠道不良反应,注意患儿食欲的变化,尽可能提供患儿喜爱的食物种类。

(二)指导患儿的活动

建立合理的生活制度,保持居室空气流通,阳光充足。保证患儿睡眠时间充足,指导适当进行户外活动,同时注意患儿出汗多,应保持皮肤清洁,及时更换汗湿衣物。

（三）加强病情观察，促进舒适

定时测量体温并准确记录；注意观察咳嗽的性质，咽喉部有无充血、化脓等病变，保持呼吸道通畅；根据病情采取合适的体位，避免剧烈活动。

（四）指导合理抗结核用药

向患儿及家长讲解抗结核药物的作用及使用方法，部分抗结核药物有肝、肾毒性，指导患儿定期检查尿常规、肝功能等。使用链霉素的患儿，需注意有无听神经损害的表现，发现异常及时与医师联系。

（五）消毒隔离

结核病活动期应进行呼吸道隔离，对患儿呼吸道分泌物、痰杯、餐具等进行消毒处理；积极防治各种急性传染病，避免受凉引起上呼吸道感染；避免与其他急性传染病患者、开放性结核患者接触，以免加重病情。

（六）健康教育

嘱咐患儿在家接受治疗和护理，指导患儿及家长正确服药，并能观察药物的疗效和副作用；向患儿及家长讲解结核病的隔离方法，使家长掌握对患儿痰液、分泌物和食具的消毒方法；告知家长定期复查。

二、结核性脑膜炎

结核性脑膜炎（tuberculous meningitis）简称结脑，是小儿结核病中最严重的类型。由于卡介苗接种和抗结核药物的应用，发病率明显下降，预后已有很大改善，但若诊断不及时或治疗不当，病死率和后遗症的发生率仍较高。

结脑主要由于结核分枝杆菌经血行播散所致。在小儿往往是肺原发综合征血行播散的结果，故常为全身粟粒性结核病的一部分。婴幼儿中枢神经系统发育不成熟、免疫功能低下，血 - 脑屏障功能不完善与本病的发生密切相关。部分病例亦可由脑实质或脑膜的结核病灶溃破，结核菌进入蛛网膜下隙及脑脊液中所致，偶见颅骨、脊椎或中耳与乳突的结核病灶直接蔓延侵犯脑膜。

【护理评估】

（一）临床表现

典型结脑大多缓慢起病，病程可大致分为以下 3 期：

1. 早期（前驱期） 1～2 周，主要是性情改变，表现为少言懒动、易激惹、睡眠不安、双眼凝视等，同时可伴有低热、盗汗、消瘦、乏力等。年长儿自诉头痛，但症状轻，多为轻微或非持续性，婴儿则表现为皱眉、凝视、嗜睡或发育迟缓等。

2. 中期（脑膜刺激期） 1～2 周，主要表现剧烈头痛、喷射性呕吐、嗜睡或烦躁不安、惊厥，出现明显的脑膜刺激征。幼婴则表现为前囟膨隆、颅缝裂开，可出现面神经、动眼神经和展神经瘫痪等颅神经障碍。少数患儿可出现脑炎体征。

3. 晚期（昏迷期） 1～3 周，以上症状逐渐加重，患儿由意识模糊到半昏迷继而慢慢转至昏迷，频繁发作阵挛性或强直性惊厥。患儿极度消瘦，常出现水、电解质代谢紊乱，呈舟状腹，最终因颅内压急剧增高导致脑疝而死亡。

（二）辅助检查

1. 脑脊液检查 是本病极为重要的诊断方法，脑脊液结核菌培养是诊断结脑的可靠依据。主要表现为脑脊液压力增高，呈无色透明或呈毛玻璃样，可呈黄色。静置 12～24h 后，取脑脊液中蜘蛛网状薄膜涂片做抗酸染色，可检出结核菌。白细胞多为（50～500）×10^6/L，蛋白量增高，糖和氯化物均降低。脑脊液（5～10ml）沉淀物涂片抗酸染色镜检阳性率可达 30%。

2. 结核菌抗原、抗体检测 是诊断结脑的敏感快捷的辅助方法，结脑患儿脑脊液 PPD-

IgM 抗体和 PPD-IgG 抗体水平高于血清。

3. 结核菌素试验 结核菌素试验阳性对诊断有帮助，但约 50% 的患儿可呈阴性反应。

4. 胸部 X 线检查 85% 结脑患儿胸片有结核病改变，其中 90% 为活动性病变。胸片证明有血行播散性结核病对确诊结脑很有意义。

（三）与疾病相关的健康史

了解患儿有无结核病的接触史及接触方式，是否有卡介苗接种史。评估患儿的营养状况、既往史及家族史。

（四）心理－社会状况

患儿及家长可能缺乏关于结核性脑膜炎的相关知识和护理技能，容易出现紧张、焦虑情绪；评估患儿及家长对本病的认识程度，尚需要护理人员做哪些指导，以提高家庭护理水平。

（五）治疗要点

主要包括抗结核治疗和降低颅内高压。

1. 抗结核治疗 联合应用易透过血－脑脊液屏障的抗结核杀菌药物，分阶段治疗。

（1）强化治疗阶段：联合使用 INH、RFP、PZA 及 SM，疗程 3～4 个月。开始治疗的 1～2 周，将 INH 全日量的一半加入 10% 葡萄糖中静脉滴注，余量口服，待病情好转后改为全日量口服。

（2）巩固阶段治疗：继续应用 INH、RFP 或 EMB 9～12 个月。抗结核药物总疗程不少于 12 个月，或待脑脊液恢复正常后继续治疗 6 个月。

2. 降低颅内压

（1）脱水剂：常用 20% 甘露醇，半小时内快速静脉注入，4～6h 一次，脑疝时可加大剂量。2～3 日后逐渐减量，7～10 日后停用。

（2）利尿剂：乙酰唑胺（diamox）一般于停用甘露醇前 1～2 天加用该药，每日 20～40mg/kg（＜0.75g/d）。根据颅内压情况决定服药时间。

（3）其他：根据病情可行侧脑室穿刺引流、腰椎穿刺减压及鞘内注药、分流手术等。

3. 糖皮质激素 可降低颅内压，减轻中毒症状及脑膜刺激症状，减轻或预防脑积水的产生，早期使用效果良好，一般使用泼尼松。

4. 对症治疗 对惊厥者进行止惊治疗，积极纠正水、电解质失调等。

5. 随访观察 停药后随访观察 3～5 年，临床症状消失、脑脊液正常、疗程结束后 2 年无复发者，才可认为治愈。

【主要护理诊断/合作性问题】

1. 潜在并发症 颅内压增高、水和电解质紊乱等。
2. 营养失调：低于机体需要量 与消耗增加、摄入不足有关。
3. 有皮肤完整性受损的危险 与长期卧床，排泄物刺激有关。
4. 焦虑 与病情重、病程长、预后差有关。

【护理措施】

（一）密切观察病情观察，维持正常生命体征

（1）密切观察体温、脉搏、呼吸、血压、神志、尿量等。注意双侧瞳孔大小及对光反射情况，早期发现颅内高压或脑疝，及早积极采取抢救措施。

（2）保持病室内环境安静，避免一切不必要的刺激，尽量将治疗和护理操作一次性完成。

（3）患儿发生惊厥时，立即在上、下牙齿之间安置牙垫防止舌咬伤；防止患儿受伤或坠床，可安置床栏，移开周围一切可致患儿受伤的物品；保持呼吸道通畅，给予吸氧，必要时吸痰或进行辅助人工呼吸。

（4）遵医嘱配合医师行腰穿术、侧脑室引流术，做好术后护理，根据医嘱定期复查脑脊

液检查结果。

（5）遵医嘱给予抗结核药物、利尿剂、肾上腺皮质激素等药物，注意观察药物疗效及不良反应，及时汇报医生。

（二）保持皮肤黏膜完整性

患儿大小便后及时更换尿布并清洗臀部；呕吐物及时清除；为昏迷及瘫痪患儿每2h翻身1次，骨突出处垫棉圈或气圈气垫，防止局部长期受压而发生褥疮；眼睑不能闭合者，涂眼膏或用纱布覆盖，保护角膜；每日口腔护理2～3次。

（三）消毒隔离

对伴有肺结核的患儿，采取呼吸道隔离，对患儿呼吸道分泌物、使用餐具及痰杯及时进行消毒处理，告知易感儿做好防护措施。避免与其他急性传染病患者、开放性肺结核患者接触，以免加重病情。

（四）改善营养状况

评估患儿的进食及营养状况，保证患儿足够热量、蛋白质、丰富维生素且易消化的饮食。少食多餐，清醒者采取舒适体位并协助进食；对昏迷或不能进食的患儿，可采取鼻饲或静脉补液的方式，维持水、电解质平衡。

（五）健康教育

1．向患儿及家长讲解正规治疗的重要性，使其做好长期治疗的准备，坚持全程、合理用药，不能私自停药或换药，以防耐药菌株的产生。对病情、药物疗效及不良反应及时观察并向医生汇报。

2．与患儿及家长制定良好的生活休息制度，保证患儿足够的休息时间，适量进行户外运动。

3．向患儿及家长讲解结核病的隔离方法，使家长掌握对患儿痰液、分泌物和食具的消毒方法。避免患儿与开放性结核患者接触，积极预防和治疗各种急性传染病。

4．对失语或智力障碍者，进行语言训练和适当的教育；对有后遗症的患儿，指导家长对患侧肢体进行理疗和康复功能锻炼，促进功能恢复。

小 结

一、麻疹

麻疹是由麻疹病毒引起的急性呼吸道传染病，以发热、咳嗽、流涕、结膜炎、口腔麻疹黏膜斑及全身皮肤斑丘疹为主要表现，疹间有正常皮肤。典型麻疹有四期经过即潜伏期、前驱期、出疹期、恢复期。非典型麻疹分为轻型麻疹、重型麻疹、异型麻疹、无皮疹性麻疹。目前尚无特异性药物，治疗以加强护理、对症治疗、预防感染等为主。有并发症的采取综合性治疗措施。护理包括：①生活护理；②降低体温；③保持皮肤黏膜的完整性；④监测病情；⑤预防感染传播；⑥健康教育。

二、水痘

水痘病原体为水痘-带状疱疹病毒，初次感染表现为水痘，一般预后良好，病后可获持久免疫。典型水痘分为潜伏期、前驱期、出疹期、恢复期。临床以轻度发热、皮肤黏膜分批出现的斑疹、丘疹、疱疹和结痂并存为特点，中毒症状轻。重症水痘多发生在恶性疾病或免疫力功能低下的患儿、母亲在妊娠早期感染水痘可导致胎儿多发性先天畸形，患儿常在1岁内死亡，存活者留有严重神经系统伤残。以一般治疗和对症治疗为主，可加用抗病毒药，注意防治并发症。护理包括：①生活护理；②降低体温；③保持皮肤黏膜的完整性；④监测病情；⑤预防感染传播；⑥健康教育。

三、流行性腮腺炎

流行性腮腺炎病原体为腮腺炎病毒，人是该病毒唯一宿主。病毒经口、鼻侵入人体后，在局部黏膜上皮细胞中增殖。临床表现以腮腺非化脓性肿痛为特征，大多有发热、咀嚼受限，并可累及其他腺体组织或脏器。常见并发症有脑膜脑炎、睾丸炎、卵巢炎和胰腺炎等。本病无特效治疗，除对症治疗外，应加强并发症的防治。护理包括：①减轻疼痛；②维持正常体温；③观察病情变化；④预防感染传播；⑤健康教育。

四、手足口病

引起手足口病的病毒主要为柯萨奇病毒、埃可病毒和肠道病毒71型（EV71），其中以EV71及Cox A16型最为常见。感染初期表现为发热，手、足、口、臀等部位出疹（斑丘疹、丘疹、小疱疹），疱疹周围可有炎性红晕，疱内液体较少。少数患者（尤其是小于3岁者）可出现脑炎、脑脊髓炎、脑膜炎、肺水肿、循环衰竭等。在治疗方面，本病如无并发症，预后一般良好，多在1周内痊愈。治疗原则主要为对症治疗。护理包括：①维持正常体温；②饮食护理；③口腔、皮肤护理；④病情观察；⑤抗休克和纠正肺水肿的监测与护理；⑥健康教育。

五、小儿结核病

1. 概述　结核病是由结核杆菌引起的慢性感染性疾病，以肺结核最常见。原发型肺结核包括原发综合征和支气管淋巴结结核。原发综合征由肺原发灶、局部淋巴结病变和两者之间的淋巴管炎组成。

2. 临床表现　原发型肺结核临床症状轻重不一。年长儿发生低热、食欲缺乏、疲乏、盗汗等结核中毒症状；婴幼儿及症状较重者可急性起病，一般情况与发热程度不相称，并伴结核中毒症状，干咳和轻度呼吸困难时最常见的症状；婴儿可表现为体重不增或生长发育障碍。结核性脑膜炎是小儿结核病中最严重的类型，主要由结核分枝杆菌经血道播散所致。典型经过有3期，早期结核中毒症状、性格改变，中期颅压增高症状、脑膜刺激征、脑神经损害，晚期昏迷、频繁惊厥等。

3. 治疗原则　遵循早期、联合、适量、规律、全程、分阶段等。明确治疗目的：杀灭病灶中的结核菌，防止血行播散。抗结核治疗和降低颅内高压。

4. 护理　包括①改善营养；②保持皮肤黏膜完整性；③观察病情变化；④预防感染传播；⑤健康教育。

一、单项选择题

1. 流行性腮腺炎的发病多在

    A．春夏

    B．冬春

    C．春秋

    D．秋冬

    E．四季

2. 治疗水痘的抗病毒药物首选

    A．盐酸金刚烷胺

    B．阿昔洛韦

    C．利巴韦林

D．阿糖胞苷

E．干扰素

3．水痘的潜伏期为

A．3周左右

B．5～7天

C．3～5天

D．1～2天

E．2周左右

4．麻疹前驱期历时3～4天，临床表现**不包括**

A．发热

B．尿频、尿急和尿痛

C．麻疹黏膜斑

D．厌食、呕吐、腹泻

E．呼吸道卡他症状

5．水痘的隔离期是

A．疱疹结痂

B．发热消退后1周

C．疱疹消退1周

D．疱疹结痂后1周

E．全部疱疹结痂

6．结核性脑膜炎早期的主要症状是

A．性格改变

B．头痛

C．呕吐

D．发热

E．便秘

7．水痘应**禁用**以下哪种药物

A．退热药

B．抗病毒药

C．抗生素

D．甲紫

E．激素

8．结核性脑膜炎典型的脑脊液改变是

A．糖及氯化物含量同时减低

B．外观呈毛玻璃样

C．白细胞增多，分类以淋巴细胞为主

D．压力增高

E．蛋白量增高

9．结核性脑膜炎出现颅神经障碍最常见的为

A．展神经

B．听神经

C．面神经

D．嗅神经

E．视神经

10．流行性腮腺炎的隔离期为

A．直至腮肿完全消退

B．3周

C．2周

D．1周

E．腮肿完全消退后3天

11．手足口病好发于以下哪些人群

A．学龄小儿

B．成人

C．5岁以下小儿

D．老年人

E．所有人群

12．腮腺炎的常见临床表现

A．睾丸炎

B．卵巢炎

C．胰腺炎

D．脑膜脑炎

E．腮腺肿大

13．下列哪项是水痘最具特点的症状

A．疱疹发于四肢头面

B．疱疹痂盖脱落，不留瘢痕

C．同一时期丘疹、疱疹、干痂并见

D．疱疹周围红晕

E．疱疹空泡易破

14．流行性腮腺炎的肿胀部位是

A．颈部

B．面颊部

C．耳后

D．颌下

E．以耳垂为中心

15．麻疹出疹的顺序是

A．耳后发际→面部→躯干→四肢→手掌足底

B．头面→耳后→躯干→四肢末端→全身

C．四肢末端→躯干→头面→耳后→发际

D．四肢末端→头面→躯干→背部→胸部

E．四肢末端→头面→耳后发际→前

胸→后背

16. 麻疹常见的并发症**不包括**
   A. 肺炎
   B. 喉炎
   C. 脑炎
   D. 心内膜炎
   E. 结核病恶化

17. 麻疹的隔离期是
   A. 隔离到起病后 1 周
   B. 隔离到出疹后 1 周
   C. 隔离到疹退后 10 天
   D. 隔离到疹退后 5 天
   E. 无并发症隔离到出疹后 5 天，有并发症隔离到出疹后 10 天

18. 典型麻疹皮疹的特点是
   A. 玫瑰色斑丘疹
   B. 疹间无正常皮肤
   C. 皮肤普遍充血，有红色粟粒疹
   D. 出血性皮疹
   E. 红色斑丘疹，疹退后有色素沉着及脱屑

19. 降低麻疹发病率的关键措施是
   A. 易感儿按时接种麻疹疫苗
   B. 早发现、早治疗、早隔离
   C. 患儿停留过的病室要彻底通风
   D. 易感儿接触患儿后注射免疫球蛋白
   E. 流行期间易感儿不要到人群密集的公共场所

20. 诊断为麻疹恢复期，以下哪项最有意义
   A. 发热、流涕、咳嗽
   B. 结合膜充血、流泪
   C. 咽红、口腔黏膜充血
   D. 手心、脚心有斑丘疹
   E. 皮肤呈麦样脱屑，棕褐色色素沉着

二、案例题

1. 患儿，男，8 岁。发热、头痛、咽痛、食欲缺乏，8h 后右耳周围肿痛，同学中有类似情况。查体：右耳为中心，皮肤发热，触之坚韧有弹性，疼痛及触痛。
   问题：(1) 该患儿有可能发生什么病？
   (2) 对该患儿该如何护理？

2. 患儿，男，9 岁，因"乏力、食欲缺乏半个月，发热、咳嗽、痰中带血 6 天"住院。患儿于半个月前无明显诱因感乏力，食欲减退，无恶心、呕吐。6 天前渐感胸痛、咳嗽、咳痰，偶有痰中带血，色红，伴发热，以午后为甚，夜间盗汗。
   体检：T 38℃，P 100 次/分，R 24 次/分，BP 105/75mmHg。急性病容，神清，全身淋巴结无肿大；右上肺呼吸音稍增粗，锁骨上下区有细湿啰音，心率 100 次/分，心律齐，无杂音。其余检查正常。
   辅助检查：单核细胞 2%；痰结核菌涂片检查（+）；X 线胸片，右上肺野有斑片状阴影，密度欠均匀，边缘模糊，其余肺及心、膈显示正常。
   问题：(1) 该患儿有可能发生什么病？
   (2) 对该患儿如何进行消毒隔离？

3. 患儿，女，6 岁，口腔溃疡 4 天。4 天前无明显诱因发生口腔黏膜溃疡，疼痛明显，影响进食。继而手掌足底出现红色斑疹，稍痒感。体温 37.2℃，上腭、下唇均可见散在米粒大小溃疡面，覆有黄色假膜，周边红润。两侧颌下淋巴结触之肿大。手掌足底可见散在红色斑丘疹，显对称行分布。手掌针刺反应（-）。血常规：血红蛋白 120g/L，白细胞 $10.6×10^9$/L，中性粒细胞 0.57，淋巴细胞 0.43。
   问题：(1) 该患儿有可能发生什么病？
   (2) 对该患儿该如何护理？

（曲桂玉）

附录一 2005年九市城区7岁以下小儿体格发育测量值（$\bar{x} \pm s$）

年龄组	男					女				
	体重 (kg)	身高 (cm)	坐高 (cm)	头围 (cm)	胸围 (cm)	体重 (kg)	身高 (cm)	坐高 (cm)	头围 (cm)	胸围 (cm)
初生~3天	3.33±0.39	50.4±1.7	33.5±1.6	34.5±1.2	32.9±1.5	3.24±0.39	49.7±1.7	33.2±1.6	34.0±1.2	32.6±1.5
1个月~	5.11±0.65	56.8±2.4	37.8±1.9	38.0±1.3	37.5±1.9	4.73±0.58	55.6±2.2	37.0±1.9	37.2±1.3	36.6±1.8
2个月~	6.27±0.73	60.5±2.3	40.2±1.8	39.7±1.3	39.9±1.9	5.75±0.68	59.1±2.3	39.2±1.8	38.8±1.2	38.8±1.8
3个月~	7.17±0.78	63.3±2.2	41.7±1.8	41.2±1.4	41.5±1.9	6.56±0.73	62.0±2.1	40.7±1.8	40.2±1.3	40.3±1.9
4个月~	7.76±0.86	65.7±2.3	42.8±1.8	42.2±1.3	42.4±2.0	7.16±0.78	64.2±2.2	41.9±1.7	41.2±1.2	41.4±2.0
5个月~	8.32±0.95	67.8±2.4	44.0±1.9	43.3±1.3	43.3±2.1	7.65±0.84	66.2±2.3	42.8±1.8	42.1±1.3	42.1±2.0
6个月~	8.75±1.03	69.8±2.6	44.8±2.0	44.2±1.4	43.9±2.1	8.13±0.93	68.1±2.4	43.9±1.9	43.1±1.3	42.9±2.1
8个月~	9.35±1.04	72.6±2.6	46.2±2.0	45.3±1.3	44.9±2.0	8.74±0.99	71.1±2.6	45.3±1.9	44.1±1.3	43.9±1.9
10个月~	9.92±1.09	75.5±2.6	47.5±2.0	46.1±1.3	45.7±2.0	9.28±1.01	73.8±2.8	46.4±1.9	44.9±1.3	44.6±2.0
12个月~	10.49±1.15	78.3±2.9	48.8±2.1	46.8±1.3	46.6±2.0	9.80±1.05	76.8±2.8	47.8±2.0	45.5±1.3	45.4±1.9
15个月~	11.04±1.23	81.4±3.2	50.2±2.3	47.3±1.3	47.3±2.0	10.43±1.14	80.2±3.0	49.4±2.1	46.2±1.4	46.2±2.0
18个月~	11.65±1.31	84.0±3.2	51.5±2.3	47.8±1.3	48.1±2.0	11.01±1.12	82.9±3.1	50.6±2.2	46.7±1.3	47.0±2.0
21个月~	12.39±1.39	87.3±3.5	52.9±2.4	48.3±1.3	48.9±2.0	11.77±1.30	86.0±3.3	52.1±2.4	47.2±1.4	47.8±2.0
2.0岁~	13.19±1.48	91.2±3.8	54.7±2.5	48.7±1.4	49.6±2.1	12.60±1.48	89.9±3.8	54.0±2.5	47.6±1.4	48.5±2.1
2.5岁~	14.28±1.64	95.4±3.9	56.7±2.5	49.3±1.3	50.7±2.2	13.73±1.63	94.3±3.8	56.0±2.4	48.3±1.3	49.6±2.2
3.0岁~	15.31±1.75	98.9±3.8	57.8±2.3	49.8±1.3	51.5±2.3	14.80±1.69	97.6±3.8	56.8±2.3	48.8±1.3	50.5±2.2
3.5岁~	16.33±1.97	102.4±4.0	59.2±2.4	50.2±1.3	52.5±2.4	15.84±1.86	101.3±3.8	58.4±2.2	49.2±1.3	51.3±2.4
4.0岁~	17.37±2.03	106.0±4.1	60.7±2.3	50.5±1.3	53.4±2.5	16.84±2.02	104.9±4.1	59.9±2.3	49.5±1.3	52.1±2.4
4.5岁~	18.55±2.27	109.5±4.4	62.2±2.4	50.8±1.3	54.4±2.6	18.01±2.22	108.7±4.3	61.5±2.4	49.9±1.2	53.0±2.6
5.0岁~	19.90±2.61	113.1±4.4	63.7±2.4	51.1±1.3	55.5±2.8	18.93±2.45	111.7±4.4	62.7±2.4	50.1±1.3	53.7±2.8
5.5岁~	21.16±2.82	116.4±4.5	65.1±2.5	51.4±1.3	56.6±3.0	20.27±2.73	115.4±4.5	64.4±2.4	50.4±1.3	54.8±3.0
6~7岁	22.51±3.21	120.0±4.8	66.6±2.5	51.7±1.3	57.6±3.3	21.55±2.94	118.9±4.7	65.8±2.4	50.7±1.3	55.7±3.1

附录二 2005年九市郊区7岁以下小儿体格发育测量值（$\bar{x} \pm s$）

年龄组	男					女				
	体重（kg）	身高（cm）	坐高（cm）	头围（cm）	胸围（cm）	体重（kg）	身高（cm）	坐高（cm）	头围（cm）	胸围（cm）
初生~3天	3.32±0.40	50.4±1.8	33.5±1.7	34.3±1.3	32.8±1.5	3.19±0.39	49.8±1.7	33.0±1.7	33.7±1.3	32.4±1.6
1个月~	5.12±0.73	56.6±2.5	37.7±1.9	38.0±1.4	37.4±2.0	4.79±0.61	55.6±2.2	36.9±1.8	37.2±1.2	36.6±1.8
2个月~	6.29±0.75	60.5±2.4	40.1±1.8	39.8±1.3	39.8±2.0	5.75±0.72	59.0±2.4	38.9±1.9	38.8±1.3	38.7±1.9
3个月~	7.08±0.82	63.0±2.3	41.5±1.9	41.1±1.4	41.3±2.1	6.51±0.76	61.7±2.2	40.5±1.8	40.1±1.2	40.2±2.0
4个月~	7.63±0.89	65.0±2.3	42.5±1.9	42.2±1.3	42.2±2.1	7.08±0.83	63.6±2.3	41.5±1.8	41.2±1.3	41.1±2.0
5个月~	8.15±0.93	67.0±2.2	43.5±1.8	43.2±1.2	42.9±2.1	7.54±0.91	65.5±2.4	42.5±1.9	42.1±1.3	41.8±2.1
6个月~	8.57±1.01	69.2±2.5	44.6±1.9	44.2±1.3	43.7±2.1	7.98±0.94	67.6±2.5	43.5±1.8	43.1±1.3	42.6±2.1
8个月~	9.18±1.07	72.1±2.6	45.9±1.8	45.2±1.3	44.5±2.1	8.54±1.05	70.5±2.7	44.9±1.9	44.0±1.3	43.5±2.2
10个月~	9.65±1.10	74.7±2.8	47.2±2.1	46.0±1.3	45.3±2.1	9.00±1.04	73.2±2.7	46.1±1.9	44.7±1.3	44.2±2.0
12个月~	10.11±1.15	77.5±2.8	48.4±2.1	46.4±1.3	46.2±2.0	9.44±1.12	75.8±2.9	47.3±2.1	45.2±1.3	44.9±2.0
15个月~	10.59±1.20	80.2±3.1	49.7±2.1	46.9±1.3	46.9±2.1	9.97±1.13	78.9±3.1	48.8±2.1	45.8±1.3	45.8±2.0
18个月~	11.21±1.25	82.8±3.2	51.0±2.2	47.5±1.2	47.8±2.0	10.63±1.20	81.7±3.3	50.2±2.2	46.4±1.3	46.7±2.2
21个月~	11.82±1.36	85.8±3.4	52.5±2.2	47.9±1.3	48.3±2.1	11.21±1.27	84.4±3.3	51.5±2.2	46.8±1.3	47.3±2.1
2.0岁~	12.65±1.43	89.5±3.8	54.1±2.3	48.4±1.3	49.2±2.2	12.04±1.38	88.2±3.7	53.2±2.3	47.3±1.3	48.1±2.2
2.5岁~	13.81±1.60	93.7±3.8	55.9±2.3	49.0±1.3	50.3±2.3	13.18±1.52	92.5±3.7	55.0±2.3	47.9±1.3	49.1±2.2
3.0岁~	14.65±1.65	97.2±3.9	57.0±2.3	49.3±1.3	50.9±2.2	14.22±1.66	96.2±3.9	56.2±2.2	48.3±1.3	50.0±2.2
3.5岁~	15.51±1.77	100.5±4.0	58.4±2.2	49.7±1.3	51.7±2.3	15.09±1.82	99.5±4.2	57.6±2.3	48.8±1.3	50.7±2.3
4.0岁~	16.49±1.95	104.0±4.4	59.8±2.4	50.1±1.3	52.5±2.3	15.99±1.89	103.1±4.1	59.1±2.3	49.0±1.2	51.4±2.4
4.5岁~	17.46±2.17	107.4±4.3	61.3±2.4	50.3±1.3	53.4±2.5	16.84±2.07	106.2±4.5	60.4±2.4	49.4±1.3	52.1±2.4
5.0岁~	18.46±2.32	110.7±4.6	62.7±2.4	50.6±1.3	54.2±2.6	17.85±2.35	109.7±4.6	61.9±2.5	49.6±1.4	52.8±2.6
5.5岁~	19.58±2.72	113.6±4.7	63.9±2.6	50.9±1.4	55.0±2.8	18.83±2.49	112.7±4.7	63.2±2.5	49.9±1.3	53.6±2.7
6~7岁	20.79±2.89	117.4±5.0	65.5±2.6	51.1±1.4	56.0±2.9	20.11±2.87	116.5±5.0	64.7±2.6	50.1±1.4	54.5±3.0

附录三 我国小儿膳食营养素参考摄入量

表1 能量和蛋白质的RNIs及脂肪供能比

年龄	能量RNI/kcal		蛋白质RNI/g		脂肪占能量百分比(%)
	男	女	男	女	
0~	95kcal/(kg·d)		1.5~3.0g/(kg·d)		45~50
0.5~					35~40
1~	1100	1050	35	35	
2~	1200	1150	40	40	30~35
3~	1350	1300	45	45	
4~	1450	1400	50	50	
5~	1600	1500	55	55	
6~	1700	1600	55	55	
7~	1800	1700	60	60	25~30
8~	1900	1800	65	65	
9~	2000	1900	65	65	
10~	2100	2000	70	65	
11~	2400	2200	75	75	
14~17	2900	2400	80	80	25~30

表2 脂溶性和水溶性维生素的RNIs或AIs

年龄	VitA RNI/μgRE		VitD RNI/μg	VitE AI/mg α-TE	VitB1 RNI/mg		VitB2 RNI/mg		VitB12 AI/μg	VitC RNI/mg	叶酸 RNI/μgDFE	烟酸 RNI/mgNE	
0~	400(AI)		10	3	0.2(AI)		0.4(AI)		0.4	40	65(AI)	2(AI)	
0.5~	400(AI)		10	3	0.3(AI)		0.5(AI)		0.5	50	80(AI)	3(AI)	
1~	500		10	4	0.6		0.6		0.9	60	150	6	
4~	600		10	5	0.7		0.7		1.2	70	200	7	
7~	700		10	7	0.9		1.0		1.2	80	200	9	
11~	700		5	10	1.2		1.2		1.8	90	300	12	
	男	女			男	女	男	女				男	女
14~	800	700	5	14	1.5	1.2	1.5	1.2	2.4	100	400	15	12
18~	800	700	0	14	1.4	1.3	1.4	1.2	2.4	100	400	14	13

表3 几种常量和微量元素的RNIs或AIs

年龄	钙AI/mg	铁AI/mg		碘AI/μg	锌AI/mg	
0~	300	0.3		50	1.5	
0.5~	400	10		50	8.0	
1~	600	12		50	9.0	
4~	800	12		90	12.0	
7~	800	12		90	13.5	
		男	女		男	女
11~	1000	16	18	120	18	15.0
14~	1000	20	25	150	19	15.5
18~	800	15	20	150	15	11.5

自测题参考答案

第一章

一、单项选择题

1. C　2. D　3. A　4. B　5. D　6. A　7. C　8. B　9. E
10. D

二、案例题

案例解析：

1. 小儿年龄分七期，分别是胎儿期、新生儿期、婴儿期、幼儿期、学龄前期、学龄期和青春期。该男孩处于婴儿期。

2. 对该家长保健指导：①指导母乳喂养；②日常护理包括清洁卫生、衣着宽松、充足的睡眠、户外活动等；③早期教育包括大小便训练、视听能力训练、动作的发展、语言的培养等；④防止意外；⑤预防疾病和促进健康。

第二章

一、单项选择题

1. D　2. D　3. B　4. E　5. B　6. C　7. A　8. B　9. C
10. B　11. E　12. D　13. E　14. B　15. C　16. C　17. E
18. B　19. D　20. A

二、案例题

案例解析：

1.

（1）7.7kg。

（2）65cm。

（3）会坐。

（4）颈椎前凸，胸椎后凸。

（5）1～1.5岁。

（6）4～5月龄。

2.

（1）1周岁。

（2）8颗；2～2.5岁。

（3）能叫出物品名字，指出自己的手、眼。

（4）独走，弯腰拾东西，会将圆圈套在木棍上以及行走。

（5）2岁。

第三章

一、单项选择题

1. E　2. C　3. B　4. A　5. E　6. B　7. A　8. D　9. A

10. C

二、案例题
案例解析

年龄判断：甜甜10个月（其他略）。

第四章

一、单项选择题
1．D　2．C　3．E　4．B　5．D　6．B　7．C　8．C　9．C
10．A

二、案例题
案例解析：

1．新生儿溶血症。

2．最简单有效的治疗措施是蓝光治疗。

第五章

一、单项选择题
1．C　2．D　3．E　4．E　5．B　6．E　7．C　8．D　9．B
10．B

二、案例题
案例解析：

1．缺铁性贫血。

2．给予铁剂治疗，添加富含铁的食品。

3．4个月开始添加蛋黄，含铁丰富的米粉及其他含铁丰富食品，随月龄增加逐渐添加各种辅食。

第六章

一、单项选择题
1．C　2．B　3．C　4．C　5．C　6．C　7．D　8．D　9．E
10．D

二、案例题
案例解析：

1．佝偻病激期

2．护理诊断（略）

3．健康教育：

（1）指导户外活动；

（2）指导添加富含维生素D、钙和其他营养素的食物；

（3）指导维生素D的服用，尤其预防量维生素D的服用，每日400IU/d；夏季可暂停或减量服用维生素D，补充至2岁，一般不加服钙剂，但乳类摄入不足或营养欠佳时可适量补充。

第七章

一、单项选择题
1．C　2．B　3．E　4．D　5．E　6．C　7．B　8．C　9．A

10．D　11．E　12．E

二、案例题

案例解析：

1．轻度窒息。

2．引起窒息的原因有：孕母患有妊娠高血压综合征、前置胎盘、早产。

3．护理：

（1）配合医生及时复苏包括 A 通畅气道、B 建立呼吸、C 恢复循环、D 药物治疗、E 评价；

（2）复苏后监护；

（3）保暖；

（4）预防感染；

（5）健康教育。

第八章

一、单项选择题

1．A　2．B　3．C　4．B　5．E　6．C　7．D　8．B　9．A
10．E

二、案例题

案例解析：

1．

（1）鹅口疮。

（2）护理诊断：

①口腔黏膜改变　与口腔感染有关；

②有皮肤完整性受损的危险　与肛周皮肤发红有关；

③知识缺乏　患儿家长缺乏本病的预防及护理知识。

（3）2% 碳酸氢钠溶液。

2．

（1）重度低渗性脱水。

（2）该患儿丢失累积损失量 800～1000ml。

（3）低钾血症、低钠血症。

（4）代谢性酸中毒，轻度。

3．

（1）中度等渗性脱水。

（2）代谢性酸中毒，轻度。

（3）略。

（4）略。

第九章

一、单项选择题

1．D　2．D　3．E　4．B　5．D　6．D　7．E　8．C　9．D
10．A　11．C　12．D　13．C

二、案例题

案例解析：

1．该患儿有发热、咳嗽，气促、口周发绀，鼻翼煽动，两肺有痰鸣音及密集的中、细湿

啰音，心率快，心音钝，肝大。故该患儿的主要的护理诊断有体温过高、气体交换受损、清理呼吸道无效；潜在并发症：心力衰竭。

2．主要的护理措施：①改善呼吸功能，避免患儿哭闹，给予患儿吸氧；②保持呼吸道通畅，如翻身拍背、超声雾化，吸痰或胸部物理治疗；③观察病情，注意观察生命体征，尤其要监测脉搏或心率、监测心力衰竭的症状体征，注意输液速度不可过快；④给予强心剂、利尿剂及退热药，监测体温、心率及尿量等。

3．健康教育的内容：向患儿或家长解释疾病的相关知识和防护知识；指导家长合理喂养，婴儿期提倡母乳喂养；多进行户外活动；注意气候变化，及时增减衣服，避免着凉，一旦上感，及时治疗，以免继发肺炎；让家长了解所用药物名称、剂量、用法及副作用；指导患儿不随地吐痰、咳嗽时应用手帕或纸巾捂住嘴，尽量使痰飞沫不向周围喷射；定期健康检查，按时预防接种。

第十章

一、单项选择题

1．D　2．C　3．A　4．C　5．B　6．B　7．D　8．E　9．D
10．E

二、案例题

案例解析：

1．该患儿初步诊断为病毒性心肌炎合并心力衰竭。

2．主要的护理诊断有：

（1）体温过高　与感染有关；

（2）活动无耐力　与缺氧有关；

（3）潜在并发症　心力衰竭。

3．主要护理措施：

（1）给予药物降温，监测体温；

（2）合理休息；

（3）置患儿于半卧位，尽量保持其安静，遵医嘱静脉给药时速度不宜过快。

第十一章

一、单项选择题

1．C　2．D　3．B　4．C　5．E　6．E　7．B　8．C　9．E
10．B

二、案例题

案例解析：

1．泌尿道感染。

2．护理诊断：

（1）体温过高　与细菌感染有关；

（2）排尿异常　与膀胱、尿道炎症刺激有关。

第十二章

一、单项选择题

1．B　2．B　3．B　4．E　5．C　6．B　7．B　8．A　9．D
10．E

二、案例题

案例解析：

1．护理诊断：①有感染的危险　与机体抵抗力下降有关；②潜在并发症　颅内出血。

2．护理措施：

（1）预防感染：

1）所有治疗及护理操作严格按无菌原则进行，保持病房环境整洁。

2）保护性隔离：与其他病种患儿分室而居，防止交叉感染。粒细胞数极低和免疫功能明显低下者应住单间，有条件者住空气层流室或无菌单人层流床。房间每日消毒，限制探视人数，感染者禁止探视。

3）重视并督促医务人员洗手：督促医务人员接触患儿前后用液体肥皂或免水洗手液洗手。

4）口腔和肛周护理：指导患儿早晚用软毛牙刷刷牙，餐后漱口及时清除食物残渣和刺激物，多饮水以保持口腔清洁湿润，以防止黏膜溃疡、糜烂、出血。保持大便通畅，便后用温开水或盐水清洁肛周，预防肛周感染；肛周溃烂者，每日坐浴。

5）避免预防接种。

6）观察感染早期征象：监测生命体征，观察有无齿龈肿痛、咽红、咽痛，皮肤有无破损、红肿，肛周、外阴有无异常。若发现感染征兆，及时遵医嘱处理。

（2）预防出血：

1）密切观察病情变化：了解血常规中血小板计数的波动，严密观察有无进行性活动性出血。

2）避免损伤：应减少活动，避免创伤；注意环境安全，床头、床栏及家具的尖角用软垫子包裹，忌玩锐利玩具等，以免碰伤、刺伤或摔伤出血，尽量避免肌内注射或深静脉穿刺抽血，必要时应延长压迫时间，以免形成深部血肿。

3）禁食坚硬、多刺的食物，防止损伤口腔黏膜及齿龈出血。

4）保持大便通畅，防止用力大便时腹压增高而诱发颅内出血。

5）健康教育，指导预防损伤，教会家长识别出血症状和处理原则。

第十三章

一、单项选择题

1．C　2．A　3．C　4．B　5．D　6．B　7．C　8．E　9．B
10．D

二、案例题

案例解析：

1．化脓性脑膜炎。

2．护理诊断：

（1）体温过高　与细菌感染有关；

（2）有受伤的危险　与惊厥发作有关；

（3）营养失调：低于机体需要量　与摄入不足、机体消耗增多有关；

（4）潜在并发症　水电解质紊乱、硬膜下积液。

3．护理措施：

（1）降温；

（2）防止外伤、意外，防坠床和舌咬伤，及时清除呕吐物；

（3）密切观察病情变化，遵医嘱应用抗生素、利尿剂、甘露醇和地米降低颅内压；

（4）供给足够的营养，必要时静脉高营养或鼻饲；

（5）健康教育。

第十四章

一、单项选择题

1．B　2．A　3．C　4．C　5．A　6．D　7．A　8．E

二、案例题

案例解析：

1．先天性甲状腺功能减低症。

2．主要护理诊断：

（1）生长发育异常　与甲状腺素合成不足有关；

（2）营养失调：低于机体需要量　与食欲差、喂养困难有关；

（3）便秘　与活动量减少、肠蠕动减慢以及肌张力下降有关；

（4）知识缺乏　与患儿家长缺乏疾病相关知识有关。

3．护理措施：

（1）生活护理：注意室内温度，适时增减衣服，防止受凉；加强训练，促进体能和智能发育。

（2）饮食与排便护理：保证营养供给，保持大便通畅。

（3）用药护理：指导家长掌握药物的服用方法、疗效的观察以及患儿终生用药的必要性，治疗过程中定期随访复查。

（4）健康教育。

第十五章

一、单项选择题

1．C　2．B　3．A　4．C　5．E　6．E　7．A　8．B　9．B
10．C　11．A　12．A　13．E　14．C　15．C　16．C　17．B
18．D　19．A　20．D

二、案例题

案例解析：

1．

（1）风湿热。

（2）护理诊断：疼痛、体温过高、焦虑、潜在并发症：药物副作用。

（3）略。

2．

（1）皮肤黏膜淋巴结综合征又称川崎病。

（2）主要的护理诊断：体温过高、皮肤完整性受损、口腔黏膜改变、潜在并发症：心脏受损。

护理措施：降低体温，皮肤护理，黏膜护理，监测病情，心理护理。

第十六章

一、单项选择题

1．B　2．C　3．E　4．B　5．E　6．A　7．E　8．A　9．C
10．E　11．C　12．E　13．C　14．E　15．A　16．D　17．E
18．E　19．A　20．E

二、案例题

案例解析：

1.

（1）该患儿可能患腮腺炎。

（2）护理：

1）减轻疼痛；

2）维持正常体温；

3）观察病情变化等。

2.

（1）该患儿可能患肺结核。

（2）结核病活动期应进行呼吸道隔离，对患儿呼吸道分泌物、痰杯、餐具等进行消毒处理；积极防治各种急性传染病，避免受凉引起上呼吸道感染；避免与其他急性传染病患者、开放性结核患者接触，以免加重病情。

3.

（1）该患儿可能患手足口病。

（2）略。

中英文专业词汇索引

A
艾森门格综合征（Eisenmenger syndrome） 184

B
闭锁肺（silent lung） 173
白血病（leukemia） 231
苯丙酮尿症（phenylketonuria，PKU） 257
病毒性心肌炎（viral myocarditis） 192
病毒性脑炎（viral encephalitis） 247

C
成长（growth） 55
差异性发绀（differential cyanosis） 186
充血性心力衰竭（congestive heart failure） 195
川崎病（kawasaki disease，KD） 277

D
低出生体重儿（low birth weight infant，LBW） 103
蛋白质-能量营养不良（protein-energy malnutrition，PEM） 87
大于胎龄儿（large for gestational age，LGA） 103
胆红素脑病（bilirubin encephalopathy） 126
动脉导管未闭（patent ductus arteriosus，PDA） 186

E
儿科护理学（pediatric nursing） 1
鹅口疮（thrush，oral candidiasis） 140

F
发育（development） 11
发展性照顾（developmental care） 109
分离性焦虑（separation anxiety） 50
肥胖（obesity） 90
肥胖-换气不良综合征（pickwickian syndrome） 91
腓反射（peroneal sign） 97
肺炎（pneumonia） 164
肺炎支原体肺炎（mycoplasma pneumoniae pneumonia） 170
房间隔缺损（atrial septal defect，ASD） 185
法洛四联症（tetrology of fallot，TOF） 187
肺动脉瓣狭窄（pulmonary stenosis，PS） 189

风湿热（rheumatic fever） 268

G
共处（partnership） 55
骨龄（bone age） 17
过期产儿（post-term infant） 103
高危儿（high risk infant） 103
睾丸白血病（testic leukemia，TL） 232
过敏性紫癜（anaphylactoid purpura） 271

H
呼吸暂停（apnea） 107
呼吸道合胞病毒肺炎（respiratory syncytial virus pneumonia） 169
化脓性脑膜炎（purulent meningitis） 243
亨-舒综合征（henoch-schonlein syndrome） 271

J
计划免疫（planned immunization） 40
巨大儿（macrosomia） 103
急性上呼吸道感染（acute upper respiratory infections，AURI） 160
急性支气管炎（acute bronchitis） 163
急性气管支气管炎（acute tracheo-bronchitis） 163
金黄色葡萄球菌肺炎（staphylococcal pneumonia） 170
急性肾小球肾炎（acute glomerulonephritis，AGN） 201
急性链球菌感染后肾小球肾炎（acute post-streptococcal glomerulonephritis，APSGN） 201
急性肾衰竭（acute renal failure，ARF） 212
惊厥（convulsions） 240
惊厥持续状态（statural convulsivus） 241
结核病（tuberculosis） 299
结核性脑膜炎（tuberculous meningitis） 303

K
口炎（stomatitis） 140
溃疡性口炎（ulcerative stomatitis） 141
口服补液盐（oral rehydration salts，ORS） 152
咳嗽变异性哮喘（cough variant asthma，CVA） 172
柯氏斑（Koplik spots） 284

L

流感嗜血杆菌肺炎（hemophilus influenza pneumonia） 170
流行性腮腺炎（mumps, epidemic parotitis） 292

M

面神经征（Chvostek sign） 96
泌尿系感染（urinary tract infection, UTI） 209
麻疹（measles） 284
麻疹黏膜斑（Koplik spots） 284

P

疱疹性口炎（herpetic stomatitis） 140
疱疹性咽峡炎（herpangina） 160
贫血（anemia） 221
皮肤黏膜淋巴结综合征（mucocutaneous lymphnode syndrome, MCLS） 277

Q

青春期（adolescence） 5
情感（affection） 55
亲密（resolve） 55
缺铁性贫血（iron deficiency anemia, IDA） 222

S

生长（growth） 11
身高（height） 15
适应（adaptation） 55
生长迟缓（stunting） 88
食物的热力作用（thermic effect of food, TEF） 75
适于胎龄儿（appropriate for gestational age, AGA） 103
适中温度（neutral environment temperature, NET） 105
髓外造血（extramedullary hematopoiesis） 221
生理性贫血（physiological anemia） 221
室间隔缺损（ventricular septal defect, VSD） 183
肾小球滤过率（glomerular filtration rate, GFR） 200
肾病综合征（nephrotic syndrome, NS） 205
水痘（chickenpox, varicella） 289
手足口病（hand-foot-mouth disease, HFMD） 295

T

胎儿期（fetal period） 4
唐氏综合征（Down syndrome） 254
体重（weight） 14
头围（head circumference） 15
体重指数（body mass index, BMI） 91
体重低下（underweight） 88
陶瑟征（Trousseau sign） 97
特发性血小板减少性紫癜（idiopathic thrombocytopenic purpura, ITP） 228
糖尿病（diabetes mellitus, DM） 261

W

维生素 D 缺乏性佝偻病（rickets of vitamin D deficiency） 92
维生素 D 缺乏性手足搐搦症（tetany of vitamin D deficiency） 96
无分流型（non-shunt lesions） 182

X

新生儿期（neonatal period） 4
学龄前期（preschool age） 5
学龄期（school age） 5
胸围（chest circumference） 15
消瘦（wasting） 88
锌缺乏（zinc deficiency） 98
新生儿（neonate, newborn） 102
小于胎龄儿（small for gestational age, SGA） 103
新生儿窒息（asphyxia of the newborn） 109
新生儿缺氧缺血性脑病（hypoxic-ischemic encephalopathy, HIE） 114
新生儿颅内出血（intracranial hemorrhage of the newborn） 117
新生儿肺透明膜病（hyaline membrane disease of the newborn, HMD） 120
新生儿颅内出血（intracranial hemorrhage of the newborn） 117
新生儿黄疸（neonatal jaundice） 123
新生儿溶血病（hemolytic disease of newborn, HDN） 124
新生儿败血症（neonatal septicemia） 128
新生儿寒冷损伤综合征（neonatal cold injure syndrome） 131
新生儿低血糖（neonatal hypoglycemia） 133
腺病毒肺炎（adenovirus pneumonia） 170
胸部物理治疗（chest physiontherapy, CPT） 171
小儿腹泻病（childhood diarrhea） 142
先天性心脏病（congenital heart disease, CHD） 182
先天性甲状腺功能减低症（congenital hypothyroidism） 259

Y

婴儿期（infant period） 4
幼儿期（toddler's age） 5
咽-结合膜热（pharyngo-conjunctival fever） 161

衣原体肺炎（chlamydial pneumonia） 170
营养性巨幼细胞性贫血（nutritional megaloblastic anemia, NMA） 226
右向左分流型（right-to-left shunt lesions） 182
幼年特发性关节炎（juvenile idiopathic arthritis, JIA） 274
原发型肺结核（primary pulmonary tuberculosis） 299
原发综合征（primary complex） 299

Z

整体护理（holistic nursing care） 1
坐高（sitting height） 15
足月儿（full-term infant） 102

早产儿（pre-term infant） 103
正常出生体重儿（normal weight infant, NBW） 103
正常足月儿（normal term infant） 103
支气管肺炎（bronchopneumonia） 165
支气管哮喘（bronchial asthma） 171
左向右分流型（left-to-right shunt lesions） 182
中枢神经系统白血病（central nervous system leukemia, CNSL） 232
注意力缺陷多动障碍（attention deficit hyperactivity disorder, ADHD） 249
支气管淋巴结结核（tuberculosis of trachebronchial lymphnodes） 299

主要参考文献

1. 王卫平．儿科学．8版．北京：人民卫生出版社，2013.
2. 张玉兰．儿科护理学．3版．北京：人民卫生出版社，2013.
3. 叶春香．儿科护理．2版．北京：人民卫生出版社，2013.
4. 李胜利．儿科护理学．2版．北京：世界图书出版公司，2013.
5. 崔焱．儿科护理学．5版．北京：人民卫生出版社，2012.
6. 范玲．小儿护理学．2版．北京：人民卫生出版社，2012.
7. 史良俊，朱鹏云．儿科护理学．西安：第四军医大出版社，2012.
8. 周莉莉．儿科护理学．北京：高等教育出版社，2010.
9. 雷家英．儿科护理学．2版．北京：人民卫生出版社，2007.
10. 范玲．儿科护理学．2版．北京：人民卫生出版社，2006.
11. 陈永红．儿科教学案例选编．北京：北京大学医学出版社，2006.
12. 胡雁．儿科护理学（护理双语教材）．北京：人民卫生出版社，2005.
13. 黄力毅．儿科护理学．北京：人民卫生出版社，2004.
14. 胡亚美，江载芳．实用儿科学．7版．北京：人民卫生出版社，2002.